Industrie 4.0 als unternehmerische Gestaltungsaufgabe

Robert Obermaier
(Hrsg.)

Industrie 4.0 als unternehmerische Gestaltungsaufgabe

Betriebswirtschaftliche, technische und rechtliche Herausforderungen

 Springer Gabler

Herausgeber
Robert Obermaier
Universität Passau
Passau
Deutschland

ISBN 978-3-658-08164-5   ISBN 978-3-658-08165-2 (eBook)
DOI 10.1007/978-3-658-08165-2

Die Deutsche Nationalbibliothek verzeichnet diese Publikation in der Deutschen Nationalbibliografie; detaillierte bibliografische Daten sind im Internet über http://dnb.d-nb.de abrufbar.

Springer Gabler

Gedruckt auf säurefreiem und chlorfrei gebleichtem Papier

Springer Fachmedien Wiesbaden ist GmbH Teil der Fachverlagsgruppe Springer Science&Business Media
(www.springer.com)

Vorwort

Unter dem Stichwort „Industrie 4.0" wird seit geraumer Zeit die Vision einer sich an-bahnenden vierten industriellen Revolution beschrieben – um nicht zu sagen ausgerufen. Kern dieser Vision stellt nach den vorangegangenen Revolutionen Mechanisierung, Auto-matisierung und Digitalisierung nun die Vernetzung von industrieller Infrastruktur und allen an der Wertschöpfung beteiligten Akteure dar.

Freilich ist die Frage, ob die unter „Industrie 4.0" erwartete Entwicklung nicht eher evolutionär als revolutionär sei, ex ante gar nicht entscheidbar, weil nur ex post feststell-bar. Dennoch lehrt der Blick auf die früheren technologischen Revolutionen, dass sie sich mitunter langsam ausbreiten, prozeßhaft ablaufen und daher zunächst kaum revolutio-nären Züge tragen, aber mit einem Mal eine Dynamik erlangen können, die etablierte Produktionsweisen, Produkte und Geschäftsmodelle nachhaltig verändern, neue entstehen lassen und manche sogar auslöschen.

Man mag die Entwicklung der Dampfmaschine oder die Elektrifizierung bemühen; es ist aber eigentlich kein weiter Blick zurück nötig. Am eindrücklichsten tritt die Dynamik hervor, ruft man sich nur die jüngsten technologischen Errungenschaften in Erinnerung. Durch die Digitalisierung werden Geschäftsprozesse standardisiert und automatisiert, durch die Entwicklung des Internets werden global integrierte Supply Chains und Ab-satzkanäle etabliert und darauf aufbauend neue Geschäftsmodelle kreiert. Dabei blieb im Rahmen dieser letzten Umwälzung – bildlich gesprochen – kein Stein auf dem anderen: Wo sind heute *Agfa*, *Kodak*, *Brockhaus*, *Neckermann* oder *Quelle*? Und wo waren vor zehn, zwanzig Jahren *Amazon*, *Ebay*, *Google* & Co.?

Interessanterweise blieb das Feld der verarbeitenden Industrie, der Bereich der phy-sischen Produktion, längere Zeit von diesen Entwicklungen verschont. Teilweise kann das mit ausstehenden technologischen Entwicklungen erklärt werden. Im Rahmen des Computer-Integrated Manufacturing (CIM) wurde zwar schon vor dreißig Jahren eine In-tegration von betriebswirtschaftlichen Planungs- und Steuerungsaufgaben mit den primär technisch orientierten Aufgaben der Produktion angedacht. Diese gelang jedoch nur zu einem gewissen Teil. Während die betriebswirtschaftliche Produktionsplanung zumeist im Rahmen von etablierter ERP-Software weitgehend IT-gestützt abläuft, existierten kaum

Anbindungen an die physische Fertigungssteuerung. Stattdessen finden sich in vielen Fertigungsbetrieben überwiegend informationstechnische Insellösungen. Auch geriet der, durch den damaligen Stand der Technik (Stichwort „Leitrechner") sowie fehlende Vernetzungs- und Datenbanktechnologien bedingte, zentral angelegte Planungsansatz von CIM zunehmend in Konflikt mit dem sich in der Praxis durchsetzenden Paradigma nach mehr Dezentralisierung. So kam es zum Scheitern weitergehender Integrationsbemühungen.

Aus heutiger Sicht steht eine Reihe neuartiger Technologien mit einem mittlerweile beachtlichen Reifegrad bereit. Zu nennen sind: Sensorik, Aktorik, Eingebettete Systeme, Internet- und Kommunikationstechnologie, Software und Systemtechnik sowie Mensch-Maschine-Schnittstellen. In Kombination erlauben diese Technologien eine Reihe von neuartigen Funktionen im Bereich der industriellen Produktion. Zu denken wäre vor allem an:

- Datenerfassung und -verarbeitung (in Echtzeit),
- horizontale und vertikale Vernetzung,
- dezentrale Steuerung (Autonomie) und Assistenzsysteme.

Mit diesen Funktionen wird die im Rahmen von „Industrie 4.0" skizzierte Produktionsvision möglich, die durch eine durchgängige Digitalisierung und Vernetzung aller an der Wertschöpfung beteiligter Akteure gekennzeichnet ist. Zentrale Rolle nehmen dabei sog. *Cyber-Physische Systeme* (CPS) ein, die:

- mittels Sensoren Daten erfassen, mittels eingebetteter Software aufbereiten und mittels Aktoren auf reale Vorgänge einwirken,
- über eine Dateninfrastruktur, wie z. B. das Internet, kommunizieren und
- über Mensch-Maschine-Schnittstellen verfügen

und so eine dezentrale, intelligente Vernetzung aller an der Wertschöpfung beteiligten Akteure ermöglichen, so dass ein Echtzeitabbild aller relevanten Prozesse möglich wird.

„Industrie 4.0" verbindet damit nicht nur – wie aus der Welt des Internets bisher gewohnt – virtuelle Dinge, sondern ganz im Sinne des „Internet of Things" reale Dinge mit virtuellen Dingen und diese mit Menschen. Mit diesem Übergang zu einem digital vernetzten Gesamtsystem wird versucht, eine noch engere und auf Echtzeitdaten basierende Abstimmung von betriebswirtschaftlicher und technischer Informationsverarbeitung (nicht nur) im Fertigungssektor zu erreichen.

Gemeinsames Ziel von „Industrie 4.0"-Technologien ist „die Verfügbarkeit aller relevanten Informationen in Echtzeit durch Vernetzung aller an der Wertschöpfung beteiligten Instanzen sowie die Fähigkeit, aus den Daten den zu jedem Zeitpunkt optimalen Wertschöpfungsfluß abzuleiten. Durch die Verbindung von Menschen, Objekten und Systemen entstehen dynamische, echtzeitoptimierte und selbst organisierende, unternehmensübergreifende Wertschöpfungsnetzwerke, die sich nach unterschiedlichen Kriterien wie bspw. Kosten, Verfügbarkeit und Ressourcenverbrauch optimieren lassen" (*Plattform Industrie*

4.0). Der daraus zu erwartende Nutzen wird, obgleich bislang nicht abschätzbar, als enorm erachtet. Diese erste und zentrale Ebene von „Industrie 4.0" zielt damit auf die Prozeßeffizienz industrieller Wertschöpfung. Dabei – und das zeigte sich schnell – ist der Anwendungskontext dieser Produktionsvision keineswegs auf industrielle Produktionsprozesse beschränkt; auch die Dienstleistungsproduktion und öffentliche Leistungserstellungsprozesse werden davon betroffen sein.

Als zweite wesentliche Ebene von „Industrie 4.0" treten neben die „smarten" Produktionsprozesse die Produktinnovationen in Form von intelligenten und vernetzten Produkten. Ebenso wie Akteure der Leistungserstellung zunehmend vernetzt werden können, ist dies auch auf der Ebene der Produkte möglich. Dabei ist in Erweiterung des „Internet of Things" auch schon vom „Internet of Everything" die Rede. Dadurch können sich Produktfunktionalitäten und das Leistungsspektrum von Produkten selbst ganz wesentlich verändern. Zudem werden Ergänzungen bzw. Überlappungen von Produkten und Dienstleistungen erwartet („the product as a service") mit entsprechenden Auswirkungen auf Bezahl- und Geschäftsmodelle. Damit wird der Weg von „Industrie 4.0" nochmals verbreitert: von der Prozessinnovation über die Produktinnovation bis hin zur Geschäftsmodellinnovation.

All die damit verbundenen betriebswirtschaftlichen Fragen liegen auf der Hand: Was sind die Gestaltungsoptionen für die Unternehmensführung? Welche Herausforderungen und welche Chancen bestehen für Unternehmen darin, in Technologien zu investieren, die über die gesamte Wertschöpfung Informationen in Echtzeit zur Verfügung stellen und daraus entscheidungsrelevante Informationen zum Zweck der Unternehmensführung gewinnen und einsetzen zu können? Wie sind die daraus entstehenden Nutzenpotentiale zu bewerten? Welche Kosten sind zu erwarten? Wie wird dadurch die Wettbewerbsfähigkeit beeinflußt? Wie ist der damit verbundene organisationale Wandel zu gestalten? Denn die Integration von Subsystemen der Fertigung verändert existierende Arbeitsabläufe und gewohnte Muster der Zusammenarbeit, der Informationsbeschaffung und des Datenaustauschs sowie Kommunikationsstrukturen und stellt daher einen nicht unerheblichen Eingriff in das bestehende Produktionssystem und damit eine bedeutende unternehmerische Gestaltungsaufgabe dar.

Diese und eine Reihe weiterer Fragen waren Gegenstand der ersten betriebswirtschaftlichen Tagung zum Thema „Industrie 4.0 als unternehmerische Gestaltungsaufgabe", die im November 2014 an der Universität Passau stattfand. Das Ziel dieser wissenschaftlichen Konferenz, an der neben ausgewiesenen Wissenschaftlern auch erfahrene Praktiker teilnahmen, war es, die vielfältigen Forschungsbemühungen im Bereich „Industrie 4.0" zusammenzuführen, vor allem aber, das bisher sehr stark aus technischer Perspektive diskutierte und bearbeitete Thema explizit betriebswirtschaftlich auszuleuchten; also herauszufinden, welche betriebswirtschaftlichen, technischen aber auch rechtlichen Herausforderungen und Chancen mit „Industrie 4.0" verbunden sind, was die Betriebswirtschaftslehre zu dem Thema sagen und von dem Thema gewinnen könne.

Es deutet sich bereits seit einiger Zeit an, dass die Vision „Industrie 4.0" zunehmend Realität wird. Zahlreiche Unternehmen haben Projekte gestartet, viele Forschungs- und

Transferprojekte laufen oder sind in diversen Ausschreibungen zumindest beantragt. Dennoch zögern noch viele Unternehmen, haben sich noch gar nicht damit beschäftigt, oder sind in einer Beobachtungsphase. Ein Blick über die Grenzen mag auch von Interesse sein: einige Länder, allen voran die USA aber auch das über lange Jahre regelrecht deindustrialisierte Vereinigte Königreich haben die volkswirtschaftliche Bedeutung industrieller Produktion und der die begleitenden Dienstleitungen erkannt und investieren erheblich in den Aufbau wettbewerbsfähiger industrieller Strukturen. Und hier ist das Thema „Industrie 4.0" auch aus deutscher Sicht zu verorten: aus dem Bemühen, die Wettbewerbsfähigkeit der hiesigen Industrie zu erhalten und auszubauen. Das ist auch die Hauptmotivation für die intensiven Bemühungen im Bereich der Forschungsförderung für das Projekt „Industrie 4.0".

Ursprünglich als Zukunftsprojekt der Hightech-Strategie der deutschen Bundesregierung beschrieben, sind mittlerweile schon weit mehr als einhundert größere Forschungsprojekte mit einem Fördervolumen von rund einer halben Milliarde Euro angestoßen worden – mit steigender Tendenz. Auch andernorts gibt es ähnliche Absichten und Projekte; in den USA wird von einem „Industrial Internet", auf europäischer Ebene von „Factories of the Future" gesprochen. Derzeit werden „viel versprechende" Projektanträge geschrieben; zweifellos liegen auch schon einige „vielversprechende" technische Pilotstudien vor, doch ist damit in der betriebswirtschaftlichen Gesamtschau noch zu wenig gewonnen.

Der derzeit in Deutschland vorherrschende Ansatz im Bereich der Forschungsförderung, „Industrie 4.0"-Projekte möglichst schnell „auf den betrieblichen Hallenboden" zu bringen ist zwar nachvollziehbar, geht aber als anwendungsorientierter Forschungsansatz von in hinreichendem Maße vorliegender Grundlagenforschung aus, soll nicht lediglich Beratungsleistung angeboten werden. Dafür ist die Produktionsvision „Industrie 4.0" betriebswirtschaftlich aber noch zu unscharf. Die eingehende Analyse von Produktivitätswirkungen steht ebenso aus, wie Untersuchungen zu nötigen Anpassungs- und Change-Managementprozessen. Es ist weder hinreichend geklärt, welche „Industrie 4.0"-Technologien in naher Zukunft die Rolle von Basistechnologien zur horizontalen und vertikalen Vernetzung in Echtzeit leisten können, wie die damit zusammenhängenden Schnittstellenprobleme gelöst werden können oder wie die Vernetzung von Mensch und Maschine vonstatten gehen soll. Und nicht zuletzt stecken Produktinnovation und Geschäftsmodellentwicklung sowie die dahinterliegenden Smart-Data-Lösungen erkennbar noch in den Kinderschuhen, auch eine Reihe rechtlicher Fragen ist noch ungeklärt.

Selbst wenn eine Reihe dieser und der vorhin aufgeworfenen Fragen in diesem Tagungsband diskutiert werden, können die vorgelegten achtzehn Arbeiten das Themenfeld „Industrie 4.0" weder vollumfänglich noch abschließend behandeln. Sie zeigen aber in ihrer Vielfalt, welches spannende Forschungsfeld sich für die Betriebswirtschaftslehre und ihre Nachbardisziplinen auftut. Dafür ein Startpunkt zu sein, war der Anspruch der Passauer „Industrie 4.0"-Tagung.

Der Dank gilt allen, die zum Gelingen der Tagung beigetragen haben. Vor allem natürlich den Referenten, die mit ihren Beiträgen den wissenschaftlichen Diskurs erst ermöglicht haben, sowie den Diskutanten, die mit ihren Fragen zur Weiterentwicklung von

Ideen beigetragen haben. Aber auch allen, die zur Organisation und damit zum Gelingen der Tagung beigetragen haben, namentlich die Mitarbeiter meines Lehrstuhls und stellvertretend hierfür meine Sekretärin Ulrike Haberl und Florian Kaiser, sind in den Dank einzuschließen. Schließlich ist die großzügige Förderung durch die *Industrie- und Handelskammer Niederbayern* zu würdigen, die die Drucklegung dieses Tagungsbandes erst möglich gemacht hat.

Weitere Informationen und Photos zur Tagung sowie Videoaufnahmen unter anderem der Keynote-Speeches von Prof. Dr. Dr. h.c. mult. August Wilhelm Scheer sowie von Prof. Dr. Wegener sind unter der Internetadresse

www.industrie-viernull.de

abrufbar. Unter dieser Adresse soll auch in Zukunft eine Informationsplattform rund um das Thema „Industrie 4.0" etabliert werden, um die Entwicklungen in diesem wahrlich dynamischen Gebiet weiterverfolgen zu können.

Es ist zudem beabsichtigt, den vorliegenden Tagungsband in künftigen Auflagen durch Aufnahme maßgeblicher weiterer Beiträge fortzuentwickeln und ihn so zu einem betriebswirtschaftlichen Kompendium zum Thema „Industrie 4.0 als unternehmerische Gestaltungsaufgabe" zu machen.

Passau, August 2015   Prof. Dr. Robert Obermaier

Inhaltsverzeichnis

Mitarbeiterverzeichnis

Wolfgang Becker Universität Bamberg, Bamberg, Deutschland

Günter Bitsch bccos GmbH, Stuttgart, Deutschland

Tim Botzkowski Universität Bamberg, Bamberg, Deutschland

Hans Ehm Infineon Technologies AG, Neubiberg, Deutschland

Sebastian Eurich Universität Bamberg, Bamberg, Deutschland

Lorenz Graf-Vlachy Universität Passau, Passau, Deutschland

Norbert Gronau Universität Potsdam, Potsdam, Deutschland

Markus Grottke Universität Passau, Passau, Deutschland

Clemens Haußmann Universität Stuttgart, Stuttgart, Deutschland

Kai Hofmann Universität Passau, Passau, Deutschland

Johann Hofmann Maschinenfabrik Reinhausen GmbH, Regensburg, Deutschland

Gerrit Hornung Universität Kassel, Kassel, Deutschland

Nicole Jungbauer Universität Potsdam, Potsdam, Deutschland

Hans-Georg Kemper Ferdinand-Steinbeis-Institut der Steinbeis-Stifung, Stuttgart, Deutschland

Victoria Kirsch Maschinenfabrik Reinhausen, Regensburg, Deutschland

Matthias Klumpp Universität Duisburg-Essen, Essen, Deutschland

Oliver Koch Kassel, Deutschland

Andreas König Universität Passau, Passau, Deutschland

Jens Lachenmaier Universität Stuttgart, Stuttgart, Deutschland

Heiner Lasi Ferdinand-Steinbeis-Institut der Steinbeis-Stifung, Stuttgart, Deutschland

Lars Mönch FernUniversität Hagen, Hagen, Deutschland

Bernhard Oberegger Alpen-Adria-Universität Klagenfurt, Klagenfurt, Österreich

Robert Obermaier Passau, Deutschland

Georg Reischauer Wien, Österreich

August-Wilhelm Scheer Scheer Holding, Saarbrücken, Deutschland

Lukas Schober Wien, Österreich

Gottfried Seebacher Alpen-Adria-Universität Klagenfurt, Klagenfurt, Österreich

André Ullrich Universität Potsdam, Potsdam, Deutschland

Patrick Ulrich Universität Bamberg, Bamberg, Deutschland

Gergana Vladova Universität Potsdam, Potsdam, Deutschland

Uwe Weber Kassel, Deutschland

Stephan Wildner Kassel, Deutschland

Roland Willmann PEER Group GmbH, Dresden, Deutschland

Herwig Winkler Brandenburgische Technische Universität Cottbus-Senftenberg, Cottbus, Deutschland

Teil I
Industrie 4.0: Vision, Innovation, Konzeption

Industrie 4.0 als unternehmerische Gestaltungsaufgabe: Strategische und operative Handlungsfelder für Industriebetriebe

Robert Obermaier

1 Problemstellung

Das Schlagwort „Industrie 4.0" dient gegenwärtig dazu, das Bild einer sich anbahnenden vierten industriellen Revolution zu zeichnen. Kennzeichnend für die bisherigen industriellen Revolutionen waren technologische Innovationen als auslösendes Moment: 1) die *Mechanisierung* durch Ersatz von Muskelkraft durch Wasserkraft und Dampf, 2) die *Automatisierung* durch Einsatz elektrischer Energie und Arbeitsteilung und 3) die *Digitalisierung* durch Einsatz programmierbarer Maschinensteuerungen zur weitgehenden Automatisierung und Standardisierung weiter Bereiche der Fertigung aber auch vieler administrativer Prozesse mit Hilfe von IT. Den Kern der nunmehr ausgerufenen vierten industriellen Revolution stellt nach den bisherigen Stufen Mechanisierung, Automatisierung und Digitalisierung nun 4) die *Vernetzung* von industrieller Infrastruktur (Maschinen, Werkstücke, Produkte und Menschen) im Bereich der industriellen Produktion mittels sog. Cyber-Physischer Systeme (CPS) dar (Abb. 1).

Die verwendete Zählweise ist nicht unumstritten, spielt im Rahmen dieser Ausführungen aber keine Rolle.[1] Unumstritten ist freilich auch die durchaus angreifbare Auffassung

---

[1] Insbesondere das eher historisch oder sozialwissenschaftlich ausgerichtete Schrifttum versteht unter der *Industriellen Revolution* den tiefgreifenden und dauerhaften Umbruch der wirtschaftlichen und sozialen Verhältnisse im ausgehenden 18. und dann vor allem im 19. Jahrhundert. Als zweite industrielle Revolution beschreibt die Wirtschaftsgeschichte die Phase Hochindustrialisierung im ausgehenden 19. Jahrhundert, während als dritte industrielle Revolution zumeist die Phase zunehmender Digitalisierung und Ausbreitung der Computertechnik genannt wird, die als noch nicht abgeschlossen gilt. Vgl. Clark (2007); Pierenkemper (1996) und insbesondere Rifkin (2011, 2014).

R. Obermaier (✉)
Innstraße 27, 94032 Passau, Deutschland
E-Mail: controlling@uni-passau.de

© Springer Fachmedien Wiesbaden 2016
R. Obermaier (Hrsg.), *Industrie 4.0 als unternehmerische Gestaltungsaufgabe*,
DOI 10.1007/978-3-658-08165-2_1

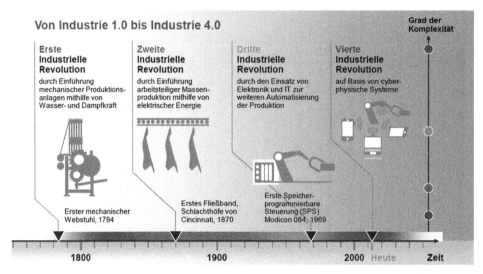

Abb. 1 Von „Industrie 1.0" bis „Industrie 4.0". (Quelle: in Anlehnung an Promotorengruppe Kommunikation der Forschungsunion Wirtschaft – Wissenschaft 2012)

nicht, eine vierte industrielle Revolution ex cathedra zu verkünden. Verknüpft wird die Kritik daran zumeist mit der – etwas müßigen – Frage, ob es sich nicht vielmehr um eine Evolution, als um eine Revolution handeln würde, da diese nur ex post, nicht aber ex ante beantwortbar ist. Allerdings sollte nicht verkannt werden, dass sich, in der Rückschau und von den festgestellten Wirkungen ausgehend, Revolutionen stets nur gegen die Richtung der Zeit erkennen lassen, während deren (schrittweiser) Ablauf nur mit der Zeit beschrieben werden kann und sie dabei regelmäßig den Charakter einer evolutionären Entwicklung aufweisen. Und so lehren uns frühere industrielle Revolutionen, dass sie sich mitunter langsam ausbreiten, prozeßhaft ablaufen aber mit einem Mal eine Dynamik erlangen können, die etablierte Produktionsweisen, Produkte und Geschäftsmodelle nachhaltig verändern, neue entstehen lassen und manche dafür auch auslöschen.

Zeuge derartiger Entwicklungen war die gegenwärtige Generation ja zuletzt bei der Ausbreitung des Internets. Die sog. Internet-Revolution hat z. B. in der Musikindustrie ehemals angestammte datenträgerbasierte Geschäftsmodelle (Schallplatte, Kassette, Compact Disc) nahezu völlig ausgelöscht und sich stattdessen zu rein digitalen Plattformen (*Apple iTunes*, diverse Streamingdienste, etc.) hin entwickelt. Der leise Abbau von Telefonzellen und die hingegen massenweise Ausbreitung von Mobiltelephonen und in den vergangenen Jahren zuletzt von sog. Smartphones sprechen Bände. Ähnliches war und ist vor allem im Handel zu beobachten: stationärer Handel und Versandhandel (*Quelle*,

---

Demnach fiele die derzeit diskutierte Vision „Industrie 4.0" noch unter die dritte industrielle Revolution. Einer anderen Einteilung folgen Teile der Volkswirtschaftslehre unter Rückgriff auf sog. *Kondratieff*-Zyklen, die eine Theorie innovationsinduzierter Wachstumszyklen propagieren und deren Zahl auf derzeit etwa fünf geschätzt wird. Vgl. z. B. Korotayev und Tsirel (2010).

Neckermann) haben Marktanteile in erheblichem Umfang an Internethändler oder Plattformen wie *Amazon, Zalando* oder *Ebay* abgeben müssen. Und auch einst bildungsbürgerliche Statussymbole wie *Brockhaus* oder die *Encyclopedia Britannica* konnten gegen *Google* und *Wikipedia* nicht bestehen.

Angesichts der mit der Digitalisierung einhergehenden Veränderungen mag die damit verbundene unglaublich rasante Entwicklung aus heutiger Sicht unvermeidlich erscheinen, vor allem aber wird sie als unumkehrbar einzuschätzen sein. Überraschend ist dennoch, dass bis dato der klassische Industriebetrieb (zumindest scheinbar) im Schatten dieser Dynamik stand. Die Hauptwirkungsfelder der Internet-Revolution waren und sind (noch) im Bereich Handel und Dienstleistungen zu finden.

Und eine Zeitlang sah es auch so aus, als hätte industrielle Produktion angesichts abnehmender Wertschöpfungstiefen und Fertigungsverlagerungen in das weniger lohnkostenintensive Ausland ohnehin kaum Zukunft in industrialisierten Volkswirtschaften. Auch gemäß der klassischen Dreiteilung von primärem, sekundärem und tertiärem Sektor wird tendenziell erwartet, dass sich die Beschäftigtenzahlen im Zuge allgemeiner wirtschaftlicher Entwicklung vom primären Wirtschaftssektor (Rohstoff) auf den sekundären (Industrie) und von dort schließlich auf den tertiären Sektor (Dienstleistung) verlagern (Fourastié 1949). Für hochentwickelte Industrieländer ist demzufolge kein umfangreiches Beschäftigungswachstum aus dem industriellen Sektor zu erwarten. Empirisch läßt sich diese Entwicklung sowohl für die hochentwickelten Industrieländer als auch für Schwellenländer belegen (Szirmai 2012). Während in Schwellenländern in den vergangenen zwei Jahrzehnten die Beschäftigtenzahl anstieg, ging sie im selben Zeitraum in entwickelten Industrieländern sogar zurück. Dennoch lässt sich zeigen, dass ein starker industrieller Sektor als conditio sine qua non für ein Wachstum im dritten Sektor gilt. Es ist vielmehr kennzeichnend für den industriellen Sektor, dass eine „systematic tendency of productivity in manufacturing to grow faster than in services" (Rowthorne und Ramaswamy 1999) besteht. Genau dies erklärt zwar einerseits den relativen Rückgang der Beschäftigung, aber andererseits die technologisch induzierten Wachstumsimpulse aus dem industriellen Sektor.

Die lange Zeit vorherrschende dichotome Sicht auf die sich vermeintlich ablösenden Sektoren verkennt dabei deren komplementären Charakter (Guerrieri und Meliciani 2005). Länder mit vergleichsweise umfangreichem industriellem Sektor weisen z. B. eine ausgeprägte Exportorientierung, höhere Investitionen im Bereich Forschung und Entwicklung aber auch bei langlebigen Investitionsgütern auf, haben höhere Innovationsraten und eine durch den technologischen Fortschritt steigende totale Faktorproduktivität (Aghion und Howitt 2009; McKinsey 2012). Zudem zeichnen sie sich durch höherwertige Arbeitsplätze und industrielle Cluster, die in engen Austauschbeziehungen stehen, sowie ausgeprägte wirtschaftliche Stabilität aus (Marsh 2012; Foresight 2013; UNIDO 2013). Das läßt sich erklären: Der industrielle Sektor ist Kernelement nahezu aller Wertschöpfungsketten. Industriebetriebe, die ihre Fertigungsstandorte verlagern, verlagern nicht selten auch Beschäftigung und Wissen anderer Bereiche mit: Forschung und Entwicklung oder Marketing und Vertrieb. Hinzu kommt die enge Verzahnung von industriellem Sektor und Dienstleistungssektor, denn Dienstleistungen stellen einen ganz wesentlichen Inputfaktor für Industriebetriebe dar. Der industrielle Kern von Volkswirtschaften wird daher – vielfach auch aus den Erfahrungen der Finanzkrise 2008 – mittlerweile als „Rückgrat" und „Stabilitätsgarant" einer Volkswirtschaft gesehen.

In der Konsequenz verwundert es daher nicht, dass die lange Zeit vorherrschenden Trends der Produktionsverlagerung nunmehr differenzierter betrachtet werden. Während über einen längeren Zeitraum ein schleichendes Entfernen der Industriebetriebe aus entwickelten Volkswirtschaften zu beobachten war, mag dies zum einen ein Teil der Erklärung sein, weshalb der „klassische" Industriebetrieb bislang von der Dynamik der Digitalisierung verschont blieb. Zum anderen ist jedoch die Einsicht in den komplementären Charakter von Industrie- und Dienstleistungssektor zentraler Ausgangspunkt für weltweite Bemühungen um wettbewerbsfähige industrielle Strukturen.

Ganz im Zeichen dieser Entwicklung steht der Begriff „Industrie 4.0" dabei für ein Zukunftsprojekt der deutschen Bundesregierung, mit dem die digitale Vernetzung klassischer Fertigungsindustrien vorangetrieben werden sollte. Das verfolgte Ziel ist der Auf- und Ausbau wettbewerbsfähiger industrieller Strukturen, um „die deutsche Industrie in die Lage zu versetzen, für die Zukunft der Produktion gerüstet zu sein" (BMBF 2014).

Dabei sind die Bemühungen darum keineswegs auf Deutschland beschränkt. Das über lange Jahre regelrecht deindustrialisierte Vereinigte Königreich forciert ähnliche Maßnahmen mit dem Projekt „The Future of Manufacturing" (Foresight 2013). Auch auf EU-Ebene gibt es mit dem Projekt „Factories of the Future" entsprechende Initiativen (EFFRA 2013), die die verarbeitende Industrie in den Mittelpunkt der Bemühungen um mehr Wachstum, Innovation und Beschäftigung stellen. In den USA wird im selben Zusammenhang von „Industrial Internet", dem „Internet of Things" oder dem „Internet of Everything" gesprochen. Zudem hat sich dort mit dem Industrial Internet Consortium (IIC) eine schlagkräftige Promotorenorganisation aus Industrie, Regierung und Wissenschaft gebildet.

Der sich aus diesen Bemühungen ergebende volkswirtschaftliche Nutzen ist zum gegenwärtigen Zeitpunkt schwer vorherzusehen. Optimistische Schätzungen insbesondere von Beratungshäusern schießen derzeit dennoch ins Kraut. Für Deutschland werden z. B. von BCG (2015) erhebliche Produktivitätszuwächse (15–25 %), Umsatzsteigerungen (30 Mrd. EUR p. a.) und Investitionsschübe (250 Mrd. EUR in den kommenden zehn Jahren) erwartet. Sogar mit signifikanter Beschäftigungssteigerung im industriellen Sektor (i. H. v. 6 % in den nächsten zehn Jahren) wird gerechnet; ähnliche Zahlen finden sich u. a. bei PwC (2014). Eine Studie von BITKOM (2014) erwartet bis 2015 ein kumuliertes Wertschöpfungspotential von bis zu 78 Mrd. EUR, was einer jährlichen Steigerung von 1,7 % für die betrachteten Branchen entspricht. Einschränkend ist zu all diesen Studien anzumerken, dass es sich methodisch um eher simple Hochrechnungen und selektive Einschätzungen handelt.

Zudem gibt es auch zweifelndere Stimmen, insbesondere die Beschäftigung betreffend. Brynolffsson und McAfee (2014) zeichnen das Bild eines „Race against the Machine", bei dem „der technische Fortschritt den ein oder anderen hinter sich lassen [wird] – möglicherweise auch viele." So gab es zwar nie „eine bessere Zeit für Arbeitskräfte mit speziellen Kompetenzen oder der richtigen Ausbildung, denn solche Menschen können die Technik nutzen, um Wert zu generieren und abzuschöpfen. Für Arbeitnehmer mit „gewöhnlichen"

Kompetenzen und Fähigkeiten gab es dagegen kaum eine schlechtere Zeit, denn Computer, Roboter und andere digitale Technik erwerben solche Kompetenzen und Fähigkeiten mit beispielloser Geschwindigkeit."[2]

Die damit proklamierte Renaissance des Industriebetriebs im Zeichen einer vierten industriellen Revolution darf daher nicht falsch verstanden werden. Nicht der Nachbau erfolgreicher industrieller Strukturen, sondern der Neubau zukunftsfähiger Industriestrukturen steht im Vordergrund der Debatte. Es geht also weniger um die „Fabrik der Zukunft" sondern eher um die „Fabrik mit Zukunft". Daher wird in der Vision „Industrie 4.0" der Industriebetrieb selbst zum Gegenstand der nächsten Internet-Revolution gemacht: dem „Industrial Internet of Things".

Aufzuzeigen, welche betriebswirtschaftlichen Handlungsoptionen damit verbunden sind, ist Gegenstand dieses Beitrags. Um die unternehmerischen Gestaltungsaufgaben herauszuarbeiten, die sich aus den technischen Möglichkeiten der Produktionsvision „Industrie 4.0" ergeben, soll zunächst ein (betriebswirtschaftlich orientiertes) Begriffsverständnis für „Industrie 4.0" entwickelt werden, bevor im Anschluß Trends, relevante Technologien und Anwendungen für wettbewerbsfähige industrielle Strukturen analysiert und die sich durch „Industrie 4.0" ergebenden Strategieoptionen entwickelt werden. Die Studie wird dabei insbesondere 1) auf die Steigerung der Effizienz von Prozessen industrieller Wertschöpfung und 2) auf die Steigerung der Effektivität von Produkten und damit zusammenhängenden Geschäftsmodellen eingehen.

2 Zum Begriff „Industrie 4.0"

„Industrie 4.0" steht ursprünglich für ein Zukunftsprojekt der deutschen Bundesregierung, mit dem die digitale Vernetzung klassischer Fertigungsindustrien vorangetrieben werden soll. Es geht um den Auf- und Ausbau wettbewerbsfähiger industrieller Strukturen, um „die deutsche Industrie in die Lage zu versetzen, für die Zukunft der Produktion gerüstet zu sein" (BMBF 2014). Mittlerweile hat sich der Begriff rasant verbreitet und es kursieren verschiedenste Auffassungen zu diesem Schlagwort. In Deutschland haben sich mehrere Industrieverbände (*BITKOM*, *VDMA* und *ZVEI*) unter Leitung des Bundeswirtschafts- und des Bundesforschungsministeriums zu einer „Plattform Industrie 4.0" zusammengefunden und folgendes Begriffsverständnis verlautbart:

> Der Begriff Industrie 4.0 steht für die vierte industrielle Revolution, einer neuen Stufe der Organisation und Steuerung der gesamten Wertschöpfungskette über den Lebenszyklus von Produkten. Dieser Zyklus orientiert sich an zunehmend individualisierten Kundenwünschen und erstreckt sich von der Idee, dem Auftrag über die Entwicklung und Fertigung, die Aus-

---

[2] Eine spannende Rückschau mit Ausblick liefert *Autor* (2015) mit seiner Analyse von „History and Future of Workplace Automation". Siehe analog zu „Technological Anxiety and the Future of Economic Growth" auch Mokyr et al. (2015).

lieferung eines Produkts an den Endkunden bis hin zum Recycling, einschließlich der damit verbundenen Dienstleistungen.

Basis ist die Verfügbarkeit aller relevanten Informationen in Echtzeit durch Vernetzung aller an der Wertschöpfung beteiligten Instanzen sowie die Fähigkeit, aus den Daten den zu jedem Zeitpunkt optimalen Wertschöpfungsfluss abzuleiten. Durch die Verbindung von Menschen, Objekten und Systemen entstehen dynamische, echtzeitoptimierte und selbst organisierende, unternehmensübergreifende Wertschöpfungsnetzwerke, die sich nach unterschiedlichen Kriterien wie bspw. Kosten, Verfügbarkeit und Ressourcenverbrauch optimieren lassen. (Plattform Industrie 4.0 2014)

Was läßt sich betriebswirtschaftlich aus dieser – doch etwas unhandlichen und unscharfen – „Definition" (im Umfang von 130 Wörtern) gewinnen?

Der erste Teil thematisiert die Funktion von „Industrie 4.0": die Verschränkung von technischer Produktplanung und -realisierung (Design und Konstruktion) mit betriebswirtschaftlicher Produktionsplanung und -steuerung (Produktion und Logistik) über die gesamte Wertschöpfungskette. Indes geht der Anspruch von „Industrie 4.0" noch darüber hinaus. So soll es möglich werden, die „klassische" Zweiteilung zu überwinden, nach der kurzfristig die Kundenbedürfnisse an das (gegebene) Produktprogramm anzupassen seien, während langfristig die Produkte an die Kundenbedürfnisse angepaßt werden könnten. Mit anderen Worten geht es darum, auch kurzfristig kundenindividuelle Produkte nach industriellem Maßstab herstellen zu können. Dies kann Auswirkungen auf das Geschäftsmodell eines Industriebetriebs haben.

Damit kommt man zu dem zweiten – eher technisch ausgerichteten – Teil der o. g. Definition; dieser thematisiert Struktur und Prozeß von Industrie 4.0: die Vernetzung aller an der Wertschöpfung beteiligten Akteure zu sog. *Cyber-Physischen Systemen* (CPS); obgleich diese nicht explizit genannt werden. CPS zeichnen sich dadurch aus, dass sie mittels Sensoren Daten erfassen, mittels eingebetteter Software aufbereiten und mittels Aktoren auf reale Vorgänge einwirken, über eine Dateninfrastruktur, wie z. B. das Internet, kommunizieren und über Mensch-Maschine-Schnittstellen verfügen, um so eine Optimierung hinsichtlich vorzugebender Kriterien auf der Ebene der Leistungserstellung zu ermöglichen.

Wenngleich also einige betriebswirtschaftliche Überlegungen aus der „Industrie 4.0"-Definition der Verbändeplattform entwickelt werden können, so vermag sie aufgrund ihres Umfangs aber auch aufgrund ihrer eher sperrigen technischen Ausrichtung indes nicht voll zu überzeugen.

Deutlich knapper, dennoch vollständig und mit betriebswirtschaftlichem Bezug soll daher im weiteren als *Arbeitsdefinition für „Industrie 4.0"* formuliert werden:

„Industrie 4.0" beschreibt eine Form industrieller Wertschöpfung, die durch Digitalisierung, Automatisierung sowie Vernetzung aller an der Wertschöpfung beteiligten Akteure charakterisiert ist und auf Prozesse, Produkte oder Geschäftsmodelle von Industriebetrieben einwirkt.[3]

---

[3] Diese „klassische" Form einer Definition bezeichnet das Definiendum „Industrie 4.0" durch die Nennung des „Genus Proximum" sowie der „Differentia Specifica": Ersterer führt das zu definierende Phänomen „Industrie 4.0" auf einen bereits bekannten Begriff (hier: eine Form industrieller Wertschöpfung) zurück. Letztere nennt den artbildenden Unterschied (hier: Digitalisierung, Auto-

3 „Gesetze der Digitalisierung" als Treiber von Industrie 4.0

Was den Industriebetrieb betrifft, so wurde schon vor mehr als dreißig Jahren mit dem Konzept des Computer-Integrated Manufacturing (CIM) eine weitgehende Digitalisierung im Bereich der Fertigung und mit dem Konzept des Enterprise Resource Planning (ERP) im Bereich der allgemeinen administrativen Geschäftsprozesse angestrebt. Die wesentlichen Effekte dieser Entwicklungen schlugen sich in der Standardisierung von Geschäftsprozessen, weitgehender Automatisierung und damit einhergehenden Produktivitätszuwächsen nieder.

Darüber hinaus begannen vor etwa zwanzig Jahren Bemühungen, mit dem Konzept des Supply Chain Management (SCM) eine (horizontale) Integration der Wertschöpfungsketten mit Kunden und Lieferanten über Unternehmensgrenzen hinweg zu erreichen. Vor allem die sich in den 1990er Jahren rasch ausbreitende Internettechnologie wurde alsbald dazu genutzt, neue und vor allem engere Formen der Koordination mit Kunden und Lieferanten zu erschließen (Otto und Obermaier 2009). Daraus entstanden vielfältige Lösungen für das Supply Chain Management, die insbesondere auch die effiziente Steuerung globaler Lieferketten ermöglichten. Zudem wurden rasch neue Vertriebsformen und Geschäftsmodelle (E-Commerce) durch Nutzung der Internettechnologie erschlossen. Interessanterweise blieben sowohl die eigentlichen Produkte als auch die betrieblichen Produktionsprozesse von der Entwicklung des Internet zunächst weitgehend unberührt.

Und genau diese sind nun Ansatzpunkt der als „Industrie 4.0" angekündigten vierten industriellen Revolution. Konsequenterweise wird dabei davon ausgegangen, dass die Internettechnologie nicht nur zu engerer Kooperation zwischen Unternehmen, Kunden und Lieferanten, sondern auch zu einer intelligenten Vernetzung sämtlicher Akteure einer industriellen Fertigung beitragen kann.

Damit aber wird deutlich, dass mit dem Aufkommen insbesondere der Internettechnologie „Industrie 4.0" in gewisser Weise für eine Weiterentwicklung eines Computer Integrated Manufacturing (CIM) sorgen kann; allerdings durchaus anders als ursprünglich angedacht. Während CIM durch die damals vorherrschende Technologie einen zentralen Planungsansatz verfolgt, läßt die Internettechnologie eine dezentrale Vernetzung aller möglichen Akteure zu.

Die mit der Digitalisierung einhergehenden Veränderungen erscheinen aus heutiger Sicht vielfach unvermeidlich, vor allem aber als unumkehrbar. Schon sehr früh hat Zuboff (1988) mit ihren „Gesetzen der Digitalisierung", aus heutiger Sicht weitsichtige Trendaussagen, Aufsehen erregt:

---

matisierung sowie Vernetzung als Industrie 4.0-Charakteristika) und stellt diese in den Wirkungskontext der Betriebswirtschaftslehre (hier: Wirkung auf Prozesse, Produkte bzw. Geschäftsmodelle von Industriebetrieben). Die Eignung der Definition hat sich vor allem an ihrer Adäquatheit (hier: betriebswirtschaftlicher Kontext) und ihrer Nützlichkeit (hier vor allem die gewählte Knappheit) zu orientieren.

- *Zuboffs erstes Gesetz*: Alles, was digitalisiert und in Information verwandelt werden kann, wird digitalisiert und in Information verwandelt.
- *Zuboffs zweites Gesetz*: Was automatisiert werden kann, wird automatisiert.
- *Zuboffs drittes Gesetz*: Jede Technologie, die zum Zwecke der Überwachung und Kontrolle kolonisiert werden kann, wird, was immer auch ihr ursprünglicher Zweck war, zum Zwecke der Überwachung und Kontrolle kolonisiert.

Angesichts des Aufkommens der Internettechnologie wäre in Anlehnung an *Zuboff* als „*viertes Gesetz*" zu ergänzen: Alles, was zur Vernetzung eingesetzt werden kann, wird zur Vernetzung eingesetzt; womit bereits dem umfassenden Ausdruck vom „Internet of Things" oder allumfassend, dem „Internet of Everything" der Boden bereitet wäre.

Damit sind die zentralen Treiber, die auch unsere Industrie 4.0-Arbeitsdefinition aufgreift, adressiert: Automatisierung, Digitalisierung und Vernetzung zum Zwecke der Beeinflussung und Neuordnung von Strukturen und Prozessen der Geschäftsmodelle von Industriebetrieben.

Daneben gibt es freilich weitere – durchaus überlappende – Trends, denen sich Industriebetriebe seit einiger Zeit ausgesetzt sehen. Im weiteren sollen daher sechs ausgewählte Entwicklungen skizziert werden, die besondere Herausforderungen für die industrielle Fertigung darstellen.

1. Die zunehmende Internationalisierung der Märkte erlaubt Unternehmen einerseits die Realisierung komparativer Vorteile (z. B. bzgl. der Faktorkosten oder beim Zugang zu speziellen Ressourcen) durch Nutzung globaler Produktionsmärkte. Andererseits intensiviert sich der Wettbewerb in den erweiterten Absatzmärkten, was bei den davon betroffenen Unternehmen zu einer Erosion von Margen und vergleichsweise schlechterer Performance führen kann. Mit der zunehmenden Internationalisierung hängt der insbesondere durch komparative Faktorkostenvorteile in Niedriglohnländern ausgelöste Kostendruck zusammen, der auf jene Unternehmen wirkt, deren Kostenstrukturen an Wettbewerbsfähigkeit verlieren und die so eine schlechtere finanzielle Performance aufweisen. Häufig zu beobachten war daher die Verlagerung von Produktionszweigen in Niedriglohnländer (Offshoring), deren organisatorische Auslagerung (Outsourcing) bzw. eine Kombination davon (Offshore Outsourcing).
2. Da sich Unternehmen vor dem Hintergrund der Internationalisierung der Märkte und des zunehmenden Kostendrucks häufig zugunsten des „Buy" anstatt des „Make" entschieden haben, wurde die Auslagerung von Produktion zum Erfolgsfaktor erklärt; allerdings mit der Konsequenz steigender Komplexität und Störanfälligkeit der arbeitsteiligen Produktionsabläufe und Lieferbeziehungen. Die beschriebene Entwicklung manifestierte sich in einem weiteren Befund: dem Rückgang der Fertigungstiefe in den vergangenen Jahrzehnten; häufig begleitet von Schlagwörtern wie Konzentration auf Kernkompetenzen und „kapitalarme Produktion".

3. (Nicht nur) im Bereich der Produktion werden seit mehr als zwei Jahrzehnten vermehrt dezentrale Planungs- und Steuerungskonzepte anstelle zentral organisierter Planung diskutiert. Als Schlagworte hielten insbesondere modulare, fraktale oder virtuelle Fabriken Einzug in den wissenschaftlichen Diskurs. Als wesentliche Strukturmerkmale lassen sich u. a. stärkere Prozeßorientierung, flachere Hierarchien, stärkere Vernetzung, Selbstorganisation und Autonomie erkennen. Drumm (1996) spricht hierbei vom „Paradigma der neuen Dezentralisation". Bezogen auf die Wertschöpfungsorganisation folgen daraus Entwicklungen hin zu stärkerer Vernetzung und Integration der beteiligten Akteure, Selbststeuerung und individualisierte Produktion sowie ein erweitertes Produkt- und Dienstleistungsverständnis.

4. Henry Ford wird in diesem Zusammenhang das Bonmot zugeschrieben, sein berühmtes Model T in jeder beliebigen Farbe zu liefern, solange diese schwarz sei. Während dieser klassische Ansatz Massenfertigung unter dem Gesichtspunkt der Kostenminimierung ermöglichte, steht dem gegenüber heute eine ausgeprägt starke Individualisierung der Nachfrage. Damit sehen sich Unternehmen vor ganz anderen Herausforderungen, nämlich eine Vielzahl kundenindividueller Produkte zu Kosten herzustellen, die denen einer Massenfertigung entsprechen. Von Mass Customization ist in diesem Zusammenhang die Rede (Pine 1993). Unternehmen, die erfolgreich sein wollen, haben keine Wahl: Sie müssen eine Vielzahl von Varianten zu wettbewerbsfähigen Preisen anbieten können. Damit einher geht eine Änderung der Zielsetzung: Eine möglichst starke Individualisierung der Produkte unter den Bedingungen einer hoch flexibilisierten (Großserien-) Produktion zu gegebenen Kosten herstellen zu können. Eine hohe Variantenzahl steigert allerdings die technologische und organisatorische Komplexität der Fertigung und steht zwangsläufig im Konflikt mit niedrigen Produktionskosten. Hohe Variantenzahlen erlauben nicht mehr die klassische Frage nach der optimalen Losgröße, da diese im Extremfall gegen eins tendiert, sondern zwingen zu einer drastischen Reduktion der Rüstkosten und weiterer Maßnahmen zu erhöhter Flexibilisierung. Die Automobilindustrie gilt hierbei als Paradebeispiel, eine Vielzahl von Produktvarianten anbieten, diese aber im Rahmen einer industriellen Massenfertigung kostengünstig herstellen zu können. Ähnliche Beispiele liefern auch andere Branchen.

5. Als Weiterentwicklung der Mass Customization gilt das Open Innovation-Konzept, bei dem versucht wird, den Innovationsprozeß zu öffnen (und zu beschleunigen), um durch eine Integration der Unternehmensumwelt (insbesondere der Kunden) neue Produkte zu entwickeln (Chesbrough 2003). Als Kernprozesse gelten der Outside-in-Prozeß, der das im Unternehmen vorhandene Wissen mit externem Wissen von Kunden, Lieferanten oder anderen Akteuren anreichert sowie der Inside-out-Prozeß, der die externe Vermarktung z. B. durch Lizenzierung fördern soll.[4]

---

[4] Im übrigen ist die direkte Einbindung von Kunden und Geschäftspartnern in Wertschöpfungsprozesse nicht nur auf Innovationen beschränkt, sondern im Kontext des Supply Chain Management bereits seit längerem Gegenstand zunehmend arbeitsteiliger Wertschöpfungsketten.

6. Getrieben wird diese Entwicklung durch die sich vornehmlich bei den Konsumgütern verkürzenden Produktlebenszyklen. Daraus folgt zwangsläufig eine geringere Zeitspanne zur Gewinnerzielung der davon betroffenen Unternehmen. Dies ist unmittelbar ergebniswirksam, falls es nicht gelingt, die vorgelagerte „Time to Market" und damit zusammenhängende Entwicklungskosten entsprechend zu reduzieren. Überdies bewirken verkürzte Produktlebenszyklen einen höheren Flexibilisierungsdruck und erfordern entsprechende Wandlungsfähigkeit der Unternehmen. Weiterer Zeitdruck entsteht, wenn z. B. aufgrund von verlängerten Transportwegen infolge globaler Produktions- und Absatzmärkte die „Time to Consumer" verkürzt werden muß. Dies setzt schließlich eine Verkürzung von Logistikprozessen und eine Beherrschung des Supply Chain Management voraus, was ohne entsprechend hohe Qualitätsstandards bezüglich der Produkte und Prozesse nicht möglich wäre. Während noch in den 1960er Jahren schlichte Qualitätskontrollen bei den Endprodukten als ausreichend galten, sind nunmehr viel umfassendere Qualitätsbegriffe von Nöten.

Zusammenfassend lassen sich neben den „Gesetzen der Digitalisierung" drei Typen weiterer Treiber identifizieren: Zum ersten hat sich der Wettbewerbsdruck im Bereich der industriellen Produktion über die Jahre hinweg erhöht und die Margen erodieren lassen, zum zweiten wurde insbesondere durch den ausgelösten Kostendruck nicht selten die Fertigungstiefe durch Outsourcing reduziert. Demgegenüber stehen aber zum dritten gestiegene Anforderungen an die Produktion, die vor allem in Zeitdruck, Qualitätsdruck, Innovationdruck, Individualisierungsdruck und Variantendruck zum Ausdruck kommen. In der Summe macht all das die Beherrschung einer flexiblen Produktion zu einem kritischen Erfolgsfaktor für Unternehmen. Hier setzt die Vision „Industrie 4.0" an, den Unternehmen in ihrem Kernbereich, der Leistungserstellung, zu erhöter Wettbewerbsfähigkeit zu verhelfen. Entscheidend wird dabei sein, inwieweit es gelingt, die damit verbundenen Gestaltungsoptionen zum Zwecke der Erfüllung von Kundenerwartungen zu realisieren.

4   Technologieinnovationen als Befähiger von Industrie 4.0

Am Beginn industrieller Revolutionen standen stets technologische Innovationen. Die Produktionsvision „Industrie 4.0" steht nicht mit leeren Händen da. Sie fußt im Kern auf fünf technologischen Innovationen, die im folgenden kurz skizziert werden sollen und deren Zusammenwirken sog. Cyber-Physische Systeme (CPS), mithin also ein „Internet of Things" etabliert.

Ausgangspunkt zum Verständnis Cyber-Physischer Systeme sind jegliche Objekte („things"), die auf der Basis sog. eingebetteter Systeme („embedded systems") mit Fähigkeit zur Selbststeuerung ausgestattet sind und mittels Sensoren Daten erfassen, mittels eingebetteter Software aufbereiten und mittels Aktoren auf reale Vorgänge einwirken, über eine Dateninfrastruktur, wie z. B. das Internet, kommunizieren und über Mensch-Maschine-Schnittstellen verfügen und ihrerseits selbst wiederum mit anderen CPS zu einem „Internet of Things" vernetzt werden können.

Die im Kontext von Industrie 4.0 relevanten Technologien sind solche, die zur Etablierung von CPS beitragen. Sie werden im folgenden durch die fünf Felder 1) Internet- und Kommunikationstechnologie, 2) Automatisierung, Fertigungstechnologie und Robotik, 3) Sensorik und Aktorik, 4) Eingebettete Systeme, Analytik und Systemtechnik sowie 5) Mensch-Maschine-Schnittstellen zusammengefaßt und hinsichtlich des Reifegrads entsprechender Anwendungen unter Rückgriff auf den sog. *Technology Readiness Level* (TRL) eingeschätzt. Dabei gelten TRL von 1 bis 3, 4 bis bzw. 7 bis 9 als Technologien mit geringem, mittlerem bzw. hohem Reifegrad (Tab. 1).

5 Unternehmerische Gestaltungsfelder im Kontext von Industrie 4.0

5.1 Produktionsfaktoren

Um ein besseres Verständnis davon zu bekommen, wie „Industrie 4.0" betriebswirtschaftlich wirken kann, lohnt ein Blick in das Innere der Betriebswirtschaftslehre: den Industriebetrieb.

Allen voran Gutenberg (1971) hat aus der theoretischen Analyse des Industriebetriebs das System der produktiven Faktoren (Elementarfaktoren Arbeit, Betriebsmittel, gegebenenfalls auch Werkstoffe und der dispositive Faktor) als Ausgangspunkt seiner Überlegungen gewählt (s. a. Bohr 1979). Diese Produktionsfaktoren werden über das Konzept der Produktionsfunktion miteinander kombiniert und mit der internen Unternehmensrechnung verknüpft, um so Aussagensysteme über wirtschaftliches Betriebsgebaren (Produktivität, Wirtschaftlichkeit und Rentabilität) zu entwickeln (Bohr 1992, 1993). Aus heutiger Sicht lassen sich viele Planungsverfahren, insbesondere Produktionsplanungs- und Steuerungssysteme, hierauf zurückführen, denn es war gerade die Analyse der Komplexität des Industriebetriebs, die zu allgemeinen Aussagesystemen im Sinne einer Allgemeinen Betriebswirtschaftslehre geführt hat. Wer die enorme Komplexität eines Industriebetriebs beherrscht, beherrscht auch weniger komplexe Systeme, könnte thesenförmig formuliert werden.

Überträgt man die oben genannten „Industrie 4.0"-Charakteristika unter Rückgriff auf konkrete Technologieinnovationen nun auf das System der Produktionsfaktoren, so lassen sich folgende potentielle Auswirkungen von „Industrie 4.0" auf das Produktivsystem von Industriebetrieben herausarbeiten:

1. Zu den Betriebsmitteln gehören sämtliche materiellen und immateriellen Güter und Dienstleistungen, die Leistungspotentiale besitzen und diese im Rahmen von Leistungserstellungsprozessen längerfristig zur Verfügung stellen. Die im Kontext von „Industrie 4.0" relevanten Technologien lassen sich durch die Felder Automatisierung und Robotik, additive Fertigungstechnologie (z. B. 3D-Druck), Sensorik, Aktorik, eingebettete Systeme, Software und Systemtechnik (z. B. Simulation, Big Data-Analytik, Cloud-Services) sowie Vernetzung mittels Internet- und Kommunikationstechnolo-

Tab. 1 Industrie 4.0-Technologiefelder und Reifegrad. (in Anlehnung an: Agiplan 2015)

Technologiefeld	Anwendung mit gerin-gem Reifegrad	Anwendung mit mittlerem Reifegrad	Anwendung mit hohem Reifegrad
Internet- und Kommunikationstechnologie	Echtzeitfähige, drahtlose Kommunikation	Horizontale und vertikale Systemintegration	Echtzeitfähige Bus-Technologie
	Selbstorganisierende Kommunikationsnetze		Drahtgebundene Hochleistungskommunikation
	Kommunikations standards		IT-Sicherheit
			Mobile Kommunikation
Automatisierung, Fertigungstechnologie und Robotik	Autonome Robotik	Additive Fertigungsverfahren	Mehrachsroboter
	Humanoide Robotik	Sensitive Robotik	
	Cloud Robotik		
	Deep Learning		
Sensorik und Aktorik	Miniaturisierte Sensorik	Vernetzte Sensorik	
	Intelligente Sensorik	Sensorfusion	
		Sicherheitssensorik	
		Intelligente Aktoren	
		Vernetzte Aktoren	
		Sichere Aktoren	
Eingebettete Systeme, Analytik und Systemtechnik	Miniaturisierte eingebettete Systeme	Energy-Harvesting	Intelligente eingebettete Systeme
	Simulationsumgebung	Multi-Agenten-Systeme	Identifikationsmittel
	Multikriterielle Situationsbewertung	Maschinelles Lernen	Big Data-Speicher- und Analyseverfahren
		Mustererkennung	Cloud-Computing
Mensch-Maschine-Schnittstellen	Verhaltensmodelle	Sprachsteuerung	Intuitive Bedienelemente
	Kontextbasierte Informationsrepräsentierung	Gestensteuerung	IT-Sicherheit (Zugang, Identifikation)
	Semantik-Visualisierung	Wahrnehmungsgesteuerte Schnittstellen	
		Fernwartung	
		Augmented Reality	
		Virtual Reality	

gie („Internet der Dinge") beschreiben. Beispielhaft ausgedrückt bedeutet das, dass Betriebsmittel über eingebettete Systeme und deren Vernetzung „intelligenter" werden, indem sie Fähigkeiten wie Condition Monitoring, teilweise Selbststeuerung o. ä. entwickeln. Meist kommt dies durch das Adjektiv „smart" zum Ausdruck.

2. Zum Elementarfaktor menschliche Arbeit zählen die in unmittelbarer Beziehung zur Leistungserstellung und den anderen betrieblichen Funktionen stehenden Tätigkeiten. Auch hier sind es zunächst wieder neue Technologien, die besondere Formen insbesondere von Mensch-Maschine-Interaktion in Zusammenhang mit den eben beschriebenen „smarten" Betriebsmitteln erlauben. Diese können weitergehende Automatisierung bereitstellen, im Bedarfsfall (z. B. wenn Daten fehlen oder explizit Mitarbeiterexpertise benötigt wird) aber den Mitarbeiter z. B. für Verfahrenswahlentscheidungen o. ä. einschalten. Beginnend mit intuitiven Bedienelementen, kontextbasierter Informationsdarstellung, über Sprach- und Gestensteuerung oder wahrnehmungsgesteuerten Schnittstellen bis hin zu Augmented Reality-Systemen stehen Technologien bereit, die Mitarbeiter einerseits von automatisierbaren Routinen entlasten, sie aber andererseits durch Assistenzsysteme bei ihren Tätigkeiten unterstützen und so effizientere Arbeits- und Produktionsprozesse ermöglichen. Der Aufbau entsprechender Kompetenzen bei den Mitarbeitern gilt dabei unumstritten als wesentliche Herausforderung im Zuge der Digitalisierung von Industriebetrieben (Davenport und Kirby 2015).

3. Auch Werkstoffe, die als Verbrauchsfaktoren Bestandteil der Produkte werden, können durch den Einsatz von Sender-Empfänger-Systemen (z. B. RFID) zu „intelligenten" Materialien werden. Diese sind in der Lage, Informationen über ihre Eigenschaften und erforderliche Arbeitsschritte (Arbeitspläne) auf einem Datenträger mit sich führen zu können, um so effizient transportiert, gelagert, be- oder verarbeitet bzw. montiert zu werden.

Jeweils für sich genommen sagt die Verfügbarkeit dieser Technologien noch nichts über deren betriebswirtschaftlichen Nutzen aus. Erst die explizite Nutzbarmachung im Rahmen der betrieblichen Leistungserstellung eröffnet Potentiale für Steigerung von Produktivität und Wirtschaftlichkeit des Industriebetriebs. Hinzu kommt: Die meisten der in der Diskussion stehenden Technologien erlauben vor allem in Kombination eine Reihe neuartiger Funktionalitäten im Bereich der industriellen Produktion.

Eine zentrale Rolle spielen dabei die bereits dargestellten Cyber-Physischen Systeme (CPS), die eine dezentrale, intelligente Vernetzung aller an der Wertschöpfung beteiligten Akteure ermöglichen. Das verwendete Adjektiv „intelligent" deutet an, dass der Einsatz und die Kombination der Technologien primär dem Zweck besserer Entscheidungen dienen.

4. Damit wird die Bedeutung von „Industrie 4.0" endlich für den dispositiven Faktor klar. Die Kombination neuartiger Technologien mit den Elementarfaktoren und deren Vernetzung zu CPS erlaubt wesentliche Fortschritte beim dispositiven Faktor, also all jener Instanzen (und den ihnen zugeordneten Unterstützungsbereichen) mit Entscheidungsbefugnis, insbesondere durch Datenerfassung und -verarbeitung in Echtzeit,

horizontale und vertikale Vernetzung (durch Internettechnologie) und den Einsatz von Assistenzsystemen sowie die Dezentralisierung der Steuerung. So wird beispielweise im Rahmen der Einführung von integrierten Softwaresystemen für die Produktions-planung und -steuerung und dem Product-Lifecycle-Management (PLM) eine vertikale Integration realisiert, die dann mittels Supply Chain Management zu einer horizontalen Vernetzung mit Kunden und Lieferanten über Unternehmensgrenzen hinweg erweitert werden kann.

Diese Funktionalitäten führen auf den Wesenskern von „Industrie 4.0" zurück und ermög-lichen dem dispositiven Faktor die Bereitstellung und Nutzung entscheidungsrelevanter Informationen. Ein erster wesentlicher Vorzug ist die Möglichkeit ein Echtzeitabbild der Fertigung zu erhalten, mit dem erst eine „echte" Produktionssteuerung von Fabriken und ganzen Wertschöpfungsnetzwerken mit intelligenteren Monitoring- und Entscheidungs-prozessen durch Soll-Ist-Vergleiche möglich wird („Smart factory"). Dabei wird klar, dass der dispositive Faktor den jeweils relevanten Informationsbedarf definieren muß, während der Aufbau entsprechender Informationsversorgungssysteme und der Einsatz von Analy-sewerkzeugen angesichts der zu erwartenden Datenmengen („Big Data") eine besondere Herausforderung (z. B. für das Controlling) darstellt.

5.2   Produktionsprozesse

Nachdem dargelegt wurde, wo (und wie) die drei Industrie 4.0-Charakteristika Digita-lisierung, Automatisierung und Vernetzung auf Produktionsfaktoren wirken, soll nun untersucht werden, welche Konsequenzen sich daraus auf die Produktionsprozesse eines Industriebetriebs ergeben können. Nicht alles ist neu, was derzeit in diesem Zusammen-hang unter dem Stichwort „Industrie 4.0" diskutiert wird. (Teil-)Automatisierungen und der Einsatz von Industrierobotern sind seit langem bekannt. Was hingegen verstärkt Be-deutung erlangt, sind die Aspekte der Digitalisierung und Vernetzung aller an der Wert-schöpfung beteiligter Akteure; sowohl horizontal (auf der Ebene der Leistungserstellung) als auch vertikal (über die Ebenen der Produktionsplanung- und Steuerung).
   Diese Entwicklungsrichtung auf Prozeßebene, als ein Wesenskern von „Industrie 4.0", basiert vor allem auf einer Nutzung der Internettechnologie zur Vernetzung der gesam-ten industriellen Infrastruktur (Mensch, Maschine, Material) zu sog. *Cyber-Physischen Systemen* (CPS). Diese und andere Schlüsseltechnologien waren zur Zeit von CIM noch nicht verfügbar, so dass damals ein eher zentralistischer Planungs- und Steuerungsansatz in der Fertigung verfolgt wurde. Dessen Unzulänglichkeit beruht vor allem auf dem de-terministischen Konzept von MRP-Systemen; d. h. dass die in diesen Systemen geplanten Daten, die zumeist auf historischen Durchschnittswerten basieren, keine Unsicherheit be-rücksichtigen und durch die fehlende Echtzeitfähigkeit keine Soll-Ist-Vergleiche zulassen. Außerdem finden sich in vielen Fertigungsbetrieben bis heute überwiegend informations-technische „Insellösungen". Die Ursachen dafür sind vielfältig. Unter anderem liegt es an einer schrittweisen Implementierung nicht oder nur in geringem Umfang aufeinander

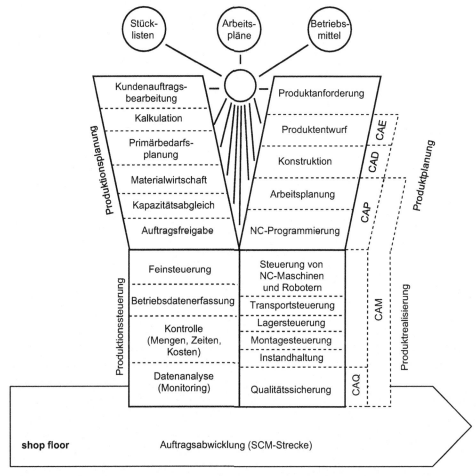

Abb. 2 Y-Modell des Computer Integrated Manufacturing. (Quelle: Scheer 1987; Kiener et al. 2012)

abgestimmter Systeme. So gelang mit CIM eine (vertikale) Integration von betriebswirtschaftlichen Planungs- und Steuerungsaufgaben mit den primär technisch orientierten Aufgaben der Produktion nur in begrenztem Ausmaß (Astrop 1979; Kops 1980; Scheer 1987; Kiener et al. 2012) (Abb. 2).

Aus heutiger Sicht ist zu konstatieren, dass die betriebswirtschaftliche Produktionsplanung zumeist im Rahmen von etablierter ERP-Software weitgehend EDV-gestützt abläuft (linker Ast des Y-Modells), und auch die technischen Aufgaben, vornehmlich jene der Produktplanung, im Rahmen von CAD-CAM-Systemen (Product-Lifecycle-Management) integriert sind (rechter Ast des Y-Modells). Allerdings existieren zwischen den Subsystemen kaum Verbindungen. Ebenso fehlt eine Anbindung an die physische Fertigungssteuerung im sog. Shop floor nahezu völlig. Beim Versuch, diese Vernetzungen zu realisieren, tritt als offenkundiges Problem eine exponentiell wachsende Schnittstellenproblematik

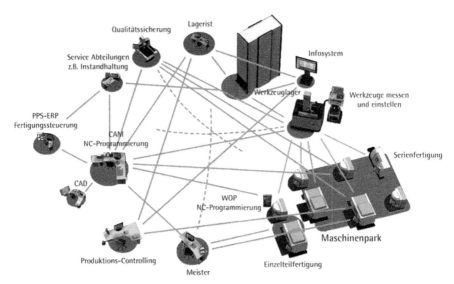

Abb. 3 Schnittstellenprobleme in der Fertigung. (Quelle: Maschinenfabrik Reinhausen)

zutage. Ein durchgängiger Datenfluß in der Fertigung scheitert daher schon an der Vielzahl und Vielfalt der beteiligten Akteure. Im Extremfall kommuniziert jeder Akteur in einer Fertigung mit Hilfe von unterschiedlichen Schnittstellen mit jedem anderen Akteur. Die Aufrechterhaltung eines solchen Systems stößt schnell an Grenzen. Damit bestehen aber Potentiale fort, mit dem Übergang zu einem digital vernetzten Gesamtsystem eine engere Abstimmung von betriebswirtschaftlicher und technischer Informationsverarbeitung (nicht nur) im Fertigungssektor zu erreichen (Abb. 3).

Dazu aber müssen bislang isoliert voneinander existierende Systeme industrieller Infrastruktur miteinander und mit dem Menschen in Verbindung treten können und über Sensorik und Aktorik sowohl ein Echtzeitbild der industriellen Fertigung liefern, als auch mittels eingebetteter Systeme Steuerungseingriffe mit dem Ziel einer effektiven Kopplung mit der Produktionsplanung und einer effizienten Produktionssteuerung auf dem Shopfloor erlauben.

Als Lösungsansatz einer entsprechend intelligenten Vernetzung industrieller Infrastruktur stehen unter anderem sog. *Manufacturing Execution Systeme* (MES) zur Verfügung (Obermaier et al. 2010). Solche Systeme integrieren alle in einer Fertigung Beteiligten horizontal, vertikal, über das Internet und in Echtzeit und erzeugen sog. Cyber-Physische Systeme (CPS) (Abb. 4).

Einerseits fungiert ein MES als Bindeglied zwischen dem PPS- oder ERP-System und der physischen Fertigung (vertikale Integration) und andererseits als Bindeglied zwischen den einzelnen den Fertigungsprozess ausführenden Akteuren (horizontale Integration).

Im Rahmen der vertikalen Integration wird ein vom PPS-System ausgelöster Fertigungsauftrag durch das MES übernommen und auf Shop floor-Ebene gesteuert, bis er abgeschlossen ist. Während das PPS-System Aufträge untereinander plant, koordiniert und terminiert (z. B. durch Vergabe von Start-/Endterminen), kommt dem MES eine

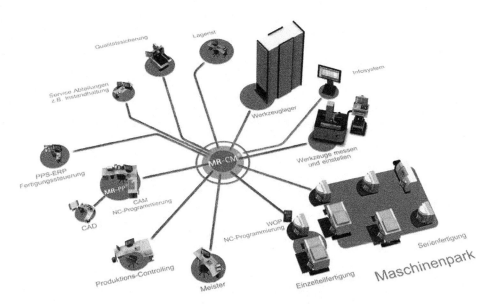

Abb. 4 Manufacturing Execution Systeme als Informationsdrehscheibe einer vernetzten Fertigung. (Quelle: Maschinenfabrik Reinhausen)

Steuerungsaufgabe innerhalb der Abarbeitung der einzelnen Aufträge zu. Zudem werden sowohl Teilschritte als auch abgeschlossene Aufträge zurückgemeldet. Durch diese Rückmeldung wird erreicht, dass das PPS-System seine Auftragsplanung auf „real time"-Daten aufbauen kann und nicht auf Grundlage geplanter Daten rechnen muss. So wird es möglich, dass das PPS-System Aufträge unter Berücksichtigung von aktuell im Bedarfszeitpunkt erhobenen Informationen vergibt (z. B. aktueller Prozessstatus, Maschinenkapazität oder Bestand der Werkzeugmagazine einzelner Maschinen).

Im Rahmen der horizontalen Integration werden die Maschinen durch das MES auf Shop floor-Ebene informationstechnisch vernetzt. Eine wesentliche Aufgabe liegt in der Bereitstellung der nötigen Schnittstellen, um eine Kommunikation zwischen den regelmäßig mit proprietären Datenformaten arbeitenden Maschinen zu ermöglichen (Abb. 5).

Die informationstechnische Realisierung eines MES kann in der Logik einer Client-Server-Architektur erfolgen. Das MES fungiert dabei als zentrale Informationsdrehscheibe in der Fertigung: Die einzelnen Akteure melden ihre Anfragen dem MES, das die geforderten Informationen bei den entsprechenden Akteuren abfragt, diese Informationen gegebenenfalls verknüpft und das Ergebnis der anfragenden Stelle überträgt. Auf diese Weise wird zudem die Anzahl der Kommunikationsschnittstellen der beteiligten Akteure einer Fertigung um ein Vielfaches reduziert, da diese nicht mehr jeweils bilateral, sondern zentral über das MES als „Informationshub" erfolgt (Obermaier et al. 2010). Der Rückgang an Kommunikationsschnittstellen gegenüber bilateraler Kommunikation hilft nicht nur, den Wartungsaufwand und die Fehleranfälligkeit der Datenübermittlung erheblich zu senken, sondern insbesondere, eine integrierte Informationsverarbeitung zu realisieren.

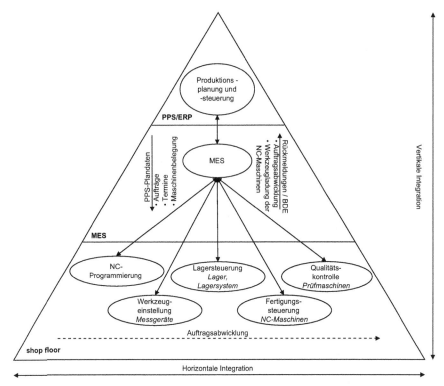

Abb. 5 Manufacturing Execution Systeme in der IT-Gesamtarchitektur von Industriebetrieben

Die betriebswirtschaftlichen Wirkungen von *Manufacturing Execution Systemen* wurden bereits eingehend untersucht (Obermaier und Kirsch 2015a, b). Dabei zeigte sich, dass nicht-wertschöpfende Prozeßschritte und Rüstzeiten erheblich reduziert werden können. Neben diesen quantitativ meßbaren Wirkungen treten auch eine Reihe qualitativer Prozeßverbesserungen auf, die sich in höherer Prozeßstandardisierung, -transparenz, -sicherheit durch intelligente Fehlervermeidung und Qualität niederschlagen. Insgesamt läßt eine intelligente Vernetzung im Bereich der Produktionsprozesse von Industriebetrieben beachtliche Effizienzsteigerungen erwarten.

Dabei wird im Kontext von „Industrie 4.0" durchaus diskutiert, inwieweit MES als Zwischenebene einer hierarchischen IT-Architektur dauerhaft Bestand haben werden, falls Akteure auch unmittelbar miteinander kommunizieren können und die Steuerung zunehmend dezentral verläuft.

Eine zentrale Rolle in dieser Diskussion spielt dabei das Konzept der sog. *Smart Factory*. Darunter wird eine Produktionsumgebung verstanden, in der sich Fertigungsanlagen und Logistiksysteme ohne menschliche Eingriffe weitgehend selbst organisieren. Die technische Basis entspricht weitgehend der von „Industrie 4.0". Grundlage sind Cyber-

Physische Systeme, die mit dem Internet verbunden sind. Zentrales Element der Smart Factory ist dabei die Kommunikation zwischen Produkt (z. B. Werkstück) und Fertigungsanlage. Demnach bringt das Produkt seine Fertigungsinformationen (z. B. Arbeitspläne) in maschinell lesbarer Form selbst mit, z. B. auf einem RFID-Chip; außerdem kennt das Produkt seine Eigenschaften und kann anhand dieser Daten seinen Weg durch die Fertigungsanlage und die einzelnen Fertigungsschritte selbst steuern („selbststeuerndes Werkstück").

Diese Extremform der Selbststeuerung entspringt ebenfalls dem „Neuen Paradigma der Dezentralisierung". Während die klassische PPS-Logik zentral angelegt war und in einem sukzessiv-deterministischen Ansatz Fertigungsaufträge „abarbeitet", haben vielfältige Störungen und Unsicherheiten in realen Produktionsumgebungen diesen klassischen Ansatz rasch an seine Grenzen geführt. Bald wurden daher dezentrale PPS-Systeme diskutiert, die den Fokus insbesondere auf Materialflußorientierung legten. Andere Konzepte der fraktalen, modularen oder virtuellen Fabrik haben versucht, die Fertigung in kleinere Einheiten zu zerlegen und mit lokaler Autonomie zur dezentralen Selbststeuerung auszustatten. Die damit verbundene Loslösung vom zentralen Ansatz hin zu einer völligen Dezentralisierung bedeutet als wesentliche Herausforderung die Optimierung des Gesamtsystems aus dezentralen, lokalen Optima. Welche Aufgaben weiterhin zentral zu lösen wären, ist eine offene Frage. Ebenso, ob damit nicht dieselben Probleme zurückkehren, die sich aus dem vergangenen Versuch einer zentral angelegten Optimierung ergeben. Theoretisch wäre eine dezentral angelegte Optimierung denkbar, wenn alle beteiligten Akteure ihren jeweiligen Zustand kennen und die Zielfunktion eindeutig definiert ist. Praktisch ist jedoch eine enorme Komplexitätssteigerung zu erwarten, die das Extrem der völligen Dezentralisierung so unwahrscheinlich erscheinen lassen, wie das andere (ältere) Extrem der Zentralisierung. Der optimale Dezentralisierungsgrad stellt sich daher nicht nur als praktische sondern auch als theoretische Problemstellung (nicht nur) für Industriebetriebe heraus.

Zusätzlich zu den auf Steigerung der Prozeßeffizienz angelegten Wirkungen der Anwendung von „Industrie 4.0"-Technologien besteht für Unternehmen die Möglichkeit, neben den Prozessen der Produktionsplanung und -steuerung insbesondere die Prozesse der Produktentwicklung ins Auge zu fassen. Dies erlaubt sowohl eine möglichst flexible Fertigung als auch eine stärkere Individualisierung bei der Entwicklung von Produkten. Umgekehrt erfordert natürlich eine individualisierte Produktentwicklung auch eine entsprechend flexible Fertigung, um, dem Konzept der *Mass Customization* entsprechend, den Nutzen der Fertigungsautomatisierung realisieren und zu wettbewerbsfähigen Kosten produzieren zu können (Obermaier und Hofmann 2012).

Damit hat „Industrie 4.0" auch Einfluß auf die Fertigungsstrategie. Hierbei wird klassisch zwischen kundenanonymer (Make-to-stock) und kundenauftragsbezogener Fertigung (Make-to-order) unterschieden. Mischformen lassen sich über das Konzept des *Order Penetration Point* (OPP) verdeutlichen. Dieser beschreibt den Übergang von einer prognosegetriebene Make-to-Stock-Fertigung hin zur kundenauftragsbezogenen Make-to-Order-Fertigung (Kiener et al. 2012, S. 149 f.).

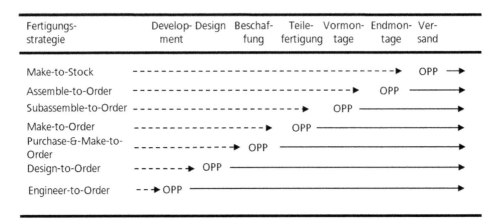

Fertigungs-strategie	Develop-ment	Design	Beschaf-fung	Teile-fertigung	Vormon-tage	Endmon-tage	Ver-sand
Make-to-Stock						OPP	→
Assemble-to-Order					OPP		
Subassemble-to-Order				OPP			
Make-to-Order			OPP				
Purchase-&-Make-to-Order		OPP					
Design-to-Order	OPP						
Engineer-to-Order	OPP						

Abb. 6 Fertigungsstrategien und Order Penetration Point

Als Beispiel sei die nach wie vor herkömmliche Branche der Skihersteller genauer betrachtet. Dort wird bis heute herkömmliche Produktentwicklung betrieben, werden die Bestellungen meist im Frühjahr über Groß- und Einzelhändler auf Sportartikelmessen eingeholt, in „klassischer" PPS-Logik Fertigungsaufträge geplant und sodann über den Sommer mit vergleichsweise hohem manuellen Anteil losweise produziert. Eine Verschiebung des OPP in Richtung Design-to-Order ist bislang nicht möglich. Denkbar wäre aber ein Szenario, in dem Skihersteller z. B. über eine Online-Plattform einen Ski-Konfigurator (ähnlich denen der Automobilindustrie) anbieten, die den Kunden eine enorme Variationsmöglichkeit bei der Produktauswahl bietet und sie nicht lediglich auf den Lagerbestand des Händlers verweist. Eine entsprechende Veränderung der Wertschöpfungsstruktur würde aber auf Fertigungsstrukturen im Sinne einer Smart Factory zurückgreifen können müssen, um die damit verbundene Variantenkomplexität beherrschen zu können.

Während die durchgezogene Linie in Abb. 6 den auftragsgebundenen und die gestrichelte Linie den prognoseabhängigen Anteil der Wertschöpfungsaktivitäten beschreibt, bezeichnet der OPP den Kundenauftragsentkopplungspunkt. Dabei ist zu beachten, dass i. d. R. nur der kundenauftragsbezogene Teil Individualisierung beim Produkt zuläßt, welcher außerdem zeitkritisch ist. Das bedeutet, dass dieser Teil der Wertschöpfung möglichst schnell und deshalb in der Regel möglichst lokal erfolgen muß.

Neben leistungsfähigen Logistiksystemen kommen zur „Verschiebung" des OPP in Richtung zunehmend auftragsgebundener Aktivitäten vor allem sog. *additive Fertigungstechnologien* wie 3D-Druck infrage. Der hier ebenfalls häufig gebrauchte Begriff des *Rapid Manufacturing* bezeichnet dabei allgemein Methoden und Produktionsverfahren zur schnellen und flexiblen Herstellung von Bauteilen und Serien mittels werkzeugloser Fertigung direkt aus den CAD-Daten. Während herkömmliche subtraktive Fertigungsverfahren mittels Werkzeugen durch (entfernende) Bearbeitung (Drehen, Fräsen, Bohren, etc.) eines Rohmaterials ein Werkstück erzeugen, zeichnen sich additive Verfahren dadurch aus, dass additiv, d. h. aufbauend aus formlosem (z. B. Flüssigkeiten, Pulver) oder formneutralem (band-, drahtförmig) Material mittels chemischer oder physikalischer Prozesse ein Werkstück erzeugt wird. Die bekannteste Maschinenklasse stellen dabei die sog. 3D-Drucker dar, die dreidimensionale Werkstücke schichtweise aufbauen.

5.3 Produkte und Dienstleistungen

Das bislang dargelegte Verständnis von „Industrie 4.0" ist auf eine Steigerung der Prozeßeffizienz und eine Flexibilisierung der Fertigungsstrukturen ausgerichtet. Die zweite Stoßrichtung von „Industrie 4.0" hat demgegenüber die Produkte und mögliche Produktinnovationen im Fokus. Dabei handelt es sich um zwei grundsätzlich verschiedene, sich jedoch nicht ausschließende Strategien. Denn während eine mittels „Industrie 4.0"-Technologien flexibilisierte Fertigung zwar einen hohen Individualisierungsgrad der Produkte erlaubt, ist damit keineswegs gesagt, dass die Erzeugnisse einer „Smart Factory" auch „Smart Products" sind. Damit wird die bisherige Betrachtung von „Industrie 4.0" einen wesentlichen Schritt weitergeführt; nämlich von der Etablierung und Anwendung intelligenter, vernetzter Produktionsprozesse hin zur Entwicklung von intelligenten und vernetzten Produkten.

Dadurch wird die Perspektive erweitert: von der Anwender- zur Anbieterseite. Während jene des Anwenders von „Industrie 4.0"-Technologie die Steigerung der Prozeßeffizienz auf Basis von Prozeßinnovationen anstrebt, verfolgt die des Anbieters von „Industrie 4.0"-Lösungen die Etablierung von Produktinnovationen i. S. v. intelligenten, vernetzten Produkten (Abb. 7).

Abb.7 Industrie 4.0-Gestaltungsoptionen

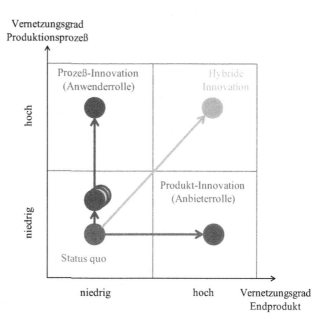

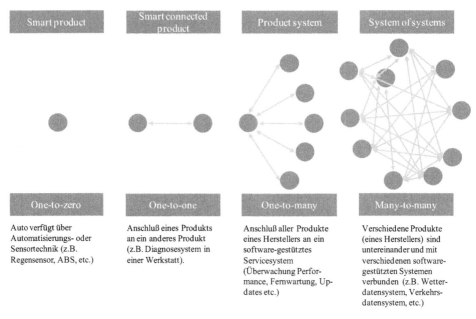

Abb. 8 Von „smarten" Produkten zu vernetzten Produktsystemen

Intelligente, vernetzte Produkte bestehen aus drei Kernelementen: den herkömmlichen physischen Komponenten, eingebetteten intelligenten („smarten") Komponenten und Vernetzungskomponenten.

Physische Komponenten umfassen insbesondere die mechanischen und elektrischen Bauteile eines Produkts. In einem Auto wären das z. B. der Motor, die Reifen oder die Batterie.

Intelligente Komponenten umfassen Sensoren, Aktoren, Mikroprozessoren, Datenspeicher, Steuerungen und Software in einem eingebetteten System. In einem Auto wären das z. B. die Motorsteuerung, das Antiblockiersystem, der regensensitive Scheibenwischer oder eine Antischlupfregelung des Antriebs.

Vernetzungskomponenten umfassen Schnittstellen, Sende- und Empfangseinheiten für drahtgebundene oder drahtlose Kommunikation. Vernetzung kann dabei in drei Formen unterschieden werden: 1) One-to-one, 2) One-to-many und 3) Many-to-many (Abb. 8).

One-to-one: Ein Produkt verbindet sich mit einem anderen Produkt des Benutzers (z. B. das Mobiltelefon oder das Diagnosesystem der Werkstatt mit dem Auto).

One-to-many: Ein zentrales System eines Herstellers ist dauernd oder fallweise mit vielen Produkten verbunden. Das BMW Connected Drive-System ist z. B. mit vielen Fahrzeugen des Herstellers verbunden und kann verschiedene Zusatzdienste anbieten.

Many-to-many: Verschiedene Produkte verbinden sich mit verschiedenen anderen Produkten, häufig unter Nutzung externer Datenbestände (z. B. Wetter- oder Verkehrsdatensysteme, die mit Navigationssystemen eines Autos verbunden sind).

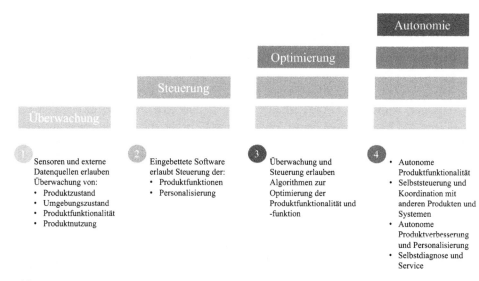

Abb. 9 Funktionen der Vernetzung

Durch die Vernetzung von Produkten (Geräte, Maschinen oder Anlagen) entweder mit einem firmeneigenen System oder dem Internet können Daten ausgetauscht werden; aber vor allem werden die verbundenen physischen Objekte zusätzlich als Datenobjekte in einem Netzwerk repräsentiert; sie werden so zu cyber-physischen Objekten, die leicht zu lokalisieren, zu überwachen oder zu analysieren sind und ihre Funktionalität, ihren Zustand und ihre Anforderungen kennen. Während die Vernetzung von Objekten das „Internet of Things" etabliert, wird die Vernetzung von Menschen und Objekten über das Internet in diesem Zusammenhang auch als „Internet of everything" bezeichnet.

Produkte, die mit dem Internet vernetzt und mit „smart components" ausgestattet sind, können gegenüber nicht-vernetzten Geräten völlig neue Funktionalitäten bieten, wobei umso mehr Funktionalität generiert werden kann, je umfangreicher die Vernetzung angelegt ist. Porter und Heppelmann (2014) unterscheiden dabei vier Funktionalitätsstufen vernetzter Produkte: 1) Überwachung, 2) Steuerung, 3) Optimierung und 4) Autonomie (Abb. 9).

Überwachung erlaubt, den Betriebszustand, die Funktionsfähigkeit und die Umgebung eines Geräts über Sensoren und externe Datenquellen zu erfassen. Dadurch wird es möglich, Benutzer auf geänderte Betriebszustände und erforderliche Wartungsmaßnahmen hinzuweisen. Ebenso kann aber auch die Nutzung des Geräts selbst Gegenstand einer Überwachung sein, um so z. B. mehr über das Nutzungsverhalten herauszufinden. Diese Informationen haben Einfluß auf die Entwicklung von Produkten oder das produktbegleitende Serviceangebot.

Die *Steuerung* von intelligenten, vernetzten Geräten kann sowohl durch externe Signalübermittlung als auch durch integrierte Selbststeuerungsalgorithmen erfolgen. Dabei kann z. B. auf Betriebszustände oder Umgebungseinflüsse reagiert werden. Zudem erlaubt es eine weitergehende Produktindividualisierung durch interaktives Lernen aus der Nutzung des Gerätes. Dadurch erlauben intelligente, vernetzte Produkte eine softwarebasierte Individualisierung (statt hardwarebasierten Produktvarianten), während die standardisierte Hardware massenweise kostengünstig produziert werden kann.

Die Möglichkeit zur *Optimierung* basiert auf den entstehenden Überwachungsdaten vernetzter Geräte. Dadurch kann unter Einsatz von integrierter (oder durch Vernetzung verfügbarer) Software z. B. die Leistung, die Auslastung oder die Effizienz eines Produkts gesteigert werden. Ein prominenter Anwendungsfall ist die sog. Preventive Maintenance. Hier sollen Daten laufend gemessener Aggregatszustände Muster erkennen, die Anomalien im Systemverhalten aufdecken und damit einen bevorstehenden Maschinenausfall vorhersagen können, um frühzeitige Wartungsmaßnahmen ergreifen und einem Ausfall damit vorbeugen zu können.

Die Kombination von Überwachung, Steuerung und Optimierung erlaubt es zudem, intelligente, vernetzte Produkte zunehmend mehr *Autonomie* übernehmen zu lassen. Autonome Produkte erkennen ihre Einsatznotwendigkeit selbst, steuern und optimieren ihre Funktion und überwachen dabei ihren Zustand. Beispiele dafür sind die in Haushalten bereits erfolgreich im Einsatz befindlichen Mähroboter. Diese mähen selbständig, umfahren Hindernisse, nehmen Steigungen, laden bei Bedarf ihre Akkus selbst wieder auf, melden Wartungsbedarf und aktualisieren das Betriebssystem.

Die durch Vernetzung möglichen zusätzlichen Funktionalitäten eröffnen Unternehmen die Möglichkeit, *produktbegleitende Dienstleistungen* („Smart Services") anzubieten. Diese basieren darauf, dass intelligente und vernetzte Produkte auch nach dem Verkauf „Kontakt" zum Hersteller halten und so eine weitergehende Wertschöpfung ermöglichen, indem die Hersteller ihre Produkte über den gesamten Lebenszyklus begleiten und dem Nutzer laufend Zusatzdienste anbieten können.

Als besondere Herausforderungen für Unternehmen sind insbesondere der nötige Aufbau an IT-Infrastruktur und die Berücksichtigung von Aspekten des Datenschutzes und der IT-Sicherheit zu nennen. Was die Entwicklung der „richtigen" Zusatzdienste angeht, stehen Unternehmen vor den Fragen, welche Funktionalitäten angeboten werden sollen, ob dafür intern ausreichend Kompetenz vorhanden ist oder ob z. B. ein offenes Plattformsystem oder ein geschlossenes System angeboten werden soll.

5.4 Geschäftsmodelle

Nachdem nunmehr die zwei wesentlichen Entwicklungsrichtungen von „Industrie 4.0" mit der Steigerung der Prozeßeffizienz auf der einen und der Ausweitung der Produkteffektivität auf der anderen Seite entwickelt wurden, stellt sich nun die Frage, inwieweit die aufgezeigten Gestaltungsfelder Auswirkungen auf die Geschäftsmodelle von Industriebetrieben haben. Die dahinter liegende Hypothese lautet, dass die durch „Industrie 4.0" angestoßene digitale Transformation und Vernetzung von industrieller Infrastruktur, Menschen und Produkten die etablierten Geschäftsmodelle von Industriebetrieben erheblich verändern werden. Als Gründe machen Iansiti und Lakhani (2014) drei Eigenschaften von Digitalisierung und Vernetzung aus:

- Digitale Informationen können verlust- und fehlerfrei übertragen werden.
- Digitale Informationen können unendlich oft und abnutzungsfrei repliziert werden.
- Die Etablierung einer Netzwerkinfrastruktur erlaubt die Übermittlung digitaler Informationen an die Kunden zu Grenzkosten nahe null.

Eben diese Eigenschaften einer exakten, unendlich oft wiederholbaren Replikation zu Grenzkosten von null ermöglichen es Unternehmen, ihre Geschäftsprozesse und Produkte zu skalieren, vorausgesetzt, sie sind digitalisiert und vernetzt. Zu zeigen, inwieweit diese Eigenschaften Geschäftsmodelle von Unternehmen transformieren, ist Gegenstand der weiteren Ausführungen.

Ein *Geschäftsmodell* kann dabei durch zwei Kernelemente beschrieben werden: Wie schafft ein Unternehmen Wert (i. S. v. Nutzen) für seine Kunden? Und wie generiert es aus diesem Kundennutzen einen Wert (i. S. v. Gewinn) für das Unternehmen? Während der erste Teil den vom Kunden wahrgenommenen Nutzen und die dazu erforderlichen Geschäftsprozesse betont, thematisiert der zweite Teil das Erlösmodell und die Kosten. Entscheidend ist nun zu verstehen, inwieweit die „Industrie 4.0"-Charakteristika Automatisierung, Digitalisierung und Vernetzung auf diese Elemente eines Geschäftsmodells einwirken.

General Electric (GE) gilt in den USA als Vorreiter in Sachen „Industrial Internet"; dem amerikanischen Pendant von „Industrie 4.0". Während GE über lange Zeit den Großteil seines Umsatzes durch den Verkauf von Produkten generierte, wurde schon vor mehr als zehn Jahren damit begonnen, zunehmend sog. *Contractual Service Agreements* (CSA) mit den Kunden zu schließen, um daraus erhebliche Umsatzanteile zu generieren. Wesentlicher Bestandteil dieser CSAs ist eine Risikoteilung zwischen Hersteller und Kunden und eine Reduktion der Total Cost of Ownership (TCO): den Kunden konnte eine Aufrechterhaltung der Betriebsbereitschaft (einschließlich Diensten wie Preventive Maintenance und Instandhaltung) garantiert werden, während GE dafür laufende Servicegebühren erhält (Abb. 10).

Durch die umfassende Digitalisierung und Vernetzung von Produkten, Maschinen und Anlagen können Hersteller weitergehende Funktionalitäten (Überwachung, Steuerung, Optimierung und Autonomie) im Rahmen ihres Produkt- und Serviceangebotes machen.

GE beispielsweise generiert Kundennutzen, indem es über Sensoren an Turbinen laufende Zustandsinformationen gewinnt, die dazu genutzt werden können, die Anlagenleistung zu erhöhen und die Auslastung durch Preventive Maintenance zu verbessern. Diesen zusätzlichen Kundennutzen schöpft GE ab, indem die Kunden einen Anteil an zusätzlich generiertem Umsatz oder eingesparten Kosten an GE für dieses *Produkt-Service-System* zur optimierten Anlagennutzung bezahlen.

Ebenfalls unter diese Kategorie fällt das *Google Nest*-Projekt. Hierbei handelt es sich um Thermostate für den Heimbereich, die gemessene Raumtemperaturen digitalisieren, über intelligente Komponenten eine Steuerung der Heizanlage von der Heizölbeschaf-

Kundennutzen

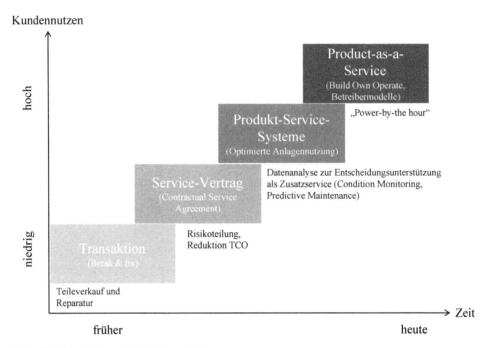

Abb. 10 Geschäfts- und Betreibermodelle

fung bis hin zu einer Steuerung der kompletten Hausklimatisierung übernehmen und diese Daten zudem über eine Internetverbindung an einen Cloud-Service übermitteln, um eine Steigerung der Anlageneffizienz zu erreichen, indem z. B. weitere Informationen über Wettervorhersagen, den Aufenthaltsort der Bewohner etc. integriert werden. Erlöse generiert *Google Nest* zum einen über den Verkaufspreis der Geräte und zum anderen über aggregierte Energieverbrauchsdaten, die Energieversorgungsunternehmen angeboten werden, und einen Anteil an den Kosteneinsparungen der Endkunden.

Eine weitere Entwicklung der Geschäftsmodelle besteht in *Betreibermodellen* nach dem Muster „the product as a service". Dabei betreiben Hersteller von Maschinen und Anlagen diese selbst, während die Kunden nur für die empfangene Leistung bezahlen. Die Annahme hinter diesen Modellen ist, dass der Hersteller den Betrieb seiner Anlagen durch Digitalisierung und Vernetzung besonders effizient bewerkstelligen kann, während der Kunde sein gebundenes Kapital reduziert und statt für ein Produkt lediglich für eine Dienstleistung bezahlt. Beispiele für derartige Modelle gibt es schon einige: *Rolls Royce* verkauft seine Triebwerke nicht mehr mit den Flugzeugen, sondern rechnet mit den Fluggesellschaften über die Flugstunden ab und übernimmt dafür laufende Wartung, Instandhaltung und Reparatur. Hersteller von Kompressoren verkaufen nach diesem Modell Druckluft statt Geräte, Hersteller von Bohrmaschinen entsprechend gebohrte Löcher (bzw. Einsatzstunden; Schlagwort „power by the hour"). Damit transformiert sich das Geschäftsmodell von Industriebetrieben weg vom Verkauf physischer Produkte hin zu einem Angebot entsprechender Dienstleistungen („Servitization").

Tab. 2 Plattform-Akteure

Akteur	Plattform-Anbieter	Dienste-Anbieter	Endkunde (Daten-Anbieter)	Plattform-Enabler
Beispiel	Hersteller (z. B. Apple, Ford)	App-Programmierer	User, Autofahrer	OpenXC, Bluetooth
Kernaufgaben	Steigerung der Menge an verfügbaren Daten	Definition des zu bedienenden Kundennutzens (value proposition)	Auswahl der Plattform	Ausrichtung der Kommunikation der Devices auf ausgewählte Plattformen
	Auswahl der Anbieter, die Mehrwert auf Plattform generieren können	Auswahl der Plattformen mit den besten Aussichten	Bestimmung der Plattform, die den besten Mehrwert aus den Daten generiert	

Alternative Erlösmodelle „monetarisieren" die im Rahmen der Produktnutzung entstehenden Daten durch Verkauf an Dritte. Dieses Modell ist derzeit im Rahmen vieler Internetdienste vorherrschend (v. a. *Google* oder *Facebook*). Eine Variante ist das sog. Freemium-Modell, bei dem eine Basisversion eines Dienstes kostenlos („free") verbreitet wird, während leistungsfähigere Premiumversionen nur gegen Entgelt benutzt werden können (Anderson 2009). Wiederum alternativ sind Plattformdienste, deren Grundgedanke in einer Aufteilung des Geschäftsmodells auf mehrere Akteure (Plattformanbieter, Diensteanbieter, Plattform-Enabler, Endkunden) erfolgt (Tab. 2).

Ein Beispiel für die Etablierung einer Softwareplattform ist der von *Apple* betriebene *App Store* für *iPhone*- und *iPad*-Anwendungen. Durch die Öffnung der Plattform gegenüber Anwendungsentwicklern haben Endkunden mehrere hunderttausend Anwendungsprogramme zur Auswahl. *Apple* erhält im Standardfall einen fixen Prozentsatz (z. B. 30 %) der über die Plattform erzielten Umsätze. In der Automobilindustrie ist z. B. *Ford* dabei, mit *OpenXC* eine Plattform zu etablieren, die als Kombination aus Open Source-Hardware und -Software Autos mit Anwendungen erweiterbar und individualisierbar machen soll. Den Entwicklern wird über einen offenen Standard Zugang zu einer Menge anfallender Daten geboten, auf denen basierend Zusatzdienste in Form von Anwendungen programmiert und angeboten werden können.

Schließlich entwickeln sich derzeit *hybride Geschäftsmodelle*, die sowohl auf digital vernetzten Geschäftsprozessen als auch auf digital vernetzten Produkten basieren. Derartige Ansätze können insbesondere disruptives Potential entwickeln, da sie in der Lage sind, etablierte Produkte und Dienste zu verdrängen, wenngleich sie in der Startphase noch nicht den derzeit vorherrschenden Kundenerwartungen voll entsprechen mögen. Das disruptive Potential besteht jedoch gerade darin, dass etablierte Unternehmen diese Innovationen zunächst unterschätzen, weil die Produktperformance zunächst inferior ist, sich etablierte Produkte im Zeitablauf aber von den Kundenerwartungen entfernen können (oder sich die Kundenerwartungen von etablierten Produkten weg entwickeln) und plötz-

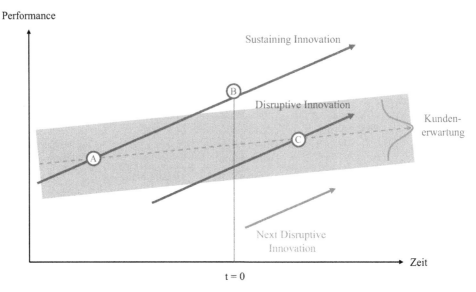

Abb. 11 Disruptive Innovationen

lich die vermeintlich inferioren Lösungen im Zentrum der Kundenerwartungen stehen (Christensen 1997) (Abb. 11).

Ein Beispiel hierfür ist das *Google Car Project*. Neben der Entwicklung eines autonom fahrenden Autos mit entsprechender Sensorik und Aktorik zeichnet sich das Projekt dadurch aus, dass ein innovatives Mobilitätskonzept verfolgt wird: nicht der Besitz eines Autos, sondern der Zugang zu Mobilität steht im Vordergrund. Die dabei anfallenden Mobilitätsdaten können Teil des Geschäftsmodells werden. Zu nennen wäre hier aber auch das Google-Projekt *SketchUp*, das im Bereich Produktentwicklung plattformbasiert die Möglichkeit zur 3D-Modellierung bietet. Dabei können von den Nutzern relativ einfach CAD-Programme online erstellt, gespeichert, getauscht und heruntergeladen werden. In Verbindung mit Herstellern können diese Entwürfe in reale Produkte umgesetzt werden. Dazu ist lediglich eine Übermittlung des CAD-Programms an einen Produzenten nötig, auf dessen Maschinenkapazität zugegriffen werden kann. Eine entsprechend integrierte Plattformlösung von der CAD-Software bis zum Versand des fertigen Produkts an den Nutzer bietet z. B. *eMachineshop*. Damit können sich zudem Betreiber von digital vernetzten CNC-Maschinen oder 3D-Druckern auf einen Marktplatz für Fertigungskapazitäten begeben. Ein weiteres Szenario ist die sog. *Maker Economy*, die in ferner Zukunft die fabrikweise Massenproduktion zurückdrängen könnte, indem lokale, private 3D-Drucker unmittelbar individuelle Produktnachfragen befriedigen können (Anderson 2012).

6 Fazit

„Industrie 4.0" bezeichnet eine Form industrieller Wertschöpfung, die durch Digitalisierung, Automatisierung sowie Vernetzung aller an der Wertschöpfung beteiligten Akteure charakterisiert ist und auf Prozesse, Produkte oder Geschäftsmodelle von Industriebetrieben einwirkt. Damit rückt für Unternehmen die betriebliche Leistungserstellung wieder verstärkt in den Mittelpunkt betriebswirtschaftlicher Betrachtungen.

Die Gestaltungsoptionen für Unternehmen lassen sich grundsätzlich in zwei Richtungen hin unterscheiden. Zum einen können Unternehmen in der Rolle des „Industrie 4.0"-Anwenders versuchen, die sich aus den technischen Möglichkeiten von Automatisierung, Digitalisierung und einer intelligenten Vernetzung industrieller Infrastruktur ergebenden Potentiale betriebswirtschaftlich zu nutzen und durch eine Steigerung der Prozeßeffizienz an Wettbewerbsfähigkeit zuzulegen. Dies kann operativ aber auch strategisch (i. S. e. Verbesserung von Wertschöpfungsstrukturen) angelegt sein; z. B. durch eine Flexibilisierung der Produktion und damit verbundener Individualisierung der Produkte durch Verschiebung des Order Penetration Point.

Zum anderen können Unternehmen in der Rolle des „Industrie 4.0"-Anbieters versuchen, intelligente und vernetzte Produkte und damit verbundene Dienstleistungen bis hin zu innovativen Geschäftsmodellen zu entwickeln. Die Kernidee dieses Vorgehens beruht auf dem Konzept digitaler Ubiquität, d. h. der grenzenlosen Möglichkeit zur digitalen Vernetzung von Objekten („Internet of Things"). Das damit verbundene wettbewerbsrelevante Paradigma ist nicht primär die Verdrängung bestehender Lösungen, sondern die Digitalisierung, Vernetzung und Neukonfiguration bestehender Produkte und Dienste. Hybride Ansätze, die sowohl auf digital vernetzten Wertschöpfungsprozessen als auch digital vernetzten Produkten basieren, können hingegen auch disruptives Potential entwickeln.

Die Realisierung der Produktionsvision „Industrie 4.0" kann dabei schrittweise erfolgen. Ausgehend von einer intelligenten Vernetzung industrieller Infrastruktur bieten sich enorme Möglichkeiten zur Verbesserung der Effizienz industrieller Wertschöpfungsprozesse. Mit Blick auf Produkte und Dienstleistungen geht es darum, diese mit intelligenter Vernetzung auszustatten und so Mehrwertdienste zu etablieren. Darauf aufbauend lassen sich innovative Erlös- und Geschäftsmodelle entwickeln.

Grundsätzlich stehen Industriebetrieben beide strategischen Stoßrichtungen im Rahmen der „Industrie 4.0" offen. Die Steigerung der Prozeßeffizienz wird zur Erhaltung wettbewerbsfähiger Kostenstrukturen als notwendig einzuschätzen sein. Sie wird derzeit sehr stark von technisch orientierten deutschen Industrieunternehmen verfolgt. Demgegenüber steckt die Entwicklung intelligenter, vernetzter Produkte und Dienstleistungen und damit verbundenen Geschäftsmodellinnovationen noch in den Kinderschuhen. Besonders in den USA treten in diesem Bereich Unternehmen auf, die bislang eher aus der IT und weniger aus der industriellen Fertigung stammen. Der damit bevorstehende Wettbewerb um die Vorherrschaft in der sog. vierten industriellen Revolution zeichnet sich deutlich ab (Obermaier 2014).

Für Industriebetriebe bestehen daher die wesentlichen Herausforderungen neben der Steigerung der Prozeßeffizienz vor allem im Aufbau von Kompetenzen im Bereich intelligent vernetzter Produkte und Dienstleistungen und entsprechenden Geschäftsmodellinnovationen. Hierbei wird sich zeigen, ob bislang etablierte Industrieunternehmen fähig sein werden, in dieser bevorstehenden Branchentransformation bestehen zu können, oder ob eher Unternehmen aus dem Bereich der IT ihre Kompetenzen in Richtung industrieller Produktion hin entwickeln können. Inwieweit Start-ups disruptives Potential entwickeln und damit etablierte Branchenstrukturen in Frage stellen können, ist eine derzeit noch offene aber gerade deshalb enorm spannende Frage.

Literatur

Aghion, P., & Howitt, P. (2009). *The economics of growth.* Cambridge: The MIT Press.

Agiplan. (2015). Erschliessen der Potenziale der Anwendung von „Industrie 4.0" im Mittelstand.

Anderson, C. (2009). *Free: The future of a radical price.* New York: Hyperion.

Anderson, C. (2012). *Makers: The new industrial revolution.* London: Random House.

Astrop, A. (21. November 1979). Factory of the future is no place for man. *Machinery and Production Engineering,* S. 23–26.

Autor, D. H. (2015). Why are there still so many jobs? The history and future of workplace automation. *Journal of Economic Perspecitves, 29*(3), 3–30.

BCG. (2015). *Industry 4.0 – The future of productivity and growth in manufacturing industries.*

BITKOM. (2014). *Industrie 4.0 – Volkswirtschaftliches Potenzial für Deutschland, Berlin.*

BMBF. (2014). Industrie 4.0 – Informationstechnologie für die vierte industrielle Revolution. http://www.bmbf.de/de/9072.php.

Bohr, K. (1979). Produktionsfaktorsysteme. In W. Kern (Hrsg.), *Handwörterbuch der Produktionswirtschaft* (S. 1481–1494). Stuttgart: Schäffer-Poeschel.

Bohr, K. (1992). Wirtschaftlichkeit. In K Chmielewicz & M. Schweitzer (Hrsg.), *Handwörterbuch des Rechnungswesens* (3. Aufl., S. 2181–2188). Stuttgart: Schäffer-Poeschel.

Bohr, K. (1993). Effizienz und Effektivität. In W. Wittmann et al. (Hrsg.), *Handwörterbuch der Betriebswirtschaft* (5. Aufl., S. 855–869). Stuttgart: Schäffer-Poeschel.

Brynolffsson, E., & McAfee, A. (2014). *The second machine age – Wie die nächste digitale Revolution unser aller Leben verändern wird.* Kulmbach: Plassen Verlag.

Chesbrough, H. W. (2003). *Open innovation. The new imperative for creating and profiting from technology.* Boston: Harvard Business School Press.

Christensen, C. M. (1997). *The innovator's dilemma: When new technologies cause great firms to fail.* Boston: Harvard Business School Press.

Clark, G. (2007). *A farewell to alms: A brief economic history of the world.* Princeton: Princeton University Press.

Davenport, T. H., & Kirby, J. (Juni 2015). Beyond automation – Strategies for remaining gainfully employed in an era of very smart machines. *Harvard Business Review,* S. 59–65.

Drumm, H. J. (1996). Paradigma der neuen Dezentralisierung. *DBW – Die Betriebswirtschaft, 56*(1), 7–20.

EFFRA. (2013). *Factories of the future – Multi-annual roadmap for the contractual PPP under horizon 2020.*

Foresight. (2013). *The future of manufacturing: A new era of opportunity and challenge for the UK, Project Report.* London: The Government Office for Science.

Fourastié, J. (1949). *Le Grand Espoir du XXe siècle. Progrès technique, progrès économique, progrès social*. Paris: Presses Universitaires de France.

Guerrieri, P., & Meliciani, V. (2005). Technology and international competitiveness: The interdependence between manufacturing and producer services. *Structural Change and Economic Dynamics, 16*, 489–502.

Gutenberg, E. (1971). *Die Produktion* (18. Aufl.). Berlin: Springer Verlag.

Iansiti, M., & Lakhani, K. R. (November 2014). Digital ubiquity – How connections, sensors, and data are revolutionizing business. *Harvard Business Review*, S. 91–99.

Kiener, S., Maier-Scheubeck, N., Obermaier, R., & Weiß, M. (2012). *Produktions-Management* (10. Aufl.). München: Oldenbourg Verlag.

Kops, L. (1980). Towards the factory of the future – Emergence of the computerized factory and its impact on society. Presented at the Winter Annual Meeting of the American Soc. of Mechanical Engineers, Chicago, Ill., Nov. 16–21.

Korotayev, A. V., & Tsirel, S. V. (2010). A spectral analysis of world GDP dynamics: Kondratiev waves, Kuznets swings, Juglar and Kitchin cycles in global economic development, and the 2008–2009 economic crisis. *Structure and Dynamics, 4*(1), 3–57.

Marsh, P. (2012). *The new industrial revolution – Consumers, globalization and the end of mass production*. New Haven: Yale University Press.

McKinsey. (2012). *Manufacturing the future: The next era of global growth and innovation*.

Mokyr, J., Vickers, C., & Ziebarth, N. L. (2015). The history of technological anxiety and the future of economic growth: Is this time different? *Journal of Economic Perspecitves, 29*(3), 31–50.

Obermaier, R. (2014). „USA sind bei Industrie 4.0 im Vorteil". Produktion, 2015, Nr. 3–4, S. 11.

Obermaier, R., & Hofmann, J. (2012). Cost efficient mass customization with web-based manufacturing execution systems. *International Journal of Mass Customisation (Inderscience), 4*(3–4), 195–207.

Obermaier, R., & Kirsch, V. (2015a). Betriebswirtschaftliche Wirkungen digital vernetzter Fertigungssysteme – Eine Analyse des Einsatzes moderner Manufacturing Execution Systeme in der verarbeitenden Industrie. In R. Obermaier (Hrsg.), *Industrie 4.0 als unternehmerische Gestaltungsaufgabe*.

Obermaier, R., & Kirsch, V. (2015b). Wirtschaftlichkeitseffekte von Industrie 4.0-Investitionen – Ex post-Analysen bei der Einführung eines Manufacturing Execution Systems. *Zeitschrift Controlling, 27*(8/9), 493–503.

Obermaier, R., Hofmann, J., & Kellner, F. (2010). Web-basierte Fertigungssteuerung in der Praxis: Produktivitätssteigerungen mit dem Manufacturing Execution System MR-CM©. *HMD – Praxis der Wirtschaftsinformatik*, (272), 49–59.

Otto, A., & Obermaier, R. (2009). How can supply networks increase firm value? A causal framework to structure the answer. *Logistics Research (Springer Verlag), 1*(3/4), 131–148.

Pierenkemper, T. (1996). *Umstrittene Revolutionen. Die Industrialisierung im 19. Jahrhundert*. Frankfurt a. M.: Fischer.

Pine, B. J. (1993). *Mass customization: The new frontier in business competition*. Boston: Harvard Business.

Plattform Industrie 4.0. (2014). Industrie 4.0 – Whitepaper FuE-Themen. http://www.plattform-i40.de/sites/default/files/Whitepaper_Forschung%20Stand%203.%20April%202014_0.pdf.

Porter, M. E., & Heppelmann, J. E. (November 2014). How smart, connected products are transforming competition. *Harvard Business Review*, S. 65–88.

Promotorengruppe Kommunikation der Forschungsunion Wirtschaft – Wissenschaft (2012). Bericht der Promotorengruppe Kommunikation. Im Fokus: Das Zukunftsprojekt Industrie 4.0 – Handlungsempfehlungen zur Umsetzung.

PwC. (2014). *Industrie 4.0 – Chancen und Herausforderungen der vierten industriellen Revolution*.

Rifkin, J. (2011). *The third industrial revolution. How lateral power is transforming energy, the economy, and the world*. Basingstoke: Palgrave MacMillan.

Rifkin, J. (2014). *The zero marginal cost society: The internet of things, the collaborative commons, and the eclipse of capitalism*. Basingstoke: Palgrave Macmillan.

Rowthorne, R., & Ramaswamy, R. (1999). Growth, trade and deindustrialization. *IMF Staff Papers, 46*(1), 18–41.

Scheer, A.-W. (1987). *CIM – Der computergesteuerte Industriebetrieb*. Berlin: Springer Verlag.

Szirmai, A. (2012). Industrialisation as an engine of growth in developing countries, 1950–2005. *Structural Change and Economic Dynamics, 23,* 406–420.

UNIDO. (2013). The industrial competitiveness of nations – looking back, forging ahead, competitive industrial performance report 2012/2013.

Zuboff, S. (1988). *In the age of the smart machine: The future of work and power*. New York: Basic.

Industrie 4.0: Von der Vision zur Implementierung

August-Wilhelm Scheer

1 Was verbirgt sich hinter Industrie 4.0?

Der Terminus Industrie 4.0 (I4.0) ist aus einer Arbeitsgruppe der Forschungsunion zur Erarbeitung der Vision einer zukünftigen Industriegesellschaft unter Einfluss des Internets hervorgegangen. Insbesondere ist er von den Leitern dieser Gruppe Prof. Dr. *Henning Kagermann*, Prof. Dr. Dr. h.c. mult. *Wolfgang Wahlster* sowie Prof. Dr. *Wolf-Dieter Lukas* geprägt worden. (Die Forschungsunion ist eine vom BMBF eingerichtete Gruppe von Vertretern aus Forschung, Wirtschaft und Gesellschaft zur Erarbeitung von Leitlinien für die High Tech-Strategie der Bundesregierung gewesen, der auch der Verfasser angehörte).

Der Begriff soll die durch das Internet ausgelöste vierte industrielle Revolution beschreiben. Die Zählweise wird dabei mit der Erfindung der Dampfmaschine, der Fließbandorganisation, der Automatisierung und nun dem Interneteintritt in die industrielle Organisation begründet. Diese Zählweise ist umstritten, so spricht z. B. der bekannte Zukunftsforscher *Jeremy Rifkin* lediglich von der dritten industriellen Revolution (vgl. Rifkin 2014). Wenn man kein ‚angeborenes' Charisma besitzt, können einige Verhaltensweisen konkrete Hilfen geben.

Wie dem auch sei, hat sich der Begriff I4.0 rasend schnell verbreitet und in Wissenschaft und Praxis als ein herausforderndes Schlagwort durchgesetzt. So haben sich z. B. die großen Wirtschaftsverbände *ZVEI*, *VDMA* und *BITKOM* unter dem Dach des *BDI* zur Erarbeitung einer gemeinsamen Plattform für I4.0 zusammengetan und in nahezu jedem

---

Der Inhalt dieses Whitepapers erscheint als Beitrag in der Fachzeitschrift CONTROLLING.

A.-W. Scheer (✉)
Scheer Holding, Uni-Campus Nord, 66123 Saarbrücken, Deutschland
E-Mail: scheer@scheer-holding.com

© Springer Fachmedien Wiesbaden 2016
R. Obermaier (Hrsg.), *Industrie 4.0 als unternehmerische Gestaltungsaufgabe*,
DOI 10.1007/978-3-658-08165-2_2

größeren Industrieunternehmen ist I4.0 ein Diskussionsthema. In der USA wird das Thema von dem *Industrial Internet Consortium* (IIC), dem die wesentlichen großen Industrie- und IT-Unternehmen angehören, behandelt. Auch deutsche Unternehmen arbeiten im *IIC* mit.

Auch die wissenschaftlichen Fach-Organisationen der deutschen Betriebswirtschaftslehre nehmen sich (etwas zu zögerlich) des Themas I4.0 an. Dabei ist zu beachten, dass die Organisation des Industriebetriebes für die BWL, insbesondere durch die Arbeiten von Erich Gutenberg und seiner Schule, immer eine besondere Bedeutung besessen hat. Viele Planungsverfahren und das Rechnungswesen sind zunächst für den Industriebetrieb entwickelt worden.

Mit der Erfindung des Schlagwortes I4.0 ist aber noch nicht automatisch verbunden, dass auch seine Inhalte kompetent beherrscht und umgesetzt werden können. Daher gilt es für die deutsche Wissenschaft und Industrie zu zeigen, dass nicht nur eine Vision erarbeitet wurde, sondern diese auch kompetent umgesetzt werden kann.

Die Definitionen für I4.0 sind vielfältig und komplex. Viele erstrecken sich auf über eine halbe DIN A4 Seite und sind sehr technisch ausgerichtet. Insbesondere wird häufig der Schwerpunkt einseitig auf die Fabrikautomatisierung gerichtet. Hier soll dagegen gezeigt werden, wie sich die neuen Informationstechniken unter Führung des Internets (insbesondere des Internets der Dinge) auf alle wesentlichen Funktionen des Industriebetriebs auswirken und zu neuen Businessmodellen mit neuen Produkten und Dienstleistungen sowie Geschäftsprozessen führen. Diese auch als Digitalisierung der Wirtschaft bezeichnete Entwicklung wirkt sich auf alle Branchen aus, sodass I4.0 auch nur eine herausgehobene Betrachtung einer einzelnen Branche ist.

Mit dem Begriff Internet der Dinge wird ausgedrückt, dass nicht nur Menschen über das Internet kommunizieren, sondern auch alle „Dinge" wie Materialien, Produkte und Maschinen. Hierbei werden zur Kommunikation Konventionen des Internets (Internet-Protokoll IP) verwendet, insbesondere erhält jedes „Ding" eine IP-Adresse. Mit der neuen Form IPv6 stehen 3,4 mal 10 hoch 38 Adressen zur Verfügung, sodass die Adressvergabe keine technische Hürde ist. Es wird deshalb auch in diesem Zusammenhang von dem „Internet of everything" gesprochen.

In dem vorliegenden Beitrag soll zunächst ein Überblick über betriebswirtschaftlich relevante Ansatzpunkte für I4.0 gegeben werden, dann aber der Schwerpunkt auf gegenwärtig zu beobachtende Implementierungsstrategien von Unternehmen gelegt werden. Hierbei greift der Verfasser auch auf Erfahrungen zurück, die er mit acht innovativen IT-Unternehmen der *Scheer Group* aus Forschungs-, Beratungs- und Implementierungsprojekten gesammelt hat.

2   Betriebswirtschaftliche Treiber von I4.0

Allein die Verfügbarkeit einer neuen Technologie besagt noch nicht, dass ihr Einsatz auch wirtschaftlich gerechtfertigt ist, also Industrieunternehmen einen Nutzen erzielen. Dieser wird häufig erst durch neue organisatorische Möglichkeiten erbracht.

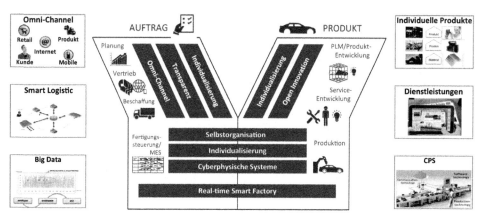

Abb. 1 Industrie 4.0: The big change

Die wesentlichen neuen Technologien von I4.0 sowie insbesondere die den Nutzen erzeugenden betriebswirtschaftlichen Treiber werden im Folgenden herausgearbeitet.

In dem Y-Modell der Abb. 1 werden die wesentlichen produktiven Prozesstypen eines Industriebetriebes vorgestellt, an denen die betriebswirtschaftlichen Wirkungen von I4.0 diskutiert werden. Das Modell geht auf Arbeiten des Verfassers in den 80er Jahren zum Thema Computer Integrated Manufacturing (CIM) zurück (vgl. Scheer 1990). Dort wurden bereits ähnliche Gedanken erörtert, die damals wegen der noch nicht ausgereiften Informationstechnologie nicht realisiert werden konnten, heute aber mit den neuen Technologien aufgegriffen und erweitert werden können.

Zur Illustration werden in das Y-Modell grafische Symbole zur Bezeichnung der Funktionen angegeben und außerhalb des Randes wesentliche mit I4.0 verbundene Technologien gekennzeichnet. Die in den Balken eingetragenen Begriffe bezeichnen die betriebswirtschaftlichen Treiber.

Die oberen Teile des Y-Modells bezeichnen Planungsaktivitäten, der untere Teil die kurzfristige Steuerungs- und Realisierungsebene.

Der linke Zweig des Y-Modells bezeichnet die durch Aufträge getriebenen Geschäftsprozesse eines Industriebetriebes. Aus den Kundenaufträgen werden die für die benötigten Materialien und Ressourcen erforderlichen Beschaffungsaufträge und für die zu produzierenden Teile die Fertigungsaufträge abgeleitet. Die Planung und Steuerung dieser Aufträge wird auch als Logistik bezeichnet. Externe Logistik bezeichnet dabei die Beziehungen zu Kunden und Lieferanten; interne Logistik die interne Auftragsabwicklung.

Der rechte Zweig des Y-Modells bezeichnet die durch die herzustellenden Produkte benötigten Prozesse. Die Forschungs- und Entwicklungsprozesse im rechten oberen Bereich erzeugen durch Einsatz von CAD/CAE-Systemen die geometrischen Produktbeschreibungen und durch die Arbeitsplanung die Fertigungsvorschriften (Arbeitspläne). Von der Fabrikplanung werden die benötigten maschinellen Ressourcen definiert.

In der Fabrik sind die logistischen und produktbezogenen Prozesse eng verbunden. Hier werden die zu produzierenden Teile nach Art, Menge, Zeit und Qualität mittels der

Fertigungsvorschriften den Ressourcen zugeordnet, die Fertigung zeitnah gesteuert und die Ergebnisse erfasst. Die erzeugten Produkte werden anschließend dem Versand übergeben und an die Kunden ausgeliefert.

Die Finanzbuchhaltung und das Controlling begleiten aus der Wertesicht alle Prozesse, stehen aber hier nicht im Vordergrund.

Den drei wesentlichen Ansatzpunkten Fabrik, Produktentwicklung sowie Beschaffungs- und Vertriebslogistik wird im Weiteren gefolgt.

2.1 „Smart Factory"

Die wesentliche neue I4.0-Technologie in der Fabrik sind sogenannte Cyber-Physical Systems (CPS). Dieses sind softwareintensive Produktionssysteme, die mit dem Internet verbunden sind und untereinander sowie mit den intelligenten Materialien kommunizieren. Materialien werden als intelligent bezeichnet, weil sie ihre Eigenschaften wie Qualität und benötigte Fertigungsschritte (Arbeitspläne) auf einem Datenträger (chip) mit sich führen. Über Radio Frequence Identification (RFID)-Technologien können dann die Materialien selbstständig den Weg durch die Fertigung finden. Die CPS und Materialien koordinieren Kapazitätsbedarf und -angebot quasi über eine Art Marktplatz. Fällt ein CPS plötzlich aus, so übernimmt ein anderes System automatisch dessen Aufgabe und das System organisiert selbstständig den Materialfluss neu.

Der betriebswirtschaftlich organisatorische Treiber ist die Selbstorganisation der Fabrik quasi ohne Eingriff des Menschen. Dieses ist eine extreme Dezentralisierung. In den letzten 40 Jahren ist ein Trend zur Dezentralisierung der Fabriksteuerung klar zu erkennen, der nun ins Extrem geführt wird. Bis in die 80er Jahre dominierte ein zentraler Ansatz, d. h., von einer zentralen Produktionsplanung wurden Fertigungsaufträge definiert, die dann in der Fabrik „abgearbeitet" werden sollten. Wegen der vielfältigen Störungen in der Fabrik führte dieses aber zur sofortigen Inaktualität der Planung und damit zum Scheitern des zentralen Ansatzes. Im nächsten Schritt wurde die Fabrik in kleinere organisatorische Einheiten gegliedert (Fertigungsinseln, Leitstandsbereiche, Flexible Fertigungssysteme, Bearbeitungszentren), die eine gewisse Autonomie zur Steuerung erhielten. Die nunmehrige durchgehende Selbststeuerung der Produktion ist damit fast die logische Konsequenz dieser Entwicklung. Wenn alle beteiligten Elemente des Systems ihren Zustand kennen und die Anforderungen der Aufgaben bekannt sind, ist die Koordination ein algorithmisch zu lösendes Problem.

In erweiterter Funktion führt die Selbstorganisation zur Selbstoptimierung. Wenn z. B. erkannt wird, dass ein Werkzeug einer Maschine etwas abgenutzt ist, können automatisch Fertigungsteile zugewiesen werden, für die der Werkzeugzustand noch ausreichend ist.

Die hohe Flexibilität der CPS ermöglicht eine starke Individualisierung der Fertigung, da das Umrüsten des Systems ohne Zeitverlust und ohne Kosten erfolgt. Damit ist das schon länger diskutierte Ziel der Fertigung zu Mengen mit Losgröße 1 zu den Kosten der Massenproduktion erreichbar.

Eine weitere wesentliche Technologie ist die kostengünstige Speicherung von Massendaten in der Fertigung, wie sie durch den Preisverfall von Speichermedien und neuen Datenbanktechnologien (Speicherung der Daten im Speicher des Rechners anstelle in externen Speichermedien, deshalb als „in memory" bezeichnet) ermöglicht wird. Durch Sensoren können Maschinen-, Material- und Umfeldzustände Realtime erfasst werden. Analytische Auswertungsverfahren (analytics) wollen nicht nur das Verhalten der Vergangenheit erklären, sondern den Gegenwartszustand zum sofortigen Eingreifen nutzen und darüber hinaus Hinweise über ein zu erwartendes zukünftiges Systemverhalten geben. Bekanntestes Beispiel ist das predictive maintenance, bei dem aus dem gegenwärtigen Verhalten des Systems auf Annormalitäten geschlossen wird, die z. B. zum Auswechseln einer Komponente in naher Zukunft raten.

Der Feinheitsgrad der Datenerfassung ist nahezu beliebig filigran. So können pro Anlage, z. B. einer Turbine oder einem Kompressor, 100 bis 200 Messpunkte definiert werden, die Realtime abgefragt werden. Entsprechend hoch ist dann das zu bearbeitende Datenvolumen.

In Abb. 1 ist ein Muster des Energieverbrauchs einer Anlage über einen Zeitraum von mehreren Sekunden angegeben. Durch eine Realtime-Analyse kann erkannt werden, ob das System durch unregelmäßigen Energieverbrauch eine Wartungsmaßnahme benötigt. Insgesamt führt die Kombination der Technologien zu der Vision der Realtime sich selbst steuernden Fabrik.

Eine Zwischenstufe bilden z. Zt. sogenannte Manufacturing Execution Systems (MES), die als eine Zwischenschicht zwischen der Fabrik und den darüber liegenden oberen Teilen des Y-Modells eine Filterung und Verdichtung von Daten vornimmt. Es ist aber zu erwarten, dass hierarchische Ansätze mehr und mehr verschwinden werden und alle Komponenten in einem Industriebetrieb direkt miteinander kommunizieren werden.

Dieses erhöht allerdings die Komplexität des Gesamtsystems immens, sodass die durchgängige Realisierung der Vision einer smart factory vorsichtig betrachtet werden sollte. Hier ist auch daran zu erinnern, dass bei der Diskussion des CIM-Konzeptes vor rund 30 Jahren das an sich logisch sinnvolle Konzept wegen seiner fehlenden Umsetzungsmöglichkeit oder zu hohen Kosten schnell in Misskredit geraten ist. Deshalb sollte die smart factory zwar durchaus als Ziel definiert sein, aber mit realistischen Implementierungsschritten verbunden werden. Hierauf wird in Teil 3 zurückgekommen.

2.2 Produktsicht

Der rechte obere Teil des Y-Modells kennzeichnet die Produktentwicklung sowie die Entwicklung produktnaher Dienstleistungen.

Die gezeigte stärkere Flexibilisierung der Fertigung bis hin zur Losgröße 1 – Fertigung fordert eine stärkere Individualisierung der Produktentwicklung. Diese kann Wettbewerbsvorteile bringen und somit den Nutzen der Fabrikautomatisierung zeitigen. Dieses bedeutet konkret, dass die Variantenzahl von Erzeugnissen gesteigert werden kann bis hin zur rein kundenindividuellen Fertigung. Grafisch ist dieses in Abb. 1 durch die kunden-individuelle Gestaltung eines Laufschuhes gezeigt. Dieses kann zu weitreichenden Konsequenzen führen. Da Kunden auf ihre Produkte in der Regel nicht lange warten möchten, fordert die Individualisierung, dass die Produktion näher an den Standort des Kunden rücken muss. Anders gesprochen, ein individueller Entwurf eines Laufschuhs nutzt wenig, wenn die Produktion in Asien durchgeführt werden muss und der Kunde Wochen oder Monate warten muss. Neue Technologien wie 3D-Druck, bei dem ein Erzeugnis aus einem geometrischem 3D-Modell durch Aufschichtung von Material gefertigt wird, erlaubt beispielsweise die sofortige Produktion eines nicht mehr lieferbaren Ersatzteils. Konzepte wie die speedfactory von *adidas* erlauben sogar die Vorstellung einer direkten Fertigung des Laufschuhs im Sportgeschäft nach Scannen der Passform.

Auf jeden Fall erhöht der 3D-Druck bereits die Entwicklungsgeschwindigkeit neuer Produkte durch die schnellere Entwicklung von Prototypen (rapid prototyping).

Neue Produktideen können nicht nur von der eigenen Entwicklungsabteilung generiert werden, sondern auch durch die systematische Einbeziehung von weiteren Mitarbeitern des eigenen Unternehmens, Kunden, Lieferanten bis zur gesamten interessierten Welt.

Dieses kann durch die Nutzung von Foren im Internet geschehen und wird als „Open Innovation" bezeichnet.

In einer I4.0 Umgebung mit intelligenten Materialien und Bearbeitungseinheiten können über die gesamte Lebenszeit eines einzelnen Produktes alle vorgenommenen Aktivitäten, wie Reparaturen, Wartungen, Ersatzteilaustausch sowie die Einsätze und Einsatzbedingungen des Produktes automatisch erfasst und gespeichert werden. Dieses führt zum Konzept des transparenten Product Lifecycle Managements (PLM). Auch dieses führt zu einer immensen Datenfülle, die nur durch die skizzierten Techniken des Big Data behandelt werden kann. Die Analyse dieser Daten kann neben der rechtlich vorgeschriebenen Verfolgbarkeit von Teilen im Rahmen von Gewährleistungen vor allem Anregungen für Produktverbesserungen und Optimierung von Einsatzbedingungen geben. Dabei können die individuellen Produktdaten auf einem Chip im Produkt selbst gespeichert werden oder vom Hersteller in seiner Datenbank geführt werden.

Die Auswertung der Daten durch den Hersteller bringt neue Möglichkeiten für produktnahe Dienstleistungen. Bei der Erfassung von Maschinendaten in der Fabrik wurde bereits auf die predictive maintenance durch den eigenen Wartungsbereich hingewiesen. Aber dieser verfügt nur über die Daten der eigenen Maschinen.

Erfasst dagegen der Hersteller der Maschinen selbst die Daten ALLER von ihm produzierten Maschinen, so hat er eine unvergleichlich größere Datenbasis und kann beliebige Quervergleiche über das Verhalten der Maschinen anstellen. Hat er z. B. Wartungsverträge mit seinen Kunden abgeschlossen, so kann er den Wartungsprozess optimieren, indem er bereits vor dem Besuch eines Technikers die erforderlichen Maßnahmen erkennt oder den Besuchszeitpunkt bedarfsgerecht individuell festlegt.

Viele Maschinenbauer verdienen heute bereits erheblich durch Wartungsverträge. Dieser Effekt kann durch PLM noch verstärkt werden.

Eine extreme Weiterentwicklung ist die Übernahme des Betriebs der produzierten Anlagen durch den Hersteller. Dieses Konzept wird als Build, OWN, Operate (BOO) bezeichnet. Der Hersteller von Maschinen oder komplexen Anlagen kennt seine Produkte selbst am besten und kann über die PLM-Daten ihr Verhalten in Abhängigkeit aller Einsatzbedingungen analysieren und ihren Einsatz optimieren. Deshalb liegt es nahe, dass er den Betrieb der Systeme beim Kunden oder in eigens von ihm eingerichteten Produktionsstätten selbst vornimmt. Der Kunde kauft dann auch kein Aggregat mehr, sondern erhält und bezahlt eine Dienstleistung nach Inanspruchnahme.

So verkaufen bereits heute Hersteller von Flugzeugantrieben ihre Systeme nicht mehr mit den Flugzeugen, sondern leasen die Systeme an die Fluggesellschaften, überwachen Realtime das Verhalten, übernehmen die Wartung und berechnen ihre Preise auf Basis der geleisteten Flugstunden. Die Fluggesellschaft kann sich dann auf ihr Kerngeschäft konzentrieren. Auch Hersteller medizinischer Geräte verkaufen ihre Systeme (z. B. Dialysesysteme) bereits jetzt nicht nur an Krankenhäuser, sondern betreiben selbst entsprechende Zentren und verkaufen anstatt Geräten Dienstleistungen, wie Erhöhung der Lebensqualität oder gesäubertes Blut. Dieser Trend wird sich im Rahmen von I4.0 weiter fortsetzen und immer mehr Industrieunternehmen werden den Charakter von Dienstleistern annehmen. So verstehen sich Automobilhersteller als Dienstleister für Mobilität und gründen Tochterunternehmen, mit denen sie ihre hergestellten Autos im Rahmen des Carsharing vermieten.

2.3   Logistik

Auch der linke obere Teil des Y-Modells, also die Vertriebs- und Beschaffungslogistik, wird durch I4.0 stark verändert.

Zunächst kann ein Kunde über vielfältige Kanäle wie Standardcomputer, Laptops oder Smartphones seinen Auftrag erteilen, stornieren oder ändern. Das Auftragserfassungs- und -verfolgungssystem des Lieferanten muss sich gegenüber den unterschiedlichen Zugangskanälen transparent verhalten, es muss omnichannel-fähig sein. Alle Kanäle müssen durcheinander benutzbar sein, d. h. der Kunde kann z. B. den Auftrag über den Standardcomputer erteilen, ihn dann aber über sein Smartphone ändern oder stornieren.

Technisch bedeutet dieses, dass die Benutzeroberflächen je nach Medium automatisch angepasst werden müssen. Der leichte Zugang des Kunden zum Lieferanten führt zusammen mit der Individualisierung zu einem verstärkten Änderungsanfall und damit zu den schon beschriebenen stärkeren Anforderungen an flexibleres Produktdesign und Fertigungsflexibilität. Der Kunde kann dann praktisch bis kurz vor dem Beginn eines Fertigungsschrittes, z. B. der Lackierung der Karosserie eines Autos, noch seinen Wunsch, also hier die Farbe, gegenüber seiner ursprünglichen Produktdefinition ändern.

Erst wenn die Flexibilität von Produktentwicklung und Fertigung dem Kunden deutlich wird, kann sie ihm den Nutzen von I4.0 zeigen.

Die Individualisierung der Produkte durch höhere Variantenzahl und kundenindividueller Fertigung erhöht tendenziell die Zahl der Zulieferer und verringert die Fertigungstiefe des Unternehmens. Dieses bedeutet, dass das Logistiknetzwerk des Unternehmens schneller reagieren muss. Neue Lieferanten müssen schnell identifiziert werden und sofort in das Netzwerk eingebunden werden. Störungen innerhalb der Supply Chain müssen frühzeitig erkannt werden und durch schnelle Maßnahmen abgefangen werden. Die Abrufe von Vorprodukten und Materialien werden kleinteiliger. Das gesamte Netzwerk muss für alle Beteiligten in jedem Augenblick transparent sein. Die gegenwärtig anzutreffenden Informationsbeziehungen von Abrufen zwischen direktem Zulieferer und Abnehmer reichen dann nicht aus. Vielmehr muss das gesamte Supply Chain-Netzwerk transparent sein. In dem vom *BMWI* geförderten Forschungsprojekt RAN ist dieses durch Einsatz einer zentralen virtuellen Datenbank und RFID-Technologien prototypenhaft für die Automobilindustrie mit ihren Zulieferern erstellt worden und wird z. Zt. bereits von einigen Beteiligten auch real eingeführt. In Abb. 1 ist dieser Ansatz grafisch durch ein Netzwerk, in dem alle Knoten über eine virtuelle zentrale Datenbank verbunden sind, angedeutet.

2.4   Neue Businessmodelle in I4.0

Bei der Beschreibung der drei Ansatzpunkte für I4.0, also Fabrik, Produkt und Logistik, wurde bereits deutlich, wie tief die betriebswirtschaftlichen Treiber Individualisierung, Dezentralisierung, Selbststeuerung, Open Innovation, Dienstleistungsorientierung und Transparenz Industrieunternehmen verändern werden. Es entstehen neue Geschäftsmodelle. Ein Geschäftsmodell beschreibt die Grundprinzipien, nach denen ein Unternehmen seine Leistungserstellung und -verwertung vornimmt, kurz seinen Umsatz und seinen Gewinn erzielt.

Es besteht aus einem Erlösmodell, das beschreibt, ob z. B. das Unternehmen eher durch Dienstleistungen wie Wartung, BOO oder eher durch den Verkauf seiner Erzeugnisse die Erlöse erzielen will. Bei I4.0 kann das Erlösmodell auch noch komplizierter werden, wenn ein Kunde nicht nur mit Geld, sondern mit Daten über den Einsatz des Produktes „bezahlen" kann, da der Hersteller mit diesen Daten neue Dienstleistungen anbieten kann.

Eine weitere Komponente eines Businessmodells ist das Ressourcenmodell, das die benötigten Ressourcen des Unternehmens beschreibt. Dieses besitzt bei I4.0 besondere Bedeutung, da hierdurch die benötigten Investitionsmittel bestimmt werden. Ohne die Beschreibung weiter auszuführen, soll lediglich ausgedrückt werden, dass im Rahmen von I4.0 weitreichende strategische Konzepte im Rahmen der Definition des Businessmodells zu diskutieren sind.

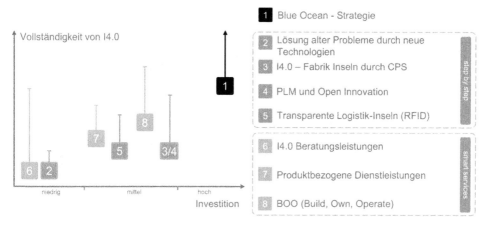

Abb. 2 Implementierungsstrategie

3 Implementierungsstrategien für I4.0

Im Folgenden werden in der Praxis zu beobachtende Implementierungsansätze vorgestellt. Diese werden in Abb. 2 auf der Abszisse danach eingeordnet, wie viel Investment für sie erforderlich ist. Die Höhe des Investments steht auch für das Ausmaß der Komplexität sowie des benötigten zeitlichen Aufwandes. Auf der Ordinate wird angegeben, wie weit das Ziel einer vollständigen Erfüllung der Vision von I4.0 erreicht wird bzw. von der Strategie erreicht werden kann. Der senkrechte Strich soll Ausgangspunkt und Potenzial der Strategie kennzeichnen.

- **Strategie 1: Blue Ocean-Strategie**

Bei der Blue Ocean-Strategie (Nr. 1 in Abb. 2) wird eine disruptive Innovation durch I4.0 angestrebt (vgl. Kim und Mauborgne 2005). Dieses bedeutet, dass mit dem Bestehenden gebrochen wird und quasi auf der grünen Wiese ein neues Unternehmen mit neuem Businessmodell gegründet wird. Beispiel dafür kann das *Google*-Auto sein. Gegenwärtig steht ein PKW 95 % seiner Zeit still und wird nur zu 5 % gefahren. Beim *Google*-Auto soll dieses Verhältnis umgekehrt werden: Es soll 95 % der Zeit gefahren werden und nur 5 % ruhen. Dieses führt zu der Forderung nach einem Carsharing Konzept und einer fahrerlosen Bedienung, um ein am Ziel angekommenes Fahrzeug zu dem nächsten Benutzer zu führen. Anstelle des Eigentums an einem Auto tritt das Prinzip des Zugangs zur Mobilität. Von *Google* wird ausdrücklich das Modell 10 × propagiert, d. h. man strebt mit einer Innovation keine graduelle Verbesserung an, sondern sie soll 10 mal besser sein als das bestehende Konzept.

Auch das *Tesla*-Auto mit seinem kompromisslosen Elektroeinsatz kann einer Blue Ocean-Strategie zugeordnet werden.

Charakteristisch für die Blue Ocean-Strategie ist, dass nicht ein bestehendes Business-modell weiter optimiert wird, sondern mit möglichst vielen Prinzipien gebrochen wird. Auch das Mobilitätskonzept von *UBER-POP* bricht mit dem Konzept eines kommerziel-len Taxidienstes und folgt dem Konzept einer grenzkostenlosen Dienstleistung, während z. B. das System *MyTaxi* lediglich eine Digitalisierung der Taxizentrale darstellt und eher eine kontinuierliche Innovation ist.

Disruptive Innovationen sind häufig mit einem hohen Kapitaleinsatz verbunden. Es steht von vornherein fest, dass erst nach mehreren Jahren (5–10) ein Break-even erreicht werden kann. Die Finanzierung kann deshalb entweder aus einem sehr gewinnträchtigen unabhängigen Geschäftszweig erfolgen (*Google*) oder von dritten Investoren (*Tesla*) ge-tätigt werden.

In Deutschland ist gegenüber den USA die Blue Ocean-Strategie für I4.0 kaum zu erkennen. Dieses mag daran liegen, dass die deutsche Industrie mit ihren traditionellen Businessmodellen (noch) sehr erfolgreich ist und deshalb aufgrund des Investor's Dilem-ma-Effektes disruptive Konzepte scheut. Auch fehlt die vergleichbar hohe Bereitschaft zu sehr riskanten Investitionen durch Venture Capital-Gesellschaften und vermögende Busi-ness Angels.

Selbst die deutsche Automobilindustrie verfolgt eher einen gleitenden Übergang zur Elektromobilität.

Allerdings geben Ansätze wie die Errichtung einer neuen Fabrik der Firma *Wittenstein* in Fellbach disruptive Impulse, da hier z. B. ökologische, energetische und produktions-technische Neuerungen gleichzeitig verfolgt werden. So wird die Fabrik in einem Wohn-gebiet errichtet, sodass die Mitarbeiter keine langen Anfahrtswege haben, die Umwelt-belastung wird durch neue Energiekonzepte erheblich reduziert und die Produktion wird hoch automatisiert.

Auch die Tatsache, dass ein traditionelles Maschinenbauunternehmen wie *Trumpf* eine Banken-Volllizenz erlangt und damit Zeichen in Richtung eines neuen Businessmodells zum Finanzdienstleister und Betreiber seiner Produkte setzt, birgt disruptives Potenzial. Es besteht die Tendenz, dass in Deutschland I4.0-Projekte eher von hidden champions mittelständischer Industrieunternehmen realisiert werden, als von mit großem Marketing-einsatz propagierten Leuchtturmprojekten. Dieses zeigt z. B. auch die engagierte Betei-ligung von mittelständischen international erfolgreichen Unternehmen wie *Claas, Miele* oder *Harting* an dem Exzellenzcluster in Ostwestfalen Lippe OWL.

In Abb. 2 wird die disruptive Strategie 1 durch einen hohen Kapitaleinsatz und einen hohen Realisierungsgrad für die Vision I4.0 gekennzeichnet.

3.1 Stufenkonzepte

Häufiger ist zu beobachten, dass sich deutsche Industrieunternehmen schrittweise der Vi-sion I4.0 nähern.

• **Strategie 2: Lösung herkömmlicher Probleme mit neuen Technologien**

Bisher aufwendige oder nur ungenügende einzelne Problemlösungen können durch I4.0-Techniken neu gestaltet werden. Hier gibt es bereits vielfältige Beispiele zu nennen.

Beispielsweise verringert ein Maschinenbauer durch die mobile Abfrage der Materialbestände vor Produktions- und Montagestationen die innerbetrieblichen Materialtransporte (milkruns), indem von festen Tourenplänen auf bedarfsgesteuerte Fahrten übergegangen wird und Leerfahrten vermieden werden.

Durch Einsatz eines 3D-Scanners verbessert ein Hersteller von Landmaschinen die Qualität bei der Verbindung von Karosserie mit dem Chassis (sogenannte Hochzeit) und vermeidet zeitraubende Nacharbeiten.

Ein Hersteller von Schrauben verbessert sein Kanban-System, indem in die Kanban-Behälter Sensoren und Kameras eingebaut werden, sodass die Bestände ohne menschliche Sichtkontrolle kontinuierlich erfasst werden.

Ein Automobilzulieferer verbessert den Wareneingangsprozess durch Einsatz von RFID-Techniken, indem die Zählkontrolle und Lagerung automatisiert werden.

In Abb. 2 sind diese Ansätze durch einen vergleichsweise überschaubaren Kapitaleinsatz, aber wegen ihrer Spezialisierung mit nur einem geringen Potenzial für die Vision I4.0 charakterisiert.

• **Strategie 3: I4.0 – Fabrikinseln**

Ein Automobilzulieferer richtet eine neue Produktionsstraße nach I4.0-Prinzipien ein. Alle Bearbeitungsstationen sind mit dem Internet verbunden und erfüllen die Kriterien von CPS. Über RFID-Techniken steuert sich der Materialfluss weitgehend selbst. Zwischen den Produktionssystemen besteht im Störungsfall eine hohe Substitutionsmöglichkeit. Durch Sensoren werden Material und Anlagen Realtime überwacht und vorausschauend gewartet (vgl. Lepratti et al. 2014). Das Beispiel ist für sich zwar bereits eindrucksvoll, hat aber für das gesamte Unternehmen eher noch einen Pilotcharakter.

Ein mittelständisches Gießereiunternehmen führt ein Manufacturing Execution System (MES) ein, um die Datenerfassungssysteme (BDE) mit der Steuerungsebene zu verbinden und einen Datenfilter zu den darüber liegenden Planungssystemen zu bilden.

Das Beispiel zeigt einen für die gesamte Fertigung gültigen Ansatz in Richtung Realtime-Fertigung, ihm fehlt aber der Einsatz von CPS. Der hierarchische Ansatz eines MES widerspricht zwar dem Prinzip der Selbststeuerung, kann aber eine Durchgangsstation für I4.0 sein, da eine Standardisierung der Abläufe im Rahmen einer Gesamtarchitektur erfolgt.

Obwohl lediglich Teilaspekte von I4.0 verfolgt werden, erfordern die Beispiele einen hohen Kapitaleinsatz und können Ausgangspunkt für weitere Schritte sein. Allerdings wird nur die Fabrikorganisation betrachtet, sodass neue Businessmodelle kaum diskutiert werden.

- **Strategie 4: PLM- und Open Innovation-Inseln**

Ein Motorenhersteller richtet eine Datenbank für ein Produktgedächtnis im Rahmen des PLM ein. Gleichzeitig organisiert er den Entwicklungsbereich neu. Neben den Konstruktionsdaten werden auch die Fertigungsstücklisten und Arbeitspläne in einer neuen Produktdatenbank organisiert und damit dem ERP-System entzogen. Insgesamt deutet sich dadurch eine neue Architektur für die Informationssysteme des Unternehmens an. Die Erzeugung und Verwaltung produktbezogener Daten stehen im Vordergrund. Damit wird dem Trend zu höherer Variantenvielfalt und Individualisierung der Produkte Rechnung getragen. Die logistischen Funktionen aus Vertrieb und Beschaffung sowie Produktionsplanung sind dann Anwendungen, die auf die Produktdatenbank zugreifen, verwalten sie im Gegensatz zu den heutigen ERP-Systemen aber nicht mehr selbst.

Ein Spielzeughersteller bezieht seine Kunden in die Produktentwicklung mit ein, indem er Belohnungen für gute Produktideen aussetzt. Die Vorschläge können per Internet mittels eines einfachen CAD-Systems beschrieben und eingereicht werden.

In Abb. 2 ist das erste Beispiel zum Maßstab genommen worden. Es führt zu einer durchgreifenden Flexibilisierung der Produktgestaltung und eröffnet neue Businessmodelle. Allerdings ist ein hoher Kapitalbedarf für die organisatorische und technische Neugestaltung des Entwicklungsprozesses erforderlich. Insgesamt wird die Strategie 4 wie Strategie 3 eingeordnet.

- **Strategie 5: Logistikinseln**

Die durchgängige Neuorganisation des Supply Chain-Managements erfordert die Einbeziehung auch der Kunden und Lieferanten, gegebenenfalls über mehrere Stufen hinweg, wie es oben bereits mit der Skizzierung des RAN-Projektes angedeutet wurde. Aus Sicht eines einzelnen Unternehmens können aber bereits durch die Integration der direkten Zulieferer und Abnehmer sowie der Transportsysteme ein Flexibilitätsgewinn sowie Kosteneinsparungen erzielt werden. Der durchgängige Einsatz von RFID-Techniken sowie die Realtime-Verfolgung der Transportstati informiert frühzeitig über die zu erwartenden Ankunftszeiten sowie die Inhalte nach Art, Abmessungen und Menge. Sensoren erfassen auf dem Transportweg besondere Vorkommnisse, wie außergewöhnliche Temperaturen oder Erschütterungen, die eine erforderliche individuelle Eingangskontrolle bereits frühzeitig anzeigen. Das RFID gesteuerte Hofmanagement regelt den Transport vom Eingangstor bis zur Ankunft am Lager. Dazu gehören die Avisierung des Transportmittels und die Zuweisung des Lagerortes.

Die Einrichtung eines omnichannel-Zugangs für die Kunden zu Auftragserstellung und -verfolgung ist ein hohes Integrationsproblem. Ein Hersteller von technischen Konsumartikeln richtet neben seinen Verkaufskanälen zum Handel auch einen Direktvertrieb über einen E-Shop ein. Dazu muss die Bestandsführung gegenüber der bisherigen Tagesaktualität nun sekundenaktuell sein. Der Versand ist kleinteilig und muss über neue Logistikdienstleister abgewickelt werden.

Während das erste Beispiel mehr der Verbesserung der internen Logistikprozesse dient, eröffnet das zweite Beispiel auch ein neues Businessmodell.

Insgesamt liegt der Investitionsbetrag im mittleren Bereich und die Strategie eröffnet wegen ihres punktuellen Ansatzes mittlere Entwicklungsperspektiven.

3.2   Smart Services

Wie bereits betont, eröffnet I4.0 Industrieunternehmen durch neuartige Dienstleistungen weitgreifende strategische Potenziale. Diese sind durch Begriffe wie shared economy eindrucksvoll zum Ausdruck gebracht und zeigen den systemrelevanten Anspruch. Nicht mehr das Eigentum an Produkten und Ressourcen steht im Vordergrund, sondern der Zugang zu den mit ihnen verbundenen Leistungen. Dieses bedeutet, dass Industrieunternehmen tendenziell den Charakter von Dienstleistungsunternehmen für die mit ihren Produkten verbundenen Funktionen annehmen. Automobilunternehmen werden zu Dienstleistern für Mobilität, Hersteller von Kompressoren bieten Luftenergie an usw.

Eine solche Entwicklung ist nicht neu. Im 19. Jahrhundert versorgten z. B. nahezu alle produzierenden Betriebe ihren Wasser- und Energiebedarf durch eigene Brunnen oder Energiequellen aus Wasser, Wind oder Dampf selbst. Diese waren ihr Eigentum und mussten von ihnen erstellt und gewartet werden. Heute werden Wasser und Energie durch eigenständige Unternehmen angeboten und nach Verbrauch bezahlt, sie werden quasi als Dienstleistung bezogen.

Industrieunternehmen können aber auch zusätzliche Dienstleistungen entwickeln, die mit ihrer fachlichen Kompetenz verbunden sind oder ihre Produkte ergänzen.

Die Bedeutung dieser Entwicklung wird auch in der Forschung um I4.0 erkannt. So haben das *BMFT* und das *BMWi* gemeinsam Forschungsaktivitäten um Smart Services als Ergänzung der Forschungsprojekte um I4.0 verabschiedet.

- **Strategie 6: I4.0 – Consulting**

Industrieunternehmen, die als Pioniere für I4.0 Erfahrungen mit neuen Technologien und Organisationsformen gesammelt haben, können diese an andere Unternehmen weitergeben. Dazu können eigene Consultingunternehmen gegründet werden. Dieses kann z. B. durch Ausgründung der IT-Abteilung geschehen, die nun ihre Leistungen, um fachliche Kompetenz angereichert, auf dem Markt anbietet. Das Costcenter IT wird dann zum Profitcenter. Ein weiterer Vorteil besteht darin, dass das Unternehmen neuen Kundenbedarfen gegenübersteht und damit eine höhere Innovationsgeschwindigkeit bekommt, die auch dem Stammunternehmen zugutekommt. Diese Entwicklung ist bereits deutlich zu beobachten. Im Kleinen werden solche Unternehmen z. B. Spezialisten für RFID-Techniken oder Materialflusssteuerung. Im Großen können beachtliche Dienstleister für die Gestaltung umfassender I4.0-Lösungen entstehen, wenn deutsche industrielle Weltmarktführer aus der Automobilindustrie oder dem Maschinenbau ihre mehrere Hundert oder sogar mehrere Tausend IT- und Fertigungsspezialisten einbringen. Hierdurch kann I4.0 als Dienstleistung selbst zu einem Exporterfolg aus Deutschland werden.

Die Ausgründung ist mehr ein organisatorisches als ein Investitionsproblem, wenn natürlich auch Anlaufkosten auftreten.

In Abb. 2 sind der Strategie geringe Investitionsausgaben, aber ein hohes Potenzial zur Erreichung umfassender I4.0-Konzepte zugeordnet.

- **Strategie 7: Produktbezogene Dienstleistungen**

Die Verbindung der produzierten komplexen Produkte, wie Werkzeug- oder Druckmaschinen, mit dem Internet führt zu einem hohen Informationsgewinn über das weltweite Verhalten dieser Produkte unter unterschiedlichen Einsatzbedingungen.

Unternehmen haben häufig mehrere Tausend oder sogar Zehntausend Einheiten ihrer Produkte im aktiven Einsatz.

Dieses Wissen kann von den Industrieunternehmen genutzt werden, um ihren Kunden Wartungsverträge zu besonders günstigen Konditionen anzubieten.

Allerdings sind z. Zt. noch erhebliche Schwierigkeiten zu überwinden. Erhält der Hersteller Maschinendaten von seinen Kunden, so muss er sich an die Formate, die seine Kunden verwenden, anpassen und sie bei der Benutzung durch seine eigenen Systeme entsprechend umformatieren. (Umgekehrt muss ein Industrieunternehmen, das für seine eigene Fertigung Maschinendaten von den Lieferanten angeboten bekommt, diese in seiner Datenorganisation umformatieren.)

Es liegt auf der Hand, dass bei der Vielzahl der Datenarten und der unterschiedlichen Kunden und Lieferanten Datenstandards dringend erforderlich sind. Erste Ansätze liefert der *UMCM (Universal Machine Connectivity for MES)* vom MES Dachverband und die Architektur der *OPCUA-Foundation*. Allerdings sind weitere Arbeiten auf internationaler Ebene, z. B. von dem IIC, erforderlich. Wahrscheinlich werden sich am Ende Industriestandards durchsetzen, die von internationalen Marktführern aus der Informationstechnik oder der Ausrüsterindustrie getrieben werden.

Auch Probleme der Datensicherheit sind zu lösen. Wenn Maschinen offene Schnittstellen zu ihren Steuerungen anbieten, so sind sie im Prinzip in beide Richtungen zu verwenden. Um hier Missbrauch bis hin zu Sabotage auszuschließen (man erinnere sich noch an die cyber attack stuxnet in einem iranischen Atomkraftwerk oder das Hacken der Sicherheitsmechanismen für die Fernsteuerung von Fahrzeugen eines namhaften deutschen Automobilbauers), müssen komplexe Sicherungsmaßnahmen ergriffen werden.

Für das Datenverwaltungskonzept sowie die darauf aufbauenden Dienstleistungen müssen also eine komplexe weltweite Infrastruktur aus eigenen und Kunden-Organisationen sowie der entsprechenden IT aufgebaut werden.

In Abb. 2 wird deshalb ein mittlerer Investitionsbetrag angesetzt. Da über das Verhalten der Aggregate auch vielfältige Informationen, z. B. über ihre Beschäftigungssituation aber auch über Verbesserungsmöglichkeiten der Produkte, entstehen, wird dieser Strategie ein gutes Entwicklungspotenzial zugeordnet.

- **Strategie 8: BOO**

BOO beschreibt den Übergang des Industrieunternehmens zum kompletten Dienstleister. Es verkauft seine Produkte nicht mehr dem Kunden, sondern lediglich deren Funktionalität als Dienstleistung. Vorreiter war hierfür bereits das Unternehmen *Hilti* in Liechtenstein, das frühzeitig seine hergestellten Werkzeugprodukte vermietet anstatt verkauft hat. Auch das Leasingangebot von Maschinenbauern durch die Zusammenarbeit mit Banken zeigte frühzeitig einen Wandel zum Dienstleister an. Der Verkauf der Funktionalität und Abrechnung nach Inanspruchnahme ist dann die logische Weiterentwicklung.

Das bereits angeführte Beispiel des Herstellers von Landmaschinen, der zum Anbieter von Erntedienstleistungen wird, verdeutlicht dieses. Seine Kernkompetenz liegt in der informationstechnischen Verknüpfung der eingesetzten Landmaschinen untereinander und mit der Logistik, also z. B. eingesetzten Transportfahrzeugen für die geernteten Früchte. Im Bereich Smart Farming ist die Automatisierung weiter fortgeschritten als in den klassischen Industrien. Grund dafür ist z. B., dass keine administrativen Hindernisse, wie die Verkehrsordnung auf den Feldern, bestehen und deshalb satellitengesteuerte fahrerlose Systeme leichter eingesetzt werden können.

Für einen Hersteller von Landmaschinen, der alle technischen und organisatorischen Möglichkeiten nutzt, ergeben sich lohnende Businessmodelle. Er entscheidet selbstständig, wann und wie er seine Mähdrescher auf den Feldern seiner Kunden einsetzt. Neben der Optimierung dieser Leistung auf Basis seiner Kenntnisse über seine Aggregate und den Einsatzbedingungen kann er sogar selbst Flächen anmieten und die landwirtschaftlichen Produkte selbst vermarkten. Über die per Internetanschluss seiner Geräte weltweit verfügbaren Informationen über Klima und Ernteaussichten nach Menge und Qualität kann er Prognosen über Preisentwicklungen anstellen. Damit sind der Phantasie über neue Businesskonzepte kaum Grenzen gesetzt.

Auch in der Medizintechnik ergeben sich neue Möglichkeiten. Auch hier entstehen durch die Aufzeichnung von (anonymen) Untersuchungsergebnissen bei den Herstellern von medizinischen Geräten Auswertungsmöglichkeiten zur Mustererkennung von Krankheiten, die den einzelnen Ärzten nicht zugänglich sind. Ein Paradigmenwechsel von Analysetechniken im Zusammenhang mit Big Data ist gerade, dass hypothesenfrei analysiert wird. Dieses führt dazu, dass auch fachfremde Analysten wie Informatiker überraschende medizinische Zusammenhänge erkennen können.

In Abb. 2 wird der BOO-Strategie wegen des konsequenten Wechsels des Businessmodells und dem Übergang von Verkaufserlösen zu leistungsabhängigen Mieteinnahmen ein größerer Investitionsbetrag zugeordnet, der aber auch eine große Entwicklungsperspektive eröffnet.

4   Roadmap zu I4.0

Die Verfolgung einzelner der entwickelten Strategien führt nicht automatisch zu einem Gesamtkonzept für I4.0. Vielmehr müssen die Schritte in ein zu entwickelndes Gesamtkonzept eingebunden werden.

Hierzu empfiehlt es sich, von einer Arbeitsgruppe des Unternehmens unter Beteiligung externer Helfer eine weitreichende Vision für die Zeit in fünf Jahren zu entwickeln, indem gefragt wird, welche Produkte das Unternehmen dann anbieten wird, wie die Erlöse zu erzielen sein werden, welche Kundengruppen zu bedienen sind, welche Ressourcen benötigt werden, kurz, wie das Businessmodell dann aussehen wird.

In dieses Businessmodell können dann einzelne Projekte in Form einer Roadmap eingeordnet werden.

Dazu gehören auch Entscheidungen über die Akquisition von Unternehmen, um nicht vorhandenes Know-how (z. B. über das Dienstleistungsgeschäft) zu erhalten. Ein Hersteller von Elektro-Schaltkästen, der sich bisher vornehmlich als Produzent betrachtet hat, will sich künftig als Anbieter von Gebäudesicherheit oder Gebäudesteuerung positionieren und kauft deshalb ein Dienstleistungsunternehmen als Keimzelle auf. Oder ein Unternehmen, das bisher seine Stärke in der hohen Kompetenz seiner Entwicklungs- und Fertigungsingenieure gesehen hat, erkennt, dass in der Zukunft mehr Softwareingenieure benötigt werden und akquiriert ein Softwarehaus.

Eine wichtige Organisationsfrage ist auch, ob neue Geschäftsfelder in der bestehenden Organisation des Unternehmens ausgeführt werden sollen oder dafür ein neues Unternehmen, das mehr wie ein Start-up-Unternehmen agiert, gegründet werden soll.

Durch die Ausgründung wird erreicht, dass die neuen Ansätze ohne Rücksicht auf die Vergangenheit des Unternehmens verfolgt werden, also Beharrungseffekte des Innovator's Dilemma-Phänomens vermieden werden.

Anregungen für die Bildung von Prioritäten der Implementierungsschritte können Reifegraddiskussionen sein. Ist das Unternehmen bei einem Gebiet gegenüber der Konkurrenz bereits weit fortgeschritten, lohnt es sich eher nicht, hier noch massiv weiter zu investieren, wenn das Unternehmen in einem anderen Gebiet gegenüber der Konkurrenz im Nachteil ist. Dann sollte man lieber den Wettbewerbsnachteil gegenüber der Konkurrenz verringern.

5   Neue Anforderungen an IT-Systeme

Obwohl in diesem Beitrag betriebswirtschaftliche Fragen im Vordergrund stehen, soll nicht verschwiegen werden, dass von I4.0 große Anforderungen an die Weiterentwicklung von IT-Systemen gestellt werden. Ihre Unterstützung wird am Ende über Erfolg und Misserfolg ausschlaggebend sein. Insbesondere sind neue Softwarearchitekturen erforderlich. Der Ausdruck „software eats the world" kennzeichnet die Bedeutung.

Aus Anwendungssicht ist bereits angeklungen, dass eine zukünftige Softwarearchitektur für Industrieunternehmen mehr produktzentriert sein sollte, d. h. die Produktdefinition im Mittelpunkt stehen sollte und die logistischen Funktionen auf die Produktdatenbank zugreifen sollten. Gegenwärtig verwalten dagegen die ERP-Systeme die Stücklisten und Arbeitspläne. Eine produktbezogene Architektur würde damit grundlegende Änderungen und Gewichtungen zwischen technischen und betriebswirtschaftlichen Funktionen auslösen. Auch die technische Softwarearchitektur wird sich ändern. Die Software muss jederzeit ansprechbar sein und Eingriffe in laufende Prozesse ermöglichen, also ereignisgetrieben sein. Die hierarchischen Architekturen und die Trennung zwischen Logistik, Produktentwicklung, Fertigung und Rechnungswesen werden aufgehoben. Alle Prozesse greifen ineinander. Die traditionellen Pyramidenmodelle von der technischen Feldebene bis zur Unternehmensspitze verlieren ihre Bedeutung: Die Organisation der Industriebetriebe wird flach!

Auch das hier verwendete Y-Modell dient nur noch zur logischen Einordnung. In Wirklichkeit rücken die Schenkel des Y-Modells zusammen, da die Prozesse sich durch alle Bereiche schlängeln und jederzeit geändert werden können und beliebige Eingriffspunkte anbieten müssen.

Diese Forderungen führen zu einer globalen Forderung nach Responsabilität der Software. Alle Anwendungen müssen omnichannel-fähig sein, die Zustände aller laufenden Prozesse müssen ständig transparent und für Änderungen erreichbar sein.

Die softwaretechnischen Konsequenzen sind weitreichend. Die von der *Scheer Group GmbH* entwickelte Softwarearchitektur Business Process as a Service (BPaaS) folgt diesen Prinzipien. In Abb. 3 ist die grobe Architektur angegeben.

Die hohe Flexibilität wird durch eine Plattformorientierung erreicht, auf der jeweils Software Services zur Verfügung stehen. Damit wird bewusst von den Architekturprinzipien großer monolithischer ERP-Systeme abgewichen. Es werden vielmehr kleine Softwareeinheiten, wie Apps, gebildet, die vom Benutzer individuell und flexibel geändert und verbunden werden können.

Abb. 3 Scheer BPaaS Platform Architecture

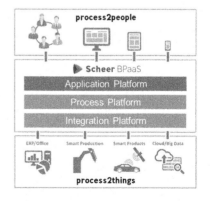

Die Integration Platform ermöglicht die leichte modellgestützte Verknüpfung unterschiedlicher Systeme. Die Process Platform stellt Funktionsbausteine als Services bereit. Auf der Application Platform werden Prozesse zu kompletten Anwendungen gebündelt.

Der Plattformgedanke ermöglicht die Ad-hoc-Anpassung einer Anwendung oder eines Prozesses an individuelle Anforderungen des Benutzers (Tailoring). Über die Plattformen können Prozesse mit Menschen und Dingen verbunden werden.

6   Komplementäre Konzepte zu I4.0

Obwohl I4.0 von neuen Produktions- und Informationstechniken getrieben wird, besitzen auch menschzentrierte organisatorische Konzepte weiterhin ihre Bedeutung. Insbesondere Leanmanagement, Teambildung und emotionales Engagement der Mitarbeiter bleiben auch bei einer hochautomatisierten Fertigung wichtige Erfolgsfaktoren. Ausbildung und die Bereitschaft zum lebenslangen Lernen der Mitarbeiter sind große Erfolgsfaktoren. Ziel von I4.0 ist nicht die menschenleere Fabrik, sondern eine Synthese aus Nutzung der Informationstechnik und klassischen menschzentrierten Organisationsformen.

Literatur

Kim, W., & Mauborgne, R. (2005). *Blue-Ocean-Strategie*. Boston: Harvard Business Review Press.
Lepratti, R., Lamparter, S., & Schröder, R. (Hrsg.). (2014). *Transparenz in globalen Lieferketten der Automobilindustrie*. Erlangen: Publicis Publishing.
Rifkin, J. (2014). *Die Null Grenzkosten Gesellschaft*. Frankfurt a. M.: Campus Verlag.
Scheer, A.-W. (1990). *CIM – Der computergesteuerte Industriebetrieb* (4. Aufl.). Berlin: Springer Verlag.
Scheer, A.-W. (Hrsg.). Industrie 4.0 - Wie sehen Produktionsprozesse im Jahr 2020 aus?, E-Book, IMC AG, Saarbrücken 2013. http://www.amazon.de/Industrie-4-0-August-Wilhelm-Scheer-ebook/dp/B00BQFYSJ2/ref=sr_1_sc_3?ie=UTF8&qid=1382086479&sr=8-3-spell&keywords=indstrie+4.0. Zugegriffen: 20. März 2015.

Video

Scheer, A.-W. CeBIT Global Conferences 2015 – Industrie 4.0 oder wie transportiert man einen Elefanten? http://www.cebit.de/en/news-trends/videos/mediathek/video-detail.xhtml?id=16463. Zugegriffen: 20. März 2015.

Industrie 4.0: Strategische Innovation durch Strategische Sensitivität

Andreas König und Lorenz Graf-Vlachy

1 Einführung

Die anstehende vierte industrielle Revolution, auch „Industrie 4.0" genannt, wird unser Leben und Wirtschaften nachhaltig verändern. Nach den ersten drei industriellen Revolutionen, deren jeweilige Kernelemente die Automatisierung, die Elektrifizierung, beziehungsweise die Nutzung von Informationstechnologie waren, stehen wir nun vor einem erneuten Umbruch (Arbeitskreis Industrie 4.0 2013).

Die kommende vierte industrielle Revolution ist getrieben durch den Aufstieg des „Internet of Things" (IoT): Während in der Vergangenheit der Großteil aller Gegenstände sowohl im privaten Umfeld als auch in der Industrie vergleichsweise „dumm" waren, isoliert voneinander existierten, und häufig nur durch Menschen oder übergeordnete Steuerungssysteme miteinander in Verbindung gesetzt wurden, werden im Internet der Dinge Gegenstände nicht nur „intelligent", sondern auch miteinander verknüpft sein. Dies bedeutet, dass sie zum einen über Sensoren verfügen, um Informationen über sich selbst und ihre Umwelt zu erfassen, und zum anderen durch Kleinstcomputer (sog. „embedded systems") diese Daten auch selbst verarbeiten können. Gepaart mit einer drahtlosen Verbindung ins Internet können sich Gegenstände auf diese Weise selbst miteinander vernetzen, Daten austauschen und interagieren. Durch diese Kopplung von Gegenständen der physischen Welt mit der „virtuellen Welt" des Internets entstehen sogenannte Cyber Physical Systems (CPS).

Häufig wird das Internet der Dinge mit Beispielen aus der Welt des Endkonsumenten verdeutlicht; etwa mit dem „intelligenten Kühlschrank", der selbst erkennt, wenn die

A. König (✉) · L. Graf-Vlachy
Universität Passau, Dr.-Hans-Kapfinger-Straße 14b, 94032 Passau, Deutschland
E-Mail: andreas.koenig@uni-passau.de

© Springer Fachmedien Wiesbaden 2016
R. Obermaier (Hrsg.), *Industrie 4.0 als unternehmerische Gestaltungsaufgabe*,
DOI 10.1007/978-3-658-08165-2_3

Milch zur Neige geht und dann eine Nachbestellung beim Supermarkt veranlasst. Allerdings hat das IoT nicht nur im Bereich von Produkten und Geräten für Endkonsumenten
große Auswirkungen, sondern mindestens ebenso bedeutende Konsequenzen im industriellen Kontext: Von der ganzen Produktionsanlage über die einzelne Maschine bis hin
zum Rohling oder Werkzeug kann jeder Gegenstand in der industriellen Produktion Teil
des IoT und folglich eines CPS werden. Maschinen kommunizieren miteinander und reagieren aufeinander, Werkstücke und Produkte „wissen" um ihre eigene Beschaffenheit,
ihren Status, ihre nächsten Bearbeitungsschritte, Lieferorte und so weiter. Dies führt zu
einem fundamentalen Paradigmenwechsel in der Produktion: Die reale und die virtuelle Fertigungswelt verschmelzen und zentrale Planungs- und Steuerungssysteme werden
durch dezentrale Abstimmung einzelner intelligenter Systeme und Objekte ersetzt, die
auch über Unternehmensgrenzen hinweg interagieren.

Forscher verschiedener Disziplinen haben sich bereits ausführlich mit zahlreichen,
insbesondere technischen, Aspekten von Industrie 4.0 beschäftigt. Eine Vielzahl an For-
schungsprojekten beleuchtet etwa die grundlegenden Technologien wie Sensoren, mit
denen Gegenstände sich und ihre Umwelt wahrnehmen können, oder Netzwerktechnik
und Machine-to-Machine-Kommunikation, die es Gegenständen im IoT ermöglicht, miteinander in Verbindung zu treten. Weitere aktuelle Forschungsschwerpunkte liegen im
Bereich des Cloud Computing, welches die Möglichkeit eröffnet, große Mengen an Daten
und Rechenkapazität „on demand" über das Internet verfügbar zu machen, oder kreisen
um das Thema „Big Data", das sich unter anderem mit der Auswertung der im IoT entstehenden massiven Datenmengen beschäftig. Eine weitere häufig adressierte Fragestellung
ist selbstredend die der Sicherheit. Beispielsweise könnten sich Sicherheitsvorfälle mit
ernsten Konsequenzen sowohl unbeabsichtigt aufgrund der zunehmenden Vernetzung von
autonomen intelligenten Systemen als auch durch absichtliche Angriffe von außen in der
Zukunft häufen (VDMA 2013). Und auch im Hinblick auf gesamtgesellschaftliche Veränderungen wird das Phänomen Industrie 4.0 diskutiert. So stellt eine Studie des Indust-
rieverbands BITKOM (2014) etwa für Deutschland ein volkswirtschaftliches Wachstums-
potential von 78 Mrd. € bis 2025 in Aussicht, während der populäre Philosoph Richard
David Precht eine durch Industrie 4.0 verursachte Massenarbeitslosigkeit prognostiziert
(ORF2 2014).

Allerdings bleiben trotz dieser zahlreichen wertvollen Diskussionsbeiträge und wissenschaftlichen Untersuchungen die *strategischen* Implikationen von Industrie 4.0 und den
hiermit einhergehenden Veränderungen derzeit noch zu wenig beleuchtet. Erst vor wenigen Monaten beklagten dies Porter und Heppelmann in einem Beitrag zum neuen, IT-ge-
triebenen Wettbewerb und stellten heraus, dass „intelligente, virtuell in Kontakt stehende
Produkte exponentiell wachsende Möglichkeiten neuer Funktionalitäten und Fähigkeiten
bieten, die das traditionelle Verständnis von Produkten [und Produktmärkten] verschieben
werden" (2014, S. 5; eigene Übersetzung). Porter und Heppelmann fordern Führungskräfte in Unternehmen und Unternehmensgründer dazu auf, grundsätzlich neu über In-
dustriegrenzen nachzudenken und – in Anbetracht sich selbst steuernder Produkte und
Produktinputs – sich als Teil eines „System of Systems" zu sehen, anstatt nur als Hersteller
bzw. Anbieter einzelner Produkte oder Dienstleistungen.

Für Unternehmen stellen sich also fundamental wichtige Fragen. Vor allem: Was bedeutet Industrie 4.0 aus strategischer Sicht? Welche Chancen und Herausforderungen stellen sich? Wie können sich Unternehmen – auch und vor allem aus dem Mittelstand – auf die anstehenden Veränderungen einstellen und, wenn möglich, an dem mit großer Sicherheit entstehenden ökonomischen Mehrwert teilhaben?

In diesem Impulsbeitrag möchten wir eine konzeptionelle Grundlage bieten, um diese Fragen strukturiert anzugehen. Dabei bauen wir auf dem von Enders et al. (2009a) vorgestellten Konzept des „Value Process Frameworks" auf, welches einschlägige Konzepte des strategischen Managements, wie Porters Branchenstrukturmodell und die Idee der Wertschöpfungskette, integriert und eine ganzheitliche Betrachtung der strategischen Implikationen von Wandel in der Unternehmens- und Branchenumwelt ermöglicht. Anhand dieses Konzeptes stellen wir einschneidende, zum Teil diskontinuierliche Konsequenzen von Industrie 4.0 für Unternehmen dar – sowohl Chancen für strategische Innovationen als auch Herausforderungen. Der zentrale Gedanke, der unserer Betrachtung zugrunde liegt, ist die Idee, dass Unternehmen nur dann diese Chancen wahrnehmen und Herausforderungen meistern können, wenn sie ihre *Strategische Sensitivität*, also das im gesamten Unternehmen verbreitete kritische und kreativ erneuernde Verständnis strategischer Grundannahmen, steigern.

2 Das Value Process Framework: Wert schaffen und Wert abschöpfen

Vereinfacht dargestellt besteht die Grundlage strategischer Entscheidungen in Annahmen hinsichtlich zweier zentraler Schritte des unternehmerischen Prozesses, die in Abb. 1 dargestellt sind: Wertschaffung und Wertabschöpfung.

Aus strategischer, vereinfachter Perspektive ist *geschaffener Wert* die Differenz aus dem wahrgenommenen Kundennutzen und den zur Herstellung und Darbietung anfallenden Grenzkosten. Zum einen bieten Unternehmen Waren und Dienste an, welche jedoch nur dann von Bedeutung sind, wenn Kundinnen und Kunden diese als wertvoll betrachten (siehe Nummer 1 in Abb. 1). Wie vor allem in der Marketingliteratur beschrieben, unterscheiden sich Individuen hinsichtlich ihrer Wahrnehmung des Nutzens verschiedener Angebote. Beispielsweise sehen einige Kunden den Nutzen von Aldi-Supermärkten darin, besonders verlässlich gute Produkte zu einem niedrigen (vielleicht sogar dem niedrigsten) Preis kaufen zu können. Andere Kunden hingegen sehen den Mehrwert möglicherweise eher darin, keine Zeit bei der Auswahl der Produkte zu verlieren, weil es nicht viele Auswahlmöglichkeiten gibt, und damit schneller einkaufen zu können als in einem anderen Geschäft.

Zum anderen unterscheiden sich Unternehmen in der organisationalen und prozessualen Architektur, mit der sie Kundennutzen erbringen, welche letztlich über die Grenzkosten der Herstellung und Darbietung des wahrgenommenen Kundennutzens entscheidet (siehe Nummer 2 in Abb. 1). Die Consorsbank zum Beispiel hat zahlreiche Prozessschritte im Brokerage und Banking zumindest teilweise an ihre Kunden ausgelagert und bietet

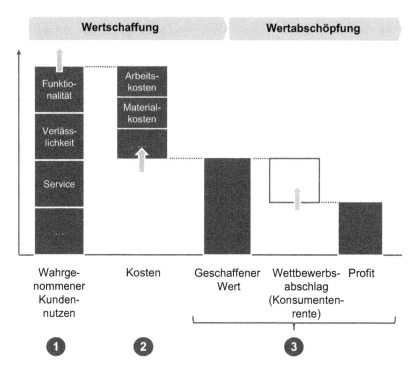

Abb. 1 Wertschaffung und Wertabschöpfung im Value Process Framework nach Enders et al. 2009a, S. 81

eine Abwicklung von Transaktionen nur telefonisch, schriftlich oder online an. Diese Entscheidung hat grundlegende Auswirkungen auf die Kostenstruktur und die zur Wertschaffung notwendigen Ressourcen. Während die Consorsbank keine Filialen betreiben muss und damit ihre Kosten gering hält, ist die traditionelle Filialbank gezwungen, für einen Teil ihrer Klientel einen vergleichsweise kostenintensiven Service in physischen Repräsentanzen anzubieten.

Voraussetzung für einen strategischen Wettbewerbsvorteil ist, dass der durch die Differenz zwischen wahrgenommenem Nutzen und den Grenzkosten definierte geschaffene Wert positiv ist. Allerdings muss das Unternehmen darüber hinaus in der Lage sein, durch ein Erlösmodell den geschaffenen Wert auch nachhaltig als Profit abzuschöpfen. Der als *ökonomischer Mehrwert durch das Unternehmen abgeschöpfte Wert* ist definiert durch den erzielten Preis. Liegt der Preis über den Grenzkosten, kann das Unternehmen einen Teil des geschaffenen Wertes abschöpfen, der andere Teil fließt als Konsumentenrente dem Käufer zu (siehe Nr. 3 in Abb. 1).

Der Faktor, welcher darüber entscheidet, welcher Anteil am geschaffenen Wert vom Unternehmen abgeschöpft wird, ist die Positionierung des Anbieters vis-à-vis dem Wettbewerb. Eine der zentralen Thesen des Strategischen Managements diesbezüglich ist das Prinzip der „Einzigartigkeit": Je einzigartiger das Preis-Nutzen-Versprechen des Anbieters in den Augen der Verbraucher ist, umso größer ist der abgeschöpfte Wert. Die Produkte von Apple werden seit geraumer Zeit beispielsweise als besonders einzigartig und wertvoll wahrgenommen und Konsumenten sind daher bereit, einen besonders hohen Preis zu zahlen, der weit über den Grenzkosten der Produktion und Darbietung dieser Produkte liegt. Apple ist also in der Lage, besonders viel des geschaffenen Wertes abzuschöpfen.

3 Strategische Innovation: Mit strategischen Paradigmen brechen

Die Managementforschung beobachtet seit langem, dass Entscheidungsträger in Unternehmen über die Zeit recht starre Denkmuster hinsichtlich der Frage entwickeln, wie in dem jeweiligen Markt Wert erfolgreich geschaffen und abgeschöpft wird (Tripsas und Gavetti 2000; König 2012). *Strategische Innovationen* widersprechen genau diesen Denkmustern und stellen etablierte Spieler daher vor große Herausforderungen.

Wie in Abb. 2 dargestellt, brechen strategische Innovationen mit Paradigmen der drei im Value Process Framework beinhalteten Kerndimensionen Kundennutzen, Geschäftsprozesse und Mechanismen zur Wertabschöpfung. Selbstfahrende Autos beispielsweise bieten *grundlegend andere Nutzendimensionen* an als herkömmliche Automobile. So sind sie nicht nur zeitsparend, da man während der Fahrt andere Dinge erledigen kann, sondern auch energieeffizienter sowie (aller Voraussicht nach) auch deutlich sicherer. Auch E-Books wie Amazons Kindle bieten neue Nutzenbündel an, weil man Bücher nun sekundenschnell, jederzeit und beinahe überall kaufen kann, zahlreiche Bücher mit auf Reisen mitnehmen kann, ohne sie tragen zu müssen, schwierige Worte sofort nachschlagen kann und Texte auf verschiedenen Geräten in verschiedenen Formen, Farben und Schriftgrößen lesen kann.

Strategische Innovationen widersprechen auch bestehenden Paradigmen hinsichtlich der *Architektur von Geschäftsprozessen*. So ist das Geschäftsmodell von Airbnb, dem weltweit führenden Online-Marktplatz für Privat-zu-Privat-Vermietungen von Unterkünften, unter anderem deswegen eine Herausforderung für bestehende Hotels, weil Airbnb –

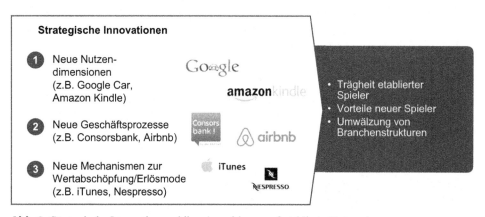

Abb. 2 Strategische Innovation und ihre Auswirkung auf etablierte Unternehmen

im Gegensatz zu einem Hotel – eine reine Vermittlungsplattform ist und somit keine fixen Anlagen betreiben muss.

Besonders interessante strategische Innovationen führen zudem auch *neue Mechanismen zur Wertabschöpfung, insbesondere neue Erlösmodelle*, ein. Beispielsweise war iTunes nicht nur deshalb eine wichtige Innovation, weil es die erste von Kunden angenommene Plattform zum Erwerb digitaler Musik war, sondern auch weil iTunes ein so genanntes inverses „Razor-Blade"-Erlösmodell verwendete. Bei einem Razor-Blade-Erlösmodell wird der statische Teil eines Produktes (z. B. der Gillette-Rasierer, der HP-Laserdrucker oder das Bayer-Blutzuckermessgerät) zu einem geringen Preis verkauft oder sogar verschenkt. Geld verdient das Unternehmen dann durch das Verkaufen teurer beweglicher Verbrauchs- oder Ersatzteile (z. B. der Rasierklinge, der Druckerpatrone oder dem Messstreifen). Ein inverses Razor-Blade-Modell wie bei iTunes funktioniert umgekehrt: Hier wird der bewegliche Teil zu den Grenzkosten abgegeben (iTunes-Songs kosteten bei der Einführung 99 Cent, was billiger war als alle anderen Angebote). Im Gegenzug wird der statische Teil (in diesem Fall der iPod), der durch die preiswerten beweglichen Teile überproportional an Wert gewinnt, teuer verkauft. Auch Google baut auf ein innovatives Erlösmodell. Viele Angebote von Google, wie zum Beispiel die Suchmaschine oder Office-Programme erscheinen monetär gesehen kostenlos: der Preis, den das Unternehmen von Kunden einsammelt, sind Daten. Google schöpft den Wert dann aber ab, indem das Unternehmen die Nutzerdaten monetarisiert. In diesem Sinne wäre es auch nur konsequent, wenn Google sein selbstfahrendes Auto nicht verkaufen würde, sondern verschenken – für den Preis, dass Fahrer Google das Recht übertragen, die Nutzungsdaten zu verwerten. Dass Google solche Nutzerdaten als wertvoll erachtet, bewies eindrucksvoll die Akquisition von Waze, einem Startup aus dem Themenfeld Echtzeit-Verkehrsdaten, für mehr als eine Milliarde US-Dollar (TechCrunch 2013).

Eine große Anzahl von Studien im Bereich der Managementforschung beobachtet, wie Strategische Innovationen immer wieder ganze Branchenstrukturen verwandeln. Wichtigster Treiber dieses Wandels ist die Trägheit der etablierten Unternehmen in der Reaktion auf strategische Innovationen (Enders et al. 2009b; Hill und Rothaermel 2003). Christensen (1997) beschreibt beispielsweise, wie etablierte Hersteller sogenannter Mini-Computer in den 1980er Jahren den Sprung zur Entwicklung von Personal Computern (PCs) verpassten, weil bestehende Kunden von Mini-Computern zunächst keine Verwendung von PCs sahen. Gilbert (2005) berichtet von der Angst vor Kannibalisierung, welche Zeitungsverlage dazu veranlasste, sehr zögerlich auf Online-News zu reagieren. Und Gerstner et al. (2013) zeigen solch träges Verhalten bei Pharmaunternehmen in ihrer Reaktion auf die aufkommende Biotechnologie. Brockhaus bei der Reaktion auf Wikipedia, Polaroid bei der Reaktion auf digitale Fotografie, KarstadtQuelle bei der Reaktion auf den Online-Handel – all dies sind nur einige weitere von zahlreichen Beispielen, die zeigen: organisationale Starrheit der etablierten Unternehmen ist die Grundvoraussetzung dafür, dass neue Spieler Industriestrukturen umwälzen können (König 2012).

4 Strategische Sensitivität: Grundvoraussetzung für Strategische Innovation

Einer der zentralen Erklärungsfaktoren sowohl bei der Entdeckung Strategischer Innovationen als auch bei der Reaktion der etablierten Unternehmen ist die *Strategische Sensitivität* – beziehungsweise ihr Fehlen. Wir definieren Strategische Sensitivität als das *kritische und kreativ erneuernde Verständnis strategischer Grundannahmen*. Strategische Sensitivität besteht aus vier, progressiv aufeinander aufbauenden, sich iterativ wiederholenden Kernelementen:

- *Bestehende Paradigmen kennen.* Erfolgreiche Strategische Innovation baut häufig auf einem tiefen Wissen und Verständnis der bestehenden Geschäftslogik auf. Große Innovatoren in anderen Gebieten – Bach, Einstein und Picasso zum Beispiel – zeichnen sich dadurch aus, dass sie das bestehenden Wissen und Tradition tief verinnerlicht hatten. Genauso hatten Innovatoren in der Geschäftswelt – Henry Ford, die Gebrüder Albrecht und Steve Jobs zum Beispiel – ein außerordentlich gutes Verständnis der Paradigmen in ihren jeweiligen Branchen (Isaacson 2011).
- *Anomalien erkennen.* Strategische Innovationen beginnen dann, wenn Innovatoren Entwicklungen erkennen, die dem bestehenden strategischen Paradigma widersprechen (das Wort „Anomalie" kommt vom altgriechischen Adjektiv „ἀνώμαλος" – „unregelmäßig"). Es finden sich zahlreiche Anekdoten, wie einige der wichtigsten Strategischen Innovationen auf Anomalien aufbauen, die häufig zufällig entdeckt wurden. So heißt es, dass die Gebrüder Albrecht die Vorteile eines kleinen Sortiments nur entdeckten, weil sie nicht genügend Ressourcen für ein Vollsortiment hatten. Sie hatten jedoch die Sensitivität zu erkennen, dass Kundinnen und Kunden gerade darin einen Vorteil sahen – vollkommen entgegen den Erwartungen.
- *Von einzelnen Anomalien auf generelle neue Zusammenhänge schließen.* Der entscheidende Schritt von einer Anomalie zu einer Strategischen Innovation liegt dann darin, aufbauend auf Anomalien das bestehende Geschäftsverständnis in Frage zu stellen und fußend auf einer Anomalie ein generalisiertes neues Geschäftsverständnis zu schaffen. Alle oben genannten Beispiele entwarfen ja nicht nur eine kurzfristige Innovation, sondern begründeten eine neue Form, eine neue Schule, ein neues Paradigma. So entwarfen beispielsweise die Aldi-Brüder die Blaupause für den Typus des Discounters. Und Steve Jobs entwarf (neben zahlreichen neuen Geräten) das Geschäftsmodell des integrierten Hard- und Softwareunternehmens – im Widerspruch zu dem in den 1990er Jahren allseits propagierten Modell, in dem Hardware und Software aus strategischen Gründen in getrennten Unternehmen entwickelt und vermarktet wurden. Strategische Sensitivität beinhaltet also auch die Fähigkeit, in einer einzelnen ersten Anomalie ein größeres generelles Prinzip zu erkennen.
- *Geschäftsmodelle gestalten.* Schließlich bedeutet Strategische Sensitivität auch, das neue Geschäftsmodell sensibel in den Markt einzuführen. Der große Vorteil einer Strategischen Innovation liegt darin, dass sie von den etablierten Spielern nicht erkannt

oder unterschätzt wird und dass die etablierten Unternehmen geringe Anreize haben, das neue Paradigma umzusetzen. Beispielsweise hatten etablierte Supermärkte zunächst in ihrer Wahrnehmung geringe Anreize, die Prinzipien von Aldi zu übernehmen. Strategisch sensitive Unternehmerinnen und Unternehmer setzen gerade diese Vorteile systematisch ein. So haben sie mehr Zeit, sich im Markt zu etablieren. Genauso bedeutend ist die strategische Sensitivität bei der Umsetzung strategischer Innovation innerhalb etablierter Unternehmen. Führungskräfte müssen ein Gespür dafür entwickeln, welche Widerstände im Unternehmen gegen solche Innovationen aufkommen, und wie sie diese Widerstände durch organisationale und kommunikative Maßnahmen umgehen können.

Unser Kernargument lautet, dass Unternehmen eine Kultur der Strategischen Sensitivität entwickeln müssen, um den bahnbrechenden Wandel, der durch Industrie 4.0 induziert wird, nutzen zu können. Wie wir im Folgenden erläutern, ist unsere Annahme dabei, dass Industrie 4.0 zahlreiche Entwicklungen anstoßen wird, welche den bestehenden strategischen Paradigmen grundsätzlich widersprechen.

5   Industrie 4.0: Infragestellung strategischer Paradigmen

Tabelle 1 bietet einen Überblick über beispielhafte mögliche Veränderungen, die sich im Zuge von Industrie 4.0, insbesondere im B2B-Wettbewerb, auf den drei Ebenen der Nutzendimensionen, der Geschäftsprozesse und der Wertabschöpfung ergeben und damit strategische Paradigmen in Frage stellen.

5.1   Nutzendimensionen

Industrie 4.0 wird es Unternehmen ermöglichen, völlig neue Bündel an Nutzendimensionen zu schnüren, die das traditionelle Verständnis in Frage stellen. Während heute etwa der zentrale wahrgenommene Nutzwert eines Produkts häufig noch durch eine möglichst *breite* Funktionalität und die Zuverlässigkeit definiert sind, wird es durch Industrie 4.0 möglich sein, Kundenbedürfnisse *exakt* zu erfüllen. So erläuterte Kagermann (2013) zum Beispiel, wie die neuen Technologien ermöglichen, Maß- und Individualanfertigungen „zu den Kosten eines Massenprodukts" zu fertigen und anzubieten. Darüber hinaus bietet Industrie 4.0 bisher ungeahnte Möglichkeiten in Bezug auf die Transparenz von Produktionsprozessen, welche zum Beispiel Fehlerquellen leichter identifizierbar machen und etwa das Lagermanagement vereinfachen. Eine größere Verfügbarkeit von Informationen über Produktionsprozesse und Produkte ermöglicht weiterhin eine bessere Simulierbarkeit von Prozessveränderungen, noch bevor diese implementiert werden, und kann daher zu Kosten- und Preisvorteilen beitragen. Darüber bietet Transparenz auch die Möglichkeit, besser über die Herkunft von Inhaltsstoffen und die Bedingungen der Herstellung

Tab. 1 Beispielhafte Veränderungen durch Industrie 4.0

	Heute	Industrie 4.0
Nutzendimensionen	Produktfunktionalität	Individualisierbarkeit durch Maß- und Einzelanfertigungen
	Zuverlässigkeit	Transparenz des gesamten Herstellungsprozesses
	Zeitvorteil vor dem Wettbewerb	Übernahme von Teilprozessen des Kunden
Geschäftsprozesse (und notwendige Ressourcen)	Fertigung standardisierter Produkte und Nutzung von Skaleneffekten	Wissen und Fähigkeiten zum Management komplexer, selbst-steuernder Systeme
	Fähigkeit zur Prognose der Nach-frage und darauf aufbauende Planung der Produktion	Dynamisches Kapazitätsmanage-ment durch modulare Systeme
	Bedarfsunabhängige Wartung („time-based maintenance")	Erfassung und Verarbeitung von „Big Data" (z. B. detaillierte Kunden- und Nutzungsdaten)
		IT-Kompetenz zur „Mass Customization"
		„Just-in-time" netzwerk-orien-tierte Logistikstrukturen
		Zustandsabhängige Wartung („condition-based maintenance")
Wertabschöpfung	Wettbewerb innerhalb von Branchengrenzen	Verschwimmende Branchengrenzen
	Wettbewerb zwischen klar abge-grenzten Unternehmen	Verschwimmende Unternehmensgrenzen
	Homogene Geschäftsmodelle	Größere Vielzahl an Erlösmodel-len (z. B. „Daten statt Dollar")
	Relativ einheitliche Preissetzung für alle Kunden	Stärkere Preisdiskriminierung

informiert zu sein. Solche Informationen könnten sowohl aus Nachhaltigkeitsgründen (Kunden werden zunehmend sensibler hinsichtlich der sozialen und ökologischen Verträglichkeit von Produkten) als auch aus Risiko- oder gar Haftungsüberlegungen heraus und für eine möglichst friktionslose Weiterverarbeitung des Produkts in eigenen Fertigungsprozessen wertvoll sein. Schließlich könnte Industrie 4.0 Unternehmen auch in die Lage versetzen, stärker als bisher ganze Teilprozesse ihrer Kunden zu übernehmen. Dies erscheint möglich, da (Teil-)Produkte vernetzt und „intelligent" sind, und sich daher leichter als bisher zwischen Unternehmensgrenzen transferieren lassen.

Die neuen Nutzenbündel, welche durch Industrie 4.0 geschnürt werden können, bieten ohne Zweifel Potenzial für „disruptive" Innovationen. Dies ist insbesondere deshalb der Fall, weil Industrie-4.0-Lösungen bestehende Kundenbedürfnisse zu Beginn möglicherweise unrentabel erscheinen und nur in geringem Maße befriedigen werden – und ähnlich wie die von Christensen (1997) beobachteten Mini-Computer von den etablierten Unternehmen zunächst missachtet werden. Zudem werden Industrie-4.0-Lösungen möglicherweise vollkommen neue Dimensionen von Kundennutzen einführen – ähnlich wie die Personal-Computer-Dimensionen, wie Einfachheit der Bedienung und Größe in den Markt einführten. Damit wären Industrie-4.0-Lösungen für bisherige „Nicht-Kunden" attraktiv und könnten möglicherweise vollkommen neue Märkte erschließen.

5.2 Geschäftsprozesse

Auch im Hinblick auf den eigentlichen Prozess der Wertschöpfung und die für die Schaffung von Kundennutzen notwendigen Ressourcen ist ein fundamentaler Wandel zu erwarten. Heute fertigen Unternehmen typischerweise relativ standardisierte Produkte unter Nutzung von Skaleneffekten und stellen permanent Infrastruktur zur Wartung zur Verfügung. Um diese Prozesse effizient betreiben zu können, müssen sie versuchen, die Nachfrage nach Produkten auf Basis von historischen Werten zu prognostizieren, und Anlagen häufig in festgelegten Zeitintervallen oder nach Nutzungsstunden warten („time-based maintenance").

In Zukunft jedoch werden Unternehmen durch vernetzte Produkte und Produktionsanlagen wesentlich genauere Information über ihre Kunden und ihre eigenen Fertigungsprozesse verfügen. Diese ermöglichen nicht nur eine individuellere Ansprache von Kunden im Verkaufsprozess, sondern auch die Implementierung von Mass-Customization-Prozessen, in denen Produkte ggf. erst auf Anforderung hin und nach Kundenspezifikationen gefertigt werden. Vor allem die vieldiskutierte selbststeuernde Fertigung, bei der Werkstücke nicht extern gesteuert durch die Fertigung laufen, sondern an den relevanten Stationen „um Bearbeitung bitten" hat strategische Konsequenzen, weil sie solche Prozesse erst hinreichend flexibilisiert und damit überhaupt ermöglicht. Insbesondere erlaubt eine solche Fertigungssteuerung eine Vorverschiebung des sogenannten „Order Penetration Points", also jenes Moments im Fertigungsprozess, in dem den Werkstücken erstmals ein konkreter Kundenauftrag zugeordnet werden kann und nach dem die weitere Verarbeitung des Werkstücks kundenindividuell erfolgen kann (Olhager 2003). Um auf eventuell entstehende Kapazitätsengpässe flexibel reagieren zu können, werden im Industrie-4.0-Paradigma modulare Produktionseinheiten erwartet. Jasperneite (2014) diskutiert etwa, wie sich solche Einheiten mit geringem Aufwand in die Produktionslandschaft ein- und wieder aus ihr herauslösen lassen. Schließlich kann die intelligente Erfassung und Nutzung der tatsächlichen Nutzungsdaten eines Produkts (etwa durch Selbst-Monitoring) dazu beitragen, „condition-based maintenance" zu nutzen und eventuell nötige Produktwartungen nur bei tatsächlich vorliegendem Bedarf und zu einem möglichst günstigen Zeitpunkt durchzuführen (Peng et al. 2010).

Allerdings benötigen Unternehmen in einer Industrie 4.0 auch andere, neue Ressourcen, um diese Vorteile nutzen zu können. Zum Beispiel waren bisher insbesondere eine hohe Prognosegüte bezüglich der Nachfrage und eine durchgehende Fertigung in großen Losgrößen eine wertvolle Ressource. In Zukunft hingegen müssen Unternehmen vermehrt schnelle Einzelfertigung bieten können. Hierzu ist die Fähigkeit erforderlich, nicht nur ein selbststeuerndes und deutlich komplexeres System managen zu können, sondern darüber hinaus dessen Kapazität im Bedarfsfall schnell anzupassen. Es könnte also sein, dass der Wert bestehender Losgrößen obsolet wird und stattdessen insbesondere die Erlangung der nötigen spezifischen IT- und Management-Kompetenzen einige Unternehmen vor Probleme stellen wird. Durch die zunehmende Vernetzung verstärkt sich weiterhin die Anforderung, dass neue Produkte zu einem hohen Grade kompatibel zur existierenden Infrastruktur des Kunden sein müssen. Somit verlieren bestehende Architekturen zunehmend an Wert. Insgesamt ist daher festzuhalten, dass Industrie 4.0 damit ein Neudenken des gesamten Organisationsaufbaus industrieller Produktion erfordert.

5.3 Wertabschöpfung

Die vielleicht dramatischsten strategischen Veränderungen durch Industrie 4.0 sind jedoch im Bereich der Wertabschöpfung zu erwarten, da hier neue Geschäftsmodelle das Potenzial haben, die bisherige Verteilung des geschaffenen Werts deutlich zu verändern. Trotz der bereits länger andauernden „Dekonstruktion" der Wertschöpfungsketten (Stern 1998), spielt sich der Verteilungskampf heute immer noch in vielen Fällen zwischen relativ klar abgrenzbaren Branchen, oder zumindest Unternehmen, ab. Das Konzept von Industrie 4.0 hat allerdings das Potenzial, Wertschöpfungsketten nicht nur an klar getrennten Schnittstellen zu zerlegen, sondern es ermöglicht „unschärfere" Schnittstellen, die sich anpassen und dadurch flexibler und effizienter werden. Zwei Unternehmen, die im Endkundengeschäft Konkurrenten sind, könnten sich etwa durch selbststeuernde Fertigung relativ leicht dynamisch Produktionskapazitäten teilen. Neue Geschäftsmodelle werden möglicherweise dazu beitragen, solche Arrangements zu ermöglichen, um Effizienzgewinne zu realisieren, und darüber entscheiden, wer sich diese zu Eigen machen kann.

Auch der Aspekt der radikalen „Mass Customization" ermöglicht neue Geschäftsmodelle, welche durch eine möglichst exakte Erfüllung der Kundenbedürfnisse ggf. vor Preiswettbewerb schützen können (Piller und Tseng 2010). Zusätzlich können Daten über das Nutzungsverhalten von Kunden eine effizientere Preisdiskriminierung ermöglichen und dadurch neue Potenziale zur Abschöpfung von geschaffenem Wert bieten. Ein Aspekt dieser neuen Art der Wertabschöpfung könnte in gänzlich neuen Geschäftsmodellen bestehen, in dem z. B. Endprodukte im Rahmen eines so genannten „Freemium"-Modells (Anderson 2009) zunächst extrem günstig abgegeben werden. Durch eine im IoT mögliche dauerhafte Verbindung mit dem Hersteller können sie den Nutzern dann jedoch aktiv Updates und Zusatzfunktionalitäten anbieten, welche letztlich die eigentlichen Umsatzbringer darstellen (Porter und Heppelmann 2014). Andere Innovationsmöglichkeiten bieten sich durch Ansätze wie Googles „Daten-statt-Dollar"-Erlösmodell.

Neue Erlösmodelle stellen die Geschäftslogik vieler etablierter Unternehmen auf den Kopf. Unternehmensgrenzen werden fließender; Prozessschritte werden umgeordnet oder auch obsolet; neue Geschäfte (z. B. Dienstleistungen und Datenverkauf) werden neu miteinander kombiniert.

6   Zukunft gestalten: Mehr Strategische Sensitivität!

Wie oben dargestellt, führt Industrie 4.0 zu radikal neuen Konzepten, wie Wert geschaffen und abgeschöpft wird. In unserer Zusammenarbeit mit zahlreichen Unternehmen zeigt sich: Für Firmen, die an diesem Paradigmenwechsel teilhaben möchten, wird strategische Sensitivität zur entscheidenden Kernkompetenz, und zwar nicht nur bezogen auf die obersten Führungskräfte, sondern bezogen auf die strategische Sensitivität *aller* Organisationsmitglieder. Für uns ergeben sich die folgenden fünf zentralen Handlungsempfehlungen:

1. *Wissen aufbauen.* Strategische Innovation beginnt mit Wissen, denn ähnlich wie nur ein geschulter Arzt auf einem Röntgenbild Krankheiten erkennen kann, kann nur ein geschulter Mitarbeiter Anomalien erkennen, die Innovationen ermöglichen. Unternehmen sollten Wissen hinsichtlich der neuen Technologien fördern; insbesondere vor dem Hintergrund, dass das Konzept von Industrie 4.0 immer noch in vielen Unternehmen gänzlich unbekannt ist (Tauber 2014). Noch kritischer jedoch ist Wissen hinsichtlich der strategischen Grundannahmen, auf denen das bisherige Geschäft aufbaut. Nur wer sich dieser Grundannahmen bewusst ist, kann Anomalien überhaupt erkennen – zum Beispiel wenn Kunden nicht mehr bereit sind, für Steigerungen von Leistung in traditionellen Nutzenbündeln zu bezahlen.
2. *Über das Naheliegende hinausdenken.* Strategische Innovationen entstehen dort, wo Unternehmerinnen und Unternehmer, Mitarbeiterinnen und Mitarbeiter über den Tellerrand hinausblicken und bestehende Paradigmen hinterfragen. Unternehmen sollten diesen „Think-Beyond-The-Obvious"-Gedanken in der gesamten Belegschaft schulen, weil er Voraussetzung dafür ist, aus der Beobachtung von Anomalien Strategische Innovationen entwickeln zu können. Unternehmen sollten in mehrerlei Hinsicht über den Tellerrand hinaus denken: Zum Beispiel sollten sie ihre Definitionen ihrer Wettbewerber überdenken, weil sich im Zuge von Industrie 4.0 ganz neue Wettbewerber entwickeln. Zum einen Teil werden dies etablierte Spieler aus anderen Branchen sein. Beispielsweise werden Unternehmen, die große Mengen an Daten zusammenführen und verarbeiten können, in Märkte eintreten, die vorher von industriellen Anbietern dominiert wurden (Beispiele aus nicht-produzierenden Industrien wären etwa Google im Automarkt; IBM im Bereich Stadtentwicklung, Energie und Gesundheitswesen; Amazon in der Verlagsindustrie). Zum anderen Teil werden dies Start-up-Unternehmen sein, welche flexiblere Strukturen besitzen und damit große Vorteile besitzen. Alle diese Unternehmen haben gemeinsam, dass sie die Verteilung des geschaffenen Wertes zu Lasten der etablierten Spieler beeinflussen könnten (so wie etwa Apple in der Musikindustrie die Verteilung deutlich zu Ungunsten der Musiklabels verändert hat).
3. *Kommunikation ermöglichen.* Eine große Herausforderung von Paradigmenwechseln liegt darin, dass man für Dinge Worte finden muss, für die es noch keine gibt. So beobachten wir in der Zusammenarbeit mit Unternehmen häufig, wie schwierig es für IT-Mitarbeiter ist, der Strategieabteilung die Potenziale neuer Technologien zu vermitteln,

insbesondere dann, wenn diese Themen erst in geraumer Zukunft relevant erscheinen. Auch beobachten wir häufig, wie schwierig es für Mitarbeiterinnen und Mitarbeiter ist, Innovationen in der Hierarchie nach oben hin zur Unternehmensführung zu kommunizieren. Häufig werden „PowerPoint-Schlachten" geschlagen, und innovative Initiativen verlaufen im Sand, weil sie nicht verstanden werden. Neben einer gemeinsamen strategischen Sprache, die notwendig ist, damit Mitarbeiter die strategische Bedeutung ihrer Beobachtungen und Innovationen kommunizieren können, bedarf es hier anderer Techniken, wie zum Beispiel die Verwendung von Geschichten, Metaphern und Analogien (Heath und Heath 2007), damit zwischen Abteilungen und Hierarchiestufen Austausch stattfinden kann und Ideen gehört und umgesetzt werden.

4. *Das eigene Vorgehen stets in Frage stellen.* Industrie 4.0 könnte in der Zukunft die Grundlage aller heute existierenden Unternehmen fundamental in Frage stellen. Besser für die Zukunft gewappnet sind also diejenigen Unternehmen, die sich entsprechend vorbereiten. Zahlreiche Managementtechniken können Entscheidungsträgern helfen, Strategien neu zu durchdenken. Beispielsweise erleben wir es immer wieder, wie viele neue Ideen dann entstehen, wenn wir in Workshops Unternehmerinnen und Unternehmern die Aufgabe stellen, das eigene Unternehmen, unter anderem mithilfe der Technologien der Industrie 4.0, gedanklich anzugreifen und kreativ zu zerstören. Techniken wie die Szenarioplanung (Schwenker und Wulf 2013), die nicht die Zukunft vorhersagen möchten, aber ein offenes Denken hinsichtlich zukünftiger Entwicklungen fördern, können hierbei enorm hilfreich sein.

5. *Die Schwächen der etablierten Unternehmen ausnutzen.* Die vielleicht entscheidende Grundlage dafür, dass Strategische Innovationen für Angreifer im Kontext von Industrie 4.0 erfolgreich sein können, ist der Grad, mit der sie die etablierten Unternehmen bewusst dadurch ausspielen, dass die Innovationen für diese etablierten Spieler so unattraktiv wie möglich gestaltet sind. Wie oben dargestellt, haben Innovationen dann eine besonders große Chance, wenn sie von den „Platzhirschen" in einer Branche nicht wahrgenommen oder unterschätzt werden oder wenn es – im allerbesten Fall – für die etablierten Spieler schlicht wenig Anreize gibt, die Innovation selbst umzusetzen. In unserer Zusammenarbeit mit Unternehmen, aber insbesondere auch im „Passauer Modell" der Strategischen Innovation, welches wir unseren Studierenden vermitteln, achten wir daher insbesondere darauf, dass Strategische Innovationen genau so aufgesetzt werden, dass relevante etablierte Unternehmen zum Beispiel den neuen Markt als zu klein erachten, ihre bestehenden Kunden mit einer Innovation nicht zufrieden stellen würden, oder das Gefühl haben, sich zu kannibalisieren, wenn sie eine Innovation aufgreifen. Nur wenn aufgrund solcher Umstände die etablierten Unternehmen den Innovatoren mehr Zeit geben sich zu entwickeln, kann eine Strategische Innovation tatsächlich erfolgreich sein.

Literatur

Anderson, C. (2009). *Free: The future of a radical price*. New York: Hyperion.

Arbeitskreis Industrie 4.0. (2013). Umsetzungsempfehlungen für das Zukunftsprojekt Industrie 4.0. http://www.bmbf.de/pubRD/Umsetzungsempfehlungen_Industrie4_0.pdf. Zugegriffen: 1. Feb. 2015.

BITKOM. (2014). Industrie 4.0 – Volkswirtschaftliches Potenzial für Deutschland. http://www.bitkom.org/files/documents/Studie_Industrie_4.0.pdf. Zugegriffen: 1. Feb. 2015.

Christensen, C. M. (1997). *The innovator's dilemma: When new technologies cause great firms to fail*. Boston: Harvard Business School Press.

Enders, A., König, A., Hungenberg, H., & Engelbertz, T. (2009a). Towards an integrated perspective of strategy: The value-process framework. *Journal of Strategy and Management, 2*(1), 76–96.

Enders, A., König, A., & Hungenberg, H. (2009b). Wie Unternehmen radikalen Wandel meistern. *Harvard Business Manager, 8*, 20–32.

Gerstner, W.-C., König, A., Enders, A., & Hambrick, D. C. (2013). CEO narcissism, audience engagement, and organizational adoption of technological discontinuities. *Administrative Science Quarterly, 58*(2), 257–291.

Gilbert, C. G. (2005). Unbundling the structure of inertia: Resource versus routine rigidity. *Academy of Management Journal, 48*, 741–763.

Heath, C., & Heath, D. (2007). *Made to stick: Why some ideas survive and others die*. New York: Random House.

Hill, C. W., & Rothaermel, F. T. (2003). The performance of incumbent firms in the face of radical technological innovation. *Academy of Management Review, 28*(2), 257–274.

Isaacson, W. (2011). *Steve Jobs: A biography*. New York: Simon & Schuster.

Jasperneite, J. (2014). Towards the smart factory – Status and open issues. 19th IEEE International Conference on Emerging technologies and factory automation, Barcelona. http://www.etfa2014.org/download/Jurgen_Jasperneite_%20keynoteETFA2014.pdf. Zugegriffen: 1. Feb. 2015.

Kagermann, H. (2013). Pressekonferenz der Plattform Industrie 4.0. http://www.acatech.de/fileadmin/user_upload/Baumstruktur_nach_Website/Acatech/root/de/Projekte/Laufende_Projekte/Industrie_4.0/Pressestatement_Henning_Kagermann.pdf. Zugegriffen: 1. Feb. 2015.

König, A. (2012). Technological discontinuities. In E. Kessler, J. M. Bartunek, M. Hitt, A. S. Huff, P. R. Lawrence, J. Pfeffer, A. H. Van de Ven, & D. A. Whetten (Hrsg.), *Encyclopedia of management theory* (S. 824–829). Thousand Oaks: Sage.

Olhager, J. (2003). Strategic positioning of the order penetration point. *International Journal of Production Economics, 85*, 319–329.

ORF2. (2014). *heute konkret: Die vierte industrielle Revolution*. Interview mit Richard David Precht. Ausgestrahlt am 16. Oktober 2014.

Peng, Y., Dong, M., & Zuo, M. J. (2010). Current status of machine prognostics in condition-based maintenance: A review. *The International Journal of Advanced Manufacturing Technology, 50*(1–4), 297–313.

Piller, F., & Tseng, M. M. (Hrsg.). (2010). *Handbook of research in mass customization and personalization*. Singapore: World Scientific.

Porter, M. E., & Heppelmann, J. E. (2014). How smart, connected products are transforming competition. *Harvard Business Review, 92*(11), 64–88.

Schwenker, B., & Wulf, T. (Hrsg.). (2013). *Scenario-based strategic planning: Developing strategies in an uncertain world*. Wiesbaden: Springer.

Stern, C. W. (1998). The deconstruction of value chains, *BCG Perspectives*, No. 372.

Tauber, A. (2014). Deutschland droht die Zukunft zu verschlafen. http://www.welt.de/wirtschaft/article135151615/Deutschland-droht-die-Zukunft-zu-verschlafen.html. Zugegriffen: 1. Feb. 2015.

TechCrunch. (2013). Google Bought Waze For $1.1B, Giving a social data boost to its mapping business. http://techcrunch.com/2013/06/11/its-official-google-buys-waze-giving-a-social-data-boost-to-its-location-and-mapping-business/. Zugegriffen: 1. Feb. 2015.

Tripsas, M., & Gavetti, G. (2000). Capabilities, cognition and inertia: Evidence from digital imaging. *Strategic Management Journal, 21*(10–11), 1147–1161.

VDMA. (2013). VDMA Studie Status Quo der Security in Produktion und Automation 2013/2014. Verband Deutscher Maschinen- und Anlagenbau e. V. http://www.vdma.org/article/-/article-view/2717338. Zugegriffen: 1. Feb. 2015.

Rechtliche Herausforderungen der Industrie 4.0

Gerrit Hornung

Der Einsatz cyberphysischer Systeme in der Fertigungsindustrie und Logistik wirft neben vielfältigen technischen und organisatorischen Problemen auch neuartige Rechtsfragen für die beteiligten Unternehmen, ihre Mitarbeiter und Kunden auf. Diese berühren so unterschiedliche Bereiche wie das Vertrags-, Haftungs-, Datenschutz-, Arbeits- und IT-Sicherheitsrecht und sind bislang nur in Ansätzen erforscht. Der Beitrag plädiert dafür, die rechtlichen Probleme bei der Konzeption, Erforschung und Implementierung der Industrie 4.0 von Beginn an zu berücksichtigen und in die Gestaltung dieser technisch-sozialen Innovation einfließen zu lassen.

1 Industrie 4.0 als technisch-soziale Innovation

Die unter dem Schlagwort der „Industrie 4.0" zusammengefassten Technologien, Prozesse und Anwendungen werden in absehbarer Zukunft tiefgreifende Veränderungen in der Fertigungsindustrie nach sich ziehen.[1] Mit dem inzwischen in der – deutschen – Diskussion etablierten Begriff soll zum Ausdruck gebracht werden, dass die Informatisierung dieses Industriezweiges und der Einsatz cyberphysischer Systeme mindestens ebenso große Umwälzungen verursachen werden wie die vorangegangen drei „Revolutionen"

---

[1] Auf weitere Erläuterungen zum Begriff der Industrie 4.0, den eingesetzten Technologien und den jeweiligen Branchen wird hier verzichtet; s. insoweit als Überblick den Abschlussbericht des Arbeitskreises Industrie 4.0 (Kagermann et al. 2013) sowie für konkrete Beispiele die übrigen Beiträge in diesem Band.

G. Hornung (✉)
Universität Kassel, FB 07 Kurt-Schumacher-Str. 25, 34117 Kassel, Deutschland
E-Mail: gerrit.hornung@uni-kassel.de

© Springer Fachmedien Wiesbaden 2016
R. Obermaier (Hrsg.), *Industrie 4.0 als unternehmerische Gestaltungsaufgabe*,
DOI 10.1007/978-3-658-08165-2_4

(Mechanisierung durch Wasser- und Dampfkraft, Massenfertigung durch Fließbänder, Digitalisierung).

Wie bei den drei Vorläufern wird sich auch bei der Industrie 4.0 erst retrospektiv zeigen, wie groß die entsprechenden inkrementellen und disruptiven Veränderungen wirklich sein werden. Eindeutig ist aber, dass es nicht lediglich um Fragen der technischen Machbarkeit und betrieblichen Sinnhaftigkeit neuer Fertigungstechnologien und -prozesse geht. Vielmehr handelt es sich wie bei den meisten wirtschaftlich-industriellen Veränderungsprozessen auch hier um technisch-soziale Innovationen (s. zu verschiedenen Begriffen von „sozialen Innovationen" z. B. Howaldt et al. 2014 sowie bezogen auf wirtschaftliche Innovationsprozesse Osburg und Schmidpeter 2013). Sie haben Auswirkungen auf die Zusammenarbeit der Menschen in der „intelligenten Fabrik", auf die Rollen und Selbstverständnisse der Beschäftigten, auf die Zusammenarbeit der Unternehmen entlang von Wertschöpfungsketten und auf die Beziehungen zwischen Unternehmen und Kunden.

Aus wissenschaftlicher und praktischer Sicht evoziert die Vision der Industrie 4.0 deshalb nicht nur technische, sondern auch arbeitswissenschaftliche, organisationssoziologische, wirtschafts- und rechtswissenschaftliche Fragestellungen. Ohne eine frühzeitige und angemessene Untersuchung der Akzeptanzfragen[2] innerhalb und außerhalb von Unternehmen laufen diese Gefahr, durch einen zu starken Fokus auf die technischen Prozesse ihre Beschäftigen, ihre Kunden und ihre Kooperationspartner nicht „mitzunehmen". Dies hat nach der Selbsteinschätzung von Unternehmen hinsichtlich erhebliche Auswirkungen auf die Arbeitsgestaltung (s. z. B. die Umfrage von Ingenics und FhG IAO 2014), kann Veränderungsprozesse in Organisationen massiv behindern oder sogar insgesamt zum Scheitern bringen. Ähnliches gilt für die neu auftretenden Rechtsfragen: Ohne ihre frühzeitige Untersuchung besteht das Risiko, Fehlinvestitionen in rechtlich zweifelhafte oder sogar unzulässige Technologien und Geschäftsmodelle zu tätigen.

Der Übergang zu „intelligenten" integrierten Fertigungsprozessen wird wie frühere Innovationen in der Wirtschaft durch den Mechanismus der „schöpferische Zerstörung" (Schumpeter 1993, S. 134 ff.)[3] Gewinner und Verlierer produzieren. Auf welcher Seite die einzelnen Unternehmen stehen, wird außer durch technische Weichenstellungen auch nach Maßgabe der genannten Einflussfaktoren entschieden werden.

2 Das Verhältnis technischer Innovationen zum Recht

Recht und Technik bestimmen in hohem Maße sowohl die individuelle Lebenswirklichkeit des Einzelnen als auch die sozialen Entwicklungsbedingungen der Gesellschaft (s. zu diesem Verhältnis grundlegend Roßnagel 1993, S. 105 ff. et passim). Rechtliche

---

[2] Diese werden derzeit z. B. im BMBF-Projekt MetamoFAB (Metamorphose zur intelligenten und vernetzten Fabrik) untersucht, s. http://www.metamofab.de.

[3] Dieser Mechanismus ist nicht auf das Verhältnis zwischen Marktteilnehmern beschränkt, sondern kann auch den konzerninternen „Wettbewerb" zwischen Unternehmen, Abteilungen oder einzelnen Mitarbeitern betreffen.

und technische Innovationen verändern folglich auch die Entfaltungsmöglichkeiten der Menschen und die sozialen Prozesse, in denen sie sich bewegen.

Industrie 4.0 ist weder die erste noch die letzte technische Innovation, die Rechtsfragen hervorruft. Als soziale Normen haben rechtliche Anforderungen die Funktion der „Steuerung"[4] nicht-rechtlicher Entwicklungen, unterliegen aber auch selbst einem fortlaufenden Entwicklungsdruck. Das Verhältnis technischer Innovationen zum Recht ist deshalb von Wechselwirkungen geprägt. Die rechtliche Analyse kann neue Technologien und Prozesse am Maßstab des geltenden Rechts untersuchen und so ihre rechtliche Zulässigkeit bewerten. Häufig wird diese Form der Rechtsanwendung jedoch zu spät kommen, weil die neuen Technologien bereits entwickelt und spezifiziert sind, Änderungen nur schwer durchführbar erscheinen und ein Verbot bei attraktiven Anwendungen angesichts des ökonomischen Drucks nur schwer durchsetzbar ist. Diese Probleme potenzieren sich in den grenzüberschreitenden Geschäftsprozessen des Internets als „körperlosem Sozialraum" (Roßnagel 1997, S. 26), in dem vielfach unklare Rechtsanwendungsregeln herrschen und das von einem chronischen Vollzugsdefizit gekennzeichnet ist.

Diese Ausgangssituation zwingt nicht dazu, den Regelungs- und Gestaltungsanspruch des Rechts aufzugeben; wohl aber benötigt er mit Blick auf rasche technische Innovationszyklen neue Implementationsstrategien. Will man das Dilemma der zu langen rechtlichen Reaktionszeiten vermeiden, so sind präventive und zukunftsgerichtete Ansätze erforderlich. Rechtswissenschaftler und -praktiker müssen den mühsamen Weg einer techniknahen Arbeit mit rechtlichen Normen und den hinter ihnen stehenden Regelungszielen gehen. Dazu müssen Juristen die Bereitschaft mitbringen (und dafür ausgebildet werden), sich in multidisziplinären Teams Technologien erläutern zu lassen, die sich noch im Forschungs- und Entwicklungsprozess mit seinen Optionen und rekursiven Prozessen befinden. Sie müssen überdies auch normativ in die Zukunft blicken, also nicht nur geltendes, oftmals inadäquates Recht anwenden, sondern abstraktere, dauerhaftere Vorstellungen der rechtlichen Gesellschaftsregulierung zeitgemäß konkretisieren und so auch innovatives Recht schaffen (s. zu diesem Mechanismus auf grundrechtlicher Ebene ausführlich Hornung 2015a). Umgekehrt sind in dieser Weise arbeitende Juristen darauf angewiesen, bei Technikern, Ökonomen, Arbeitswissenschaftlern und Verantwortlichen in den Unternehmen ein grundlegendes Verständnis für die rechtlichen Problemlagen neuer Technologien hervorzurufen und die Bereitschaft zu stärken, rechtliche Anforderungen und Vorgaben nicht als lästige Hindernisse, sondern als „produktive Störungen" zu verstehen. Nur so

---

[4] Die Probleme einer solchen Steuerung werden insbesondere aus systemtheoretischer Perspektive immer wieder aufgezeigt, s. z. B. Luhmann 1989, S. 4 ff.; Luhmann 1991, S. 142 ff.; Willke 1984, S. 29 ff.; Teubner und Willke 1984, S. 4 ff.; Di Fabio 1991, S. 205. In der Rechtswissenschaft sind jedoch inzwischen eine Vielzahl von – gerade marktwirtschaftlich orientierten – Instrumenten entwickelt worden, die vielversprechende und teils erfolgreiche Methoden darstellen, diesen Schwierigkeiten zu begegnen, s. Roßnagel und Sanden 2007, S. 17 ff., 67 ff.; Eifert 2012, Rn. 110 ff.

kann es gelingen, in einem Prozess der gegenseitigen Annäherung Gestaltungsvorschläge zu erarbeiten, die zugleich technik-, wirtschafts-, organisations- und rechtsadäquat sind.[5]

3   Ausgewählte Rechtsfragen

Im Folgenden soll ein Überblick zu wesentlichen Rechtsfragen gegeben werden, die durch die technischen Innovationen der Industrie 4.0 hervorgerufen werden. Die mehr heuristische Herangehensweise verzichtet auf umfangreiche Nachweise und zielt als erste Bestandsaufnahme darauf, eine vertiefte Erörterung der einzelnen aufgeworfenen Probleme anzustoßen.

Die meisten der folgenden Punkte schließen an Diskussionen an, die in der Rechtswissenschaft in den letzten Jahren in teils erheblicher Ausdifferenzierung geführt worden sind. Auch daran zeigt sich, dass viele einzelne Innovationen der Industrie 4.0 auf frühere Entwicklungen aufbauen.

3.1   Vertragsrecht und neue Vertragsmodelle

Solange cyberphysische Systeme nur innerhalb einer Produktionsstätte oder innerhalb eines Unternehmens eingesetzt werden, handelt es sich im Wesentlichen um innerbetriebliche Organisationsfragen. Sobald diese Systeme jedoch in neue Wertschöpfungsketten und -netzwerke integriert werden,[6] stellen sich neue rechtliche Herausforderungen.

Cyberphysische Systeme erzeugen eine enorme Datenmenge, aus der Informationen über den Aufenthaltsort von Objekten, den Zustand von Fertigungssystemen, die Auslastung von Produktions- und Dienstleistungsstätten, die Kapazitäten von Lagerräumen und die Arbeitskraft von Personen synthetisiert werden können. Neue Geschäftsmodelle bauen auf die Nutzung dieser Informationen und damit auf ihre zumindest prinzipielle Verfügbarkeit auf. Eine solche intensive Kollaboration mit Kooperationspartnern entlang der verschiedenen Stufen der Wertschöpfungskette oder sogar mit Konkurrenten auf derselben Stufe wirft mindestens zwei zentrale Gestaltungsfragen auf.

Erstens werden sich Unternehmen nur in größerem Umfang an dem Leitbild integrierter Wertschöpfung beteiligen, wenn sie darauf vertrauen, dass ihre Betriebs- und Geschäftsgeheimnisse entweder gewahrt bleiben oder nur gegen eine angemessene Gegenleistung

---

[5] S. zu der Idee einer solchen „Allianz" s. die Beiträge in Roßnagel (Hrsg.) 2001; zu Beispielen einer Umsetzung im Bereich des technischen Datenschutzes nach der Methode KORA (Konkretisierung rechtlicher Anforderungen) s. Roßnagel 2011, S. 41 ff. Ein Bewusstsein für die Notwendigkeit der genannten Kooperation ist inzwischen auch bei vielen Institutionen der Forschungsförderung vorhanden.

[6] Hierzu wurden Forschungsarbeiten z. B. im Projekt RAN – RFID based Automotive Network durchgeführt.

offenbart werden. Dies ist schon für die Zusammenarbeit mit bisherigen Konkurrenten keine kleine Aufgabe. Diese verkompliziert sich jedoch weiter, weil mit den Betreibern von Plattformen und digitalen Marktplätzen neue Marktteilnehmer hinzutreten, deren Geschäftsmodelle nicht auf Informationstrennung, sondern auf Aggregation und Big Data-Analysen (dazu aus rechtlicher Sicht z. B. die Beiträge in Hoeren (Hrsg.) 2014; zu den datenschutzrechtlichen Problemen z. B. Roßnagel 2013, S. 562 ff.) angelegt sind. Diese Vorstellung und Leitbilder wie die „transparente supply chain" (s. z. B. New 2010, S. 76 ff.) müssen bei allen Verantwortlichen Besorgnis erregen, die legitimerweise etwas zu verbergen haben. Gesetzliche Regeln zum Schutz von Betriebs- und Geschäftsgeheimnissen (§ 4 Nr. 9 lit. c und § 17 UWG, § 85 GmbHG oder § 404 AktG), Datenbanken (§§ 87a ff. UrhG) oder Urheberrechten wirken regelmäßig nur punktuell (s. näher Hofmann 2013, S. 210) und sind vor allem ein zu grobes Raster für die Besonderheiten der Industrie 4.0. Dementsprechend besteht ein erhebliches Bedürfnis nach Musterklauseln für Verträge, auf deren Basis die betroffenen Unternehmen zusammenarbeiten können.

Zweitens sind in solchen Verträgen Bestimmungen zur Gewinnverteilung und zu Haftungsfragen von erheblicher Bedeutung. Wenn auf der Basis der Daten, die bei den produzierenden Unternehmen entstehen, nunmehr andere Unternehmen neue Geschäftsmodelle entwickeln (beispielsweise durch einen vermehrtes dynamic pricing) und Gewinne generieren, so stellt sich die Frage einer angemessenen Gewinnverteilung. Auch hierfür muss und kann der Gesetzgeber keine Vorgaben machen; die neuerdings unter dem Schlagwort der „data ownership" diskutierten Fragen werden maßgeblich durch Verträge zwischen den einzelnen Unternehmen entschieden werden.

3.2 Haftungsrecht

Nicht zu verhindern ist, dass die neuen Formen der Zusammenarbeit in neuen Geschäftsmodellen auch neue Schadensvorfälle erzeugen, für die sich haftungsrechtliche Fragen ergeben werden. Dies gilt gerade für innovative Dienstleistungen neuer Anbieter, die durch Big Data-Analysen sinnvolle Leistungen erbringen können, obwohl ihnen an sich das Know-How zu den bisherigen Fertigungsprozessen in den einzelnen Wirtschaftssegmenten gerade fehlt. Werden die Ergebnisse derartiger Analysen wirtschaftlich genutzt, so können fehlerhaft eingespeiste Informationen sich zu Mängeln in Produkten und Dienstleistungen weiterfressen. Ähnliches gilt in integrierten Wertschöpfungsketten: Unzutreffende Informationen zur Auslastung von Maschinen können fehlerhafte Bestell- und Logistikprozesse auslösen, die durch Kaskadeneffekte eine Vielzahl von anderen Beteiligten in ihren Betriebsabläufen behindern.

Verträge sind auch hier zur Regulierung geeignet. Sie müssen allerdings zusätzlich zu hergebrachten Instrumenten wie Service Level Agreements (SLAs) oder Vorgaben zu Vorratshaltung und Lagerrisiken neue Wege erproben. Vermietet beispielsweise ein Hersteller von Großgeräten diese kurzfristig an einen Kunden (statt sie wie bisher an ihn zu veräußern) und nutzt die beim Einsatz anfallenden Betriebsinformationen zur Steuerung und

Verbesserung seiner Dienstleistungen bei diesem und bei anderen Kunden, so können die Haftungsfragen im Falle von Fehlinformationen oder mangelnder Datenqualität schnell eine erhebliche Komplexität annehmen und auch Geschäftspartner des Kunden erfassen.

Die haftungsbegründenden Umstände mögen in Produktfehlern der Großgeräte, einer fehlerhaften Fernwartung durch den Anbieter, einer Inkompatibilität mit anderen Geräten des Kunden, einem Bedienungsfehler oder einem informationsgestützten externen oder internen Angriff liegen. Für alle diese Schadens- und Angreifermodelle sind prinzipiell präventive vertragliche Regelungen möglich (etwa die Spezifikation technische Kommunikationsschnittstellen oder einzelner Komponenten in einer Logistikkette). Diese können jedoch tief in die innerbetriebliche Organisation des Kunden eingreifen, wenn beispielsweise die Bedienung auf namentlich genanntes Personal beschränkt wird. Treten trotz der Präventionsbemühungen Schäden auf, so ist Vorsorge dafür zu treffen, die einzelnen Ursachen und ihre Verteilung feststellen zu können. Beides wird sich nur aufklären lassen, wenn es gelingt, die jeweiligen Schadensbeiträge (beziehungsweise umgekehrt das ordnungsgemäße Funktionieren oder Verhalten) rechtssicher zu dokumentieren. Hierbei kann beispielsweise eine elektronisch signierte Dokumentation von Aktionen, Vorfällen oder Maschinenzuständen erhebliche Beweisvorteile bewirken.[7]

Auf der Ebene der Schadenskompensation stellen sich überdies versicherungsrechtliche Fragestellungen (zu den Fragen der Versicherung von IT-Schadensfällen s. Spindler und Koch 2010). Diese spielen insbesondere dann eine Rolle, wenn schwer kalkulierbare Risiken aufgefangen werden sollen oder die individuellen Verursachungsbeiträge trotz der eben genannten Instrumente nicht feststellbar sind.

3.3 Datenschutzrecht

Soweit sich die durch cyberphysische Systeme produzierten Daten auf eine bestimmte oder bestimmbare natürliche Person beziehen (§ 3 Abs. 1 BDSG), stellen sich datenschutzrechtliche Fragen. Dies wird typischerweise in zwei Richtungen der Fall sein, nämlich zum einen in Bezug auf Beschäftigte der Unternehmen und ihrer Kooperationspartner, zum anderen hinsichtlich der Kunden, soweit es sich um natürliche Personen handelt (s. ausführlich den Beitrag von Hofmann in Kapitel „Datenschutz in der Industrie 4.0 – Neue Lösungsansätze der Europäischen Datenschutzgrundverordnung").

Das aus dem allgemeinen Persönlichkeitsrecht abgeleitete Recht auf informationelle Selbstbestimmung schützt den „Einzelnen gegen unbegrenzte Erhebung, Speicherung, Verwendung und Weitergabe seiner persönlichen Daten" und gewährleistet insofern seine Befugnis „grundsätzlich selbst über die Preisgabe und Verwendung seiner persönlichen

---

[7] Das europäische Signaturrecht ist unlängst durch die Verordnung (EU) Nr. 910/2014 über elektronische Identifizierung und Vertrauensdienste für elektronische Transaktionen im Binnenmarkt und zur Aufhebung der Richtlinie 1999/93/EG, ABl. EU L 257 v. 28.8.2014, S. 73 (sog. eIDAS-VO) reformiert worden. Die Verordnung tritt jedoch in ihren wesentlichen Teilen erst am 1.7.2016 in Kraft.

Daten zu bestimmen" – so schon das Bundesverfassungsgericht im Volkszählungsurteil (BVerfGE 65, 1, 43). Einfachgesetzliche Vorgaben für den privaten Bereich (Beschäftigten- und Kundendaten) enthält insbesondere das Bundesdatenschutzgesetz.

Die Auswirkungen des Einsatzes cyberphysischer Systeme auf die Verarbeitung von Kundendaten werden in der Rechtswissenschaft schon seit einigen Jahren unter den Stichworten des Internets der Dinge oder des Ubiquitous Computing thematisiert (ULD 2006; Roßnagel 2007; Hansen und Thiel 2012). Demgegenüber steht die Analyse der innerbetrieblichen Auswirkungen noch am Anfang (s. z. B. Schulz et al. 2012).

In beiden Bereichen entstehen neue Probleme insbesondere durch die weitreichende Bildung umfassender Persönlichkeitsprofile (zur rechtlichen Bewertung derartiger Profile s. am Beispiel von Location Based Services Schnabel 2009). Wenn Produkte und Dienstleistungen möglichst exakt an die Bedürfnisse von Kunden angepasst und individualisiert werden sollen, müssen Anbieter möglichst viel über diese wissen. Dies gilt sowohl im Endkundenbereich als auch für andere Stationen des Herstellungsprozesses. Wenn Arbeitsleistungen spezifisch ausgestaltet und individualisiert bewertet werden sollen, so führt dies zu deutlich gesteigerten Datensammlungen über die Beschäftigten, ihre persönlichen Fertigkeiten, Aufenthaltsorte, Arbeitsschritte und Arbeitsunterbrechungen. Das hergebrachte Datenschutzrecht versucht, solchen Herausforderungen mit den Grundsätzen der Zweckbindung, der Erforderlichkeit und der Datensparsamkeit zu begegnen. Diese werden jedoch in Frage gestellt, wenn der Zweck individualisierter Produkte und Arbeitsleistungen weitreichende Datensammlungen erforderlich macht und Big Data-Analysen nicht auf einen sparsamen, sondern gerade auf einen möglichst umfassenden Umgang mit Daten und ihre dauerhafte Speicherung angelegt sind (s. z. B. Roßnagel 2013).

Insofern sind neue Lösungskonzepte erforderlich, um die Persönlichkeitsrechte der Betroffenen angemessen zu wahren. Trotz der Probleme einer echten Anonymisierung in Big Data-Datenbeständen ist beispielsweise zu fragen, ob der jeweilige Verarbeitungszweck nicht auch mit anonymisierten oder zumindest pseudonymisierten Daten erreicht werden kann. In diesem Fall ist der Personenbezug der Daten nach Maßgabe des Grundsatzes „privacy by design" beziehungsweise der Idee der „privacy enhancing technologies" (s. Borking 1998, 2001; Hansen 2003; mit Blick auf die aktuelle europäische Reform s. Hornung 2013a) zu vermeiden oder nachträglich zu entfernen. Datenschutzfreundliche Konzepte eines elektronischen Identitätsmanagements können dazu beitragen, Arbeitsabläufe zu optimieren, ohne die Betroffenen permanent elektronisch zu tracken.[8] Die Implementierung effektiver Datensicherheitsmaßnahmen gehört nach § 9 BDSG und der entsprechenden Anlage zu den Rechtspflichten der Unternehmen. Sie liegt zugleich in deren ureigenstem Interesse, weil so auch der Abfluss von Unternehmensdaten verhindert wird, die nicht vom Datenschutzrecht erfasst werden, für die Unternehmen aber von erheblicher Bedeutung sind (s. o. 1.3.1).

---

[8] Verschiedene Modelle des elektronischen Identitätsmanagements wurden in den letzten Jahren mit Blick auf das Cloud Computing im Projekt „SkIDentity" erforscht, s. https://www.skidentity.de/ und die Beiträge in Kubach und Hühnlein (Hrsg.) 2014; aus rechtlicher Sicht z. B. Hornung 2015b.

Die weitere Entwicklung wird maßgeblich durch die europäische Datenschutzreform geprägt werden, deren Verhandlungen sich derzeit in der Endphase befinden.[9] Die genauen Auswirkungen auf die Industrie 4.0 sind jedoch bisher noch wenig erforscht (s. z. B. den Beitrag von Hofmann in Kapitel „Datenschutz in der Industrie 4.0 – Neue Lösungsansätze der Europäischen Datenschutzgrundverordnung").

3.4 Arbeitsrecht

Im Anschluss an das Datenschutzrecht stellen sich in den meisten Unternehmen Mitbestimmungsfragen. Betriebsräte haben insbesondere mitzubestimmen, wenn es um Fragen der Ordnung des Betriebs und des Verhaltens der Arbeitnehmer geht (§ 87 Abs. 1 Nr. 1 BetrVG) und wenn technische Einrichtungen eingeführt und angewendet werden sollen, die dazu bestimmt sind, das Verhalten oder die Leistung der Arbeitnehmer zu überwachen (Nr. 6). Da die Rechtsprechung die Frage der „Bestimmung" schon bei einer entsprechenden Eignung bejaht (ständige Rechtsprechung seit BAGE 27, 256), wird die Einführung von Arbeitsplatzassistenzsystemen oder anderen Verfahren, die auf eine Profilbildung angelegt sind, regelmäßig der Mitbestimmung unterfallen. Bei den daraus folgenden Vorgaben handelt es sich typischerweise sowohl um Rechts- als auch um Akzeptanzprobleme.

Herausforderungen stellen sich daneben für die Arbeitsorganisation. Die effektive Implementierung von Konzepten des privacy by design erfordert ein entsprechendes Bewusstsein („awareness") für rechtliche Risiken bei den Beschäftigten, das durch Schulungen gefördert werden kann. Neben den regelmäßig nach § 4f BDSG rechtlich vorgeschriebenen Datenschutzbeauftragten wird kaum ein Betrieb in der Industrie 4.0 ohne einen IT-Sicherheitsbeauftragten auskommen. Die Beschäftigten in diesen Rollen werden sich auf neue, fluktuierende Prozesse einstellen müssen, sind dafür aber bisher kaum ausgebildet. Ähnliches gilt für die Zusammenarbeit über Unternehmensgrenzen hinweg, die analog zur Integration der Produktions- und Logistikprozesse erforderlich werden wird. Auch insoweit stellen sich also erhebliche Herausforderungen für die innerbetriebliche Organisation und ihre rechtliche Strukturierung durch Betriebsvereinbarungen, interne Verhaltensvorgaben und Arbeitsverträge.

---

[9] Die Europäische Kommission hat ihre Entwürfe für eine Datenschutz-Grundverordnung (KOM(2012) 11 endg) und eine Richtlinie für den Bereich von Polizei und Justiz (KOM(2012) 10 endg) am 25.1.2012 vorgelegt. Das Europäische Parlament hat am 12.3.2014 umfangreiche Änderungsvorschläge verabschiedet (s. den angenommenen Text P7_TA(2014)0212), während die Position des Rates noch aussteht. S. zu den Hintergründen und den Einzelproblemen der Reform statt vieler Hornung 2013.

3.5 IT-Sicherheitsrecht

Vorgaben für die Gestaltung der IT-Sicherheit in Unternehmen und für die Meldung von IT-Sicherheitsvorfällen werden derzeit vor allem für die Betreiber von Kritischen Infrastrukturen diskutiert. Die Gefahren auch für die produzierende Industrie sind real: Ende 2014 berichtete das Bundesamt für Sicherheit in der Informationstechnik unter anderem über einen erfolgreichen Angriff auf die Steuerungstechnik eines deutschen Stahlwerkes (BSI 2014, S. 31) und bewertete die Absicherung industrieller Steuerungssysteme gegen IT-gestützte Angriffe als weithin unzureichend (BSI 2014, S. 14 f.).

Bereits im bisherigen Recht finden sich datenschutzorientierte Pflichten zur Meldung an die Betroffenen und die Datenschutzaufsichtsbehörden, wenn bestimmte Datenkategorien Dritten unrechtmäßig zur Kenntnis gelangt sind und den Betroffenen entsprechende Nachteile drohen (§ 42a BDSG, § 15a TMG und § 83a SGB X; im Bereich der Telekommunikation gelten die teils inhaltlich abweichenden § 93 Abs. 3 in Verbindung mit § 109a TKG; s. z. B. Gabel 2009; Hornung 2010). Diese beziehen sich aber nur auf personenbezogene Daten und haben eine eher individual-, das heißt auf den Betroffenen bezogene Ausrichtung.

Mit dem nunmehr im zweiten Anlauf am 12. Juni 2015 durch den Bundestag beschlossenen IT-Sicherheitsgesetz (s. den Gesetzesentwurf, BT-Drs. 18/4096, sowie die Beschlussempfehlung des Innenausschusses, BT-Drs. 18/5121) werden sich die Meldepflichten für Unternehmen erheblich verschärfen (s. z. B. Roos 2014, S. 723). Betreiber Kritischer Infrastrukturen sind nach dem neuen § 8b Abs. 4 BSIG verpflichtet, erhebliche Störungen der Verfügbarkeit, Integrität, Authentizität und Vertraulichkeit ihrer informationstechnischen Systeme, Komponenten oder Prozesse, die zu einem Ausfall oder einer Beeinträchtigung der Funktionsfähigkeit der von ihnen betriebenen Kritischen Infrastrukturen führen können oder bereits geführt haben, unverzüglich an das Bundesamt für Sicherheit in der Informationstechnik zu melden. Dies kann in anonymisierter Form erfolgen, solange es nicht tatsächlich zu Ausfällen oder Beeinträchtigungen kommt; ist dies der Fall, muss eine individuelle Meldung erfolgen. § 8a BSIG enthält überdies nunmehr umfangreiche und potentiell kostenträchtige Pflichten zur Implementierung technischer und organisatorischer Vorkehrungen sowie zu deren regelmäßiger Auditierung.

Inwieweit diese neuen Vorgaben die Industrie 4.0 erfassen werden, hängt von der Definition der „Kritischen Infrastrukturen" ab. Die neue Legaldefinition ist hier sehr weitreichend und nennt in § 2 Abs. 10 BSIG „die durch die Rechtsverordnung nach § 10 Absatz 1 näher bestimmten Einrichtungen, Anlagen oder Teile davon in den Sektoren Energie, Informationstechnik und Telekommunikation, Transport und Verkehr, Gesundheit, Wasser, Ernährung sowie Finanz- und Versicherungswesen, die von hoher Bedeutung für das Funktionieren des Gemeinwesens sind und durch deren Ausfall oder Beeinträchtigung nachhaltig wirkende Versorgungsengpässe oder erhebliche Störungen der öffentlichen Sicherheit eintreten würden".

Je nach Enge oder Weite der noch zu verabschiedenden Rechtsverordnung könnte dies ganze Sektoren der Industrie 4.0 umfassen. Zumindest wird es Auswirkungen für die

Produzenten von Komponenten für Kritische Infrastrukturen geben. In integrierten Wertschöpfungsketten werden sich überdies die schon erörterten Verantwortlichkeitsfragen auch hinsichtlich der Implementierungs- und Auditierungspflichten für die IT-Sicherheit sowie hinsichtlich der Erfüllung der Meldepflichten bei IT-Sicherheitsvorfällen stellen.

3.6 Spezifische Fragestellungen

Neben den genannten eher übergreifenden Problemen können sich spezifische Rechtsfragen aus den Besonderheiten der jeweiligen Branche, der einzelnen Geschäftsmodelle, Produkte und Dienstleistungen ergeben. Wenn beispielsweise Mitarbeiter zunehmend mobile Endgeräte zu betrieblichen Zwecken einsetzen, stellt sich die Frage, ob sie hierzu private Systeme einsetzen dürfen („bring your own device"). Dies wirft schon bei herkömmlichen Produktionsabläufen erhebliche rechtliche Probleme (Datenschutzrecht, Kontrollbefugnisse des Arbeitgebers, betriebliche Mitbestimmung) und praktische Fragen der Gewährleistung der IT-Sicherheit auf (s. aus der vielfältigen Literatur etwa Arning und Moos 2013; Jandt und Steidle 2013; Birkhäuser und Hadorn 2013), die sich in der Industrie 4.0 verschärften werden.

Wenn Dienstleistungen im Bereich der Fernwartung von Systemen angeboten werden, können sich neben den schon genannten Fragen des Schutzes von Betriebs- und Geschäftsgeheimnissen auch Probleme mit vertraglichen, standesrechtlichen, datenschutzrechtlichen oder strafrechtlichen Geheimhaltungsvorschriften ergeben. Strafrechtliche Probleme treten insbesondere bei so genannten Berufsgeheimnisträgern auf (z. B. medizinische Leistungserbringer, Anwälte, Steuerberater, Beratungsstellen, und private Krankenversicherungen). Diese werden derzeit v. a. für das Cloud Computing kontrovers diskutiert (s. z. B. Kroschwald und Wicker 2012; zum Einsatz im Gesundheitswesen Hornung und Sädtler 2013).

Modelle zur Auftragsdatenverarbeitung stoßen nach geltendem deutschem Recht insbesondere bei der internationalen Zusammenarbeit mit Unternehmen in Staaten außerhalb der Europäischen Union und des Europäischen Wirtschaftsraums an Grenzen (s. z. B. Brennscheidt 2013, S. 67 ff.).

Die grenzüberschreitende Zusammenarbeit in der Industrie 4.0 wird auch in anderen Branchen zusätzliche Rechtsfragen verursachen. Dies betrifft beispielsweise den Logistikbereich, in dem Luftsicherheits- und andere grenzkontrollrechtliche Anforderungen zu erfüllen sind. Überdies können sich Ausfuhrbeschränkungen ergeben, beispielsweise für Verschlüsselungstechnologien. Da diese als „dual use goods" nicht nur zu zivilen, sondern auch zu militärischen Zwecken genutzt werden können, wird ihr Export in der Verordnung (EG) Nr. 428/2009 (EG-Dual-Use-VO) geregelt. Danach ist die Verbringung innerhalb der Europäischen Union grundsätzlich genehmigungsfrei (Kuner und Hladjk 2012, Rn. 22, 46), die Ausfuhr in Staaten außerhalb der Union hingegen nach Art. 3 EG-Dual-Use-VO – mit Ausnahme von Massenprodukten im Sinne der „Krypotechnik-Anmerkung" (Anmerkung I, Kategorie 5, Teil 2, Anmerkung 3 zur EG-Dual-Use-VO; s. Kuner und Hladjk

2012, Rn. 26; näher Schuppert 2001) – genehmigungspflichtig. Dies betrifft insbesondere Exporte nach China.

4 Ausblick

Insgesamt ist deutlich, dass die durch Industrie 4.0 aufgeworfenen Rechtsfragen von teils erheblicher Komplexität sind. Sie können technisch und ökonomisch sinnvolle Innovationen massiv behindern, wenn ihre Auswirkungen nicht von Beginn an in die Strategien der Entwicklung und Implementierung mit einbezogen werden. Industrie 4.0 ist in erheblichem Maße auf die Akzeptanz innerhalb und außerhalb der Unternehmen angewiesen, die ohne eine Adressierung der rechtlichen Probleme nicht zu erlangen sein wird. Gerade kleinere und mittlere Unternehmen werden mutmaßlich nicht nur vor den faktischen Aufwänden, sondern auch vor den rechtlichen Risiken zurückscheuen, wenn sie das Gefühl haben, dass diese nicht beherrschbar sind.

In vielen Bereichen wird es darauf ankommen, angemessene Vertragsklauseln zu gestalten, die sowohl innerhalb der Unternehmen als auch entlang der Wertschöpfungsketten und in den neu entstehenden Datenmarktplätzen die Zuständigkeiten, Datenflüsse, Verantwortlichkeiten und Haftungsfragen angemessen und für alle Beteiligten transparent regeln. Als zweite Herausforderung stellt sich das übergreifende Problem einer rechtsadäquaten technischen Gestaltung cyberphysischer Systeme, insbesondere im Bereich des Datenschutzrechts. Erst wenn beide Mechanismen nicht greifen, Lücken offenbaren oder gesellschaftliche Ziele nicht effektiv erreichen, ist der Gesetzgeber aufgerufen, wie im Bereich des IT-Sicherheitsgesetzes übergeordnete und gesellschaftsorientierte Aspekte durch neue Normen spezifisch zu regeln. Wenn diese drei Bereiche der Vertrags-, Technik- und Gesetzesgestaltung als gemeinsame Herausforderung angenommen werden, könnte sich eine rechtsadäquate Industrie 4.0 als eine zukunftsträchtige Innovationsgeneration des Standorts Deutschland herausbilden.

Literatur

Arning, M., & Moos, F. (2013). Bring Your Own Device. Eine Entscheidungshilfe zur datenschutz-
   und lizenzkonformen Einführung im Unternehmen. *Der Betrieb, 66,* 2607–2615.
Birkhäuser, N., & Hadorn, M. (2013). BYOD – Bring Your Own Device. Private Smartphones im
   geschäftlichen Arbeitsumfeld. *Schweizerische Juristen-Zeitung, 109,* 201–207.
Borking, J. J. (1998). Einsatz datenschutzfreundlicher Technologien in der Praxis. *Datenschutz und
   Datensicherheit, 22,* 636–640.
Borking, J. J. (2001). Privacy-Enhancing Technologies (PET). Darf es ein Bitchen weniger sein?
   Datenschutz und Datensicherheit, 25, 607–615.
Brennscheidt, K. (2013). *Cloud Computing und Datenschutz.* Baden-Baden: Nomos.
Bundesamt für Sicherheit in der Informationstechnik. (2014). Die Lage der IT-Sicherheit in Deutsch-
   land. https://www.bsi.bund.de/DE/Publikationen/Lageberichte/bsi-lageberichte.html.

Di Fabio, U. (1991). *Offener Diskurs und geschlossene Systeme. Das Verhältnis von Individuum und Gesellschaft in argumentations- und systemtheoretischer Perspektive*. Berlin: Duncker & Humblot.

Eifert, M. (2012). Regulierungsstrategien. In W. Hoffmann-Riem, E. Schmidt-Aßmann, & A. Voßkuhle (Hrsg.), *Grundlagen des Verwaltungsrechts. Band I: Methoden, Maßstäbe, Aufgaben, Organisation* (2. Aufl.). München: Beck (§ 19).

Gabel, D. (2009). Informationspflicht bei unrechtmäßiger Kenntniserlangung von Daten. *Betriebs-Berater, 64*, 2045–2050.

Hansen, M. (2003). Privacy enhancing technologies. In Roßnagel (Hrsg.), *Handbuch Datenschutzrecht*. München: Beck. Kap. 3.3.

Hansen, M., & Thiel, C. (2012). Cyber-Physical Systems und Privatsphärenschutz. *Datenschutz und Datensicherheit, 36*, 26–30.

Hoeren, T. (Hrsg.). (2014). *Big Data und Recht*. München: Beck.

Hofmann, K. (2013). Schutz der informationellen Selbstbestimmung von Unternehmen in „intelligenten" Netzwerken. *Zeitschrift zum Innovations- und Technikrecht, 1*, 210–216.

Hornung, G. (2010). Informationen über „Datenpannen". Neue Pflichten für datenverarbeitende Unternehmen. *Neue Juristische Wochenschrift, 68*, 1841–1845.

Hornung, G. (2013a). Die europäische Datenschutzreform – Stand, Kontroversen und weitere Entwicklung. In M. Scholz & A. Funk (Hrsg.), *DGRI-Jahrbuch 2012* (S. 1–24). Köln: Otto Schmidt.

Hornung, G. (2013b). Regulating privacy enhancing technologies: Seizing the opportunity of the future European data protection framework. *Innovation, 26*, 181–196.

Hornung, G. (2015a). *Grundrechtsinnovationen*. Tübingen: Mohr.

Hornung, G. (2015b). Zwischen Rechtssicherheit und Persönlichkeitsschutz. Rechtsfragen des Identitätsmanagements im Cloud Computing. In Roßnagel (Hrsg.), *Wolken über dem Rechtsstaat? Recht und Technik des Cloud Computing in Verwaltung und Wirtschaft* (S. 189–216). Baden-Baden: Nomos.

Hornung, G., & Sädtler, S. (2013). Eitel Sonnenschein oder Wolken am Horizont? Cloud Computing im Gesundheitswesen und die rechtlichen Schutzinstrumente der Telematik-Infrastruktur. *Datenschutz und Datensicherheit, 37*, 148–153.

Howaldt, J., Kopp, R., & Schwarz, M. (2014). *Zur Theorie sozialer Innovationen. Tardes vernachlässigter Beitrag zur Entwicklung einer soziologischen Innovationstheorie*. Weinheim: Beltz Juventa.

Ingenics, & FhG IAO. (2014). Industrie 4.0 – Eine Revolution der Arbeitsgestaltung. http://www.ingenics.de/assets/downloads/de/Industrie40_Studie_Ingenics_IAO_VM.pdf.

Jandt, S., & Steidle, R. (2013). One device fits all? Ein Endgerät für mehrere Arbeitgeber. Rechtliche Bewertung und Handlungsempfehlungen bei BY1D. *Computer und Recht, 29*, 338–344.

Kagermann, H., Wahlster, W., & Helbig, J. (2013). Umsetzungsempfehlungen für das Zukunftsprojekt Industrie 4.0. Abschlussbericht des Arbeitskreises Industrie 4.0, Frankfurt a. M. http://www.bmbf.de/pubRD/Umsetzungsempfehlungen_Industrie4_0.pdf.

Kroschwald, S., & Wicker, M. (2012). Kanzleien und Praxen in der Cloud – Strafbarkeit nach § 203 StGB. *Computer und Recht, 28*, 758–764.

Kubach, M., & Hühnlein, D. (Hrsg.). (2014). *Vertrauenswürdige Identitäten für die Cloud. Arbeiten und Ergebnisse des SkIDentity-Projekts*. Stuttgart: Fraunhofer Verlag.

Kuner, C., & Hladjk, J. (2012). Rechtsprobleme der Kryptographie. In T. Hoeren, U. Sieber, & B. Holznagel (Hrsg.), *Handbuch Multimedia-Recht, Teil 17*. München: Beck.

Luhmann, N. (1989). Politische Steuerung: Ein Diskussionsbeitrag. *Politische Vierteljahresschrift, 30*, 4.

Luhmann, N. (1991). Steuerung durch Recht? Einige klarstellende Bemerkungen. *Zeitschrift für Rechtssoziologie, 12*, 142.

New, S. J. (2010). The transparent supply chain. *Harvard Business Review, 88*, 76–82.

Osburg, T., & Schmidpeter, R. (2013). *Social innovation. Solutions for a sustainable future*. Heidelberg: Springer.

Roos, P. (2014). Der neue Entwurf eines IT-Sicherheitsgesetzes. Bewegung oder Stillstand? *Multimedia und Recht, 17*, 723–730.

Roßnagel, A. (1993). *Rechtswissenschaftliche Technikfolgenforschung*. Baden-Baden: Nomos.

Roßnagel, A. (1997). Globale Datennetze: Ohnmacht des Staates – Selbstschutz der Bürger. Thesen zur Änderung der Staatsaufgaben in einer „civil information society". *Zeitschrift für Rechtspolitik, 30*, 26–30.

Roßnagel, A. (Hrsg.) (2001). *Allianz von Medienrecht und Informationstechnik? Ordnung in digitalen Medien durch Gestaltung der Technik am Beispiel von Urheberschutz, Datenschutz, Jugendschutz und Vielfaltschutz*. Baden-Baden: Nomos.

Roßnagel, A. (2007). *Datenschutz in einem informatisierten Alltag, Gutachten im Auftrag der Friedrich-Ebert-Stiftung*. Berlin: Friedrich-Ebert-Stiftung.

Roßnagel, A. (2011). Das Gebot der Datenvermeidung und -sparsamkeit als Ansatz wirksamen technikbasierten Persönlichkeitsschutzes? In M. Eifert & W. Hoffmann-Riem (Hrsg.), *Innovation, Recht und öffentliche Kommunikation* (S. 41–66). Berlin: Duncker & Humblot.

Roßnagel, A. (2013). Big Data – Small Privacy? Konzeptionelle Herausforderungen für das Datenschutzrecht. *Zeitschrift für Datenschutz, 3*, 562–567.

Roßnagel, A., & Sanden, J. (2007). *Grundlagen der Weiterentwicklung von rechtlichen Instrumenten zur Ressourcenschonung*. Berlin: Erich Schmidt.

Schnabel, C. (2009). *Datenschutz bei profilbasierten Location Based Services. Die datenschutzadäquate Gestaltung von Service-Plattformen für Mobilkommunikation*. Kassel: Kassel University Press.

Schulz, T., Roßnagel, A., & David, K. (2012). Datenschutz bei kommunizierenden Assistenzsystemen, Wird die informationelle Selbstbestimmung überrollt? *Zeitschrift für Datenschutz, 2*, 510–515.

Schumpeter, J. (1993). *Kapitalismus, Sozialismus und Demokratie* (7. Aufl.). Tübingen: Francke.

Schuppert, S. (2001). Exportkontrolle von Krypto-Software im B2B-Bereich. Zur Neuregelung der Dual-Use-Verordnung. *Computer und Recht, 17*, 429–433.

Spindler, S., & Koch, R. (2010). Karlsruher Forum 2010: Haftung und Versicherung im IT-Bereich: Mit Vorträgen von Gerald Spindler und Robert Koch und Dokumentation der Diskussion, hrsg. von E. Lorenz, Karlsruhe: Verlag Versicherungswirtschaft.

Teubner, G., & Willke, H. (1984). Kontext und Autonomie: Gesellschaftliche Selbststeuerung durch reflexives Recht. *Zeitschrift für Rechtssoziologie, 5*, 4.

Unabhängiges Landeszentrum für Datenschutz Schleswig-Holstein (ULD), TAUCIS. (2006). Technikfolgenabschätzung Ubiquitäres Computing und Informationelle Selbstbestimmung, https://www.datenschutzzentrum.de/taucis/ita_taucis.pdf.

Willke, H. (1984). Gesellschaftssteuerung. In M. Glagow (Hrsg.), *Gesellschaftssteuerung zwischen Korporatismus und Subsidiarität* (S. 29). Bielefeld: AJZ.

Teil II
Industrie 4.0: Stand und Perspektiven

Stand und Entwicklungspfade der Digitalen Transformation in Deutschland

Stephan Wildner, Oliver Koch und Uwe Weber

1 Verständnis der digitalen Transformation

Seit einigen Jahren werden zahlreiche Themen diskutiert, welche die Notwendigkeit einer Digitalisierung bzw. sogar einer digitalen Transformation von Unternehmen betonen. Oft genug handelt es sich dabei nur um Ideen oder grobe Themenabgrenzungen. Sehr gern werden die vier Themen soziale Medien (Social Media), mobile bzw. auf mobile Anwendungsfälle erweiterte Geschäftsprozesse (Mobility), die Analyse großer Datenbestände (Big Data bzw. Big Data Analytics) und die bedarfsgerechte Inanspruchnahme von IT-Dienstleistungen von externen Anbietern (Cloud Computing) genannt.

Aus wissenschaftlicher Sicht gibt es dazu noch wenige Beiträge (ausgenommen Lanzolla und Anderson 2008). Betrachtet man daher die in den praktisch orientierten Fachzeitschriften (z. B. Computerwoche, CIO Online) ausgedrückten Verständnisse für die digitale Transformation, so fallen folgende Dinge auf:

- Zentrales Merkmal ist die umfassende Ausstattung von Produktionsmitteln, Produkten und Personen mit IT und die anschließende Verknüpfung untereinander. Hier geht es auch um den Aufbau von Rechnern mit Internetzugang, Sensorik und Aktorik, d. h.

S. Wildner (✉)
CTI Consulting AG, Wilhemsstraße 2a, 34117 Kassel, Deutschland
E-Mail: stephan.wildner@cti-consulting.de

O. Koch
IOAS – Institute of Applied Science GmbH, University of Cooperative Education BA Fulda, Rabanusstraße 40–42, 36037 Fulda, Deutschland

U. Weber
Detecon International GmbH, Sternengasse 14–16, 50676 Köln, Deutschland

© Springer Fachmedien Wiesbaden 2016
R. Obermaier (Hrsg.), *Industrie 4.0 als unternehmerische Gestaltungsaufgabe,*
DOI 10.1007/978-3-658-08165-2_5

Systemen, die direkt mit ihrer Umwelt interagieren können (so genannte Cyber-Physische Systeme). Die Vernetzung wird ergänzt um Möglichkeiten der Datenanalyse, die die vielen bestehenden und neu hinzukommenden Quellen (insbesondere Kundendaten) einbezieht und (in Echtzeit) auswerten soll.

• Die zunehmende IT-Ausstattung hat zum Ziel, Prozesse zu optimieren und die Zusammenarbeit von Unternehmensbereichen (insbesondere von IT- und Fachbereichen) zu verbessern. Viel häufiger wird aber darauf hingewiesen, dass in der digitalen Transformation die Kunden und kundenbezogene Prozesse im Fokus stehen. Die IT soll dazu genutzt werden, die Wertschöpfung zu verbessern, z. B. durch die Individualisierung von Produkten und Dienstleistungen und die Fähigkeit, agil auf Kundenanforderungen reagieren zu können. Allgemein wird darauf hingewiesen, dass die Möglichkeiten, die sich durch den IT-Einsatz ergeben, konsequent ausgenutzt werden sollen – nicht nur im Sinne einer besseren Unterstützung bestehender Geschäftsmodelle, sondern eher in einer grundlegenden Umgestaltung oder Substitution von Geschäftsmodellen.

Für das Verständnis der digitalen Transformation lassen sich daraus zwei Dinge ableiten: Ziel der digitalen Transformation ist wenigstens die Sicherstellung der Wettbewerbsposition eines Unternehmens, viel mehr jedoch die Verbesserung der Wettbewerbssituation – und dies durch die (u. U. radikale) Veränderung des eigenen Geschäftsmodells. Grundlage bzw. Treiber dafür ist die signifikante Steigerung der Durchdringung von Unternehmen mit IT. IT wird nicht allein als Mittel zum Zweck, sondern vielmehr als Schrittgeber bei der Innovation von Produkten und Dienstleistungen angesehen.

2   Auf dem Weg zur digitalen Transformation

Aus unternehmerischer Sicht bleiben die Inhalte und Konsequenzen einer digitalen Transformation trotz obiger Definitionsversuche häufig noch unklar. So fehlen IT-Verantwortlichen die nötigen Kenntnisse, und sie befürchten mit dem Tempo der Digitalisierung nicht Schritt halten zu können (Gartner 2014, S. 1, siehe auch eco 2014).

Für die Umsetzung bzw. Realisierung einer Digitalisierung in Unternehmen stellen sich daher zwei Fragen: Was macht die digitale Transformation konkret aus, d. h. welche Prozesse, IT-Komponenten oder Strukturen stehen zur Verfügung und müssen in einem Unternehmen auf- oder ausgebaut werden? Wie geht man beim Auf- bzw. Ausbau dieser Elemente sinnvollerweise vor?

2.1   Fähigkeiten

Eine Möglichkeit zur Beantwortung dieser Fragen liegt in einer Ressourcen-basierten Betrachtung von Unternehmen: Ressourcen sind Eingangsgrößen für den Produktionsprozess. Unter einer Ressource ist alles zu verstehen, was als Stärke oder Schwäche eines Unternehmens angesehen werden kann. Ressourcen umfassen Dinge wie die Kapitalausstattung, Patente, Markennamen, Prozesse, Fähigkeiten einzelner Mitarbeiter, Informationssysteme, Methoden und Techniken etc. (siehe Wernerfelt 1984, S. 172; Grant 1991, S. 118). Um Ressourcen produktiv zu machen und daraus Vorteile im Wettbewerb zu generieren, ist meist die Kooperation und Koordination mehrerer Ressourcen notwendig. Unter einer Fähigkeit (auf Englisch Capability) versteht man folglich das Vermögen einer Gruppe von Ressourcen, eine bestimmte Aufgabe bzw. Aktivität zu verrichten (siehe Grant 1991, S. 119).

Die erste Frage kann man nun so fassen, dass Fähigkeiten identifiziert und beschrieben werden müssen, die Unternehmen auf- bzw. ausbauen sollten, um sich digital zu transformieren.

Dazu existieren bereits Studien, die vor allem von Beratungsunternehmen durchgeführt wurden. Die Notwendigkeit der digitalen Transformation wird letztlich in jeder Studie angesprochen, indem verschiedene Trends, Verhaltensweisen etc. aufgezeigt werden, denen es zu folgen gilt. Meist geht es dabei schon um gewisse Fähigkeiten, die in den Unternehmen geschaffen oder ausgebaut werden müssen:

- So untersuchte A.T. Kearney (2013) bei einer weltweiten Studie zur Digitalisierung von Banken auch so genannte „banking capabilities", z. B. Customer Relationship Management oder die möglichst durchgängige, digitale Abwicklung von Bankdienstleistungen.
- Neuland (2014) hat für die Bestimmung eines digitalen Reifegrads von Unternehmen verschiedene Kriterien aus den Themenbereichen Website, digitales Marketing und Social Media, Kundensupport, E-Commerce und Mobilität untersucht. Einige Kriterien lassen sich als Fähigkeiten der Digitalisierung verstehen, z. B. stand im Bereich Mobilität die Frage nach Multi-Channel-Strategien oder im Bereich E-Commerce die Frage nach digitalen Kundenbindungsprogrammen.
- Ähnlich ist PAC (2013) vorgegangen. In der Studie bewertete man Fähigkeiten aus den drei Themenbereichen Industrie 4.0, Mobilität und Cloud Computing. So wurde z. B. im Bereich Industrie 4.0 gefragt, ob selbststeuernde Produktionsprozesse und Automatisierungslösungen zum Einsatz kommen. Im Bereich Mobilität ging es u. a. um das Vorhandensein einer Strategie für die Nutzung privater mobiler Geräte (Bring Your Own Device, BYOD) und um Mobile Device Management.

Die Studien nehmen zusätzlich eine Einschätzung vor, wie weit die Fähigkeiten in den Unternehmen ausgeprägt sind und aggregieren die Ergebnisse zu einem Zahlenwert, der sich leicht vergleichen lässt. Die untersuchten Fähigkeiten beziehen sich dabei aber nur auf einige Funktionalbereiche (wie Fertigung oder Marketing) oder eine einzelne Branche.

Detecon International, ein weltweit tätiges Beratungsunternehmen, das in den Bereichen Management Consulting und digitaler Technologie berät, und das SOA Innovation Lab, mit zwölf teilnehmenden Großunternehmen und Behörden die bedeutendste Businessinitiative zu SOA (Serviceorientierte Architektur) und Architekturmanagement aus dem deutschsprachigen Raum, haben die Frage nach den Fähigkeiten der digitalen Transformation etwas allgemeiner und grundlegender angegangen. Ziel eines Projektes war es, eine allgemeingültige Sammlung von Fähigkeiten für alle Funktionalbereiche zu erstellen, die sich auch für verschiedene Branchen nutzen lässt.

Tab. 1 Fähigkeitengruppen und Fähigkeiten des „Digital Navigator"

Fähigkeitengruppe	Beispiele für Fähigkeiten
Innovation und Transformation Fähigkeiten für die schnelle Erprobung und Umsetzung neuer Geschäftsideen	Erkennung von Trends, Wissensmanagement, Aufbau einer digitalen Strategie
Digitale Geschäftsprozesse Management von Prozessen über die gesamte Wertschöpfungskette	Life Cycle Management, Management von Prozessstandards
Management des Beziehungsnetzwerks Einbindung sämtlicher Partner und aktives Partnermanagement	SLA Management, Customer Experience Management
Digitales Informationsmanagement Management des Umgangs mit geschäfts-relevanten Informationen	Bewertung von Information hinsichtlich ihrer Verwendbarkeit als Produkt, Qualitätsmanagement
Cyber-Physische Systeme Schaffung und Einbindung von solchen Systemen	Modellierung realer Systeme, Simulation von Abläufen, Capability Management
Risiko- und Vertrauensmanagement Management von Informationssicherheit, physischer Sicherheit und Vertrauen	Compliance Management, Risikomanagement, Maßnahmen für Business Resilience

Zu diesem Zweck sammelte das Projektteam zunächst eine initiale Liste an Fähigkeiten. Diese Liste wurde mit Beratern aus verschiedenen Fachbereichen von Detecon und SOA Innovation Lab verfeinert und danach mit Unternehmen verschiedener Branchen diskutiert. Dabei erfolgte eine Abstimmung über die Inhalte der Fähigkeiten und im Zuge dessen eine Konsolidierung der Liste. Anschließend wurde die nun entstandene Sammlung von Fähigkeiten unter dem Namen „Digital Navigator" als Beratungsinstrument in Projekten mit Kunden plausibilisiert.

So ist aktuell eine Sammlung von insgesamt 57 Fähigkeiten entstanden, die thematisch in sechs Gruppen eingeordnet werden (ein Ausschnitt ist in Tab. 1 wiedergegeben).

Mit dem Digital Navigator existiert eine Sammlung an Fähigkeiten, die den aktuellen Stand des Verständnisses für die digitale Transformation wiederspiegelt.

2.2 Strategische Planung

Mit der Sammlung an Fähigkeiten kann nun die Überlegung angestellt werden, welche Fähigkeiten konkret für ein Unternehmen in Frage kommen und wie man bei deren Implementierung im Unternehmen vorgeht, d. h. wie man dafür sorgt, dass die durch die digitale Transformation beanspruchte Verbesserung der Wettbewerbssituation konkret herbeiführt werden kann.

Dafür ist eine strategische Planung sinnvoll. Vertreter der Ressourcen-basierten Betrachtung von Unternehmen schlagen selbst ein Vorgehen dafür vor (siehe Grant 1991,

S. 115). Detecon International und das SOA Innovation Lab haben bei der Konzeption des „Digital Navigator" das so genannten Capability-based Planning verwendet (siehe The Open Group 2011, S. 319–324):

1. Dabei steht die Unternehmensstrategie an erster Stelle. Die digitale Transformation wird bewusst strategisch verortet, indem aus der Unternehmensstrategie abgeleitet wird, welche organisatorischen Fähigkeiten notwendig sind.
2. Diese Fähigkeiten werden anhand so genannter Dimensionen beschrieben, z. B. wird in der Dimension „Personen" danach gefragt, was an Training für diese Fähigkeit notwendig ist, in der Dimension „Material", welche IT-Komponenten dafür implementiert werden müssen.
3. Da es wenig Sinn macht und praktisch kaum möglich ist, eine Fähigkeit in einem Schritt zu realisieren, werden Fähigkeiten in Stufen (so genannten „increments") zerlegt.
4. Fähigkeiten und ihre Stufen finden dann Eingang in Projekte, durch deren Umsetzung die Fähigkeiten nach und nach in einem Unternehmen aufgebaut werden.

Die im „Digital Navigator" gesammelten Fähigkeiten sind Ausgangspunkt für dieses Vorgehen, sie helfen bei der Auswahl und Beschreibung der für ein konkretes Unternehmen umzusetzen Fähigkeiten.

3 Untersuchung zum Stand der Digitalisierung

Diese theoretischen Überlegungen werden durch eine empirische Untersuchung ergänzt. Der Beweggrund für die Untersuchung ist, die im „Digital Navigator" gesammelten Fähigkeiten durch Daten aus der Praxis zu unterfüttern und damit die Diskussion und Auswahl von Fähigkeiten zu unterstützen. Dabei sind drei Fragen von Interesse:

- Stand der Dinge: Welche Fähigkeiten setzen die Unternehmen derzeit in den verschiedenen Branchen ein, welche Bedeutung messen sie den Fähigkeiten bei und wie weit sind die Fähigkeiten tatsächlich ausgebaut?
- Entwicklungspfade: Welche Fähigkeiten sollen in den verschiedenen Branchen zukünftig auf- bzw. ausgebaut werden?
- Good Practise: Was ist beim Einsatz, dem Auf- bzw. Ausbau von Fähigkeiten der digitalen Transformation zu beachten?

3.1 Methodik

Die für die Untersuchung formulierten Fragen lassen sich in zwei Gruppen einteilen. Die Fragen zum Stand und der Entwicklung der Fähigkeiten beziehen sich auf einzeln zu erhebende Fakten, während sich die Frage nach dem Good Practise auf Vorgehensweisen

bezieht. Dem wird durch die Aufteilung des Forschungsdesigns in zwei aufeinander auf-
bauende Teile – eine allgemeine und eine vertiefende Untersuchung – Rechnung getragen.

Die allgemeine Untersuchung bildet die Basis und dient der Erhebung der allgemeinen
Aussagen zum Thema. Da Wissen über aktuelle Zustände in Unternehmen erhoben wird,
ist die Strategie der Umfrage – konkret als schriftliche Befragung mit standardisiertem
Fragebogen – im Sinne einer Querschnittserhebung gewählt worden.

Die Umfrage erfolgt über ein webbasiertes Werkzeug, das online bereitgestellt wird.
Der Inhalt des Fragebogens ist dreigeteilt:

- Zunächst werden Fragen zu den sechs Fähigkeitengruppen gestellt (siehe Tab. 1). Diese
  beziehen sich auf die Bedeutung dieser Gruppen für die Unternehmen, den Kenntnisstand bezüglich der Gruppen und den aktuellen Grad des Ausbaus in den Unternehmen.
  Diese ersten Fragen dienen der Selektion von nachfolgenden Fragen. Es ist davon auszugehen, dass bei der noch wenig klaren Definition der Begriffe rund um die digitale
  Transformation Unternehmen sehr wenig Wissen bezüglich bestimmter Fähigkeiten
  haben. Daher werden im Weiteren nur Fähigkeitengruppen präsentiert, zu welchen
  die Probanden wenigstens grundlegende Kenntnisse bzw. Erfahrung aus dem eigenen
  Unternehmen mitbringen.
- Im Anschluss werden zu jeder Fähigkeitengruppe, zu der ein Proband Aussagen machen kann, Fragen gestellt. Diese umfassen jeweils alle Fähigkeiten, die den ausgewählten Gruppen im „Digital Navigator" zugeordnet sind. Für jede der Fähigkeit wird
  analog zu den Fähigkeitengruppen nach Bedeutung, Kenntnisstand und Ausbaustufe
  gefragt. Außerdem soll der zukünftige Ausbau der Fähigkeiten eingeschätzt werden.
- Darüber hinaus umfasst der Fragebogen allgemeine Angaben zu den Unternehmen
  (Branche, Größe etc.). Außerdem wird nach weiteren, noch nicht genannten Fähigkeiten und nach einer Einschätzung hinsichtlich des Erfolgsbeitrags der Digitalisierung
  gefragt.

Die Ergebnisse der allgemeinen Untersuchung werden pro Fähigkeitengruppe und Fähigkeit ausgewertet und auf Unterschiede hinsichtlich Branche und Unternehmensgröße
analysiert.

Die vertiefende Untersuchung dient der Ergänzung des Wissens über die zuvor erhobenen Fähigkeiten um Rahmenbedingungen für deren Einsatz, Auf- bzw. Ausbau. Da
diese Rahmenbedingungen stark vom organisatorischen Kontext geprägt sind und Wissen
über Begründungen und Vorgehensweisen enthalten, bietet sich die Verwendung von Fallstudien an.

Im Rahmen der Fallstudien werden ein oder mehrere Vertreter von Unternehmen aus
jeder untersuchten Branche in semistrukturierten, Leitfaden-gestützten Interviews befragt.
Zunächst geht es darum, die Ergebnisse der Unternehmen aus dem allgemeinen Teil der
Untersuchung zu validieren. Anschließend werden für die bedeutsamsten Fähigkeiten des
Unternehmens die Voraussetzungen und Herausforderungen bei deren Realisierung iden-

tifiziert und beschrieben. Diese Aussagen sollen am Ende zu Lessons Learnt bzw. so genannten Good Practise über die Unternehmen hinweg inhaltsanalytisch zusammengefasst werden.

Probanden für beide Teile der Untersuchung sind Entscheider (vor allem CxO, aber auch Verantwortliche in IT- und Fachabteilungen) aus dem Geschäfts- und dem IT-Bereich großer und mittelgroßer Unternehmen verschiedenster Branchen und Behörden im deutschsprachigen Raum.

3.2 Ergebnisse

Der allgemeine Teil der Untersuchung wurde bereits beendet, die vertiefende Untersuchung befindet sich in der Vorbereitungsphase. Im Folgenden werden die Ergebnisse für die Fähigkeitengruppen für alle befragten Unternehmen und den am stärksten vertretenen Sektor präsentiert. Außerdem wird kurz auf die wichtigsten einzelnen Fähigkeiten eingegangen.

Die an der Studie teilnehmenden Unternehmen kommen hauptsächlich aus den Sektoren Dienstleistung und Information- und Kommunikation (IuK). Ca. die Hälfte der Probanden sind Angehörige der obersten Führungsebene (CxO), weniger als ein Drittel kommt aus den Fachabteilungen (siehe Abb. 1).

Allgemein lassen sich folgende Aussagen zur Bedeutung, dem Kenntnisstand und dem Ausbau der Fähigkeitengruppen in den befragten Unternehmen machen:

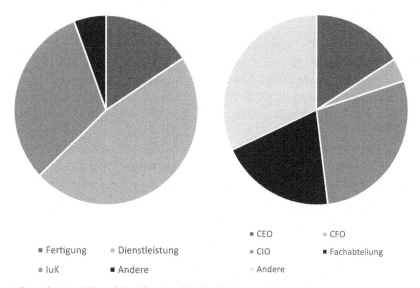

Abb. 1 Branche ($n=70$) und Position ($n=25$) der befragten Unternehmen

- Die Bedeutung der Fähigkeitengruppen wird als durchweg hoch eingeschätzt. Ganz oben stehen dabei die Gruppen „Innovation und Transformation" und „Digitale Geschäftsprozesse". Die Bedeutung der Gruppe „Cyber-Physische Systeme" wird als gering angesehen. Hier werden die Möglichkeiten dieser Systeme für das eigene Geschäft offensichtlich noch nicht wahrgenommen, bzw. ist den Befragten durchaus noch nicht bewusst, was alles als Cyber-Physisches System gilt.
- Über 50 % der Befragten schätzen ihre Kenntnisse bezüglich aller Fähigkeiten als mittel ein. Höhere Kenntnisse ergeben sich am ehesten bei den wichtigsten Fähigkeitengruppen: „Innovation und Transformation" und „Digitale Geschäftsprozesse". Bei der Gruppe „Cyber-Physische Systeme" sind die Kenntnisse gering.
- Beim aktuellen Ausbau erreichen die Unternehmen mittlere Reifegrade. Die meisten Fähigkeiten werden als Prozesse beschrieben, für die alle nötigen Schritte ausgeführt werden und die Ziele auch erreicht werden. Allerdings sind die Prozesse noch nicht dauerhaft verankert. Am ehesten erreicht die Fähigkeitengruppe „Digitales Informationsmanagement" den höchsten Reifegrad.

Betrachtet man darüber hinaus die in den Fähigkeitengruppen gesammelten Fähigkeiten, so werden über alle Unternehmen hinweg folgende fünf Fähigkeiten als im Schnitt am wichtigsten eingeschätzt:

- Es wird ein Stammdatenmanagement betrieben, d. h. die einheitliche, zentrale Pflege der wichtigsten Daten des Unternehmens.
- Prozesse werden über Abteilungs- und Unternehmensgrenzen hinweg zusammengeführt, dabei möglichst automatisiert, und die Konsistenz der weitergegebenen Daten wird sichergestellt.
- Es wird eine Kultur der Verbesserung und Veränderung (z. B. Kontinuierlicher Verbesserungsprozess) gepflegt.
- Es gibt ein unternehmensweites Governance und Compliance Management.
- Trends werden systematisch (z. B. aus Kunden-Feedback, Social Media, Suchmaschinen) gesammelt und hinsichtlich ihrer Bedeutung für das Unternehmen eingeschätzt.

Sieht man vielleicht von der letzten Nennung ab, handelt es sich ausnahmslos um Dinge, die auch ohne einen expliziten Bezug zur Digitalisierung wichtig für ein Unternehmen sind. Damit zeigen sich letztlich aber – bereits lang bekannte – unternehmerische Aufgaben, die beherrscht werden müssen, bevor die Digitalisierung eines Unternehmens gelingen kann, zumal diese Fähigkeiten bei den befragten Unternehmen nur teilweise als Prozesse ausgeprägt sind.

Im Folgenden wird beispielhaft die größte Branche der befragten Unternehmen – der Dienstleistungssektor – herausgegriffen und hinsichtlich der Bedeutung, dem Kenntnisstand und dem Ausbau der Fähigkeitengruppen vorgestellt.

Bezüglich der Bedeutung der Fähigkeitengruppen steht im Dienstleistungssektor „Innovation und Transformation" an oberster Stelle. Auch alle anderen Fähigkeitengruppen

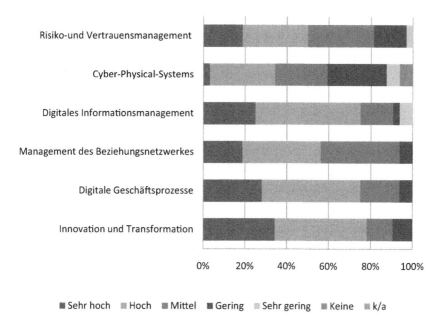

Abb. 2 Bedeutung der Fähigkeitengruppen im Dienstleistungssektor ($n=32$)

werden als sehr bedeutsam oder bedeutsam eingeschätzt, lediglich der Gruppe „Cyber-Physische Systeme" misst nur knapp ein Drittel der Unternehmen eine solche Bedeutung bei (siehe Abb. 2).

Naturgemäß liegen die Kenntnisse in den sechs Gruppen niedriger als ihre Bedeutung (siehe Abb. 3). Weitreichende oder sehr weitreichende Kenntnisse bestehen wieder in der Gruppe „Innovation und Transformation".

Bezüglich des aktuellen Ausbaus der Fähigkeitengruppen wird auf eine Einteilung nach Reifegraden zurückgegriffen. Die Spanne reicht hier (sofern die Fähigkeitgruppe zum Einsatz kommt) von „pilotiert", d. h. die Fähigkeitengruppe ist nur teilweise ausgeprägt oder wird in Pilotprojekten getestet, bis hin zu „optimiert", d. h. die Fähigkeitengruppe wird nach Standardprozessen des Unternehmens geplant, durchgeführt und kontinuierlich weiterentwickelt.

Die Gruppe „Digitales Informationsmanagement", in welche wohl am ehesten und unabhängig von der Diskussion um die Digitalisierung auch von Seiten des IT-Budgets investiert wird, erreicht am häufigsten den höchsten Reifegrad. Wie auch zuvor, liegen „Cyber-Physische Systeme" am unteren Ende der Reifegrade (siehe Abb. 4).

Wirft man abschließend einen Blick auf den Beitrag, den die Digitalisierung auf dem aktuellen Ausbaustand für den Erfolg der Unternehmen erbringt, ergibt sich ein ambivalentes Bild: Es gibt durchaus positive Erfahrungen, aber mehr als ebenso viele negative (siehe Abb. 5).

Offensichtlich besteht noch eine grundsätzliche Unsicherheit hinsichtlich des Wertbeitrags, da nur sehr wenige Unternehmen diese Frage beantwortet haben.

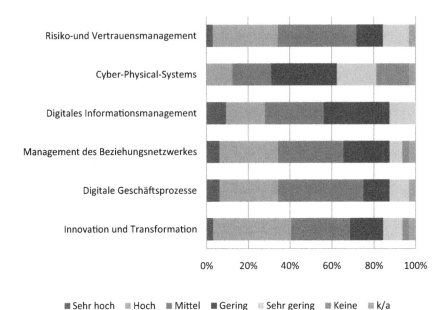

Abb. 3 Kenntnisse in den Fähigkeitengruppen im Dienstleistungssektor ($n=32$)

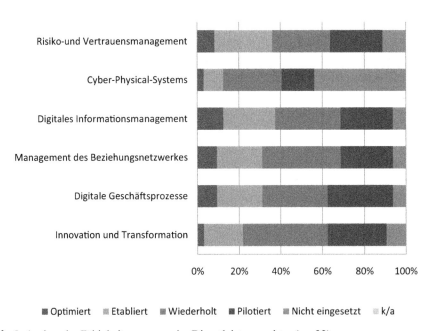

Abb. 4 Ausbau der Fähigkeitengruppen im Dienstleistungssektor ($n=32$)

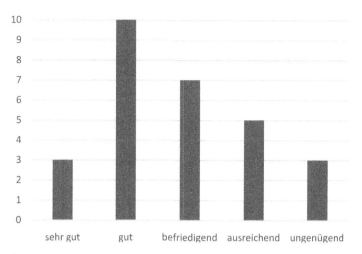

Abb. 5 Einschätzung des Beitrags der Digitalisierung zum Unternehmenserfolg ($n=28$)

Diese empirischen Aussagen gehen in den „Digital Navigator" ein: So können bei der Betrachtung eines konkreten Unternehmens dessen eigene Einschätzungen den Ergebnissen besonders erfolgreicher Unternehmen aus derselben Branche gegenübergestellt werden. Dies erlaubt einen Abgleich der eigenen Ausbaustufe und des geplanten Ausbaus mit dem besonders gut digitalisierter Unternehmen und bietet Orientierung für eigene Überlegungen zu den Fähigkeiten und der Aufstellung eines Projektportfolios für deren Realisierung.

4 Fazit und Ausblick

Mit der Sammlung und Definition von Fähigkeiten, ihrer empirische Untermauerung und der Einordnung in einen strategischen Planungsprozess ist ein Anfang hinsichtlich der Definition der digitalen Transformation und damit ihrer Umsetzbarkeit in Unternehmen gemacht.

Die (empirisch gestützte) Beschreibung der Fähigkeiten und Fähigkeitengruppen ist weiterhin zu vertiefen, sowohl was Unterschiede zwischen einzelnen Branchen anbetrifft als auch was die Frage nach Entwicklungspfaden für einzelne Fähigkeiten bzw. Fähigkeitengruppen anbetrifft, denn erst diese macht die digitale Transformation für Unternehmen greif- und nutzbar. Hierfür werden insbesondere von der vertiefenden Untersuchung wertvolle Hinweise erwartet.

Mit dem Abschluss der Studie soll es außerdem möglich sein, die Aussagen zur positiven Beziehung einer hohen Ausbaustufe der digitalen Transformation in einem Unternehmen und seinem unternehmerischen Erfolg zu unterstützen (so wie es Capgemini und MIT 2012, S. 6–8 bereits postuliert haben).

Literatur

Capgemini, MIT. (2012). The Digital Advantage: How digital leaders outperform their peers in every industry. http://www.capgemini.com/resource-file-access/resource/pdf/The_Digital_Advantage__How_Digital_Leaders_Outperform_their_Peers_in_Every_Industry.pdf. Zugegriffen: 2. Juni 2014.

Eco. (2014). Wirtschaft ohne Orientierung bei Industrie 4.0. eco – Verband der deutschen Internetwirtschaft e. V. https://www.eco.de/2014/pressemeldungen/eco-wirtschaft-ohne-orientierung-bei-industrie-4-0.html. Zugegriffen: 6. Dez. 2014.

Gartner. (2014). Taming the Digital Dragon: The 2014 CIO Agenda. https://www.gartner.com/imagesrv/cio/pdf/cio_agenda_insights2014.pdf. Zugegriffen: 6. Dez. 2014.

Grant, R. (1991). The Resource-Based Theory of Competitive Advantage: Implications for Strategy Formulation. *California Management Review, 33*(3), 114–135.

Kearney, A. T. (2013). Banking in a Digital World. http://www.atkearney.com/documents/10192/3054333/Banking+in+a+Digital+World.pdf/91231b20-788e-41a1-a429-3f926834c2b0. Zugegriffen: 2. Juni 2014.

Lanzolla, G., & Anderson, J. (2008). Digital Transformation. *Business Strategy Review, 19*(2), 72–76.

Neuland. (2014). Digital Readiness Index 2014. http://www.neuland.me/2014/02/digital-readiness-index-executive-summary/. Zugegriffen: 2. Juni 2014.

PAC. (2013). IT Innovation Readiness Index. http://www.freudenberg-it.com/de/presse/detail/artikel/it-innovationreadiness-index-2013-fertigender-mittelstand-gut-aufgestellt-fuer-industrie-40.html. Zugegriffen: 2. Juni 2014.

The Open Group. (2011). *TOGAF Version 9.1*. Zaltbommel: Van Haren Publishing.

Wernerfelt, B. (1984). A Resource-Based View of the Firm. *Strategic Management Journal, 5*(2), 171–180.

Controlling von Digitalisierungsprozessen – Veränderungstendenzen und empirische Erfahrungswerte aus dem Mittelstand

Wolfgang Becker, Patrick Ulrich, Tim Botzkowski und Sebastian Eurich

1 Controlling im Kontext von Industrie 4.0

Unternehmen jeder Größenordnung sind im 21. Jahrhundert einer verstärkten Marktkomplexität und Dominanz des Käufermarktes ausgesetzt. Zunehmende Tendenzen der Globalisierung und Internationalisierung haben in den letzten Jahren für Unternehmen neue Wettbewerbssituationen entstehen lassen. Konkurrenzsituationen sind nicht mehr nur regional fragmentiert vorzufinden, Unternehmen befinden sich vielmehr in einem globalen Wettstreit um Marktpositionen, Marktanteile und Marktvolumina. In der jüngeren Vergangenheit hat sich die Erzielung und Steigerung der Wertschöpfung durch das Auftreten neuer Informations- und Kommunikationstechnologien verändert. Die Sicherung der Wertschöpfung wird in den kommenden Jahren zunehmend durch technologische und digitale Entwicklungen beeinflusst werden. Seit einigen Jahren kommt eine Entwicklung hinzu, die Unternehmen vor neue und zudem vermutlich große Herausforderungen stellt – Industrie 4.0. Dieser Begriff, der nicht nur im technologischen Kontext, sondern auch in der betriebswirtschaftlichen Forschung und Praxis viel diskutiert wird, ist bis dato nicht einheitlich definiert. Auch die Frage, ob eine Gleichsetzung mit der vierten industriellen Revolution haltbar ist, lässt sich offenbar noch nicht abschließend beantworten. Aufgrund der teilweise stark divergierenden Ansichten soll der Begriff zunächst als Zukunftsprojekt klassifiziert und anhand von zwei Entwicklungsrichtungen festgeschrieben werden (Vgl. Lasi et al. 2014, S. 261 f.):

W. Becker (✉) · P. Ulrich · T. Botzkowski · S. Eurich
Universität Bamberg, Feldkirchenstraße 21, 96045 Bamberg, Deutschland
E-Mail: ufc@uni-bamberg.de anstatt patrick.ulrich@uni-bamberg.de

P. Ulrich
E-Mail: patrick.ulrich@uni-bamberg.de anstatt ufc@uni-bamberg.de

© Springer Fachmedien Wiesbaden 2016
R. Obermaier (Hrsg.), *Industrie 4.0 als unternehmerische Gestaltungsaufgabe*,
DOI 10.1007/978-3-658-08165-2_6

1. Bedarfssog, der aufgrund geänderter betrieblicher Rahmenbedingungen einen erheblichen Änderungsbedarf induziert. Auslöser sind gesellschaftliche, ökonomische und politische Veränderungen. Diesbezüglich sind folgende Aspekte zu nennen:
   a. Kürzere Entwicklungs- und Innovationszeiten: „Time-to-Market" avanciert zu einem wettbewerbsbestimmenden Erfolgsfaktor.
   b. Zunehmende Individualisierung von Produkten: Gegenwärtig existiert ein Käufermarkt, weshalb der Käufer die Bedingungen des Tausches festlegen kann. Dies führt zu einer Individualisierung von Produkten oder gar zu Individualprodukten („Losgröße 1").
   c. Flexibilität: Notwendigkeit einer höheren Flexibilität in der Produktentwicklung und der nachfolgenden Produktion.
   d. Dezentralisierung: Damit den genannten Bedingungen begegnet werden kann, sind schnellere Entscheidungswege notwendig, wofür organisatorische Voraussetzungen geschaffen werden müssen.
   e. Ressourceneffizienz: Stärkere Fokussierung auf Nachhaltigkeit im industriellen Kontext aufgrund zunehmender Verknappung von Ressourcen.
2. Technologiedruck in der industriellen Praxis:
   a. Weiter steigende Mechanisierung und Automatisierung: Im Rahmen des Arbeitsprozesses werden zunehmend technische Hilfsmittel eingesetzt. Automationslösungen übernehmen vielfältige Arbeitsschritte.
   b. Vernetzung: Es entstehen vernetzte Prozesse, die in Summe zu einer vollständig vernetzten Umgebung führen.
   c. Miniaturisierung: Moderne Computer benötigen kaum noch räumliche Kapazitäten bei gleichzeitig gestiegener Leistungsfähigkeit.

Unter Berücksichtigung der obigen Entwicklungsrichtungen wird Industrie 4.0 als Sammelbegriff für eine Vielzahl aktueller Konzepte bezeichnet. Eine exakte Abgrenzung im Einzelfall ist nur schwer möglich. Wesentliche Bestandteile sind jedoch Smart Factory, Cyber-physische Systeme, Selbstorganisation, neue Systeme im Vertrieb und in der Beschaffung, neue Systeme in der Produkt- und Service-Entwicklung, Anpassung an den Menschen sowie Corporate Social Responsibility (Vgl. Lasi et al. 2014, S. 262).

Industrie 4.0 hat auch Auswirkungen auf das Controlling; diese sind durchaus erheblich. Bevor diese jedoch erörtert werden, wird zunächst das im vorliegenden Beitrag zu Grunde gelegte Controllingverständnis dargelegt. Controlling ist ein Konzept zur Sicherung der Wertschöpfung und wird wie folgt definiert: „Controlling stellt sich als eine integrierte Aufgabe der Unternehmensführung dar, die im Dienste der Optimierung von Effektivität und Effizienz das initialisierende Anstoßen sowie das Ausrichten des Handelns von Betrieben auf den Zweck der Wertschöpfung sicherzustellen hat. Diese originäre Funktion des Controllings wird hier als Lokomotion bezeichnet. Die Wahrnehmung der originären Funktion der Lokomotion setzt insbesondere eine begleitende Erfüllung von derivativen Funktionen des Controllings voraus. Hierzu zählen die Sicherung wechselseitiger Abstimmung (Integration, Koordination und Adaption) von Führung und Ausführung sowie die dementsprechende Schaffung von Informationskongruenz innerhalb der Führung und Ausführung. Die Wahrnehmung dieser beiden derivativen Funktionen erfolgt vorrangig über wertorientierte Gestaltungs- und Lenkungsmechanismen." (Becker 2014, S. 46; siehe auch Becker 1990).

Der Themenbereich Controlling und IT ist eines der wesentlichsten Zukunftsthemen im Controlling (Vgl. Becker et al. 2013, S. 167 ff.). In diesem Zusammenhang ist Controlling und IT sowohl ein Management- als auch ein Controllingthema (Vgl. Wieland und Pfitzner 2014). Bisherige Lösungen wurden unter Begriffen wie „Smart" oder „Intelligence" (Böhmann 2013), neuere Trends und Analysemethoden werden mehrheitlich unter dem Oberbegriff Data Analytics subsumiert (Vgl. BARC 2014; Vgl. Gluchowski 2014). Für das Controlling resultieren im Kontext von Industrie 4.0 Veränderungen hinsichtlich der Veränderung bestehender Datenquellen, des Zugriffs auf bisher unerreichbare Datenquellen sowie neue Analysemethoden. Diesbezüglich sieht sich insbesondere die Wissenschaft der Frage ausgesetzt, welche Wechselwirkungen zwischen Controlling und Digitalisierung existieren und wie letztlich angemessen konfigurierte Geschäftsmodelle in Gänze durch diese Entwicklung transformiert werden (können).

Unter Digitalisierung wird im vorliegenden Beitrag die Transformation von Geschäftsmodellen mit Hilfe von Informations- und Kommunikationstechnologien (IKT) zur Reduktion von Schnittstellen, zur funktionsübergreifenden Vernetzung und zur wettbewerbswirksamen Erhöhung von Effektivität und Effizienz verstanden. Die Transformation von Geschäftsmodellen impliziert dabei auch die zunehmende Automatisierung von (Geschäfts-)Prozessen. Die Wechselwirkungen zwischen Controlling und Digitalisierung sind insbesondere für mittelständische Unternehmen, aufgrund begrenzter Ressourcen und steigenden Wettbewerbsdrucks, relevant. Die Transformation von Geschäftsmodellen ist Gegenstand des folgenden Kapitels.

2 Transformation von Geschäftsmodellen

2.1 Begriffsabgrenzung

Etymologisch wird der Begriff „Geschäftsmodell" mit dem Aufkommen der New Economy in der Zeit von 1998 bis 2001 in Verbindung gebracht, obwohl der Beginn dieser Entwicklung bereits früher anzusetzen ist. Der eigentliche Ursprung des Begriffs ist auf die Anfänge der Wirtschaftsinformatik Mitte der siebziger Jahre und im weitesten Sinne auch auf die Organisationstheorie zurückzuführen (Vgl. Schoegel 2001, S. 10). Das Geschäftsmodell im Kontext der Wirtschaftsinformatik ist das Ergebnis der Geschäftsmodellierung und diesbezüglich ein gängiger Begriff im Rahmen der Gestaltung von Informationssystemen und des *„Business Process Engineering"* (Nilsson et al. 1999, S. 127). Die Übertragung des Gedankenguts in den betriebswirtschaftlichen Kontext erfolgt durch die New Economy, weshalb der Begriff „Geschäftsmodell" nicht neu, aber doch inhaltlich neu belegt ist (Vgl. Schoegel 2001, S. 8).

In der betriebswirtschaftlichen Forschung wird das Konstrukt „Geschäftsmodell" generell in Universal- und Partialansätzen verwendet (Vgl. Wirtz 2010). Partialmodelle beschreiben Teilaspekte eines Unternehmens oder branchenspezifische Geschäftsmodelle (Vgl. Meinhardt 2002, S. 219), während Universalmodelle die Geschäftätigkeit eines Unternehmens als Ganzes beschreiben und auch über Unternehmensgrenzen hinausgehen können. Diesbezüglich vertritt Wirtz (2010) die Auffassung, dass das Geschäftsmodell innerhalb der Untergrenzen anzusiedeln sei, während Stähler (2001) das Konstrukt als unternehmensübergreifend versteht. Diese uneinheitliche und oftmals auf Intuition beruhende Betrachtungsweise beschreibt Porter (2001) wie folgt: „Most often, it seems to refer to a loose conception of how a company does business and generates revenue."

Wie die bisherigen Ausführungen verdeutlicht haben, herrscht in der Betriebswirtschaftslehre weitgehend Uneinigkeit darüber, was unter einem Geschäftsmodell zu verstehen ist. Die vorhandenen Definitionsansätze können in zwei wesentliche Betrachtungsebenen unterteilt werden. Einerseits erfolgen ganzheitliche Ansätze, wie bspw. von Zollenkop (2006, S. 41) der in diesem Zusammenhang mehrere Partialmodelle beschreibt. Andererseits wird das Geschäftsmodell als Konglomerat seiner Elemente definiert (Vgl. Bornemann 2010).

Um den Begriff weiter abzugrenzen, gibt die Auftrennung des Begriffs in die Bestandteile „Geschäft" und „Modell" erste inhaltliche Anhaltspunkte. Das Geschäft eines Unternehmens beinhaltet die spezifische Ressourcentransformation und die Aufnahme von Beziehungen zur Umwelt (Vgl. Schneider 1997, S. 55; Vgl. Meyer 1996, S. 23 ff.), um den Wertschöpfungszweck zu erfüllen. Modelle sind vereinfachte, strukturgleiche oder strukturähnliche Abbilder eines Ausschnitts der Realität (Vgl. Schweitzer 2000, S. 72). Dieser Ansicht folgend, ist ein Geschäftsmodell die (vereinfachende, strukturähnliche oder strukturgebende) Abbildung von ausgewählten Aspekten der Ressourcentransformation des Unternehmens sowie seiner Austauschbeziehungen mit anderen Marktteilnehmern (Becker und Ulrich 2013, S. 13). Das Geschäftsmodell steht somit in einem direkten Austauschverhältnis mit der Unternehmensstrategie.

Nach diesem ersten Schritt der Definition ist es notwendig, im Rahmen eines zweiten Schritts einzelne Aspekte eines Geschäftsmodells zur Komplettierung der Definition zu erörtern. Dies geschieht im folgenden Abschnitt.

2.2   Elemente eines Geschäftsmodells

Elemente eines Geschäftsmodells sind als generische Elemente zu verstehen, die in allen Geschäftsmodellen Relevanz besitzen (Vgl. Wiese 2005, S. 20). In der einschlägigen betriebswirtschaftlichen Literatur herrscht Uneinigkeit darüber, welche Elemente als konstituierend für Geschäftsmodelle zu bezeichnen sind (Vgl. Sheer et al. 2003, S. 20; Vgl. Morris et al. 2005, S. 20). Die Literatur offenbart diesbezüglich eine Spannbreite von drei (Vgl. Knyphausen-Aufseß und Meinhardt 2002) bis zu acht Elementen (Vgl. Bieger et al. 2002). Im vorliegenden Beitrag werden auf Basis der vorliegenden theoretischen und empirischen Literatur folgende Elemente eines Geschäftsmodells als konstituierend erachtet: Produkt-Markt-Kombination, Konfiguration und Erreichung von Wertschöpfung, Ertragsmechanik, Wettbewerbsorientierung, Ressourcenstruktur und Unternehmenskultur/Organisation (Vgl. Becker und Ulrich 2013, S. 14).

Die Produkt-Markt-Kombination beschäftigt sich mit der Frage, auf welchen Märkten ein Unternehmen mit welchen Produkten konkurrieren möchte und wie die Art von Transaktionsbeziehung zum Kunden ausgestaltet ist. Durch Konfiguration und Erreichung von Wertschöpfung lassen sich in diesem Zusammenhang vor allem Wettbewerbsvorteile aus der Reihenfolge der Wertschöpfungsschritte an sich und ihrer Anordnung generieren (Zollenkop 2006, S. 54). Wertschöpfung wird diesbezüglich wie folgt definiert: „Die Wertschöpfung eines Betriebes ist eine Erfolgsgröße. Diese rechnerisch (unterschiedlich) operationalisierbare Größe kennzeichnet das Ergebnis des Prozesses, der zur Schaffung betrieblicher Werte führt (Wertschöpfungsprozess). Mit der Wertschöpfung wird der Mehrwert bestimmt, den ein Betrieb aufgrund seiner betrieblichen Leistungserstellung den (vom Beschaffungsmarkt bezogenen) Vorleistungen hinzugefügt hat (value added). Der entstehende Mehrwert verteilt sich auf die berechtigten Anspruchsgruppen" (Becker et al. 2014, S. 29). Die Ertragsmechanik – auch Erlösstruktur genannt – spiegelt hauptsächlich die Erlösquellen und -arten wieder und betrachtet die Preis- und Volumenstrategien des Unternehmens (Zollenkop 2006, S. 75; Vgl. Knyphausen-Aufseß und Meinhardt 2002, S. 76). Die Wettbewerbsorientierung stellt die Wettbewerbsposition und die Strategie für den Umgang mit Wettbewerbern dar. Die Ressourcenstruktur gibt Auskunft über verfügbare tangible und intangible Ressourcen im Unternehmen. Unternehmenskultur und Organisation werden in den meisten Ansätzen in der Literatur zu Geschäftsmodellen zwar behandelt, allerdings wird dieser Aspekt nur am Rande erwähnt oder implizit berücksichtigt (Vgl. Umbeck 2009, S. 63). Die Vision stellt das letzte Elemente dar und dient dazu, die langfristige Ausrichtung des Unternehmens zu definieren. Das Verhältnis zwischen Geschäftsmodell und Strategie lässt sich nicht eindeutig klären, es bleibt jedoch festzuhalten, dass Strategie und Geschäftsmodell komplementäre Konstrukte darstellen, deren Über- bzw. Unterordnungsverhältnis ungeklärt ist. Die Strategie an sich kann als tendenziell eher dynamisch und handlungsorientiert beschrieben werden. Ein Geschäftsmodell beinhaltet sowohl statische (im strukturähnlichen Sinne) als auch dynamische (im strukturgebenden Sinne) Facetten (Vgl. Becker und Ulrich 2013, S. 15). Im Zuge der Digitalisierung wird es zu einer Vernetzung der Geschäftsmodellelemente kommen. Im folgenden Abschnitt wird dies verdeutlicht.

2.3 Transformation zum digitalen Geschäftsmodell

Die Transformation eines analogen zum digitalen Geschäftsmodell erfolgt in der Regel durch die Transformationen der einzelnen Geschäftsmodellelemente. Somit kann ein Geschäftsmodell als digital bezeichnet werden, wenn die zugrunde gelegten Elemente ebenfalls (mehrheitlich) digital sind. Digitale Geschäftsmodellelemente implizieren, dass die

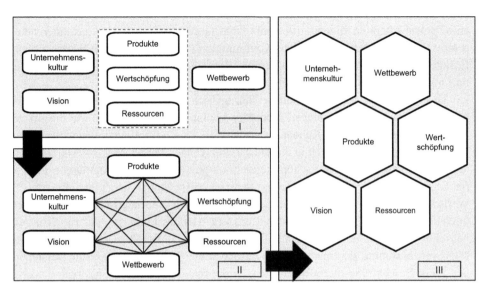

Abb. 1 Das digitale Geschäftsmodell

zugrundeliegenden Prozesse digitalisiert sind. Zu Beginn der Geschäftsmodellbetrachtung wurden die einzelnen Elemente häufig unabhängig voneinander betrachtet (I). Die einzelnen Elemente ergaben in Summe das Geschäftsmodell. Unternehmenskultur und Unternehmensvision werden diesbezüglich oftmals als außenstehend dargelegt, während Ressourcen, Wertschöpfung und Produkt-Markt-Kombination in einer Verbindung zueinander stehen. Der Wettbewerb hingegen nimmt dieselbe Position wie Kultur und Vision ein.

Im Sinne der Vernetzung von Elementen zur Erreichung eines digitalen Geschäftsmodells müssen die jeweiligen Geschäftsmodellelemente in Verbindung gebracht werden, wodurch eine automatisierte Wechselwirkung entsteht. Die Elemente bedingen sich dadurch gegenseitig und wirken aufeinander ein (II). Im letzten Schritt der Digitalisierung (III) werden die einzelnen Elemente des Geschäftsmodells nicht mehr nur durch Vernetztheit charakterisiert, sondern es erfolgt eine umfassende Verortung im digitalen Geschäftsmodell. Wie Abb. 1 letztendlich verdeutlicht, greifen die einzelnen Elemente – teils synergetisch – ineinander.

Im Kontext von Industrie 4.0 erfolgt eine Vernetzung zwischen den Elementen (und Unternehmensbereichen), automatisiert mit Hilfe von Informations- und Kommunikationstechnologien.

Jedes Geschäftsmodellelement ist mit den anderen Elementen verknüpft, wodurch eine automatisierte Vernetzung ermöglicht wird. Die automatisierte Vernetzung bedingt den Einsatz von Informations- und Kommunikationstechnologien. Ressourcen (tangibel und intangibel) nehmen diesbezüglich, nicht nur im Kontext digitaler Geschäftsmodelle, eine besondere Stellung ein, da sie Grundbausteine für Digitalisierungsprozesse darstellen. Im folgenden Abschnitt wird nun das Mittelstandsverständnis erläutert.

## 3	Mittelstandsverständnis

Ein Großteil der Wertschöpfung der deutschen Volkswirtschaft wird von mittelständischen Unternehmen generiert (Vgl. Hausch und Kahle 2004, S. 5). Diese sind daher in breiter Öffentlichkeit und Wissenschaft ein gern diskutierter Gegenstand (Vgl. Bundesministerium für Wirtschaft und Technologie 2007, Vgl. Becker und Ulrich 2011, S. 2 ff.). Trotz der großen praktischen Relevanz des Themenkomplexes ist die Mittelstandsforschung forschungsseitig eher rudimentär ausgestaltet (Vgl. Becker et al. 2008, S. 4). Die Mittelstandsforschung zeichnet sich unter anderem durch eine Vielfalt ähnlicher oder synonym verwendeter Begrifflichkeiten wie z. B. kleine und mittlere Unternehmen (KMU), Mittelstand und Familienunternehmen aus, deren definitorische Abgrenzungen weitgehend uneinheitlich sind (Vgl. Damken 2007, S. 57 ff.). In Deutschland existieren drei verbreitete Definitionen, die zur Zuordnung von Unternehmen zur Gruppe des Mittelstandes verwendet werden können. Während der Mittelstandsbegriff der *EU-Kommission* eine rein quantitative Einteilung vorsieht, werden bei der Definition des Mittelstandsbegriffs des *Instituts für Mittelstandsforschung* (IfM) Bonn und des *Europäischem Kompetenzzentrums für angewandte Mittelstandsforschung an der Universität Bamberg* (EKAM) sowohl quantitative als auch qualitative Kriterien berücksichtigt. Dies erweist sich als zielführend, da die Eingrenzung des Begriffs Mittelstand durch quantitative oder qualitative Definitionen sich als nicht hinreichend erwiesen hat (Vgl. Wallau 2005, S. 1 ff.).

Diesem Beitrag liegt das Mittelstandsverständnis des EKAM zugrunde, da dieses im Vergleich mit anderen Definitionen folgende Vorteile bietet (Vgl. Becker et al. 2009, S. 7):

1. Integration quantitativer und qualitativer Kriterien,
2. Verwendung quantitativer Grenzen nur als Näherungsgrößen zur Klassifizierung von Unternehmen,
3. Vorrang qualitativer vor quantitativen Kriterien,
4. Deutliche Anhebung der quantitativen Größenklassen nach oben und somit bessere Eignung für den im internationalen Vergleich größeren gehobenen deutschen Mittelstand.

Die Definition berücksichtigt neben den in der untenstehenden Tabelle genannten quantitativen Größenklassen auch folgende qualitative Merkmale:

- Alle eigentümergeführten Unternehmen und Familienunternehmen;
- Managementgeführte Unternehmen bis zu einer Mitarbeiterzahl von ca. 3.000 Mitarbeitern und/oder bis zu einer Umsatzgröße von ca. 600 Mio. €;
- Unternehmen die beide Definitionsmerkmale aufweisen (Abb. 2).

Das Mittelstandsverständnis wird um die beiden Aspekte Leitung und Besitz erweitert und als Grundlage einer Typologie mittelständischer Unternehmen verwendet. Nach der Definition des EKA lassen sich fünf typische Unternehmenstypen innerhalb des Mittelstandes unterscheiden (Vgl. Becker und Ulrich 2011, S. 30 f.; Abb. 3)

Mittelstandsdefinition des EKAM		
Unternehmensgröße	Beschäftigte	Jahresumsatz
Kleinstunternehmen	bis ca. 30	bis ca. 6 Mio. EUR
Kleinunternehmen	bis ca. 300	bis ca. 60 Mio. EUR
Mittlere Unternehmen	bis ca. 3.000	bis ca. 600 Mio. EUR
Große Unternehmen	über 3.000	über 600 Mio. EUR

Abb. 2 Quantitative Größenklassen nach EKAM

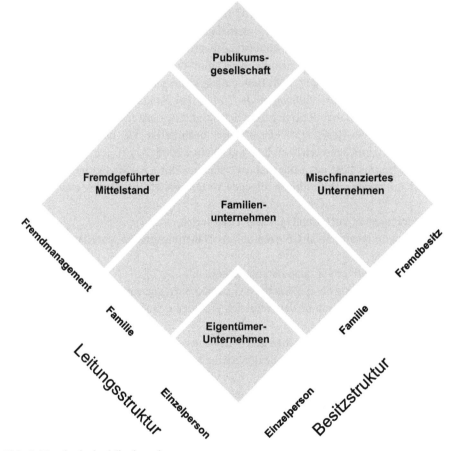

Abb. 3 Typologie des Mittelstandes

In einem zweiten Schritt ist die Typologie mit den bereits aufgezeigten quantitativen und qualitativen Mittelstandskriterien zu kombinieren (Eine detaillierte Beschreibung der einzelnen Unternehmenstypen kann bei Becker und Ulrich (2011) nachvollzogen werden.)

4 Erkenntnisse der Digitalisierungsstudie

4.1 Stichprobencharakteristika

Für die Studie „Digitalisierung im Mittelstand" sind im Zeitraum von November 2012 und März 2013 41 problemzentrierte Interviews mit Eigentümern und Mitgliedern der obersten Managementeben von mittelständischen Unternehmen geführt worden. Anschließend wurden die Ergebnisse der Erhebung in Experteninterviews zur Diskussion gestellt und kritisch hinterfragt.

Mittelständische Unternehmen wurden nach der Definition des EKAM aufgefasst (Abb. 4).

In der vorliegenden Stichprobe können 7 % der Teilnehmer den Kleinstunternehmen zugeordnet werden. Weitere 29 % können als Kleinunternehmen klassifiziert werden. Auf die Größeneinteilung mittlere Unternehmen entfallen von den befragten Probanden 47 %. 17 % können nach dieser Einteilung als Großunternehmen bezeichnet werden. Zusätzlich wurde die Rechtsform der befragten Unternehmen abgefragt. Von den Unternehmen der Stichprobe waren mit 51 % die meisten als GmbH organisiert. 29 % firmierten als GmbH & Co. KG. Die AG wird von 12 % und die KG von keinem der Unternehmen als Rechtsform angegeben. Auf Sonstige (z. B. Stiftungen) entfallen 8 %. Die Charakterisierung der Befragten wurde anhand der jeweiligen Branchenzugehörigkeit in einer ebenfalls offenen Frage ermittelt. Die Branchenzugehörigkeit beinhaltet eine Branchenkategorisierung gem. den Angaben des *Instituts der deutschen Wirtschaft* in: Land-/Forstwirtschaft/Fischerei; verarbeitendes Gewerbe/Bergbau/Energie/Wasser; Baugewerbe; Handel/Gastgewerbe/

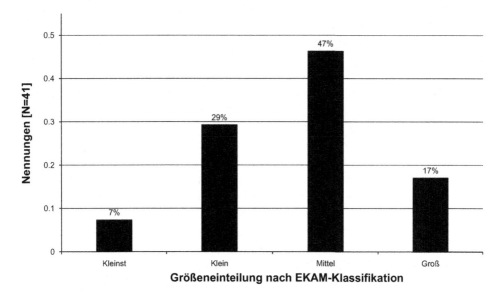

Abb. 4 Größeneinteilung

Verkehr; Finanzierung/Vermietung/Unternehmensdienstleistungen sowie öffentliche/ private Dienstleister.

Mit 66% können über die Hälfte der Probanden der Branche verarbeitenden Gewerbe/ Bergbau/Energie/Wasser zugeordnet werden. Auf die Branchen Handel/Gastgewerbe/Verkehr und öffentlichen/privaten Dienstleistern entfallen jeweils 12% der Probanden. 7% der Teilnehmer können dem Baugewerbe und 3% der Branche Finanzierung/Vermietung/ Unternehmensdienstleistungen zugeordnet werden. Aus der Branche Land-/Forstwirtschaft/Fischerei stammt keiner der teilnehmenden Probanden. Zusätzlich zu den Merkmalen der befragten Unternehmen wurde die funktionale Zuordnung der befragten Probanden ermittelt. 30% der Befragten können dem funktionalen Bereich Geschäftsführung (CEO/Geschäftsführender Gesellschafter) zugeordnet werden. Ebenfalls 30% der Probanden entfallen auf die Position CFO/Kaufmännischer Leiter. 28% können als IT-Leiter/ IT-Verantwortlichen eingeordnet werden. Zu der Position Assistenz der Geschäftsleitung zählen 8% der Probanden und 4% können sonstigen Bereichen zugeordnet werden.

4.2 Begriff der Digitalisierung

In der Studie Digitalisierung wurde das Begriffsverständnis der Probanden untersucht, indem diese in einer offenen Fragestellung um eine Definition des Begriffs „Digitalisierung" gebeten wurden. Die Antworten der Probanden sind anschließend inhaltsanalytisch anhand von Schlüsselbegriffen in die Kategorien Informationssysteme, Papierloses Büro, Mediennutzung, Prozessverbesserungen und Transformation: analog in digital zusammengefasst und zugeordnet worden (Abb. 5).

44% der Probanden zogen Informationssysteme zur Definition des Begriffs Digitalisierung heran. Unter dem Begriff Informationssysteme subsumieren sie beispielsweise Dokumentenmanagementsysteme, die Nutzung von Software, Lagerverwaltungssysteme sowie ERP-Systeme. 41% erklärten, dass sie unter Digitalisierung ein papierloses Büro verstehen. Das papierlose Büro wird dabei oftmals als „der Weg weg vom Papier" bezeichnet. Ebenfalls 41% der Befragten verstanden unter Digitalisierung die Nutzung bestimmter Medien. Darunter fallen u. a. die Nutzung von Smartphones, PCs, Scannern oder Tablets. Weitere 34% definierten den Begriff der Digitalisierung als Prozessverbesserung, insbesondere beim Zugang zu den Kunden. Ein technisches Verständnis der Digitalisierung als Transformation von analogen in digitale Daten hatten 27% der Befragten angegeben.

Die Ergebnisse zeigen deutlich, dass in der mittelständischen Unternehmenspraxis divergierende definitorische Erklärungsansätze existieren. Dies kann dazu führen, dass innerhalb der Unternehmen unterschiedliche Begriffsauffassungen vorliegen, sodass es bei der Entwicklung einer zielgerichteten Digitalisierungsstrategie zu Kommunikationsproblemen zwischen einzelnen Akteuren kommen kann. Wie bereits in Kapitel „Industrie 4.0 als unternehmerische Gestaltungsaufgabe: Strategische und operative Handlungsfelder für Industriebetriebe" ausgeführt, ist die Digitalisierung weiter zu verstehen als dies derzeit von der Unternehmenspraxis gesehen wird. So wird die partielle Transformation

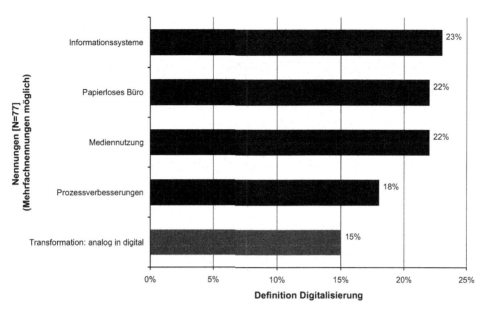

Abb. 5 Digitalisierungsverständnis

analoger in digitale Signale oder auch das papierlose Büro in der industriellen Praxis seit rund 50 Jahren realisiert; das entspricht jedoch nicht dem umfassenden Gedankengut von Industrie 4.0. Tendenziell kann diese Ansicht der dritten industriellen Revolution zuge-ordnet werden. Insofern ist das praktische Verständnis weniger weit entwickelt als die aktuelle Diskussion in Forschung und Lehre.

4.3   Vorbereitung der Funktionsbereiche

Im weiteren Verlauf der Studie wurde mit Hilfe einer geschlossen-skalierten Frage ermit-telt, inwieweit die Funktionsbereiche der Unternehmen auf die Digitalisierung vorbereitet sind. Aufgrund der organisatorischen Vielfalt in der Unternehmenslandschaft hat jedes Unternehmen einen einzigartigen Charakter. Zur Identifizierung der jeweiligen Funk-tionsbereiche wurde daher die Wertkette nach Porter herangezogen. Porter unterscheidet in diesem Konzept nach primären und unterstützenden Aktivitäten. Unter primären Akti-vitäten werden Eingangslogistik, Operationen, Marketing & Vertrieb, Ausgangslogistik und Kundendienst verstanden. Die Unternehmensinfrastruktur, Personalwirtschaft, Tech-nologieentwicklung und Beschaffung dienen der Unterstützung der primären Aktivitäten (Vgl. Porter 1999, S. 97 ff., Vgl. Bea und Haas 2013, S. 119 ff.). Diese Aktivitäten sollen als Ausgangspunkt zur Ableitung der Funktionsbereiche verstanden werden.

Die Ergebnisse in Abb. 6 verdeutlichen die unterschiedlichen Vorbereitungsgrade der jeweiligen Funktionsbereiche. Innerhalb dieser Funktionsbereiche ist das Rechnungs-wesen (gut: 60 %; sehr gut: 20 %) nach Einschätzung der Probanden am besten auf die

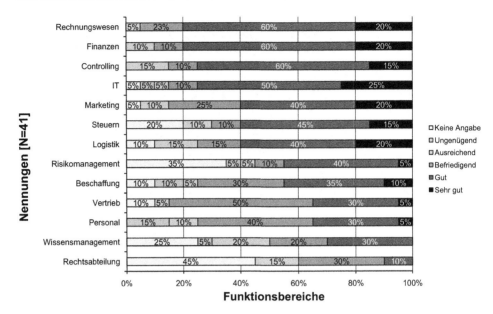

Abb. 6 Vorbereitung der Funktionsbereiche

Digitalisierung vorbereitet. Die Finanzen (gut: 60%; sehr gut: 20%) und die IT (gut: 50%; sehr gut: 25%) weisen ebenfalls hohe Vorbereitungsgrade auf. Die Funktionsbereiche Steuern (gut: 45%; sehr gut: 15%) und Vertrieb (gut: 30%; sehr gut: 5%) weisen insgesamt eher einen mittleren Vorbereitungsgrad auf. Die Bereiche Personal (gut: 30%; sehr gut: 5%) und Wissensmanagement (gut: 30%) sind eher weniger gut auf die Digitalisierung vorbereitet. Die Rechtsabteilung (gut: 10%) bildet das Schlusslicht dieser Betrachtung.

Dieses Ergebnis lässt die Vermutung zu, dass mittelständische Unternehmen verstärkt die klassischen Funktionsbereiche, im Sinne von indirekten, unterstützenden Funktionsbereichen, mit Softwarelösungen digitalisieren. Ein wesentlicher Grund für diese Tatsache könnte sein, dass die bisher im Mittelstandsbereich eingesetzten Softwarelösungen maßgeblich diese Bereiche tangieren.

4.4 Digitalisierungsgrad des Geschäftsmodells

Inwiefern die Digitalisierung von Geschäftsmodellen in den befragten Unternehmen bereits stattgefunden hat, greift die vorliegende Studie mit einer geschlossen-skalierten Frage nach der Einschätzung des Digitalisierungsgrads des Geschäftsmodells auf (Abb. 7).

59% der Probanden schätzen den Digitalisierungsgrad ihres Geschäftsmodells als sehr niedrig ein, während weitere 12% ihn als niedrig einschätzen. Für hoch halten 24% der Probanden den Digitalisierungsgrad ihres Geschäftsmodells.

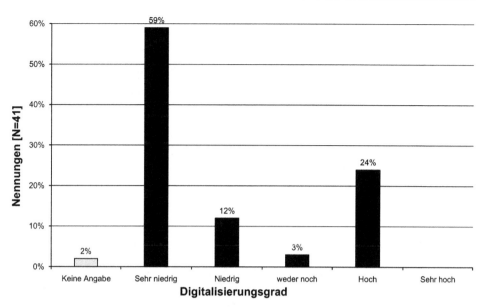

Abb. 7 Digitalisierungsgrad des Geschäftsmodells

Die Einschätzung der Probanden in Unternehmen mit höherem Digitalisierungsgrad basiert auf der Existenz eines Enterprise-Resource-Planning-Systems. Weiterhin erklärt ein Proband, dass insbesondere der hohe Innovationsgrad bzw. die Unterstützung der Kernprozesse durch IKT ausschlaggebend für den hohen Digitalisierungsgrad sei. Schätzen Probanden den Digitalisierungsgrad eher niedrig ein, so begründet ein Proband dies z. B. wie folgt: „Digitalisierung wird in unserem Unternehmen nur als eine Art punktuelle Unterstützung durch IKT oder bereits vorhandene Insellösung im Unternehmen wahrgenommen." Generell ist festzustellen, dass nur wenige der Probanden den Digitalisierungsgrad für angemessen halten und die Wahrnehmung eines digitalen Geschäftsmodells stark divergiert. In Abschn. 4.2 wurde verdeutlicht, dass die Unternehmenspraxis ein deutlich divergierendes Digitalisierungsverständnis besitzt. Während zunehmend die Transformation von Geschäftsmodellen Kern der Digitalisierung ist, sind aus Sicht der Unternehmenspraxis andere Merkmale relevant. Die Einschätzung des Digitalisierungsgrades des Geschäftsmodells wurde von den Probanden auf Grundlage ihres Digitalisierungsverständnisses vorgenommen. Unter Berücksichtigung des in dem Beitrag verwendeten Digitalisierungsverständnisses liegt jedoch die Vermutung nahe, dass die Einschätzung des Digitalisierungsgrads des Geschäftsmodells bei objektiver Betrachtung (noch) niedriger ausfallen würde.

Der Analyse liegt die Sichtweise zugrunde, dass in Folge von Digitalisierungsprozessen auch Entscheidungsprozesse anders ablaufen werden. Zur vertiefenden Analyse dieser These werden im Folgenden die Erkenntnisse der auf der Digitalisierungsstudie aufbauenden Erhebung zum Thema Data Analytics dargestellt.

5 Erkenntnisse der Studie Data Analytics

5.1 Stichprobencharakteristika

In der Studie Entscheidungen im Mittelstand wurden mit Hilfe eines standardisierten Fragebogens 70 Probanden aus mittelständischen Unternehmen befragt. Die Datenerhebung fand im Zweitraum von November 2013 bis Januar 2014 statt. Anschließend sind die Ergebnisse der Datenerhebung mit Experten diskutiert worden.

Die Charakteristika der untersuchten Stichprobe soll anhand folgender Merkmale der teilnehmenden Unternehmen dargestellt werden: Größenklassen auf Basis der quantitativen Mittelstands-Definition des EKAM, Rechtsform und Branche. Zusätzlich wird die Position der Probanden in den jeweiligen Unternehmen aufgezeigt. Aufbauend auf der empirischen Studie wurde anschließend das Entscheidungsverhalten untersucht (Abb. 8).

Zur Einteilung der Größenklassen wurde die in Abschn. 3 angegebene Definition des EKAM verwendet. Der Anteil kleiner Unternehmen überwiegt mit 60 %, gefolgt von mittleren Unternehmen, die zu 34 % in dieser Studie vertreten sind. Unter der Kategorie Kleinstunternehmen fallen 4 % der teilnehmenden Unternehmen und 2 % können als große Unternehmen kategorisiert werden.

Ebenfalls abgefragt wurde die Rechtsform der teilnehmenden Unternehmen. Über die Hälfte (56 %) dieser firmierten als GmbH, gefolgt von Unternehmen mit der Rechtsform GmbH & Co KG mit 30 %. 7 % der befragten Unternehmen hatten die Rechtsform einer AG inne und 1 % die der KG. 6 % der Teilnehmer haben eine andere Rechtsform und werden unter Sonstige Rechtsform ausgewiesen. Die Branchenzugehörigkeit der befragten

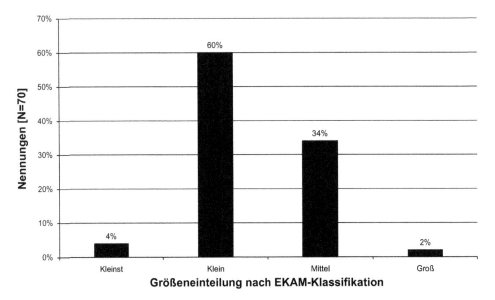

Abb. 8 Größeneinteilung

Unternehmen wird, wie bereits in Abschn. 4.1 beschrieben, anhand der Branchenkategorisierung des *Instituts der deutschen Wirtschaft* bestimmt.

40 % der Befragten können der Branche verarbeitendes Gewerbe/Bergbau/Energie/Wasser zugeordnet werden. Weitere 28 % können in der Branche Handel/Gastgewerbe/Verkehr eingegliedert werden. Jeweils 11 % der teilnehmenden Unternehmen in den Brachen Baugewerbe sowie öffentliche/private Dienstleister eingegliedert werden. 6 % sind in der Branche Finanzierung/Vermietung/Unternehmensdienstleistung tätig und 3 % in der Branche Land-/Forstwirtschaft/Fischerei. 1 % der Befragten gab hierzu keine Auskunft.

Zusätzlich wurde die Funktion der befragten Teilnehmer abgefragt. Ein Großteil der Befragten (40 Personen) machte hierzu keine Angaben, da diese Studienteilnehmer generell anonym bleiben möchten. Von den verbliebenden Befragten sind jeweils 43 % in der Position CEO/Geschäftsführender Gesellschafter bzw. sonstige Geschäftsführer/Vorstände. 10 % sind CFO/kaufmännischer Leiter und 4 % Leiter der Finanzabteilung.

5.2 Bedeutung der Entscheidungsfindung

Die Frage, wie Menschen Entscheidungen treffen und wie das beste Vorgehen der Entscheidungsfindung aussieht, spielt insbesondere im unternehmerischen Kontext eine wichtige Rolle (Vgl. Dijksterhuis 2010, S. 118). Grundsätzlich kann eine Entscheidung nach Laux (1982) in verschiedene Phasen unterteilt werden. Aus informationstheoretischer Perspektive wird die Entscheidung als Prozess gekennzeichnet, im Rahmen dessen eine Person oder Gruppe von Personen ein Entscheidungsproblem erkennt, Informationen über Handlungsalternativen sammelt und verarbeitet sowie eine Alternative auswählt (Vgl. Carroll und Johnson 1990, S. 19). Die Beurteilung der Alternativen findet im Rahmen der Auswahl statt. Von diesem Standpunkt betrachtet ist der Begriff Entscheidung im wesentlich durch den Informationsaufnahme und den Informationsverarbeitungsprozess geprägt. Der Ablauf dieses Prozesses ist als idealtypisch zu betrachten, die Phasen können sich sowohl in der Reihenfolge als auch in der inhaltlichen Abgrenzung anders gestalten.

In der betriebswirtschaftlichen Forschung und Praxis hat die Entscheidungsfindung seit Jahren eine hohe Bedeutung. Verschiedene Fragen wie bspw. Entscheidungskriterien, Akteure oder auch Dauer von Entscheidungen werden kontrovers diskutiert, insbesondere im Rahmen von Prozessmodellen und der Freigabe zur Überleitung in eine nächste Phase (siehe dazu in diesem Kapitel). Auch in Zusammenhang mit Industrie 4.0 und Digitalisierung nimmt die Entscheidungsfindung eine zentrale Rolle ein. Die Digitalisierung von Geschäftsmodellen kann dazu führen, dass Eigentümer und Manager ihre Entscheidungen bspw. auf Grundlage von Echtzeitinformationen (Cyber-physische Systeme) treffen. Ferner kann der Abbau organisatorischer Hierarchien (Dezentralisierung) erfolgen, die Entscheidungsgeschwindigkeit erhöht sowie letztlich eine Verbesserung der Entscheidungsqualität erzielt werden.

Eine Steigerung der Entscheidungsqualität repräsentiert einen wesentlichen Schritt auf dem Weg zu einem gesteigerten Unternehmenserfolg und stellt das unmittelbare Resultat der Zusammenarbeit der Mitglieder des Top-Management-Teams und anderer Akteure dar. Entscheidungsqualität ist somit das Ausmaß, mit dem eine Entscheidung in Ergebnis und Prozessablauf der individuellen Präferenzstruktur des Entscheiders entspricht.

Eine Teilanalyse der Qualität von Entscheidungen (ergebnisorientiert) umfasst den Tatbestand, inwieweit das erzielte Entscheidungsergebnis – dieses wird hier mit der gewählten Entscheidungsalternative gleichgesetzt – eine angemessene Zielkonformität garantiert. In einer Partialanalyse geht es um die Überprüfung der Kongruenz von Zielhierarchie und Ergebnisausprägung. Die Entscheidungsfindung wird im Kontext von Data Analytics im Wesentlichen durch die verfügbaren Daten und Informationen geprägt. Dementsprechend kann ein Zusammenhang zwischen Datenqualität und Entscheidungsqualität angenommen werden.

5.3 Datenqualität in Funktionsbereichen

Von besonders großer Bedeutung für die Entscheidungsfindung ist die Qualität der zugrundeliegenden Daten. Innerhalb der Studie ist daher die Zufriedenheit mit der Datenqualität abgefragt worden (Abb. 9).

In Hinblick auf die einzelnen Unternehmensfunktionen kann eine übergreifend durchschnittliche Zufriedenheit mit der Datenqualität festgestellt werden. Während im Bereich Finanzen/Risikomanagement 30 % der Befragten sehr zufrieden und 43 % zufrieden sind,

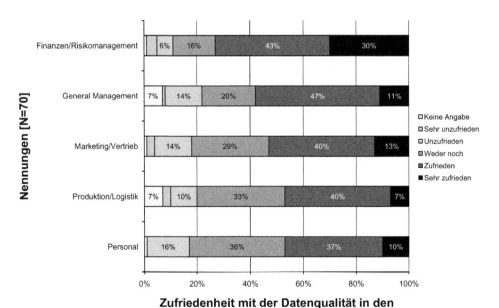

Abb. 9 Datenqualität in Funktionsbereichen

sind im General Management nur noch 11% sehr zufrieden und 47% zufrieden mit der Datenqualität. Im Bereich Marketing/Vertrieb sinkt die Zufriedenheit auf 53% ab (13% sehr zufrieden/40% zufrieden). Die teilnehmenden Probanden waren mit der Datenqualität im Bereich Produktion/Logistik zu 13% sehr zufrieden und noch 40% zeigten sich zufrieden.

Die geringste Zufriedenheit konnte im Bereich Personal festgestellt werden, mit der nur 10% der Befragten sehr zufrieden und 37% zufrieden sind.

Ein Experte wies daraufhin, dass die Datenqualität insgesamt nicht zufriedenstellend ist. Dies überschneidet sich mit den Erkenntnissen aus der vorherigen Studie zur Digitalisierung, in der die Datenqualität neben der Datensicherheit als größte Herausforderung von mittelständischen Unternehmen angesehen wurde (Vgl. Becker et al. 2013, S. 79 f.).

5.4 Nachholbedarfe

Abschließend ist untersucht worden, wo die Teilnehmer Nachholbedarfe im Rahmen des Entscheidungsprozesses sehen. Dazu sollten Sie auf einer 5-stufigen Likert-Skala das Ausmaß ihrer Betroffenheit angeben (Abb. 10).

Die Antwortenden sehen dabei die größten Nachholbedarfe im Rahmen der Prozessverbesserungen. Dort sehen 11% einen sehr starken und 43% einen starken Nachholbedarf. Ebenfalls einen hohen Nachholbedarf sehen die Befragten bei der Bereinigung und Qualitätssicherung der Daten (sehr stark: 7%; stark: 41%) und im verstärkten IT-Einsatz

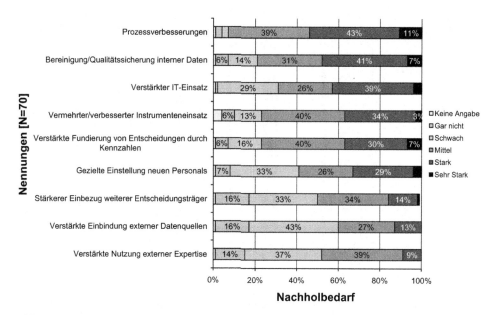

Abb. 10 Nachholbedarf

(sehr stark: 4 %; stark 39 %). Weniger groß werden die Nachholbedarfe im Rahmen des Einbezugs weiterer Entscheidungsträger (sehr stark: 1 %; stark: 14 %), der verstärkten Einbindung externer Datenquellen (sehr stark: 0 %; stark: 13 %) und der verstärkten Nutzung externer Expertise (sehr stark: 0 %; stark: 9 %) gesehen.

Dies spiegelt sich auch bei den Budgets für Maßnahmen wieder. Die größten Budgets setzten die befragten Unternehmen für die Erhöhung des IT-Einsatzes und Prozessverbesserungen ein. Im Widerspruch zu den identifizierten Nachholbedarfen steht, dass für die Bereinigung und Qualitätssicherung der Daten deutliche geringere Budgets zur Verfügung stehen.

6 Schlussfolgerung

6.1 Controlling der Digitalisierung

Im Kontext von Industrie 4.0 bestehen zwischen Controlling und Digitalisierung vielfältige Wechselwirkungen. Insbesondere kann zwischen dem Controlling der Digitalisierung und der Digitalisierung des Controllings unterschieden werden.

Das Controlling der Digitalisierung unterstellt eine prozessuale, geschäftsmodellorientierte Sichtweise von Unternehmen, diesbezüglich eignet sich insbesondere das folgende Prozessmodell.

Wie die folgende Abb. 11 verdeutlicht, besteht das Prozessmodell zum Controlling der Digitalisierung aus den Phasen Initialisierung, Realisierung und Evaluierung. Zwischen

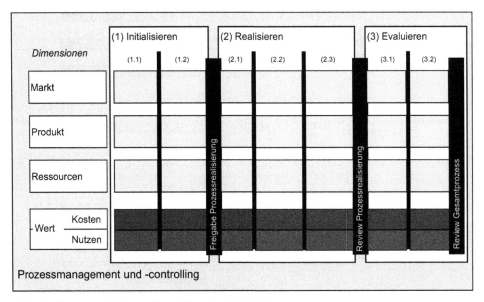

Abb. 11 Prozessmodell zum Controlling der Digitalisierung

jeder Phase befinden sich Meilensteine, anhand derer Entscheidungsträger über den Eintritt in die folgenden Phasen, i. d. R. anhand von Muss- und Kann-Kriterien, entscheiden. Das Controlling erhält diesbezüglich folglich eine wichtige Rolle. Erstens ist die Ableitung geeigneter Kennzahlen und Indikatoren zur Erfassung des Digitalisierungsgrades notwendig, zweitens die Definition entsprechender Reifegrade von Digitalisierungsprozessen und drittens die Bereitstellung geeigneter Instrumente zur Initialisierung, Evaluierung und Realisierung von Digitalisierungsprozessen.

Im Rahmen der Initialisierung (Phase 1) sollte zunächst eine Wirtschaftlichkeitsanalyse des Digitalisierungsvorhabens durchgeführt werden. Diesbezüglich empfiehlt es sich, dies in einem Projekt durchzuführen, um Start- und Endpunkt festzulegen. Darüber hinaus ist anzumerken, dass Digitalisierungsvorhaben grundsätzlich sukzessiv erfolgen sollten. Die angesprochene Wirtschaftlichkeitsanalyse kann bspw. durch die Bestimmung des Kapitalwerts, des Total Cost of Ownership sowie mittels einer Projektkostenrechnung erfolgen. Im Investitionstheoretischen Kontext entsprechen dann die Auszahlung(en) den Kosten und die Cashflows dem Nutzen. Zu berücksichtigen ist jedoch, dass Verfahren der Investitionsrechnung zur Wirtschaftlichkeitsanalyse exakte Daten benötigen und die Bestimmung von Ein- oder Auszahlungen, bspw. im Rahmen der Kapitalwertmethode, problematisch sein kann. Ebenfalls Abhilfe leistet ein auf das Digitalisierungsvorhaben ausgelegtes Kostenmanagement in Projektform. Die qualitativen Nutzenpotentiale können mittels Punktwertverfahren (Scoring-Modell) oder einer Nutzwertanalyse ermittelt werden. Die Bestimmung des monetären Nutzens der Digitalisierung ist ebenfalls aufgrund der oftmals geringen Datenbasis äußerst problematisch. Diesbezüglich bietet es sich an den Nutzen bspw. als Kosteneinsparung zu interpretieren. Falls die unternehmensinternen Daten keine ausreichenden Informationen über Kosten und Nutzen zur Verfügung stellen, ist eine Prognose notwendig, ggfs. eine lineare Interpolation. Insbesondere mittelständische Unternehmen sollten Kosten und Nutzen vorab – zweckorientiert – erfassen, damit die i. d. R. begrenzten Unternehmensressourcen nicht für Vorhaben verwendet werden, die im Ergebnis nicht wertschöpfend sind und dadurch die langfristige Existenz des Unternehmens gefährden. In diesem Kontext bieten sich bspw. Methoden aus dem Bereich Data Analytics an, um Informationen aus bisher unerreichbaren Datenquellen zu extrahieren und zudem bisher weitgehend nicht zugängliche Datenquellen wie z. B. Kunden- und Lieferantendaten in die Unternehmensdaten integrierbar machen (Vgl. LaValle et al. 2013). Das Controlling muss in diesem Zusammenhang ein Instrument bereitstellen, durch das diesem Entscheidungsproblem strukturiert begegnet werden kann. Die Freigabe erfolgt sowohl hier als auch in den folgenden Meilensteinen durch Entscheidungsträger wie CEO, CFO, Leiter Controlling etc. In der Realisationsphase (Phase 2) erfolgt die technische Umsetzung. Hier müssen notwendige Software-Möglichkeiten vorhanden sein, was wiederum in der ersten Phase zu untersuchen ist. Mittels verschiedener IT-Systeme muss dann die Digitalisierung realisiert werden. In der dritten und letzten Phase erfolgt eine Evaluierung. Die Evaluierung besitzt einen Performance Measurement-Charakter, da Kosten- und Nutzen kontrolliert werden müssen. Das Controlling muss in diesem Zusammenhang vor allem digitalisierungsspezifische Kennzahlen zur Verfügung stellen, bzw.

solche Kennzahlen, die an der Wirtschaftlichkeitsanalyse im Rahmen der Evaluierungs-phase ansetzen. Die Entwicklung eines umfassenden Instrumentariums würde letztlich dazu führen, dass Unternehmen Kosten und Nutzen eines Digitalisierungsvorhabens in der Evaluierungsphase zumindest prognostizieren und diese in der Evaluierungsphase der Prognosen kontrollieren können.

6.2 Digitalisierung des Controllings

Die Digitalisierung des Controllings erfolgt durch das Management/Unternehmensfüh-rung. Führungsseitig muss die Digitalisierung aktiv gelenkt werden, damit die realisierte Digitalisierung einen Nutzen für die Unternehmensführung und Entscheidungsträger dar-stellt. Ausführungsseitig erfolgt die Digitalisierung des Controllings prozessual.

Das Digitalisierungsmanagement erfolgt im Rahmen der Unternehmensführung. Dort müssen Soll- und Kann-Kriterien definiert werden, um den Digitalisierungsprozess in eine folgende Phase zu überführen. Zielsetzung einer derartigen Vorgehensweise ist es, dass Entscheidungsträger Entscheidungen digital treffen können, was nicht nur bedeutet, mobile elektronische Geräte zu nutzen, sondern anhand automatisch aufbereiteter und in Echtzeit verfügbarer Informationen. Dies reduziert bspw. die Entscheidungsdauer und er-höht die Dezentralisation. Ferner wird der Kreis der an der Entscheidung partizipierenden Akteure reduziert, wodurch Abstimmungserfordernisse gesenkt werden. Eine reduzierte Entscheidungsdauer führt dazu, dass schneller auf Unternehmens- und Marktgegebenhei-ten reagiert werden kann; die erhöhte Dezentralisation senkt ebenso wie die reduzierte An-zahl beteiligter Akteure an der Entscheidungsfindung Konfliktpotentiale und führt ebenso zu einer Zeitersparnis. Zu berücksichtigen ist jedoch auch, dass die Partizipation mehre-rer Akteure verschiedene Sichtweisen auf eine Fragestellung ermöglichen. Ferner könnte gerade die Person am Entscheidungsprozess nicht mehr partizipieren, die über eine aus-geprägte Intuition verfügt. Chancen und Risiken gilt es daher gegeneinander abzuwägen.

Abschließend soll darauf hingewiesen werden, dass im Zuge der Digitalisierung des Controllings die Rolle des Controllers in Zukunft eine andere werden könnte oder so-gar werden muss. Dies tangiert einerseits die Anforderungen an die Controllerkompetenz (fachlich, methodisch, sozial, persönlich) (Vgl. Burger und Ulbrich 2010, S. 87), anderer-seits kann auch das Rollenverständnis an sich einen Wandel durchleben. Legt man die Annahme zu Grunde, dass im Zuge der Digitalisierung Daten automatisch zu Informa-tionen transformiert werden und die Entscheidungsunterstützung für Entscheidungsträger dadurch ebenfalls automatisch erfolgt, kann der Controller im Unternehmen an Bedeutung verlieren bzw. ein Teil der Controllerstellen, der sich mit eher operativen Tätigkeiten aus-einandersetzt, wird wegfallen. Aufgrund dieser Entwicklungsmöglichkeit werden in Zu-kunft insbesondere IT-Fähigkeiten von Controllern in den Fokus des Interesses rücken.

Zudem müssen Controllerinnen und Controller noch mehr Interpretation und somit einen Mehrwert über die Datensammlung, Informationsbereitstellung und -versorgung hi-naus liefern. Dies muss jedoch keine negative Entwicklung für das Controlling sein. Auch wenn auf den ersten Blick Controllerstellen wegfallen werden, birgt die höhere Bedeutung und strategische Integration auf mittlere bis lange Sicht auch Zukunftschancen und Entwicklungspotenziale für das Controlling.

Literatur

BARC. (2014). *Big data analytics*. Würzburg.

Bea, F. X., & Haas, J. (2013). *Strategisches Management* (6. Aufl.). Konstanz: UVK-Verlag.

Becker, W. (1990). Funktionsprinzipien des Controlling. *Zeitschrift für Betriebswirtschaft, 60*(3), 295–318.

Becker, W. (2014). *Wertschöpfungsorientiertes Controlling* (9. Aufl.). Bamberg.

Becker, W., & Ulrich, P. (2011). *Mittelstandsforschung. Begriffe, Relevanz und Konsequenzen.* Stuttgart: Kohlhammer.

Becker, W., & Ulrich, P. (2013). *Geschäftsmodelle im Mittelstand.* Stuttgart: Kohlhammer.

Becker, W., Ulrich, P., & Staffel, M. (2008). *Mittelstand und Mittelstandsforschung.* Bamberg.

Becker, W., Ulrich, P., & Baltzer, B. (2009). Wie stehen mittelständische Unternehmen zur Corporate Governance? Aktuelle empirische Untersuchungen. *Zeitschrift für Corporate Governance, 1*(9), 5–12.

Becker, W., Ulrich, P., Vogt, M., Botzkowski, T., Hilmer, C., & Zimmermann, L. (2013). *Digitalisierung im Mittelstand.* Bamberg.

Becker, W., Baltzer, B., & Ulrich, P. (2014). *Wertschöpfungsorientiertes Controlling: Konzeption und Umsetzung.* Stuttgart: Kohlhammer.

Bieger, T., Rüegg-Stürm, J., & Rohr, T. (2002). Strukturen und Ansätze einer Gestaltung von Beziehungskonfigurationen – Das Konzept Geschäftsmodell. In T. Bieger et al. (Hrsg.), *Zukünftige Geschäftsmodelle – Konzept und Anwendung in der Netzökonomie* (S. 35–61). Berlin: Springer.

Böhmann, T. (2013). *Service-orientierte Geschäftsmodelle.* Wiesbaden : Springer.

Bornemann, M. (2010). *Die Erfolgswirkung der Geschäftsmodellgestaltung – eine kontextabhängige Betrachtung.* Wiesbaden: Gabler.

Bundesministerium für Wirtschaft und Technologie. (2007). Der Mittelstand der Bundesrepublik Deutschland – Eine volkswirtschaftliche Bestandsaufnahme. BMWi Dokumentation Nr. 561, Berlin.

Burger, A., & Ulbrich, P. (2010). *Beteiligungscontrolling.* München: Oldenbourg.

Carroll, J. S., & Johnson, E. J. (1990). *Decision research. A field guide.* Newbury Park: Sage.

Damken, N. (2007). Corporate Governance in mittelständischen Kapitalgesellschaften. Bedeutung der Business Judgement Rule und der D & O-Versicherung für Manager im Mittelstand nach der Novellierung des § 93 AktG durch das UMAG. Edewecht: OlWIR.

Dijksterhuis, A. (2010). *Das kluge Unbewusste. Denken mit Gefühl und Intuition.* Stuttgart: Klett-Cotta.

Gluchowski, P. (2014). Empirische Ergebnisse zu Big Data. *HMD Praxis der Wirtschaftsinformatik, 51*(4), 401–411.

Hausch, K. T., & Kahle, E. (2004). *Corporate Governance im deutschen Mittelstand. Veränderungen externer Rahmenbedingungen und interner Elemente.* Wiesbaden: Dt. Univ.-Verl.

Knyphausen-Aufseß, D., & Meinhardt, Y. (2002). Revisiting Strategy – Ein Ansatz zur Systematisierung von Geschäftsmodellen. In T. Bieger et al. (Hrsg.), *Zukünftige Geschäftsmodelle – Konzepte und Anwendungen in der Netzökonomie* (S. 63–89). Berlin: Springer.

Lasi, H., Kemper, H.-G., Fettke, P., Feld, T., & Hoffmann, M. (2014). Industrie 4.0. *Wirtschaftsinformatik, 4*(14), 261–264.

Laux, H. (1982). *Entscheidungstheorie Grundlagen.* Berlin: Springer.

LaValle, S., Lesser, E., Shockley, R., Hopkins, M. S., & Kruschwitz, N. (2013). Big data, analytics and the path from insights to value. *MIT Sloan Management Review, 52*(2), 21–31.

Meinhardt, Y. (2002). *Veränderungen von Geschäftsmodellen in dynamischen Industrien – Fallstudien aus der Biotech-, Pharmaindustrie und bei Business-to-consumer-Portalen.* Wiesbaden: Dt. Univ.-Verl.

Meyer, A. (1996). Das Absatzmarktprogramm. In P.-W. Meyer (Hrsg.), *Integrierte Marketingfunktionen* (S. 52–83). Stuttgart: Kohlhammer.

Morris, M., Schindehutte, M., & Allen, J. (2005). The entrepreneur's business modell – Toward a unified perspective. *Journal of Business Research, 58*(6), 726–735.

Nilsson, A., Tolis, C., & Nellborn, C. (1999). *Perspectives on business modelling – Understanding and changing organizations.* Springer.

Porter, M. E. (1999). *Wettbewerbsstrategie* (10. Aufl.). Frankfurt a. M.

Porter, M. E. (2001). Strategy and the internet. *Harvard Business Review, 79*(3), 62–78.

Schneider, D. (1997). *Betriebswirtschaftslehre – Band 3: Theorie der Unternehmung.* München: Oldenbourg.

Schoegel, K. (2001). *Geschäftsmodelle – Konstrukt – Bezugsrahmen – Management.* Dissertation, LMU München: FMG-Verl.

Schweitzer, M. (2000). Gegenstand und Methoden der Betriebswirtschaftslehre. In F. X. Bea et al. (Hrsg.), *Allgemeine Betriebswirtschaftslehre, Band 1: Grundfragen* (S. 23–79). Stuttgart: UTB.

Sheer, A.-W., Thomas, O., & Wagner, D. (2003). Verfahren und Werkzeuge zur Unternehmensmodellierung. In H.-J. Bullinger et al. (Hrsg.), *Neue Organisationsformen im Unternehmen – Ein Handbuch für das moderne Management* (S. 740–760). Berlin: Springer.

Stähler, P. (2001). *Geschäftsmodelle in der digitalen Ökonomie.* Lohmar/Köln: EUL-Verl.

Umbeck, T. (2009). *Musterbrüche in Geschäftsmodellen – ein Bezugsrahmen für innovative Strategie-Konzepte.* Wiesbaden: Springer.

Wallau, F. (2005). Mittelstand in Deutschland – Vielzitiert, aber wenig bekannt. In F. Meyer et al. (Hrsg.), *Mittelstand in Lehre und Praxis – Beiträge zur mittelständischen Unternehmensführung und zur Betriebswirtschaftslehre mittelständischer Unternehmen* (S. 1–15). Aachen: Shaker.

Wieland, U., & Pfitzner, M. (2014). Interdisziplinäre Datenanalyse für Industrie 4.0. *Controlling & Management Review, 58*(7), 80–85.

Wiese, J. (2005). Basiskonzept zur Entwicklung von überlegenen Geschäftsmodellen für Klein- und Mittelunternehmen und dessen Bedeutung für die Definition einer Betriebswirtschaftslehre von Klein- und Mittelunternehmen. In F. Meyer et al. (Hrsg.), *Mittelstand in Lehre und Praxis – Beiträge zur Betriebswirtschaftslehre mittelständischer Unternehmen* (S. 16–50). Aachen: Shaker.

Wirtz, P. (2010). *Business Model Management – Design – Instrumente – Erfolgsfaktoren von Geschäftsmodellen.* Wiesbaden: Springer.

Zollenkop, M. (2006). *Geschäftsmodellinnovationen – Initiierung eines systematischen Innovationsmanagements für Geschäftsmodelle auf Basis* lebenszyklusorientierter *Frühaufklärung.* Wiesbaden: Springer.

Teil III

Industrie 4.0: Betriebswirtschaftliche, technische und rechtliche Lösungsansätze

„Smart Decisions" als integraler Bestandteil von Industrie 4.0

Lösungen am Beispiel der Fertigungssteuerung

Günter Bitsch

1 Einführung

„Industrie 4.0" – propagiert als vierte industrielle Revolution – verspricht auf Basis von Cyber-Physical Systems (CPS) als neues Produktionsparadigma eine fundamentale Änderung bestehender Produktionskonzeptionen mit enormen Produktivitäts- und Kostengewinnen (Bauernhansl 2014). Ausgelöst durch staatliche Impulse, Innovationen auf dem Informations- und Kommunikationstechnologie (ITK)-Sektor und sinkender Preise für Sensorik werden echtzeitfähige Vernetzungen von Menschen, Maschinen, Objekten und ITK-Systemen (Bauer et al. 2014) realisierbar. Dabei geht es nicht nur um eine reine technisch-funktionale Verknüpfung, sondern um „intelligente" Verknüpfungsansätze. Durch diese „intelligente" Verknüpfung erfolgt zum einen eine Komplexitätsreduktion und zum anderen sollen neue Qualitäten bei der Problemlösung erreicht werden. Es zeichnen sich somit Szenarien ab, in denen *„sich Aufträge selbständig durch ganze Wertschöpfungsketten steuern, Bearbeitungsmaschinen und Material buchen und ihre Auslieferung organisieren"* (Berger 2014). Zur Realisierung dieser Vision sind bereits viele Akteure, sowohl aus dem Wissenschafts- wie aus dem Wirtschaftsbereich, aktiv geworden. Bedingt durch den zu erwartenden Wettbewerbsvorsprung und die möglichen Marktpotentiale hat sich „Industrie 4.0" dabei zu einem Container-Begriff[1] entwickelt. Für diese Untersuchung

---

[1] Bauer et al. (2014, S. 18) untersuchen 104 Charakterisierungen, Beschreibungen und Definitionen des Begriffs und kommen zum Schluss, dass eine eindeutige allgemeine akzeptierte Darstellung von Industrie 4.0 derzeit noch nicht existiert.

G. Bitsch (✉)
becos GmbH, Zettachring 2, 70567 Stuttgart, Deutschland
E-Mail: guenter.bitsch@becos.de

© Springer Fachmedien Wiesbaden 2016
R. Obermaier (Hrsg.), *Industrie 4.0 als unternehmerische Gestaltungsaufgabe,*
DOI 10.1007/978-3-658-08165-2_7

wird daher die folgende Definition nach der Plattform Industrie 4.0 (Bauer et al. 2014, S. 18) zugrunde gelegt.

Im Mittelpunkt von Industrie 4.0 steht die echtzeitfähige, intelligente, horizontale und vertikale Vernetzung von Menschen, Maschinen, Objekten und ITK-Systemen zum dynamischen Management von komplexen Systemen

Um die Ziele bzw. die Vision zu realisieren, soll mittels Intelligenz bzw. intelligenter Vernetzung das dynamische Management zur Beherrschbarkeit der komplexen Systeme geschaffen werden. Dies geschieht zunehmend auf der Basis autonomer und selbstorganisierter Systeme, die z. B. als „Agenten" realisiert werden (Kühnle et al. 2011). Neben der Autonomie sollen die Agenten weiterhin „proaktive", „reaktive", „robuste", „adaptive", „kognitive" und „soziale" Eigenschaften aufweisen (Bogon 2013, S. 15). Insbesondere die Selbstorganisation und die Bindung der Eigenschaften an „Smart Objects" (Kühnle 2014; Vasseur und Dunkels 2010, S. 3 f.) und ITK-Systeme weist stark in Richtung künstlicher Intelligenz-Konzepte, bei denen die Gefahr besteht, dass der Mensch nur noch als Inputgeber oder Handlungsgehilfe konzeptionell berücksichtigt ist. Sollen die Konzepte dabei flexibel auf Änderungen der Umwelt bzw. auf Ereignisse bei der Leistungserstellung reagieren, so sind diese Konzepte und Lösungsansätze eher der „starken" künstlichen Intelligenz (KI) zuzuordnen, bei der nicht „intelligente" Einzelfunktionen dominieren, sondern das Gesamtsystem sich im Zusammenspiel aller Komponenten „intelligent" verhält (Bibel 2011, S. 300). Da „intelligent" ein konstitutives Konzeptionselement ist, soll an dieser Stelle eine Referenz zum hier verwendeten „Intelligenz"-Begriff hergestellt werden. „Intelligenz" ist ähnlich wie der Begriff „Industrie 4.0" heterogen und teilweise sehr unterschiedlich definiert[2]. Als Basis der Arbeit wird die Begriffsdefinition von Dörner (1986, 1992) zugrunde gelegt, der „operative" Intelligenz als Fähigkeit zur Lösung komplexer Probleme versteht. Die wesentlichen Merkmale operativer Intelligenz sind zahlreiche Einzelkomponenten (Komplexität im engeren Sinne), Polytelie (multiple, teilweise kontradiktorische Zielsetzungen), nennenswerte Intransparenz (Undurchschaubarkeit), hohe Vernetzung mit vielen Wechselwirkungen und hohe Eigendynamik. Zu Erreichung eines besseren dynamischen Managements der Produktion durch intelligente sinnhafte Verknüpfung und Vernetzung der Einzelelemente bestehen generell mehrere Lösungsstrategien.

Unter einer ausschließlich technologie-orientierten Betrachtungsweise gilt es die Wertschöpfungskette so aufzubauen bzw. zu verändern, dass Entscheidungen über die Strukturen und Alternativen automatisiert getroffen werden können. Die Kanban-Steuerung (Lödding 2008, S. 177 f.) kann beispielhaft als automatisierte Strukturentscheidung angesehen werden. Analog hierzu können automatisierte Produktionssysteme, in unterschiedlicher Komplexitätsausprägung, abstrakt als automatisierte Entscheidungssysteme

---

[2] Zu aktuellen Definitionspluralität des Intelligenzbegriffs, siehe z. B. Rost (2013).

mit eindeutiger Entscheidungslogik betrachtet werden. In beiden Fällen wird versucht, die auftretenden Unsicherheiten und Schwankungsgrößen vorab, z. B. durch die Wahl von Dimensionierungs-Größen, oder durch klar definierte Alternativstrategien zu berücksichtigen.

Alternativ hierzu kann durch reaktive Lösungsmuster die notwendige Flexibilität erzeugt werden, mit der die auftretenden Unsicherheiten und Schwankungen abgefedert werden. Die Flexibilität kann dabei durchaus unterschiedlich ausgeprägt sein. Braglia and Petroni (2000, S. 200–203) unterscheiden z. B. in die Flexiblitätstypen *„machine flexibility"*, *„routing flexibility"*, *„process flexibility"*, *„product flexibility"*, *„volume flexibility"*, *„expansion flexibility"* und *„layout flexibility"*[3]. Diese Flexibilität wird in der Regel eher kleinen und mittleren Unternehmen zugeordnet, obgleich einige Anstrengungen von großen Unternehmen unternommen worden sind, diese Flexibilität ebenso anbieten zu können. Bei diesen reaktiven Lösungsmustern erfolgt die Entscheidung in der Regel nicht automatisiert, sondern durch Einbindung der Entscheidungsträger.

Ausgangsthese der vorliegenden Arbeit ist, dass hybride Entscheidungssysteme, die kontext- und aufgabenspezifisch zwischen manuellen, halbautomatischen und automatisierten Entscheidungen differenzieren, zu besseren Ergebnissen führen. Die Integration der neuen technischen Möglichkeiten (mächtigere Sensorik mit Real-Time-Systemen, Logik auf Objektstrukturen, Anbindung an „global" verfügbare Lösungsdienste) mit operativem Handlungswissen ermöglichen qualitativ und quantitativ bessere Lösungen. Dies soll hier beispielhaft am Beispiel der Fertigungssteuerung mit der folgenden schrittweisen Vorgehensweise gezeigt werden:

a. Konzeptionalisierung der Fertigungsteuerung
   Was wird unter Fertigungssteuerung in diesem Kontext verstanden?
b. Notwendigkeit einer intelligenten Steuerung
   Ist Intelligenz für die Steuerung notwendig?
c. Begründung des hybriden Entscheidungsmodells
   Wie wird das hybride Entscheidungsmodell begründet?
d. Generelle Lösungsstrategie
   Welche Schritte sind (generell) zum Aufbau einer hybriden Entscheidungslogik notwendig?
e. Demonstration anhand einer praktischen Fallstudie
   Wie zeigt sich die hybride Entscheidungslogik in konkreten Anwendungsfällen?
f. Zusammenfassung und Ausblick
   Welche Ergebnisse wurde erzielt, wie sind diese zu bewerten und welche Richtungen für zukünftige Entwicklungsfelder zeichnen sich ab?

---

[3] Eine ähnliche Flexibilisierungsaufteilung zeigen Weyrich et al. (2014) in Verbindung von Industrie 4.0 und Automatisierungssystemen.

2 Modell der Fertigungssteuerung

Die Fertigungssteuerung als Teil des operativen Projektmanagements (Corsten 2000), führt die Auftragssteuerung (Reihenfolge und Termine) durch und legt die Ressourcenbelegung fest. Darüber stellt die Sicherung des Produktionsablaufes ein weiteres, wesentliches Aufgabengebiet dar.

Je nach Einbindung in die Produktions-, Organisations- und IT-Typologie kann die Ausprägung der Fertigungssteuerung sehr unterschiedlich ausfallen. Als generalisiertes Modell der Fertigungssteuerung wird in dieser Untersuchung das Modell von Lödding (2008) (siehe Abb. 1) zugrunde gelegt.

Relevant für die Untersuchung sind dabei vor allem die Aufgaben und Stellgrößen und weniger die unterstellten Wirkzusammenhänge. Zentrale Aufgaben der Steuerung sind demnach:

- die Auftragserzeugung,
- die Auftragsfreigabe,
- die Kapazitätssteuerung und
- die Reihenfolgebildung.

Als Zielgrößen werden ausschließlich die vier klassischen Größen „*Bestand*-(Minimierung)", „*Durchlaufzeit*-(Reduktion)", „*Auslastungs*-(Maximierung)" und „*Termin*-(Treue)" verwendet. Weitere Ziele wie z. B. Flexibilitäts-(Maximierung) oder Einhaltung von monetären Größen bzw. andere zentrale Zielwerte wie bewertete Bestandshöhen sind im Modell nicht enthalten.

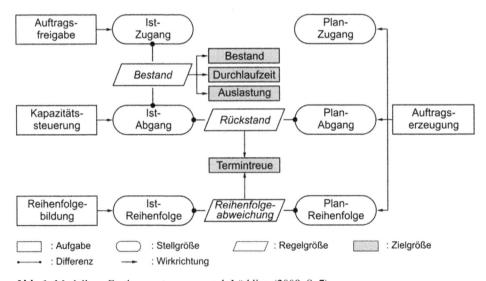

Abb. 1 Modell zur Fertigungssteuerung nach Lödding (2008, S. 7)

3 Notwendigkeit einer „intelligenten" Steuerung

Die Vision Industrie 4.0 geht davon aus, dass jedes Objekt (Maschine, Anlage, Werkstück und Werkzeug) mit künstlicher Intelligenz ausgestattet ist bzw. wird (Lukas et al. 2014, S. 255). Die Objekte unterhalten sich dann miteinander bzw. tauschen Informationen gegenseitig aus, treffen eigene Entscheidungen und steuern sich somit selbst (Lukas et al. 2014, S. 256). Unter dieser Betrachtungsweise stellt sich damit die Frage, ob die Intelligenz nur beim Aufbau des Systems oder auch beim Betrieb benötigt wird.

Zur Stützung der These, dass die Steuerung notwendigerweise Intelligenz beim Betrieb erfordert, können zwei wesentliche Hauptargumente angeführt werden.

1. Steuerung orientiert sich an Zielsystemen, diese sind im Falle der Fertigungssteuerung aber teilweise kontradiktorisch. Ausgehend von dem klassischen Dilemma der Ablaufsteuerung von Gutenberg (1983, S. 216) zwischen Durchlaufzeit und Kapazitätsauslastung wird dieses Problem aufgrund erhöhter Flexibilitätsanforderungen für moderne Produktionssysteme zum Polylemma (siehe Abb. 2), denen sich die Pol-Paare „*Wert*"-zu „*Planungs*"-Orientierung und „*Scope*" zu „*Scale*" gegenüberstehen (Brecher 2011). Dieses Polylemma scheint selbst bei optimistischer Betrachtungsweise nicht innerhalb der nächsten 10 Jahre aufgelöst zu werden. Da einfache mechanistisch-orientierte Lösungsansätze strukturell und qualitativ nicht ausreichen, ist die „Operative Intelligenz" als Kompetenz zur Beherrschbarkeit von mehreren konkurrierenden Zielen hier eine mögliche Lösungsoption.
2. Die Vision geht davon aus, dass sowohl einzelne Objekte wie auch abgeleitet daraus das Gesamtsystem in der Lage ist, ausreichend gute Entscheidungen zu treffen. Lu-

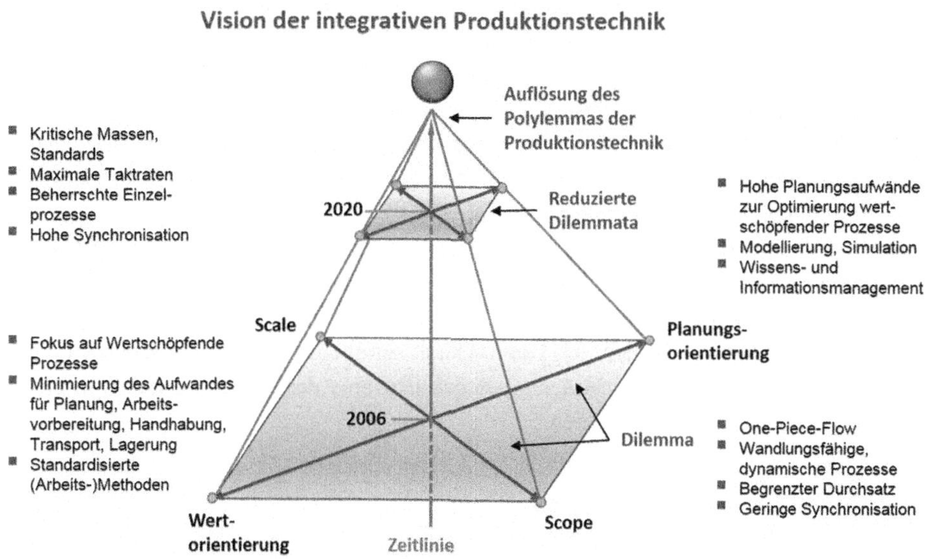

Abb. 2 Das Polylemma der Produktion. (Quelle: Brecher 2011, S. 22)

kas et al. (2014, S. 256) sprechen in diesem Zusammenhang z. B. von Produkten mit „Köpfchen" und implizieren damit ein komplexes Lösungsverhalten. Dieses komplexe Lösungsverhalten („starke KI") kann durch Systeme derzeit nicht bereitgestellt werden und selbst ausgewiesene Vertreter (Bibel 2011) und Visionäre (Kurzweil 2014) aus dem Fach sehen hier in den nächsten 20–30 Jahren keine entscheidenden Durchbrüche.

4   Begründung des hybriden Entscheidungsmodells

Aus der Argumentation der unterschiedlich zu integrierendenden Zielsetzungen und der zumindest in absehbarer Zeit nicht verfügbaren mechanistischen Lösungskompetenz kann die Notwendigkeit einer intelligenten Steuerung – auch in der Durchsetzung und Realisierung des Produktionsprogrammes abgeleitet werden. Dass die funktionale Einbindung bzw. Integration des Menschen als Lösungskomponente hier zu Vorteilen führt, kann damit aber noch nicht zwingend abgeleitet werden.

In der Regel wird die funktionale Integration des Menschen in komplexe Systemstrukturen derzeit eher als kritisch eingestuft. Hauptargumente für die eher kritische Betrachtung liegen in der begrenzten Rationalität (Kahneman 2003; Simon 1991) – im Sinne einer übergeordneten „objektiven" Systemrationalität – und in der Bindung an Individuen, die nicht beliebig reproduzierbar sind und ein „Ausfallrisiko" darstellen. Demgegenüber steht die Erfahrung aus dem praktischen Einsatz, dass funktionierende intelligente Steuerungen oft an einzelnen Personen und Personengruppen gebunden sind und dass diese Personen bzw. Gruppen Systeme oft nicht als Unterstützung, sondern als Beschränkung und Zusatzaufwand empfinden.

Ungeachtet des durch neuere neurobiologische Erkenntnisse[4] gestützten Sachverhaltes, dass kognitive Leistungen immer an Affekte (Ciompi 1997) gebunden sind und damit eine Entkopplung menschlichen Lösungsverhaltens an mechanistische System-Logiken ohne Affektabbildung nicht möglich ist, sind menschliche Entscheidungen unter gewissen Voraussetzungen sogar deutlich besser als ausschließlich rationale System-Logiken.

So zeigt Reitmeyer (2000) in einer Studie, dass bei Wissensbeschränkungen neben der Reflexivität auch Intuition (siehe Abb. 3) entsprechend gute Ergebnisse bei der Qualität der Entscheidungen erzielt werden können.

Insbesondere im Fall der Fertigungssteuerung liegen in der Regel einerseits hohe Wissensbeschränkungen, u. a. durch (teil-)autonome Systeme und turbulente Umfelder, vor und andererseits kann empirisch gezeigt werden, dass eher erfahrene Mitarbeiter mit Steuerungsaufgaben betraut werden. Als Befund kann somit ein positiver Einfluss der funktionalen Einbindung des Wissensträgers auf das Ergebnis der Steuerung unter gegebenen Voraussetzungen abgeleitet werden.

---

[4] Eine besonderen initialen Einfluss haben hier die Libet-Experimente (Libet 1999, 2003) sowie die weiteren breit angelegten populärwissenschaftlichen Arbeiten, wie z. B. von Gerhard Roth (2010, 2011).

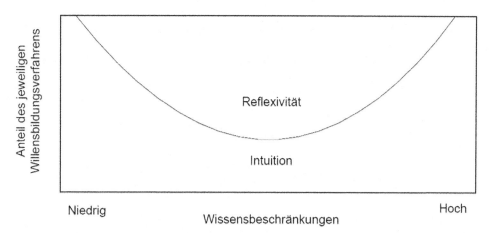

Abb. 3 Zusammenwirken von Intuition und Reflexivität in Abhängigkeit von Wissensbeschränkungen des Handlungsträgers nach Reitmeyer (2000, S. 180)

Die Integration des Menschen kann somit aus zwei generellen Modell-Perspektiven betrachtet werden. Aus Sicht des **Defizit-Modells** ist eine Integration des Menschen zwar unumgänglich, sei es aus politischen oder strukturellen Gründen (Akzeptanz, interne & externe Stakeholder), die funktionale Rolle wird dabei jedoch eher kritisch betrachtet. Wesentliche Argumentationsstränge liegen dabei auf der begrenzten Rationalität, den strukturellen Unsicherheiten, der Nicht-Reproduzierbarkeit und des verhältnismäßig langen Kompetenzaufbaus. Aus Sicht dieser Perspektive müssen die Menschen über Akzeptanzkonzepte und Befähigungsmaßnahmen an die veränderte Situation herangeführt werden. Dass dies ungeachtet der politisch-sozialen Perspektive, die im Sinne einer selbsterfüllenden Prophezeiung die Wichtigkeit des Menschen im System in der Regel „unbedingt" proklamiert auch zu funktionalen Systemschwächen führt, zeigt unter anderem das Automatisierungsdilemma (Lüdtke 2014).

Dem entgegen steht das **Komplementär-Modell**, aus der der Mensch mit seinen Fähigkeiten und der individuellen Identität eine komplementäre Systemfunktion wahrnehmen kann. Gestützt wird diese These einerseits aus einer eher pragmatischen Betrachtung, die unterstellt, dass zumindest in absehbarer Zeit keine „starken" KI-Konzeptionen absehbar sind und somit kein äquivalentes Lösungspotential vorhanden ist. Anderseits können bestehende und bewährte Kompetenzen zur Lösung verwendet werden, deren Entscheidungen innerhalb der Organisation durchsetzungsfähiger sind. Ein weiterer Punkt ist das prinzipiell hohe Adaptionsvermögen des Menschen, anhand dessen schnell auf neue Situationen eingegangen werden kann.

Im Folgenden wird ausgehend von dem Komplementärmodell eine hybride Entscheidungslogik präferiert und beispielhaft ausgestaltet.

5 Generelle Lösungsstrategie

Innerhalb des umgrenzten Gebietes der Fertigungssteuerung kann die hybride Entscheidungslogik anhand der folgenden Phasen aufgebaut werden.

5.1 Analyse

In der ersten Stufe werden die bestehenden Material- und Informationsflüsse hinsichtlich des zeitlichen und strukturellen Aufbaus analysiert. Innerhalb der Analyse werden die tatsächlichen Entscheidungsinstanzen ermittelt. Diese Entscheidungsinstanzen können sich in der Praxis durchaus von dem geplanten Ablauf unterscheiden. Ein klassisches Beispiel hierfür wäre die Auftragsfreigabe ohne planerische Materialverfügbarkeit. Aus reiner System-Sicht ist die Freigabe nicht sinnvoll, da einsichtigerweise ohne Material die Fertigung nicht erfolgen kann. In der Praxis findet man hingegen häufig den Fall einer Freigabe ohne planerische Materialverfügbarkeit. Hier wird durch die Organisation z. B. ausgeglichen, dass das fehlende Material nicht zu Beginn sondern beispielsweise am Ende der Verrichtung benötigt wird oder es werden bewusst Teilfertigungen gestartet ohne jedoch dies über das bestehende ERP-System abbilden zu müssen.

5.2 Bildung von (teil)-autonomen Einheiten

Anhand der aktuell bestehenden Prozesse mit den tatsächlichen Entscheidungslogiken werden (teil-) autonome Einheiten zur Abarbeitung gebildet. Die Einheiten sollten die oben aufgeführten Agenteneigenschaften „proaktiv", „reaktiv", „robust", „adaptiv", „kognitiv" und „sozial" besitzen. Die Bildung der Agenten erfolgt hierarchisch, orientiert sich am tatsächlichen Ablauf und verwendet bewusst keinen klassischen analytischen Reengineering-Prozess mit Zielsetzung, Soll-Ist-Abweichung und Reorganisation. Die Optimierung des Systems erfolgt ausgehend von der Ist-Situation eher durch einen evolutionären Ansatz im Sinne einer Teil-Selbstorganisation. Pro Einheit werden die öffentlichen funktionalen Schnittstellen („Interfaces"), die Zielfunktionen („Goals") und die Input-Objekte bzw. Input-Attribute festgelegt.

Bei den zutreffenden Entscheidungen wird zwischen öffentlichen und privaten Entscheidungen unterschieden. Öffentliche Entscheidungen führen zu Informationen oder Service-Funktionsaufrufen an andere Systeme. Private Entscheidungen sind nur innerhalb der (teil-)autonomen Leistungseinheit sichtbar.

Die Gestaltung der Agenten orientiert sich hier an den objekt-orientierten Entwurfsprinzipien (Goll und Dausmann 2013, S. 3 f.) für einzelne (teil-)autonome Leistungseinheiten:

- Kapselung, Abstraktion und Information Hiding,
- Separation of Concerns und das Single Responsibility-Prinzip sowie
- das Interface Segregation-Prinzip.

Für miteinander kooperierende (teil-)autonome Leistungseinheiten werden diese um die Entwurfsprinzipien (Goll und Dausmann 2013, S. 3)

- Loose Coupling,
- das liskovsche Substitutionsprinzip,
- Design by Contract,
- das Open-Closed-Prinzip und
- das Dependency Inversion-Prinzip

erweitert.

5.3 Festlegung der Entscheidungslogik, des Entscheidungsmodus und Entscheidungszyklus pro (teil-)autonomer Einheit

Innerhalb der einzelnen (teil-)autonomen Leistungseinheit werden nun ausgehend von notwendigen nach außen bereitzustellenden Service-Funktionen die einzelnen Entscheidungen modelliert. Innerhalb dieser Modellierung erfolgt eine Festlegung der Entscheidungslogik („Wie"), des Entscheidungsmodus („manuell – halbautomatisch – automatisch") und des Entscheidungszyklus („Wann" bzw. proaktiv oder reaktiv). In Abhängigkeit der definierten Ausprägungen ergeben sich dann die weiteren Anforderungen an die Entscheidungsimplementierung. Bei einer automatischen reaktiven Entscheidung muss die Logik explizit formulierbar sein und in Abhängigkeit des geforderten Zeitfensters auch in der geforderten Zeitspanne (real-time, (quasi-)online, zeitgesteuert) zur Verfügung stehen. Bei der manuellen proaktiven Entscheidung müssen die beteiligten Entscheidungsträger innerhalb der Leistungseinheit in die Lage versetzt werden, diese Entscheidung „robust" zu treffen. Da in diesem Fall in der Regel eine explizite Formulierung bzw. die abgeleitete Formalisierung schwierig ist, sind andere Konzepte aus dem Wissensmanagement, wie z. B. Transactive Memory System (TMS) (Lewis et al. 2005) zur Enkodierung, Speicherung und Wiederabruf (Busch 2008) des Wissens anzuwenden.

5.4 Optimierung der Entscheidungslogik und des Entscheidungsmodus

Im Rahmen der kontinuierlichen Weiterentwicklung erfolgt die Anpassung des Gesamtsystems grundsätzlich durch interne oder externe Anpassung des (teil-)autonomen Leistungssystems.

Die interne Anpassung – ausgelöst durch eine Soll-Ist-Abweichung der internen oder externen Zielgrößen der Leistungseinheit – erfolgt durch (inkrementelle) Verbesserung oder Adaption. Die Maßnahmen beziehen sich dabei sowohl auf den Entscheidungsmodus, den Entscheidungszyklus sowie die Entscheidungslogik. Die Optimierung weist dabei sicher in Richtung Automatisierung und Digitalisierung, ungeachtet dessen, ob man sich den Extremen der neu verheißenen Paradigmen *„Alles was automatisiert werden*

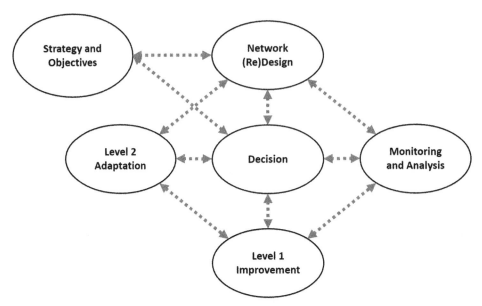

Abb. 4 Revolvierender Entscheidungszyklus für abgestufte Interventionen zur kontinuierlichen Konfiguration von Produktionsnetzwerken nach Kühnle (2013, S. 11)

kann, wird automatisiert" und *„Alles was digitalisiert werden kann, wird digitalisiert"* unterwerfen will oder nicht.

Die externe Anpassung – angestoßen durch das mehrmalige Verfehlen von Zielgrößen untergeordneter Leistungseinheiten – erfolgt durch ein (Re-)Design. Durch den veränderten Entwurf werden entweder neue Leistungseinheiten gebildet, bestehende Leistungseinheiten aufgelöst oder es werden den Leistungseinheiten neue Zielgrößen vorgegeben und veränderte Informationen (Daten & Servicefunktionen) bereitgestellt.

Abgeleitet aus verteilten Produktionssystemen kann dies nach Kühnle (2013, S. 11) mit dem netzwerkorientierten Entscheidungszyklus (siehe Abb. 4) strukturiert werden.

6   Demonstration anhand einer praktischen Fallstudie

Zur Darstellung der oben aufgezeigten Lösungsansätze soll ein vereinfachtes Praxisbeispiel dienen.

Die Produktion des Unternehmens gliedert sich in die Bereich Fertigung und Montage auf. Die Fertigung erzeugt den Großteil der notwendigen Materialien für die Montage. Die überwiegende Anzahl der gefertigten Materialien sowie die Zukaufteile werden in einem automatisierten Lagersystem gelagert, das über automatisierte Transportwege die Montagelinien versorgt (Abb. 5).

Die Produktionsaufträge gliedern sich in Lager-, Kunden- und Serviceaufträge. Für Standardprodukte erfolgt eine Forecast-Betrachtung im ERP-System.

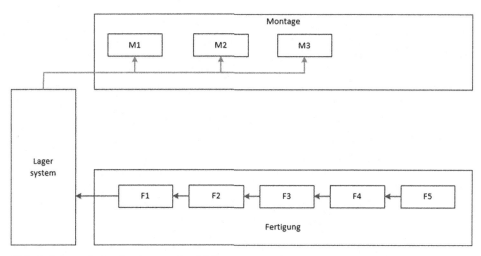

Abb. 5 Schematisches Fertigungsschaubild

Die Produktionsorganisation gliedert sich in die Produktionsleitung, die Bereichslei-
tung sowie die Meisterbereiche auf. Sowohl Disposition, wie auch die Fertigungssteuerung und die Arbeitsvorbereitung sind zentral organisiert und der Gesamtproduktionslei-
tung untergeordnet.

Zur Informationstechnischen Abbildung sind ein ERP-System, ein MES-System sowie
eine automatisierten LVS-System im Einsatz.

Die abgeleiteten (teil-)autonomen Leistungssysteme mit deren Beziehungsstruktur lassen sich in einer an Klassendiagramm orientierten Darstellung aufzeigen (siehe Abb. 6).

Analog zur Organisationsaufteilung wird die Struktur der Leistungseinheiten durch die
drei Hauptbereiche abgebildet. Innerhalb der übergeordneten Struktur erfolgt eine funktionale Aufteilung auf eigene Leistungseinheiten.

Die hybride Entscheidungslogik soll anhand einer konkreten Entscheidungsfunktion
zur Ressourcendimensionierung der Montage (Kapazitätsfestlegung) detaillierter dargelegt werden.

Die Aufgabe der Ressourcendimensionierung, (kurzfristige) Kapazitätsfestlegung der
Montage, ist funktional der Leistungseinheit „*Steuerung Montage*" zugeordnet. Externe
Zielgrößen sind die Lieferfähigkeit, die Einhaltung der generellen Flexibilitätsgrenzen
(z. B. minimale & maximale Wochenarbeitszeit) sowie die Maximierung der Auslastung
(Minimierung der Leerzeiten). Als relativ stabile Ausgangsdaten können die bestehenden
langfristigen Kunden- und Lageraufträge betrachtet werden. Über kurzfristige Kunden-
aufträge sind keine Systeminformationen verfügbar. Innerhalb der Montage bestehen aufgrund der unterschiedlichen Qualifikationsanforderung pro Montagelinie Beschränkungen
beim Mitarbeitereinsatz, die durch eine Einsatzmatrix abgebildet werden. Des Weiteren
sind die individuellen geplanten An- und Abwesenheitszeiten (z. B. Urlaub, unterschiedliche Arbeitszeiten) der Mitarbeiter als Restriktion zu berücksichtigen.

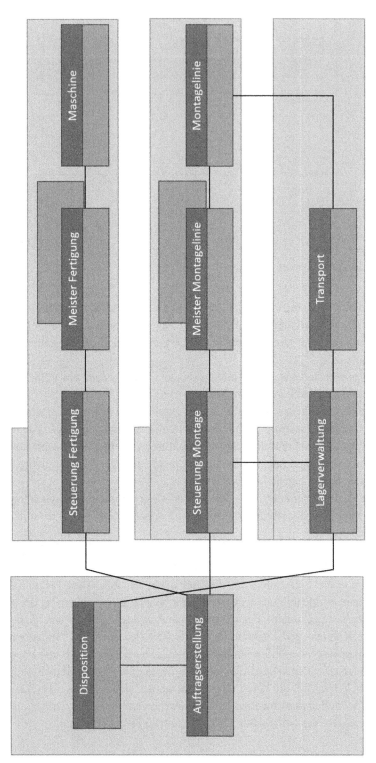

Abb. 6 Objektstruktur der (teil-)autonomen Leistungseinheiten

Die Entscheidung erfolgt im praktischen Beispiel zyklisch zweistufig. Aufgrund der vorgegebenen Restriktionen wird anhand eines mathematischen Algorithmus auf Basis linearer Optimierung ein Zuordnungsplan (Mitarbeiter, Tag, Arbeitszeit, zugeordnete Montagelinie) ermittelt. Das Ergebnis wird dem Fertigungssteuerer visualisiert und hinsichtlich der Einhaltung der Zielgrößen bewertet. Der Fertigungssteuerer hat nun die Möglichkeit die Eingangsgrößen simulativ zu ändern. Dabei können zum einen die Mengen der Aufträge (Erniedrigung/Erhöhung) und zum anderen die Termine der Aufträge geändert werden. Für diese Szenarien werden die entsprechenden Voraussetzungen, z. B. planerische Materialverfügbarkeit über andere Leistungseinheiten automatisch geprüft. Des Weiteren wird vom Fertigungssteuer das Ergebnis der Zuordnung nach „sozialen" Kriterien geprüft, die in einer asymmetrischen Zuteilung von Arbeitszeiten der Mitarbeiter liegen können, geprüft und bewertet. So kann z. B. ein Mitarbeiter an die obere Grenze des täglichen und wöchentlichen Flexibilitätspuffers eingeteilt sein, wohingegen ein anderer Mitarbeiter auf das Minimum eingeteilt ist. Dies kann unter Einhaltung der „harten" Restriktion durch eine Mehr- oder Minderzuteilung von „Standard"-Aufträgen ausgeglichen werden und somit zu einer „sozialeren" Planung führen. Muss diese Verbesserungsmaßnahme häufiger durchgeführt werden (Level 1 Improvement), erfolgt eine Koordination mit der Leistungseinheit „Meister Montagelinie" um ggfs. Qualifizierungsmaßnahmen (Level 2 Adaptation) einzuleiten.

Nach Abschluss der Iteration wird das Ergebnis an die Leistungseinheit „Meister Montagelinie" übermittelt. Anhand dieser Zuteilung ergeben sich auch die Zielgrößen (Artikel/Menge/Termin) für die Leistungseinheit „Meister Montagelinie". Eine Anpassung der Zuteilung unter Einhaltung der Zielgrößen kann autonom erfolgen. Notwendige Änderungen der Ausgangsdaten (Termine/Mengen) werden automatisiert an die anderen zuständigen Leistungseinheiten weitergegeben. Die zunächst proaktive Planung kann durch ungeplante Ereignisse (z. B. ungeplante Abwesenheitszeiten, plötzliche Auftragsänderung) auch reaktiv oder on demand durchgeführt werden.

Anhand des Beispiels kann sehr einfach aufgezeigt werden, dass unidirektionale Ursachen-Wirkungsketten nicht angemessen zur *„intelligenten"* Bearbeitung der Aufgabenstellung sind. So ist es nicht sinnvoll, die Kapazitäten vollständig vom Auftragsbedarf abzuleiten oder umgekehrt die Termine und Auslastung über die bestehenden Kapazitätsressourcen zu definieren. Durch eine zeitdynamische Positionierung innerhalb der beiden Optima kann eine „stabilere" und „robustere" Lösung erreicht werden.

Weiterhin sind die Ausgangsparameter für die Entscheidungsfindung nicht vollständig fixiert, sondern können innerhalb eines gewissen Spielraumes noch verändert werden (Mengenerhöhung/Mengenreduktion).

Durch den Einsatz von formalisierten Entscheidungssystemen, die in diesem Fall als Assistenzsysteme fungieren, wird die „Intelligenz" des Gesamtsystems verstärkt (Kagermann 2014, S. 245). Eine rein durch den Mensch gestaltete Lösung ist nicht in der Lage, die komplexen Restriktionen im Zusammenhang zu berücksichtigen.

7 Zusammenfassung und Ausblick

Anhand der theoretischen Argumentation und des praktischen Beispiels konnte gezeigt werden, dass sich die hybride Entscheidungslogik im komplexen Umfeld bewährt hat. Im ausgewählten Anwendungsbeispiel der Fertigungssteuerung sind aktive, proaktive und reaktive Grundformen gut darstellbar und abbildbar. Aufgrund der strukturellen Positionierung der Funktion im Gesamtverbund ist der Zeitzyklus jedoch relativ lange. Für Entscheidungslogiken, die aufgrund der Prozessnähe einen schnelleren Zeitzyklus benötigen, erhöht sich zunehmend die Anforderung an den Automatisierungsgrad. Da hybride Entscheidungslogiken im Verbund eines komplexen „Mensch-Maschine-Systems" getroffen werden, sind diese schwerer zu erklären. Insbesondere bei der Einführung ist hier, auch bzw. gerade beim Management, entsprechende Überzeugungsarbeit zu leisten. Dabei ist zu beachten, dass der in der Regel angestrebte Automatisierungszyklus (manuell → halbautomatisch → automatisch) entsprechende Zeit für den Aufbau des notwendigen Erfahrungswissens benötigt.

Daraus abgeleitet stellt die einfache Visualisierung und Erklärung der Entscheidung, z. B. über Ecological Interface Design (Kilgore und Voshell 2014) einen wesentlichen Zukunftspfad dar. Ebenso sollten die sehr schnell wachsenden neuen technischen Möglichkeiten, anwendungsbezogene Cloud-Solution-Engines, beim Aufbau stärker berücksichtigt werden. Dem stehen zwar grundsätzliche Bedenken bzgl. des Datenschutzes bzw. der Geheimhaltung gegenüber, soweit die verwendeten Daten jedoch abstrahiert bzw. anonymisiert werden können, sollten sich auch hier weitere Anwendungsfelder ergeben.

Die aus Sicht des Autors wichtigste Zukunftsaufgabe liegt aber in dem strukturellen Aufbau der Lösungskompetenz innerhalb der Einheit. Durch den proaktiven Aufbau dieser bisher eher versteckten oder unbeachteten Ressource ergeben sich nicht nur strukturell bessere Ergebnisse, sondern es erfolgt durch die schwierige Imitierbarkeit und eingeschränkte Übertragbarkeit auch eine nachhaltige Sicherung des Wettbewerbsvorteils, insbesondere bei Hochlohnländern.

Literatur

Bauer, W., Schlund, S., Marrenbach, D., & Ganschar, O. (2014). *Industrie 4.0 – Volkswirtschaftliches Potenzial für Deutschland*. Berlin: BITKOM, Faunhofer IAO.

Bauernhansl, T. (2014). Die Vierte Industrielle Revolution – Der Weg in ein wertschaffendes Produktionsparadigma. In T. Bauernhansl, M. ten Hompel, & B. Vogel-Heuser (Hrsg.), *Industrie 4.0 in Produktion, Automatisierung und Logistik* (S. 5–35). Wiesbaden: Springer.

Berger, R. (18. Juli 2014). Den Vorsprung sichern. *Handelsblatt*.

Bibel, W. (2011). KI ohne Geist. *Kunstliche Intelligenz, 25*(4), 299–302.

Bogon, T. (2013). *Agentenbasierte Schwarmintelligenz*. Wiesbaden: Springer.

Braglia, M., & Petroni, A. (2000). Towards a taxonomy of search patterns of manufacturing flexibility in small and medium-sized firms. *Omega, 28*(2), 195.

Brecher, C. (Hrsg.). (2011). *Integrative Produktionstechnik für Hochlohnländer*. Berlin: Springer.

Busch, M. W. (2008). *Kompetenzsteuerung in Arbeits- und Innovationsteams: eine gestaltungsorientierte Analyse* (1. Aufl.). Wiesbaden: Gabler.

Ciompi, L. (1997). *Die emotionalen Grundlagen des Denkens: Entwurf einer fraktalen Affektlogik.* Göttingen: Vandenhoeck & Ruprecht.

Corsten, H. (2000). *Produktionswirtschaft: Einführung in das industrielle Produktionsmanagement* (9., vollst. überarb. und wesentl. erw. Aufl.). München: Oldenbourg.

Dörner, D. (1986). Diagnostik der operativen Intelligenz. *Diagnostica, 32*(4), 290–308.

Dörner, D. (1992). *Die Logik des Mißlingens strategisches Denken in komplexen Situationen.* Reinbek bei Hamburg: Rowohlt.

Goll, J., & Dausmann, M. (2013). *Architektur- und Entwurfsmuster der Softwaretechnik mit lauffähigen Beispielen in Java.* Wiesbaden: Springer.

Gutenberg, E. (1983). *Band. 1: Die Produktion* (24., unveränd. Aufl.). Berlin: Springer.

Kagermann, H. (2014). Industrie 4.0 und Smart Services. In W. Brenner & T. Hess (Hrsg.), *Wirtschaftsinformatik in Wissenschaft und Praxis* (S. 243–248). Berlin: Springer.

Kahneman, D. (2003). Maps of bounded rationality: Psychology for behavioral economics. *American Economic Review, 93*(5), 1449–1475.

Kilgore, R., & Voshell, M. (2014). Increasing the transparency of unmanned systems: Applications of ecological interface design. In R. Shumaker & S. Lackey (Hrsg.), *Virtual, augmented and mixed reality. Applications of virtual and augmented reality* (Bd. 8526, S. 378–389). Cham: Springer International Publishing.

Kühnle, H. (2013). *Progressing virtualization of production – Contributions from distributed manufacturing.* Paper presented at the 17th Annual Cambridge International Manufacturing Symposium.

Kühnle, H. (2014). *Smart units in Distributed Manufacturing (DM) – Key properties and upcoming abilities.* Paper presented at the 18th Annual Cambridge International Manufacturing Symposium.

Kühnle, H., Lüder, A., & Heinze, M. (2011). Criticality based decentralised decision procedures for manufacturing networks exploiting RFID and agent technology. In H.-J. Kreowski, B. Scholz-Reiter, & K.-D. Thoben (Hrsg.), *Dynamics in logistics* (S. 351–363). Berlin: Springer.

Kurzweil, R. (2014). *Menschheit 2.0 Die Singularität naht* (2., durchgesehene Aufl.). Berlin: Lola Books.

Lewis, K., Lange, D., & Gillis, L. (2005). Transactive memory systems, learning, and learning transfer. *Organization Science, 16*(6), 581–598.

Libet, B. (1999). Do we have free will? *Journal of Consciousness Studies, 6*(8–9), 47–57.

Libet, B. (2003). Timing of conscious experience: Reply to the 2002 commentaries on Libet's findings. *Consciousness and Cognition, 12*(3), 321–331.

Lödding, H. (2008). *Verfahren der Fertigungssteuerung: Grundlagen, Beschreibung, Konfiguration* (2., erw. Aufl.). Berlin: Springer.

Lüdtke, A. (2014). Wege aus der Ironie in Richtung ernsthafter Automatisierung. In BMWI (Hrsg.), *Zukunft der Arbeit in Industrie 4.0* (S. 58–71). Berlin: Bundesministerium für Wirtschaft und Energie.

Lukas, U. F. v., Stork, A., & Behr, J. (2014). Industrie 4.0 – Evolution statt Revolution. Visual Computing beflügelt die Industrie der Zukunft. *wt Werkstattstechnik online, 104*(4), 255–257.

Plattform Industrie 4.0. (2014). Industrie 4.0 – Whitepaper FuE-Themen –. http://www.plattform-i40.de/. Zugegriffen: 13. Juli 2014.

Reitmeyer, T. (2000). *Qualität von Entscheidungsprozessen der Geschäftsleitung: eine empirische Untersuchung mittelständischer Unternehmen.* Wiesbaden: DUV.

Rost, D. H. (2013). *Handbuch Intelligenz* (1. Aufl.). Weinheim: Beltz.

Roth, G. (2010). *Wie einzigartig ist der Mensch? Die lange Evolution der Gehirne und des Geistes.* Heidelberg: Spektrum Akademischer Verlag.

Roth, G. (2011). Die Entstehung von Geist und Bewusstsein im Gehirn. In M. Dresler (Hrsg.), *Kognitive Leistungen. Intelligenz und mentale Fähigkeiten im Spiegel der Neurowissenschaften* (S. 161–174). Heidelberg: Spektrum Akademischer Verlag.

Simon, H. A. (1991). Bounded rationality and organizational learning. *Organization Science, 2*(1), 125–134.

Vasseur, J.-P., & Dunkels, A. (2010). *Interconnecting smart objects with IP the next internet.* Amsterdam: Elsevier.

Weyrich, M., Wior, I., Bchennati, D., & Fay, A. (2014). Flexibilisierung von Automatisierungssystemen. Systematisierung der Flexibilitätsanforderungen von Industrie 4.0. *wt Werkstattstechnik online, 104*(3), 106–111.

Optimierung Anlagenanlauf und Fertigungsumstellung

Durch Standardisierung und Integration von Anlagentest und -automatisierung

Roland Willmann

1 Motivation

Die Umsetzung von Industrie 4.0 macht ein durchgängiges Qualitätsmanagementsystem bei allen Produktionsunternehmen erforderlich. Die Nachfrage nach möglichst individuellen Produkten, zu geringen Kosten und trotzdem mit hoher Qualität bei kurzer Lieferzeit, setzt die nahtlose Kommunikation der Produktionsanlagen mit Systemen zur Produktionssteuerung (MES) voraus. Insbesondere bei Anlagenumrüstungen (retro-fit) oder beim Anlaufen neuer Anlagen, zur flexiblen Kapazitätssteuerung, wird die Zeit, aber auch die unmittelbar erzielte Produktqualität, ein entscheidender Erfolgsfaktor werden.

In diesem Artikel beschreiben wir die Vorzüge des sogenannten Automation Conformance Testing (ACT) aus der Halbleiterindustrie. Dabei handelt es sich um eine Konformitätsprüfung der Produktionsanlagen und Messsysteme für die Automatisierung. Diese Prüfung wird vor der Maschinenqualifizierung zur reibungsloseren Integration von Produktionsanlagen mit Fertigungsanwendungen durchgeführt. Im Artikel wird erläutert, wie ACT für klassische Produktionsunternehmen mit hohem Automatisierungsanteil effizient adaptiert werden kann. Darüber hinaus wird ein Konzept vermittelt, wie ACT mit der Automatisierung von Produktionszellen, einer Gruppierung von Einzelanlagen nach Produktionserfordernissen, integriert werden kann.

Dadurch wird die Umrüstung von bestehenden Anlagen oder den Anlauf von Neuanlagen und deren Integration in ein durchgängiges Qualitätsmanagementsystem so effizient wie möglich zu gestalten.

R. Willmann (✉)
PEER Group GmbH, Hermann-Reichelt-Str. 3 -3a, 01109, Dresden, Deutschland
E-Mail: roland.willmann@peergroup.com

2 Einleitung

Die Produktlebenszyklen verkürzen sich laufend. Auch die Losgrößen gehen durch eine zunehmend individuelle Fertigung, unter gleichzeitiger Beibehaltung der Prinzipien der Massenproduktion, zurück. Durch die Umsetzung der Ziele von Industrie 4.0 wird dieser Prozess weiter fortgesetzt werden. Die Konfiguration von Produkten über die Cloud und das möglichst direkte Auslösen des Produktionsauftrages durch die Endkunden sind die eine Seite. Die weiterhin aufrecht bleibende Erwartungshaltung, in Bezug auf niedrige Kosten, kurze Lieferzeiten und hohe Produktqualität, stellen die andere Seite der Herausforderung an die Industrie dar.

Die Umsetzung von Industrie 4.0 wird daher nicht nur die Integration der Industrie zur modernen Informationsgesellschaft vertiefen, sondern auch den Wettbewerbsdruck, in einem internationalen Umfeld, verstärken. Noch viel stärker als heute werden Produktionsunternehmen einem Kosten-, Zeit- und Qualitätsdruck ausgesetzt sein. Dieser Druck wird nur durch ein durchgängiges Qualitätsmanagementsystem mit kontinuierlicher Prozessverbesserung bewältigt werden.

Diese Durchgängigkeit bezieht sich insbesondere auf Sensor- oder Messdaten, welche von Produktionsanlagen oder Messsystemen für die Betriebsdatenerfassung oder die Statistische Prozessregelung (SPC) bereitgestellt werden. Ebenso erfordert diese Durchgängigkeit die automatische Konfiguration der Anlagen, durch das Laden und Aktivieren von Anlagenrezepten aus entsprechenden Rezeptverwaltungssystemen.

Die Fertigungsumstellung oder der Anlauf neuer Anlagen wird dabei vor neue Herausforderungen gestellt. Die zunehmende Variantenvielfalt der Produkte und sich dynamisch ändernde Nachfragen nach bestimmten Produkttypen, erfordern ein zeitnahes Umrüsten bestehender Produktionsanlagen oder das Anfahren neuer Produktionskapazitäten, in kürzest möglicher Zeit. Die Herausforderung ist dabei insofern neu, als dabei eine kompromisslose Integration mit einem durchgängigen Qualitätsmanagementsystem erfolgskritisch ist.

3 Aktueller Status in der automatisierten Fertigung

Heute wird der Weg zu einer solchen Integration durch viele Schwachstellen blockiert. Die automatisierte Fertigung kennt viele Schnittstellenstandards. OPC, OPC-UA, Weihenstephaner Standards oder SEMI PV02 sind als einige Beispiele, neben einer großen Zahl nicht öffentlich standardisierter Schnittstellen, genannt. Historisch notwendige Anlagennachrüstungen in Fabriken führen sogar zu mehreren Schnittstellenstandards an einer einzigen Anlage.

Darüber hinaus werden Betriebsdaten oftmals unzureichend für den Zweck eines umfassenden Qualitätsmanagement erfasst. Unabhängig vom Qualitätszustand der erfassten Betriebsdaten ist bereits der Erstaufwand der Maschinenanbindung, beim Anlauf der Anlage, zu hoch. Eine einheitliche Handhabung von Produktionsanlagen unterschiedlicher

Hersteller, mit verschiedenen Kommunikationsschnittstellen, eventuell mit unterschiedlichem Nachrüstungszustand, ist heute in Fabriken kaum umgesetzt. Die einfache Umrüstung von Produktionsanlagen oder eine flexible Kapazitätsanpassung, bei gleichzeitiger enger Integration mit einem Qualitätsmanagementsystem, ist daher kaum möglich.

Am Beispiel der Halbleiterindustrie sind die Vorteile einer durchgängigen Standardisierung jedoch nachvollziehbar. Bereits in den 1980er Jahren wurde mit der Entwicklung einer Standardschnittstelle für Produktionsanlagen und Messsysteme begonnen. Diese wird unter dem Sammelbegriff SECS (Semiconductor Equipment Communication Standards) publiziert. SECS regelt nicht nur die Kommunikation zwischen den Maschinen und der Fabrik, sondern auch das Zustandsverhalten der Anlagen selbst.

Die Entwicklung dieser Standards erfolgte unter dem Dach von SEMI (Semiconductor Equipment and Materials International). In den 1990er Jahren wurde die Umsetzung der Standards in den Produktionslinien konsequent fortgesetzt. Halbleiterunternehmen forderten und fordern die strikte Einhaltung dieser Schnittstellenstandards durch die Anlagenhersteller.

Auch durch die Implementierung dieser Standards wurde in der Halbleiterindustrie ein wichtiges Ziel umgesetzt, nämlich die klare Trennung von Prozessabläufen auf der Ebene der international standardisierten Anlagenautomatisierung und deren Schnittstelle zur Fabrik, sowie der unternehmensspezifischen Prozessabläufe zur Automatisierung einzelner Produktionszellen. Durch diese klare Trennung wurde es möglich, innerhalb der Unternehmen sogenannte Tool Operations Specifications (TOS) zu verfassen, welche unter anderem einheitliche Vorgaben für alle Abläufe bei der Automatisierung einer Produktionszelle beinhalten. Diese sogenannten Automatisierungsszenarien können sich darauf verlassen, dass sich die jeweils angebundenen Produktionsanlagen oder Messsysteme in der Produktionszelle standardkonform verhalten.

Werden Anlagen nun umgerüstet, neu angefahren oder von einer Fabrik in die andere verlagert, so wird vor der Übergabe zum Zweck der Zellautomatisierung zunächst ein vollautomatischer Konformitätstest durchgeführt. Erst danach ist der Anlagenlieferant entlastet und die eigentliche Zellautomatisierung wird durchgeführt. Letzteres kann in der Folge sehr rasch und zumeist routiniert durchgeführt werden, da sich die fabrikseitigen Automatisierungsabläufe der Produktionszellen an die einheitlichen Abläufe der TOS halten. Umrüstungsprozesse werden dadurch erheblich beschleunigt und die modifizierten oder neuen Anlagen sehr rasch der Maschinenqualifikation zugeführt.

Die Halbleiterindustrie hat mit SEMI standardisierte Rahmenbedingungen für Zulieferbetriebe, über die Grenzen von Wettbewerbern hinweg, geschaffen und damit die Einhaltung von Standards erzwungen. Diese Standards führten letztendlich zu vergleichsweise ähnlichen IKT-Architekturen, über alle Halbleiterfabriken hinweg.

Im klassischen Segment der produzierenden Industrie ist man von dieser Situation noch weit entfernt. Es ist fraglich, ob eine kritische Masse überhaupt erreicht werden kann, um von Anlagenherstellern in diesem Segment ähnliche Standards einzufordern. Daher wird man dort wohl weiterhin mit heterogenen Anlagenschnittstellen und einem heterogenen Anlagenverhalten sein Auskommen finden müssen. Gibt es trotzdem Möglichkeit der Nutzung von Erfahrungen aus der Halbleiterindustrie?

In diesem Artikel zeichnen wir ein positives Bild bezüglich dieser Fragestellung. Wir erläutern den prinzipiellen Ablauf zur Erstellung und Anwendung einer TOS. In der Folge werden wir die Architektur einer Software für die Integration von Anlagentest und Zellautomatisierung beschreiben. Durch diese datentechnische Integration wird es möglich, dass bereits während der Testphase erworbene Informationen im Zuge der Zellautomatisierung nachgenutzt werden können.

4 Ansatz

Der besprochene Ansatz besteht einerseits aus einem Geschäftsprozess, welcher als Automation Capability Management (ACM) bezeichnet wird, also der Verwaltung und Sicherstellung der Befähigungen von Anlagen zu deren Automatisierung, und andererseits einer Software-Plattform, welche sowohl automatisierte Anlagentests als auch die Automatisierung der Produktionszellen implementieren kann. Der Zusammenhang zwischen beiden Elementen dieses Ansatzes wird in der Folge erläutert.

Der wesentliche Ablauf von ACM als Geschäftsprozess ist in Abb. 1 dargestellt. Der Prozess beginnt mit der Erstellung und Pflege der TOS. Diese beinhaltet unter anderem technische und funktionale Richtlinien. Dazu zählt das erwartete Verhalten von Produktionsanlagen und Messsystemen. Dieses wird zumeist auf der Grundlage von Zustandsmodellen beschrieben. Darüber hinaus wird das einzuhaltende Kommunikationsprotokoll festgelegt. Darüber hinaus beinhaltet es Minimalforderungen in Bezug auf Anlagenereignisse und Maschinenparameter. Die Beschreibung der einzelnen Vorgänge und der sich daraus ableitenden Automatisierungsszenarien in einer Produktionszelle ist ein zentraler

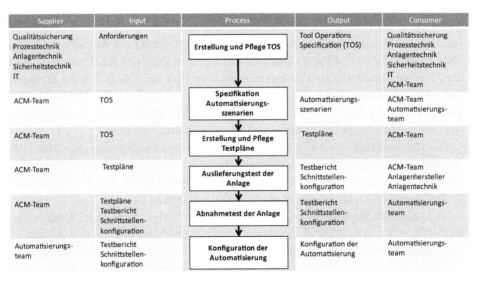

Supplier	Input	Process	Output	Consumer
Qualitätssicherung Prozesstechnik Anlagentechnik Sicherheitstechnik IT	Anforderungen	Erstellung und Pflege TOS	Tool Operations Specification (TOS)	Qualitätssicherung Prozesstechnik Anlagentechnik Sicherheitstechnik IT ACM-Team
ACM-Team	TOS	Spezifikation Automatisierungs-szenarien	Automatisierungs-szenarien	ACM-Team Automatisierungs-team
ACM-Team	TOS	Erstellung und Pflege Testpläne	Testpläne	ACM-Team
ACM-Team	Testpläne	Auslieferungstest der Anlage	Testbericht Schnittstellen-konfiguration	ACM-Team Anlagenhersteller Anlagentechnik
ACM-Team	Testpläne Testbericht Schnittstellen-konfiguration	Abnahmetest der Anlage	Testbericht Schnittstellen-konfiguration	Automatisierungs-team
Automatisierungs-team	Testbericht Schnittstellen-konfiguration	Konfiguration der Automatisierung	Konfiguration der Automatisierung	Automatisierungs-team

Abb. 1 Der Prozessablauf für Automation Capability Management (ACM)

Bestandteil. Unabhängig vom Typ der Produktionszelle sind diese Automatisierungs-szenarien sehr einheitlich und umfassen unter anderem die Maschineninitialisierung, die Verwaltung von Verbrauchsmitteln oder Materialträgern, den Werkstückempfang an der Maschine, die Verfolgung der Werkstücke in der Maschine oder die Weitergabe der Werk-stücke. Ebenso wird die Behandlung von Fehler- und Notfallsituation in der TOS fest-gehalten.

Die Automatisierungsszenarien sind die Grundlage für die Implementierung der Ab-läufe in den Instanzen der Automatisierungssoftware der einzelnen Produktionszellen. Diese Automatisierungsszenarien können ihrerseits auf das TOS-konforme Verhalten der darunterliegenden physischen Produktionsanlagen vertrauen, aus denen die Produktions-zellen aufgebaut sind.

Da die TOS auch das erwartete Verhalten der Anlage und das Kommunikationsproto-koll festlegt, werden auch die Prüfpläne, für die automatisierte Anlagenprüfung, aus der TOS abgeleitet. Sowohl beim Anlagenhersteller selbst, spätestens jedoch nach der Liefe-rung und dem Aufbau in der Fabrik, erfolgt die Prüfung einer Produktionsanlage, auf der Grundlage dieser Testpläne. Nach dem erfolgreichen Abnahmetest wird die Anlage für das Automatisierungsteam freigegeben, und die Konfiguration der Zellautomatisierung kann begonnen werden.

Im Rahmen dieser Freigabe werden IKT-bezogene Information, wie spezielle Einstel-lungen im Kommunikationsprotokoll oder ein spezifisches Zeitverhalten der Anlage, daten-technisch für die Nachnutzung im Zuge der Zellautomatisierung weitergegeben. Der In-formationsverlust zwischen dem Abnahmetest und der nachfolgenden Zellautomatisierung wird dadurch minimiert und damit die Umsetzung der Zellautomatisierung beschleunigt.

Die datentechnische Weitergabe von Informationen, zwischen dem Anlagentest und der Zellautomatisierung, erfordert einen Schichtaufbau der Test-Software und der Zell-automatisierungs-Software, welcher in der Folge erläutert wird. Für die effiziente Nut-zung einer so gestalteten Software sind ergänzende Entwurfsregeln erforderlich. Diese legen eine klare Trennung der Regelungsverantwortung innerhalb der Anlagenautoma-tisierung (SPS oder Industrie-PC), der logischen Anlagemodelle oder der Automatisie-rungsszenarien (Zellautomatisierung) und letztendlich einer übergeordneten Produktions-steuerungssoftware (MES) fest.

Diese Entwurfsregeln richten sich nach mehreren Kriterien. Zunächst kommen wir darauf zurück, dass es keine durchgängige Standardisierung in Bezug auf das Verhalten von Produktionsanlagen gibt, wie diese in SECS vorgeschrieben werden. Daher muss bis auf weiteres unternehmensintern eine äquivalente Standardisierung festgelegt werden. Im nächsten Schritt gilt es zu untersuchen, ob alle verfügbaren Anlagen einer Fabrik oder eines Unternehmens qualitativ gleichwertige technische Möglichkeiten bieten, das vorge-schriebene Verhalten mit Hilfe der vorhandenen speicherprogrammierbaren Steuerungen (SPS) oder Industrie-PCs zu implementieren. Ist dies nicht der Fall, so muss man sich auf den kleinsten gemeinsamen Nenner reduzieren oder die technische Ausstattung der An-lagen auf ein höheres Niveau nachrüsten. Es ist das Ziel, einen heterogenen Anlagenpark, welcher sich aus Mangel an Standardisierung oder durch historische Entwicklungen ergeben hat, zunächst entsprechend der Vorgaben der TOS zu vereinheitlichen.

Jener Teil des Anlagenverhaltens, welcher sich nicht in der Anlagenautomatisierung abdecken lässt, wird nach diesem Ansatz über logische Anlagenmodelle innerhalb der Automatisierungs-Software auf Zellebene implementiert. Damit besteht auf der Seite der Anlagennutzer, der Fabriken, die Möglichkeit, pro Anlagen die jeweils vorhandenen Lücken zu einem internen Standard der TOS selbst zu schließen.

Einschränkungen dieses Ansatzes ergeben sich aufgrund von Restriktionen beim Antwortzeitverhalten oder durch die Möglichkeiten des verfügbaren Kommunikationsprotokolls zur Anlage. Aufgrund dieser Einschränkungen gilt es abzuwägen, ob die technische Nachrüstung einzelner Anlagen sinnvoll wäre, oder eine Gruppierung des verfügbaren Anlagenparks entsprechend der technischen Möglichkeiten anzustreben ist. Jedenfalls schränken solche Gruppierungen die Austauschbarkeit von logischen Anlagenmodellen und eventuell auch von Automatisierungsszenarien zwischen Produktionszellen ein.

Unter Berücksichtigung dieser Entwurfsregeln stellt sich die Software- und Kommunikationsarchitektur für den Anlagentest (Abb. 2) wie folgt dar. Sowohl das Testsystem, als auch das Automatisierungssystem der Fabrik teilen dieselben Fähigkeiten, um spezifische Implementierungen für Anlagenschnittstellen beziehungsweise für logische Anlagenmodelle zu ermöglichen. Dadurch wird auch der Austausch von Komponenten dieser beiden Architekturebenen ermöglicht.

Ein zentrales Verwaltungssystem behält die Übersicht über sämtliche verfügbaren Instanzen von Test- oder Automatisierungssystemen und deren Konfiguration. Über dieses Verwaltungssystem ist auch die Speicherung und Reaktivierung von Versionen möglich. Dadurch kann bei Anlagenumstellungen einfach zwischen verschiedenen Konfigurationen für den Anlagentest oder die Zellautomatisierung gewechselt werden.

Die oberen Architekturebenen unterscheiden sich in beiden Systemen. Das Testsystem ermöglicht die Implementierung von Testplänen, während das Automatisierungssystem die Implementierung von Automatisierungsszenarien der Produktionszelle und die Abstraktion des Datenaustausches mit Fabrikanwendungen (MES, Prozessdatenbank, Datenendgeräten) erlaubt.

Die Implementierung spezifischer Anlagenschnittstellen (Kommunikationsbausteine) erlaubt, innerhalb einer Produktionszelle, die Nutzung von Anlagen, auf der Basis unterschiedlicher Kommunikationsprotokolle (Abb. 3). Oberhalb dieser Architekturebene ist jegliche Kommunikation mit den Produktionsanlagen oder Messsystemen vereinheitlicht. Diese Vereinheitlichung schließt jedoch nicht aus, dass bestimmte Kommunikationsprotokolle nur einen eingeschränkten Satz an Funktionen (beispielsweise nur Datenerfassung, aber keine Kommandos an die einzelne Anlage) für die darüber liegende Anlagenmodellebene bereitstellen. Für die vielen möglichen Kommunikationsstandards müssen die Kommunikationsbausteine dieser Ebene nur einmal je Standard implementiert werden. Üblicherweise sind ergänzend zu einem Kommunikationsbaustein nur noch Konfigurationseinstellungen erforderlich, welche die konkrete Verbindung zu einer Anlage beschreiben.

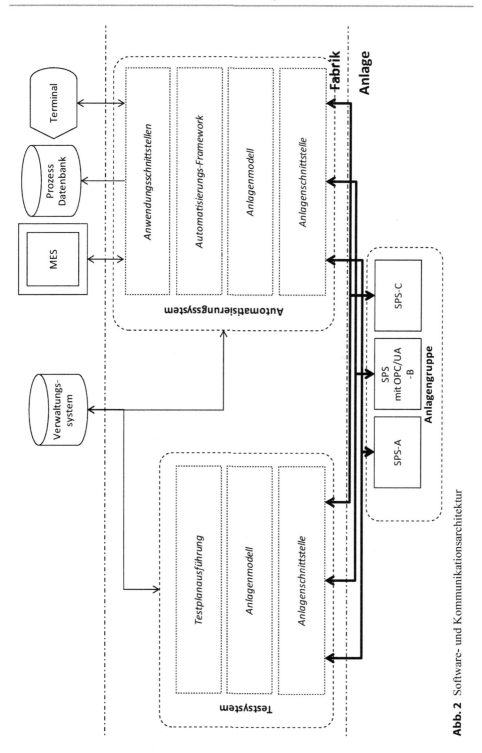

Abb. 2 Software- und Kommunikationsarchitektur

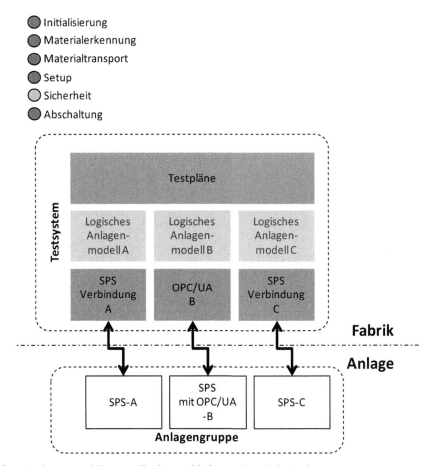

● Initialisierung
● Materialerkennung
● Materialtransport
● Setup
○ Sicherheit
● Abschaltung

Abb. 3 Software- und Kommunikationsarchitektur während des Anlagentests

Die Ebene der Anlagemodelle erlaubt die Implementierung jenes Anlagenverhaltens, welches in der Anlagenautomatisierung selbst nicht abgebildet ist. Dieses Verhalten betrifft beispielsweise Zustandsmodelle und die Umwandlung von Anlagendaten in einheitliche Datenformate. Es ist jedenfalls die Aufgabe dieser Anlagenmodelle, die Kluft der Anlagenautomatisierung zu den Forderungen der TOS schließen.

Die Testpläne werden im Testsystem, entsprechend den Anforderungen der TOS, implementiert und ausgeführt. Die Testpläne können aufgrund der logischen Anlagenmodelle auf ein korrektes Verhalten der jeweiligen Produktionsanlagen oder Messsysteme, entsprechend der TOS, vertrauen. Während eines Testablaufes erstellte, teilautomatische Prüfberichte vereinfachen im Fehlerfall die Kommunikation mit den Anlagenlieferanten.

Da sich das Testsystem und das Automatisierungssystem in den unteren zwei Ebenen dieselbe Architektur teilen, ist der Austausch von Kommunikationsbausteinen und logischen Anlagenmodellen samt ihrer Konfiguration einfach (Abb. 4). Der Austausch selbst erfolgt dabei rasch über das zentrale Verwaltungssystem. Durch dieses zentrale

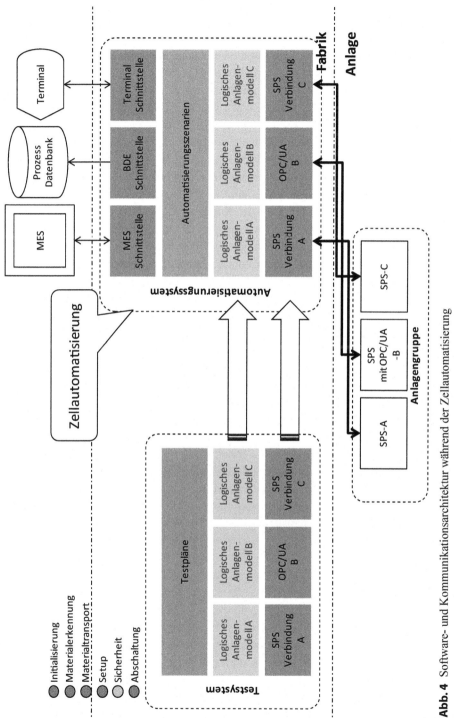

Abb. 4 Software- und Kommunikationsarchitektur während der Zellautomatisierung

Verwaltungssystem ist auch die Vervielfältigung und Adaptierung von Konfigurations-daten einfach möglich. Für den Fall mehrere ähnlicher oder identischer Produktionszellen, können einmal durchgeführte Konfiguration einfach wiederverwendet werden.

Die Umsetzung der Automatisierungsszenarien für eine Produktionszelle gestaltet sich in mehrfacher Hinsicht einfach. Zunächst legt die TOS möglichst einheitliche Szenarien fest, welche über alle Anlagentypen (Gruppen identisch ausgestatteter Anlagen) und Zelltypen (Gruppen identisch konfigurierter Produktionszellen) hinweg einheitlich sind. Dadurch können einmal implementierte Automatisierungsszenarien auch zwischen Produktionszellen unterschiedlicher Typen ausgetauscht werden. Zum anderen kann bei der Implementierung von Automatisierungsszenarien bereits auf ein einheitliches, TOS-konformes und getestetes Verhalten der einzelnen Anlagen einer Produktionszelle vertraut werden. Schließlich können im Zuge des Anlagentests gesammelte Erkenntnisse, in Bezug auf die Kommunikation mit der Anlage oder deren Zeitverhalten, durch die Nutzung derselben Konfigurationsdaten übernommen werden.

Die oberste Architekturebene im Automatisierungssystem implementiert die Kommunikation mit Fabrikanwendungen, wie etwa dem Produktionssteuerungssystem (MES), der Prozessdatenbank oder einem System zur Statistischen Prozessregelung (SPC).

Insbesondere bei Unternehmen mit mehreren Produktionsstandorten ist kein einheitlicher Datenaustausch zwischen den Fabrikanwendungen und dem Automatisierungssystem verfügbar. Oft ist dies auf historische Entwicklungen, wie die Übernahme von Produktionsstätten oder einfach technologische Weiterentwicklungen, zurückzuführen. Dadurch wird die Verlagerung von Produktionsanlagen zwischen Produktionsstandorten, etwa zu Zweck der Kapazitätsanpassung, erschwert.

Die oberste Architekturebene des Automatisierungssystems implementiert die jeweils standortspezifische Kommunikation mit Fertigungsanwendungen und vereinheitlicht diese auf ein unternehmensweit gültiges Format, welches in der TOS festgelegt wird. Durch diese Ebene können nun Automatisierungsszenarien mit den physischen Anlagen, selbst zwischen Produktionsstätten, verlagert werden.

Am Zielstandort wird die Anlage oder die Produktionszelle aufgebaut und getestet. In der Folge kann die Zellautomatisierung unmittelbar aktiviert und die Maschinenqualifikation durchgeführt werden.

5   Schlussfolgerung

Die Standardisierung des Anlagenverhaltens hat in der Halbleiterindustrie zu IKT-Lösungen geführt, welche die Übergabeprozess von Produktionsanlagen und Messsystemen, nach deren Anlaufen, Umbau oder Standortverlagerung, an die Maschinenqualifizierung, wesentlich beschleunigen.

In der klassischen automatisierten Fertigung ist diese Standardisierung nicht gegeben. Jedoch konnte gezeigt werden, dass durch geeignete technologische Rahmenbedingungen und eine klare Aufgabenverteilung zwischen der Anlagenautomatisierung, der Zellautomatisierung und der Produktionssteuerung, eine vergleichbare IKT-Lösung dort möglich ist.

An die Stelle eines übergreifenden Anlagenstandards wie in der Halbleiterindustrie, welchen es derzeit im klassischen Umfeld nicht gibt und vermutlich noch längere Zeit nicht geben wird, tritt ein Unternehmensstandard, die Tool Operations Specification (TOS). Die Lücke zwischen dem darin geforderte Anlagenverhalten und dem tatsächlichen vor Hersteller bereitgestellten Anlagenverhalten, wird fabrikseitig durch ein logisches Anlagenmodell geschlossen.

Automatisierte Abnahmetests bauen auf diese logischen Anlagemodelle auf. Durch die einheitliche Struktur des Test- und des Automatisierungssystem können Testerkenntnisse während der Zellautomatisierung einfach nachgenutzt werden. Sowohl für die Testvorbereitung und die Umsetzung der Zellautomatisierung ergeben sich damit ein Zeitgewinn und eine erhebliches Vermeidungspotenzial in Bezug auf Fehler.

Aufgrund der Vereinheitlichung des Anlagenverhaltens können auch die Automatisierungsszenarien der Produktionszellen vereinheitlicht und damit einfach wieder verwendet werden. Dadurch ergibt sich eine weitere Reduktion des Faktors Zeit für die Implementierung und das Testen solche Szenarien.

Von der Digitalen Fabrik zur Digitalen Lieferkette in der Halbleiterindustrie: Bestandsaufnahme, Lösungsansätze und viele Herausforderungen

Hans Ehm und Lars Mönch

1 Einleitung und Motivation

Die Vision Industrie 4.0 beschäftigt sich mit der dezentralen, vernetzten Steuerung von Produktionsnetzwerken (vgl. Spath et al. 2012; Lassi et al. 2014). Simulation kann im Rahmen von Industrie 4.0 dazu verwendet werden, Entscheidungsfunktionalität für autonome Anwendungssysteme und menschliche Aufgabenträger bereitzustellen (vgl. Kückhans und Meier 2013). Wichtig ist in diesem Zusammenhang der Begriff der Digitalen Fabrik. Darunter versteht man in Anlehnung an die VDI-Richtlinie 4499 (siehe VDI 2008) einen Oberbegriff für ein umfassendes Netzwerk von digitalen Modellen, Methoden und Werkzeugen, die unter Verwendung eines umfassenden Datenmanagements integriert werden. Das Ziel der Digitalen Fabrik besteht darin, eine ganzheitliche Planung, Evaluierung und laufende Verbesserung aller wesentlichen Strukturen, Prozesse und Ressourcen der realen Fabrik zu erreichen.

Während die Digitale Fabrik für einzelne Produktionsstandorte als Knoten einer Lieferkette eine gewisse Reife erlangt hat, ist bisher relativ wenig darüber bekannt, wie eine Ausdehnung auf eine Lieferkette aussehen kann. Im vorliegenden Beitrag diskutieren wir deshalb am Beispiel der Halbleiterindustrie, wie Digitale Lieferketten, deren Knoten u. a. komplexe Produktionssysteme sind, gestaltet werden können. Dabei gehen wir insbesondere auf Simulationsaspekte ein.

H. Ehm (✉)
Infineon Technologies AG, Am Campeon 1-12, 85579 Neubiberg, Deutschland
E-Mail: Hans.Ehm@infineon.com

L. Mönch
FernUniversität Hagen, Lehrstuhl für Unternehmensweite Softwaresysteme, 58097 Hagen, Deutschland
E-Mail: Lars.Moench@fernuni-hagen.de

© Springer Fachmedien Wiesbaden 2016
R. Obermaier (Hrsg.), *Industrie 4.0 als unternehmerische Gestaltungsaufgabe*,
DOI 10.1007/978-3-658-08165-2_9

Die Arbeit ist wie folgt aufgebaut. In Abschn. 2 werden Lieferketten in der Halbleiter-industrie vorgestellt. Eine Bestandsaufnahme der Möglichkeiten zur Simulation von Lie-ferketten erfolgt in Abschn. 3. Ansätze zur Simulation von Lieferketten in der Halbleiter-industrie werden in Abschn. 4 diskutiert. Anschließend werden in Abschn. 5 verschiedene Herausforderungen dargestellt. Die Arbeit endet mit einer Zusammenfassung und einem Ausblick auf weitere Arbeiten in Abschn. 6.

2   Lieferketten in der Halbleiterindustrie

Lieferketten in der Halbleiterindustrie umfassen verschiedene Frontend- und Backend-standorte (siehe Mönch et al. 2013). Ein Frontendstandort besteht aus einer Waferfab und einem sogenannten Sortbereich, in dem Testoperationen stattfinden. In einer Waferfab werden die Schaltkreisinformationen auf Siliziumscheiben, sogenannten Wafern, aufge-tragen. Auf einem einzelnen Wafer haben bis zu 1000 integrierte Schaltkreise, auch Chips genannt, Platz. Bis zu 800 Arbeitsgänge sind dazu auf extrem teuren Maschinen auszu-führen. Fertigungsaufträge werden durch Lose untersetzt, die sich durch die Waferfab be-wegen. Ein Los umfasst dabei bis zu 50 Wafer. In einer Waferfab sind reihenfolgeabhän-gige Umrüstzeiten, inhomogene parallele Maschinen, als Maschinengruppen bezeichnet, sowie ein Mix unterschiedlicher Prozesstypen, z. B. Einzelwafer- oder Batchprozesse, anzutreffen. Knappe sekundäre Ressourcen wie beispielsweise Masken in der Photolitho-graphie sind typisch. Auf einer Batchmaschine ist die gleichzeitige Bearbeitung mehrerer Lose möglich. Ungefähr ein Drittel aller Arbeitsgänge in einer Waferfab findet auf Bat-chmaschinen statt. Charakteristisch für Waferfabs sind schleifenförmige Losdurchläufe, d. h., bestimmte Maschinengruppen werden von einem Los bis zu 40 Mal besucht, da die Schaltkreisinformationen Ebene für Ebene auf einem Wafer aufgetragen werden.

Im Backendbereich findet eine Vereinzelung der im Sortbereich als funktionsfähig klassifizierten Chips statt. Anschließend werden die Chips mit einem Plastikgehäuse ver-sehen. Diese Schritte werden als Montage (Assembly) bezeichnet. Die einzelnen Chips werden anschließend im Rahmen des Final Tests erneut auf Funktionsfähigkeit untersucht. Assembly und Test werden zusammen als Backend bezeichnet. Für den Backendbereich sind Lossplitts und knappe sekundäre Ressourcen wie Loadboards für die Chips typisch.

Sowohl für den Front- als auch den Backendbereich sind Störungen durch Maschinen-ausfälle charakteristisch. Die Nachfragen sind im zeitlichen Verlauf stark schwankend und schwer prognostizierbar. Durch den Mix von Batch- und Nichtbatchmaschinen entsteht eine große Variabilität der Durchlaufzeiten einzelner Lose.

Frontend und Backend werden durch eine Diebank (DB), einem speziellen Lager für fertig gestellte Wafer, entkoppelt. An die Backendstandorte schließen sich regionale Ver-teilzentren, als Distribution Center (DC) bezeichnet, an. Von dort aus erfolgt ein Versand der Chips an die Kunden. Die Lieferkette wird durch Zulieferer vervollständigt, die zum Beispiel Rohwafer und bestimmte Gase an die Frontendstandorte liefern. Eine stark ver-einfachte Darstellung einer Lieferkette in der Halbleiterindustrie ist in Abb. 1 zu finden.

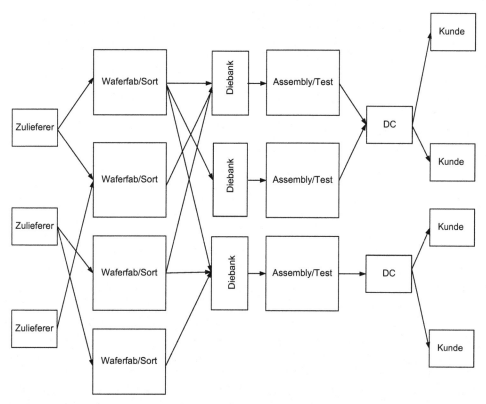

Abb. 1 Prinzipielle Struktur einer Lieferkette in der Halbleiterindustrie

In einer Lieferkette sind oft bis zu zehn Frontend- und Backendstandorte anzutreffen, die häufig geographisch auf mehrere Kontinente verteilt sind. Außerdem findet typischerweise Outsourcing sowohl von Frontend- als auch Backendoperationen an Foundries bzw. Subcons statt.

3 Bestandsaufnahme und Problemstellung

Diskrete Simulation im Sinne der Digitalen Fabrik ist in der Halbleiterindustrie seit 1995 relativ weit verbreitet (siehe Mönch et al. 2013). Diese Entwicklung wurde u. a. dadurch verursacht, dass sich in der Halbleiterindustrie seit Anfang der 90ziger Jahre Manufacturing Execution Systems (MES) im Einsatz befinden, die wichtige Daten vorhalten, die für eine semi-automatische Erzeugung von Simulationsmodellen Verwendung finden (vgl. Mönch und Schmalfuß 2000). Außerdem sind bereits ab 1995 eine Reihe kommerzieller Simulatoren verfügbar, die speziell auf die Belange der Halbleiterindustrie zugeschnitten sind.

Die folgenden Einsatzgebiete der diskreten Simulation sind in der Halbleiterindustrie anzutreffen:

- Bewertung von Prioritätsregeln und Einsteuerungsansätzen
- Design von automatischen Transportsystemen (Automated Material Handling Systems (AMHS))
- Kapazitätsplanung
- Leistungsbewertung von Produktionsplanungs- und Steuerungsansätzen.

Dabei ist festzustellen, dass typischerweise eine einzelne Waferfab oder ein einzelner Backendstandort simuliert werden. Dieser Ansatz wird durch die gegenwärtig verfügbaren kommerziellen Simulationswerkzeuge gut unterstützt. Die dabei entstehenden Simulationsmodelle sind oft sehr detailliert.

Eine Übertragung dieses Vorgehens auf die Simulation von ganzen Lieferketten der Halbleiterindustrie ist nicht unmittelbar möglich, da der Aufwand zur Erstellung von detaillierten Modellen der gesamten Lieferkette sehr hoch ist. Außerdem ist die Leistungsfähigkeit kommerzieller Simulationswerkzeuge nicht ausreichend, um mit der dabei entstehenden großen Anzahl von Simulationsobjekten in einem vertretbaren Zeitaufwand umgehen zu können.

Gleichwohl existieren verschiedene Vorarbeiten, die sich mit der Simulation von Lieferketten in der Halbleiterindustrie beschäftigen. Wir werden diese kurz diskutieren. Ansätze der verteilten Simulation unter Verwendung der High-Level-Architecture (HLA) werden von Lendermann et al. (2003); Chong et al. (2006) und Gan et al. (2007) für Lieferketten der Halbleiterindustrie vorgeschlagen. Dabei werden aber stets Lieferketten mit wenigen Knoten untersucht. Typische Probleme des HLA-Ansatzes, wie beispielsweise Fragen der Interoperabilität auf Semantikebene sowie ein großer technischer Overhead, treten auch bei diesen Anwendungen auf und haben dazu geführt, dass sich HLA-basierte Ansätze zur Simulation von Lieferketten in der Halbleiterindustrie nicht durchgesetzt haben.

Hung und Leachman (1999) haben die Verwendung reduzierter Simulationsmodelle für eine einzelne Halbleiterfabrik vorgeschlagen, wobei lediglich Engpassmaschinen detailliert im Simulationsmodell abgebildet werden. Arbeitsgänge auf Nichtengpassmaschinen werden durch pauschale Verzögerungszeiten dargestellt. Durch dieses Vorgehen kann die Simulationszeit signifikant verringert werden. Ein ähnlicher Ansatz wird von Jain et al. (1999) für einfache Lieferketten in der Halbleiterindustrie verwendet.

Duarte et al. (2007) haben einen Ansatz vorgeschlagen, bei dem ein ganzer Knoten einer Lieferkette durch Paare von empirischen Verteilungsfunktionen für Einsteuerungsraten bzw. Zwischenankunftszeiten und für Durchlaufzeiten repräsentiert wird. Die Einsteuerungsraten führen jeweils zu einer bestimmten Auslastung des Engpasses. Durch lineare Interpolation kann bei veränderter Engpassauslastung auf passende Durchlaufzeiten geschlossen werden. In (Ehm et al. 2011) wurde dieses Ansatz auf Lieferketten ausgeweitet.

Insgesamt ist festzustellen, dass Ansätze zur Verringerung des Detaillierungsgrades in Simulationsmodellen für Lieferketten erfolgversprechend erscheinen. Da die Anzahl der

Lose nur eingeschränkt verringert werden kann, ist es insbesondere sinnvoll, die Anzahl der Maschinen zu verkleinern. Dabei sind zwei Ansätze möglich:

1. Lediglich detaillierte Modellierung von Engpässen
2. Betrachtung von Maschinen vollständig vermeiden, indem passende Verteilungen für die Durchlaufzeiten der Lose betrachtet werden.

Wir bemerken, dass der 1. Ansatz zu Simulationsmodellen führt, die vom Detaillierungs-grad zwischen detaillierten Modellen und Modellen, die unter Verwendung des 2. Ansat-zes erstellt worden, liegen.

Weiterhin tritt das grundsätzliche Problem auf, dass, wie aus der Warteschlangentheo-rie bekannt ist, die Durchlaufzeiten in nichtlinearer Art und Weise von der Auslastung der Engpassmaschinen abhängen. Da Durchlaufzeiten in der Halbleiterindustrie sehr lang sind (siehe Mönch et al. 2013), ist diese Problematik von besonderer Bedeutung. In dieser Arbeit wird deshalb die Frage untersucht, ob es möglich ist, den 1. Ansatz auf Lieferket-ten der Halbleiterindustrie anzuwenden, wobei die Verzögerungszeiten für Arbeitsgänge an Nichtengpassmaschinen in Abhängigkeit von der Engpassauslastung zu wählen sind.

4   Simulation von Lieferketten in der Halbleiterindustrie

Unser Vorgehen besteht darin, ausschließlich Arbeitsgänge auf Engpassmaschinen detail-liert zu modellieren. Die Arbeitsgänge auf Nichtengpassmaschinen werden durch pauschale Verzögerungszeiten abgebildet. Ein vollständiger Arbeitsplan, der aus fünf Arbeitsgängen besteht, sowie ein zugehöriger reduzierter Arbeitsplan, der einen Arbeitsgang auf einer Engpassmaschine sowie zwei Verzögerungselemente umfasst, sind in Abb. 2 dargestellt.

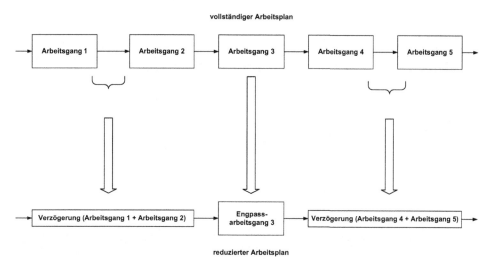

Abb. 2 Vollständiger und zugehöriger reduzierter Arbeitsplan

Die Dauern der Verzögerungen können aus historischen Daten bzw. durch Simulation ermittelt werden. Dabei wird typischerweise eine bestimmte feste Auslastung des Engpasses vorausgesetzt (vgl. Hung und Leachman 1999).

Wir schlagen ein Vorgehen vor, dass die Engpassauslastung bei der Festlegung der Verzögerungszeiten berücksichtigt. Dazu nehmen wir zunächst an, dass ein beliebiges Verzögerungselement die aufeinanderfolgenden Arbeitsgänge o_k, $k=1,\ldots,l$ umfasst. Die zugehörigen Bearbeitungszeiten werden mit p_k, $k=1,\ldots,l$ bezeichnet. Die mit den Arbeitsgängen verbundene Wartezeit der Lose vor Maschinen wird proportional zur Summe der Bearbeitungszeiten

$$\sum\nolimits_{k=1}^{l} p_k \tag{1}$$

angenommen, wobei der Proportionalitätsfaktor mit γ bezeichnet wird. Für die Länge eines Verzögerungselementes gilt dann:

$$d = (1+\gamma)\sum\nolimits_{k=1}^{l} p_k, \tag{2}$$

wobei die Größe $FF := \gamma$ Flussfaktor (englisch Flow Factor) genannt wird. Wir können somit die Größen aller Verzögerungselemente für eine gegebene Engpassauslastung U berechnen, wenn wir den zu dieser Engpassauslastung passenden Flussfaktor FF kennen. Wir nehmen dazu an, dass zwei Paare (U_i, FF_i), $i=1,2$ von Engpassauslastung und zugehörigem Flussfaktor bekannt sind, wobei $U_1 < U_2$ gilt. Falls die aktuelle Auslastung des Engpasses U_3 beträgt, wobei $U_1 < U_3 < U_2$ gilt, können wir den unbekannten Flussfaktor FF_3 durch lineare Interpolation wie folgt berechnen:

$$FF_3 := FF_1(U_2 - U_3)/(U_2 - U_1) + FF_2(U_3 - U_1)/(U_2 - U_1). \tag{3}$$

Insgesamt gehen wir bei der Festlegung von Verzögerungszeiten wie folgt vor:

1. Wenn ein Los ein Verzögerungselement in seinem reduzierten Arbeitsplan erreicht, wird die Engpassauslastung des vorgelagerten Engpasses ermittelt.
2. Anschließend wird der zur Engpassauslastung aus Schritt 1 zugehörige Flussfaktor entsprechend Beziehung (3) ausgewählt.
3. Die Dauer des Verzögerungselements wird unter Verwendung des Flussfaktors aus Schritt 2 und Beziehung (2) bestimmt.

Unser Vorgehen wird durch Simulationsexperimente mit dem Simulationsmodell einer einfachen Lieferkette aus (Ehm et al. 2011) überprüft. Die Lieferkette besteht aus zwei Frontendstandorten, zwei Lagern vom Typ DB, zwei Backendstandorten sowie zwei Verteilzentren. Die Frontendstandorte sind durch das MIMAC-I-Referenzmodell (vgl. Mönch et al. 2013) gegeben. Dieses Modell beinhaltet zwei Produkte, die 210 bzw. 245

Arbeitsgänge umfassen, die auf 69 Maschinengruppen auszuführen sind. Das Modell enthält Batchmaschinen, reihenfolgeabhängige Umrüstzeiten sowie Maschinenausfälle. Die Maschinengruppe Ätzen ist der führende Engpass, der im reduzierten Modell detailliert modelliert wird. Testoperationen werden im Frontend nicht explizit dargestellt.

Das reduzierte Backend-Modell umfasst nur die Burn-In-Maschinengruppe als Engpass. Für die übrigen Arbeitsgänge werden feste Verzögerungszeiten betrachtet. Reihenfolgeabhängige Umrüstzeiten, Lossplitts und Rüstzeiten werden modelliert. Der kommerzielle Simulator AutoSched, der speziell auf die Belange der Halbleiterindustrie zugeschnitten ist, wird zur Abbildung des Lieferkettenmodells verwendet.

Eine einfache Planungslogik wird angewandt, um die einzulastenden Losmengen zu ermitteln. Die Backend-Produktion wird durch Kundennachfragen ausgelöst, wobei Lagerbestände berücksichtigt werden, während die Produktion im Frontend gestartet wird, wenn produktspezifische Mindestbestandsmengen im DB-Lager unterschritten werden.

Das detaillierte und das reduzierte Modell der Lieferkette werden für unterschiedliche Nachfrageszenarien untersucht. Als Leistungsmaß werden die mittlere Durchlaufzeit in den Frontendstandorten sowie Lagerbestände in DB und DC verwendet. Wir zeigen exemplarisch die Entwicklung der Durchlaufzeit in den beiden Waferfabs in Abb. 3, (detailliertes Modell) und Abb. 4 (reduziertes Modell), wenn ungefähr zwei Millionen Chips pro Woche nachgefragt werden und der Mix der beiden Produkte 2:1 beträgt.

Abbildung 3 und 4 zeigen deutlich die hohe Übereinstimmung der Durchlaufzeiten im detaillierten und reduzierten Lieferkettenmodell. Der relativ starke Anstieg der Durchlaufzeiten in den ersten Perioden wird dadurch verursacht, dass wir mit einer Lieferkette starten, die initial keinerlei Lose sowie leere Lager enthält. Nachdem die Lager gefüllt sind, sinkt die Durchlaufzeit. Weitere Simulationsergebnisse sind in (Ewen et al. 2014) zu finden.

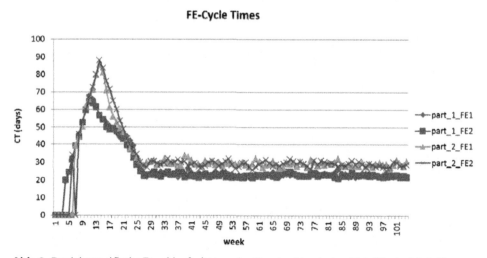

Abb. 3 Produktspezifische Durchlaufzeiten an den Frontendstandorten (detailliertes Modell)

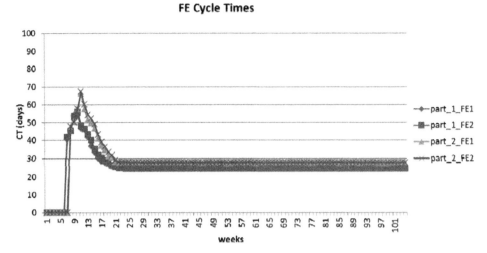

Abb. 4 Produktspezifische Durchlaufzeiten an den Frontendstandorten (reduziertes Modell)

5 Herausforderungen

Wir unterscheiden zwischen methodischen, praktischen und sonstigen Herausforderungen. Die folgenden beiden methodischen Herausforderungen ergeben sich:

1. **Bessere Berücksichtigung auslastungsabhängiger Durchlaufzeiten:** Lineare Interpolation funktioniert nicht gut, wenn die einzelnen Knoten der Lieferkette hoch ausgelastet sind. Aus diesem Grund ist zu untersuchen, ob höherwertige Interpolationstechniken wie kubische Splines oder stochastische Ansätze wie Markow-Ketten dazu verwendet werden können, das Systemverhalten in dieser Situation zu modellieren.
2. **Ausweitung des vorgeschlagenen Simulationsansatzes auf eine größere Klasse von Lieferketten:** Bisher liegen nur Erfahrungen für relativ einfache Front- und Backendsysteme als Knoten vor. Die Realität ist aber komplizierter, da beispielsweise AMHS oder Clustertools, d. h. Maschinen, die in der Lage sind, mehrere unmittelbar aufeinanderfolgende Arbeitsgänge auszuführen, in vielen Waferfabs anzutreffen sind. Außerdem sind zum Teil sehr komplizierte Dedizierungspraktiken in Waferfabs vorhanden. Es ist zu untersuchen, ob die vorgestellte Reduktionstechnik auch für Knoten mit solchen Charakteristika funktioniert.

Wir unterscheiden die folgenden beiden praktischen Herausforderungen:

1. **Semi-automatische Modellerstellung:** Aufgrund der vielen beteiligten Knoten sind Verfahren zu entwickeln, die mit lokalen Daten umgehen können. Außerdem verlangen die reduzierten Simulationsmodelle den Einsatz ausgefeilter statistischer Methoden, um beispielsweise stochastische Verzögerungszeiten geeignet schätzen zu können.

2. **Untersuchungen von Nutzungsmöglichkeiten der Modelle:** Bisher gibt es relativ wenig konkrete Erfahrungen mit der Anwendung der vorgeschlagenen Simulationsmodelle. Aus diesem Grund sind betriebswirtschaftlich sinnvolle Anwendungsszenarien festzulegen. Außerdem erscheint eine Kopplung der Simulationstechniken mit Optimierungsverfahren erforderlich (vgl. Fink et al. 2014). Aufgrund der reduzierten Simulationsansätze und der oft fehlenden Vergleichbarkeit mit detaillierten Ansätzen sind aber Probleme bei der Bewertung der Güte der erzielten Ergebnisse zu erwarten.

Die nachfolgende sonstige Herausforderung ist außerdem vorhanden:

1. **Entwicklung von Referenzmodellen für die gesamte Lieferkette in der Halbleiterindustrie:** Dabei ist zu beachten, dass Modellfabriken ein integraler Bestandteil der digitalen Fabrik sind. In der Halbleiterindustrie stehen Referenzmodelle für einzelne Waferfabs in Form der MIMAC- Datasets (vgl. Mönch et al. 2013) zur Verfügung. Initiale Ergebnisse, die eine Ausweitung dieser Modellfabriken hin zu Modelllieferketten ermöglichen, sind in (Ehm et al. 2011) beschrieben. Die entsprechenden Modelle sind aber noch zu verfeinern. Außerdem sind Anwendungsszenarien mit den Lieferkettenmodellen zu entwickeln.

6 Zusammenfassung und Ausblick

In der Arbeit wurde die Modellierung und Simulation von Lieferketten in der Halbleiterindustrie diskutiert. Es wurden reduzierte Simulationsmodelle vorgeschlagen, die sich auf Engpässe konzentrieren. Eine detaillierte Abbildung von Arbeitsgängen auf Nichtengpassmaschinen wurde durch die Einführung von pauschalen Verzögerungszeiten vermieden. Die Größe der Verzögerungszeiten hängt dabei von der Auslastung der Engpassmaschinen ab und kann bei Vorliegen von passenden Verzögerungszeiten für unterschiedliche Auslastungssituationen durch lineare Interpolation ermittelt werden. Damit konnten erste Schritte in Richtung einer Digitalen Lieferkette erfolgreich abgeschlossen werden. Gleichzeitig wurde erkannt, dass zum Erreichen des gleichen Entwicklungstandes wie in der konventionellen Digitalen Fabrik weitere methodisch und praktisch motivierte Arbeiten erforderlich sind. Insbesondere arbeiten wir derzeit an der Fertigstellung eines entsprechenden Referenzmodells.

Abschließend ist festzustellen, dass die Nutzung von diskreter Simulation für Lieferketten der Halbleiterindustrie im Rahmen der Vision Industrie 4.0 prinzipiell möglich erscheint. Erste positive Erfahrungen im Labor liegen bereits vor. Gleichzeitig besteht aber weiterer umfangreicher Forschungsbedarf, um einen praktischen Einsatz zu ermöglichen.

Literatur

Chong, C.-S., Lendermann, P., Gan, B. P., Duarte, B., Fowler, J. W., & Callarman, T. (2006). Development and analysis of a customer demand driven semiconductor supply chain model using the high level architecture (HLA). *International Journal of Simulation and Process Modelling, 2*(3/4), 210–221.

Duarte, B., Fowler, J. W., Knutson, K., Gel, E., & Shunk, D. (2007). A compact abstraction of manufacturing nodes in a supply network. *International Journal of Simulation and Process Modelling, 3*(3), 115–126.

Ehm, H., Wenke, H., Mönch, L., Ponsignon, T., & Forstner, L. (2011). Towards a supply chain simulation reference model for the semiconductor industry. Proceedings of the 2011 Winter Simulation Conference 2124–2135.

Ewen, H., Ponsignon, T., Ehm, H., & Mönch, L. (2014). *Reduced modeling approach for semiconductor supply chains*. Taipei: International Symposium on Semiconductor Manufacturing Intelligence (ISMI).

Fink, A., Kliewer, N., Mattfeld, D. C., Mönch, L., Rothlauf, F., Schryen, G., Suhl, L., & Voß, S. (2014). Modellbasierte Entscheidungsunterstützung in Produktions- und Dienstleistungsnetzwerken. *Wirtschaftsinformatik, 56*(1), 21–29.

Gan, B.-P., Liow, M., Gupta, A. K., Lendermann, P., Turner, S. J., & Wang, X. G. (2007). Analysis of a borderless fab using interoperating AutoSched AP models. *International Journal of Production Research, 45*(3), 675–697.

Hung, Y.-F., & Leachman, R. C. (1999). Reduced simulation models of wafer fabrication facilities. *International Journal of Production Research, 37*(12), 2685–2701.

Jain, S., Kim, C. C., Gan, B.-P., & Low, Y.-H. (1999). Criticality of detailed modeling in semiconductor supply chain simulation. Proceedings of the 1999 Winter Simulation Conference 888–896.

Kückhans, B., & Meier, H. (2013). Industrie 4.0 – Handlungsfelder der Digitalen Fabrik zur Optimierung der Ressourceneffizienz in der Produktion. In W. Dangelmaier, C. Laroque, & A. Klaas (Hrsg.), *Simulation in Produktion und Logistik – Entscheidungsunterstützung von der Planung bis zur Steuerung*. Paderborn: HNI-Verlagsschriftenreihe.

Lassi, H., Kemper, H.-G., Fettke, P., Feld, T., & Hoffmann, M. (2014). Industrie 4.0. *Wirtschaftsinformatik, 56*(4), 261–264.

Lendermann, P., Julka, N., Gan, B.-P., Chen, D., McGinnis, L. F., & McGinnis, J. P. (2003). Distributed supply chain simulation as a decision support tool for the semiconductor industry. *Simulation: Transactions of the Society for Modeling and Simulation, 79*(3), 126–138.

Mönch, L., & Schmalfuß, V. (2000). Entwicklung von Simulationsmodellen zur Unterstützung der Produktionsplanung und -steuerung einer Halbleiterfabrik. *Zeitschrift für wirtschaftlichen Fabrikbetrieb, 95*(10), 502–509.

Mönch, L., Fowler, J. W., & Mason, S. J. (2013). *Production planning and control for semiconductor wafer fabrication facilities: Modeling, analysis, and systems* (Bd. 52). New York: Springer Operations Research/Computer Science Interfaces.

Spath, D., Schlund, S., Gerlach, S., Hämmerle, M., & Krause, T. (2012). Produktionsprozesse im Jahr 2030. *IM Information Management und Consulting, *(3), 50–55.

VDI. (2008). Digitale Fabrik Grundlagen VDI-Richtlinie 4499, Blatt 1, VDI-RICHTLINIEN.

Industrie 4.0 in der Dienstleistungsproduktion – eine Konzeptanalyse am Beispiel universitärer Leistungsprozesse in Forschung und Lehre

Matthias Klumpp

1 Einführung

Die Produktionsvision „Industrie 4.0" umfasst eine Vielzahl von technologisch und orga-nisatorisch geprägten Veränderungen, welche sich unter den Schlagworten „Individuali-sierung" und „Dynamisierung" subsummieren lassen (Mikusz 2014). Zwei wesentliche Konzeptelemente und Umsetzungsbereiche stellen dabei „Dynamic Production Schedu-ling" (DPS; Jiang und Barnhart 2013) und „Cyber-Physical-Systems" (CPS; Frazzon et al. 2013; Riedl et al. 2014) dar. Produktionstheoretisch wird in diesem Kapitel der *Transfer in Richtung der Dienstleistungsproduktion* mit einer Konzeptanalyse am Beispiel univer-sitärer Leistungsprozesse ausgeführt.

Mit den Konzeption Industrie 4.0 verbinden sich vielfältige Erwartungen und Hoffnun-gen, die weitestgehenden Formulierung sprechen hier von einer weiteren „Industriellen Revilution", verbunden mit der Erwartung, dass grundlegend neue Formen sowie auch Leistungsbereiche in Supply-Chain- und Produktionskontexten erreicht werden können. Doch davor sind zuallererst in detaillierter operativer Kleinarbeit die einzelnen Umstel-lungen und Anwendungen derartiger Konzepte auf konkrete Leistungsprozesse zu ana-lysieren.

Dabei zielen die einzelnen Instrumente im Kontext der Konzeption Industrie 4.0 auf zwei gedachte Optimierungsrichtungen: Einmal eine *Leistungs- und Qualitätssteigerung*, welche insbesondere aus den Dimensionen der Produktions-Flexibilisierung (DPS) und Produktions-Individualisierung (CPS) in Richtung einer Steigerung der Kundenzufrieden-

M. Klumpp (✉)
Universität Duisburg-Essen, Universitätsstraße 9, 45141 Essen, Deutschland
E-Mail: matthias.klumpp@pim.uni-due.de

© Springer Fachmedien Wiesbaden 2016
R. Obermaier (Hrsg.), *Industrie 4.0 als unternehmerische Gestaltungsaufgabe*,
DOI 10.1007/978-3-658-08165-2_10

heit herrührt. Zweitens eine *Effizienzsteigerung* bzw. Kostenreduktion, welche sich ebenfalls aus mehreren Konzeptbereichen (auch den beiden genannten) speist.

Zumindest der letztere Aspekt ist für Prozesse der Dienstleistungsproduktion in Hochschulen bereits in der Literatur angeführt worden (vgl. z. B. Amaldas et al. 2013; Chen
1997; Sellers-Rubio et al. 2010). Aber auch der erstgenannte Aspekt dürfte für Forschungs-,
Lehr- sowie Transferprozesse nicht unerhebliches Potenzial aufweisen, da vorstellbar ist,
dass durch DPS- und CPS-Konzepte beispielsweise die Leistungs- und Qualitätswahrneh-
mung der Leistungsbezieher (Studierende, Unternehmen und andere Stakeholder der Universität) in diesen drei Bereichen steigen könnte („Customizing-Ansatz"). Für den zweiten
Aspekt der *Effizienzoptimierung* bietet sich in einem weiteren Schritt nach der ersten hier
ausgeführten *qualitativen* Analyse der dargestellten Konzepte für Hochschulen eine *quantitativen* Fallstudienuntersuchung mit Hilfe der *Data Envelopment Analysis (DEA)* an,
wofür bereits umfangreiche methodische Vorarbeiten vorliegen (z. B. Dundar und Lewis
1995; Johnes 2006; Korhonen et al. 2001; Malhotra und Kher 1996; Ramón et al. 2010).

Für die hier vorgestellte Konzeptanalyse wird zuallererst eine vergleichende Kriterien-
bzw. Eigenschaftsanalyse dargestellt, welche die beiden Themenfelder „Industrie 4.0" und
diejenige der hier betrachteten Dienstleistungsproduktion zusammenführt.

Als bestimmende Eigenschaftsmerkmale der Konzeption 4.0 können die vier in der
Abb. 1 dargestellten Bereiche gelten: Erstens basiert die Konzeption auf einem dynamischen Informationsaustausch, was in der Regel bedeutet dezentral und möglichst nach an
einer „real-time"-Umsetzung, also sofort. Zweitens werden auf dieser Basis auch dezentrale Entscheidungen einzelner (kleinerer) Einheiten in Produktions- und Supply-Chain-
Kontexten avisiert, beispielsweise eigenständige Entscheidungen von Material oder
Transportbehältern bzw. Zwischen- und Fertigprodukten oder einzelnen Produktionsanlagen. Gemeinsam können diese beiden ersten Elemente als Basis des „Dynamic Production
Scheduling (DPS)" verstanden werden. Das dritte Merkmalselement stellt eine durchgängige Transparenz und Informationsverfügbarkeit in der gesamten Supply Chain und auf

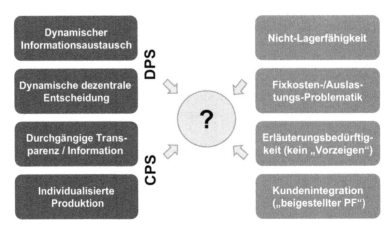

Abb. 1 Industrie 4.0 und Dienstleistungsproduktion

allen Ebenen dar. Gemeinsam mit dem vierten Element der individualisierten Produktion ermöglicht diese Transparenz individualisierte „Cyber-Physical-Systems (CPS)", in denen oftmals der Endkunde direkt in Beschaffungs-, Transport- und Produktionsprozesse eingreift bzw. darauf Einfluss nimmt.

Als wesentliche Eigenschaften der Dienstleistungsproduktion können die folgenden vier Merkmale dargestellt werden: Eine basale Eigenschaft der Dienstleistungsproduktion stellt die Nicht-Lagerfähigkeit von Dienstleistungen dar. Eine Produktion „auf Lager" ist daher nicht möglich und die Planungs- und Optimierungsaufgabe der Produktionsplanung („Production Scheduling") ist demnach von herausragender Bedeutung. Allerdings verbindet sich damit auch gegebenenfalls ein hohes Optimierungspotenzial beispielsweise im Hinblick auf das „Dynamic Production Scheduling" des Konzeptes Industrie 4.0. Zweitens ist für die Dienstleistungsproduktions charakteristisch, dass u. a. auf Grund der Nicht-Lagerfähigkeit aber auch von in der Regel hohen Ausstattungs- und Qualifikationsanforderungen (Gesundheitsbranche, Tourismus, Bildung) mit der Dienstleistungsproduktion in der Regel hohe Fixkosten einhergehen und damit die betriebswirtschaftliche Frage der Auslastung („Yield Management") von hoher Bedeutung ist. Weiterhin ist drittens für Dienstleistungen charakteristisch, dass in der Regel eine hohe Erklärungsbedürftigkeit vorliegt, da die Ergebnisse der Leistungsprozesse selten „ex ante" dargestellt und getestet werden können, sondern nur durch Hilfsindikatoren und Beschreibungen greifbar sind. Dies gilt insbesondere auch für den hier diskutierten Fall der Leistungsproduktion in Universitäten, bei der die „Ergebnisse" von Forschung und Lehre vorab nicht spezifizierbar (weil teilweise auch „offen") sind. Viertens ist ein Wesenselement der Dienstleistungsproduktion, dass häufig Endkunden in die Leistungsprozesse direkt mit einbezogen sind („personenbezogene Dienstleistungen", insbesondere in den Bereichen Gesundheit und Bildung) – was bedeutet, dass das Leistungsergebnis und auch die Effizienz und Qualität der Prozesse direkt von der Mitwirkung (und auch Mitwirkungsbereitschaft wie in der universitären Lehre) abhängig sind. Fachsprachlich wird dies im Begriff des „beigestellten Produktionsfaktors" ausgedrückt. Hier wäre insbesondere ein hohes Optimierungspotenzial in Richtung der Cyber-Physical-Systems (CPS) zu vermuten, da diese explizit die Einbeziehung der Endkunden zum Gegenstand haben (Synergie-Potenzial).

Die beschriebenen Grundeigenschaften rufen die Frage hervor, welche Auswirkungen bzw. Interaktionen zwischen diesen bei einem Einsatz von Industrie 4.0 in der Dienstleistungsproduktion zu erwarten sind. Dazu soll die nachfolgende Case-Study-Ausarbeitung beitragen.

2 Case Study-Analyse

Dabei wird in einer fallstudienbasierten Konzeptanalyse insbesondere auf die beiden Optimierungsrichtungen der Effizienz- und Qualitätsverbesserung eingegangen. Im Detail werden dabei vier Handlungs- und Umsetzungsbereiche betrachtet:

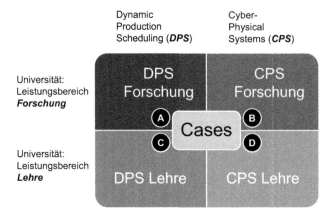

Abb. 2 Aufbau Case-Studies

- Betriebswirtschaftslehre (BWL), beispielsweise eine kostenseitige Entwicklung;
- Informationstechnische Systeme (ITS), beispielsweise die Interaktion und Qualität der Kommunikation dezentraler Einheiten;
- Technik und Infrastruktur, beispielsweise die notwendigen Voraussetzungen;
- Rechtliche Fragestellungen als möglicher bedeutender Bereich für Einschränkungen.

Die vier oben dargestellten Fallstudien lassen sich in der Systematik nach Abb. 2 in ihrer Entfaltung erläutern:

a. Die erste Fallstudie aus dem Bereich *Forschung* stellt die Anwendung des Dynamic Production Scheduling (DPS) dar.
b. Die zweite Fallstudie aus dem Bereich *Forschung* stellt die Konzeptanalyse der Cyber-Physical-Systems (CPS) vor.
c. Die dritte Fallstudie aus dem Bereich *Lehre* stellt die Anwendung des Dynamic Production Scheduling (DPS) dar.
d. Die vierte Fallstudie aus dem Bereich *Lehre* stellt die Konzeptanalyse der Cyber-Physical-Systems (CPS) vor.

2.1 Fallstudie A

Wie Abb. 3 zeigt, überwiegen in der ersten Fallstudie die positiven Potenziale einer Anwendung des DPS in der Forschung. Inhaltlich wird dabei der Einsatz von GPS-basierten Technologien bewertet, um die Leistungserstellung in der Forschung (Forschungstätigkeiten, Experimente, Arbeiten etc.) dynamisch je nach Verfügbarkeit zu planen.

Betriebswirtschaftlich hätte dies signifikante Vorteile, da Ausfallzeiten und Leerzeiten von Ausstattung und Personal durch eine dynamische Neuplanung vermieden werden können. Dies erfordert allerdings den sehr flexiblen Einsatz von Personal, was in Einzelfällen schwierig sein könnte.

BWL	ITS	Technik	Recht
Kosteneinsparung wie in klassischen Produktionskontexten, ggf. höher da Spezialität der Einsatzfaktoren höhe ***Problem***: Flexibilisierung aller Faktoren (Personal)	**Echtzeitinformation** zu allen PF (Personal, Geräte, Sachmittel), technisch möglich, allerdings in ABC-Analyse wenig sinnvoll (C-Material-Paradox) ***Problem***: Investitionsaufwand	**Ergebnis-verbesserung** (Qualität) möglich, da alle PF detaillierter dokumentiert ***Problem***: Investitionsaufwand	**Grds. möglich** ***Problembereiche***: - Datenschutzrecht - Arbeitsrecht
+ 0	0	+	- 0

DPS: Dynamische Termin-und Arbeitsplanung in der Forschung z.B. nach Material- oder Personenverfügbarkeit (GPS-Telematik) –ohne Verfügbarkeit = Re-scheduling

Abb. 3 Fallstudie A

Die Bewertung der ITS-Perspektive ergibt, dass ein hoher Investitionsaufwand notwendig wäre, da eine Echtzeit-Information zu allen notwendigen Produktionsfaktoren technisch implementiert werden müsste. Dies ist zwar technologisch realisierbar, aber mit sehr hohen Kosten verbunden – insbesondere für geringwertige Materialien (z. B. Verbrauchsmaterialien im Labor, geringwertige Wirtschaftsgüter und Verbrauchsmaterialien im Büro) macht diese Investition vermutlich keinen Sinn. Das Paradox besteht dann wiederum vermutlich darin, dass häufig gerade derartige geringwertigen Produktionsfaktoren („C-Material") nicht verfügbar ist und die Leistungsprozesse unterbindet.

Aus einer technisch-qualitativen Perspektive betrachtet lässt sich festhalten, dass vermutlich auch Qualitätsverbesserungen möglich sind, da beispielsweise der genaue Input verschiedener Produktionsfaktoren deutlich genauer ermittelt und dokumentiert wird, was einige Forschungsprozesse (z. B. Dokumentation und Publikation von Versuchen, Versuchsanordnungen etc.) optimieren dürfte.

Aus rechtlicher Perspektive ist der Einsatz grundsätzlich als möglich zu bewerten, allerdings sind noch Details in den hiervon berührten Bereichen Datenschutz und Arbeitsrecht zu klären – so kann es gerade arbeitsrechtlich schwierig werden, Forschungsarbeiten und damit Arbeitszeiten kurzfristig (auf Woche-, Tages- oder gar Stundenbasis) zu planen und gegebenenfalls abzusagen.

2.2 Fallstudie B

Aus Abb. 4 geht hervor, dass in der zweiten Fallstudie die positiven Potenziale einer Anwendung des CPS in der Forschung leicht überwiegen während die meisten Bewertungsbereiche als neutral einzustufen sind. Bewertet wird dabei eine Konstellation, in der Forschungsprozesse nach dem „Pull-Prinzip" von Endnutzern oder Beobachtungsobjekten

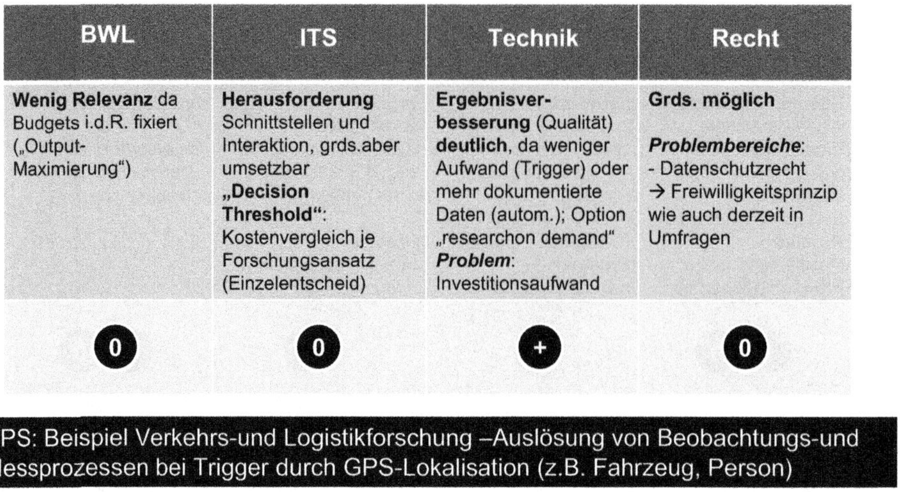

BWL	ITS	Technik	Recht
Wenig Relevanz da Budgets i.d.R. fixiert („Output-Maximierung")	**Herausforderung** Schnittstellen und Interaktion, grds.aber umsetzbar **„Decision Threshold":** Kostenvergleich je Forschungsansatz (Einzelentscheid)	**Ergebnisver-besserung** (Qualität) **deutlich**, da weniger Aufwand (Trigger) oder mehr dokumentierte Daten (autom.); Option „researchon demand" *Problem:* Investitionsaufwand	**Grds. möglich** *Problembereiche:* - Datenschutzrecht → Freiwilligkeitsprinzip wie auch derzeit in Umfragen
0	**0**	**+**	**0**

CPS: Beispiel Verkehrs-und Logistikforschung –Auslösung von Beobachtungs-und Messprozessen bei Trigger durch GPS-Lokalisation (z.B. Fahrzeug, Person)

Abb. 4 Fallstudie B

konfiguriert und gesteuert werden können – in der Logistik- und Verkehrsforschung bei-spielsweise könnten Beobachtungen und Verkehrszählungen durch die Nutzer selbst aus-gelöst werden (z. B. zu staureichen Zeiten oder Tagen).

Betriebswirtschaftlich kann hier wenig Einfluss vermutet werden, da die meisten For-schungsprozesse als „output-maximierend" einzustufen sind, was bedeutet, dass ein fixes Ressourcenbudget vorgegeben ist.

Aus der IST-Perspektive ist ebenfalls wenig Potenzial zu erkennen: Während die He-rausforderung der durchgängigen Implementierung von Schnittstellen und Informations-übergaben zur Einbeziehung der Forschungsobjekte technisch machbar ist, dürfte das konkrete Umsetzungsproblem eher in der Frage der spezifischen Entscheidung liegen, welche Objekte entsprechend ausgestattet werden. Am Beispiel der Verkehrsforschung bedeutet dies: Wenngleich technisch machbar (via Smartphone o. ä.) dürfte die Entschei-dungseinbeziehung aller Verkehrsteilnehmer ressourcenseitig nicht möglich sein und die Auswahl, welche einzelnen ausgewählten Akteure mit entsprechenden Entscheidungsbe-fugnissen und der notwendigen Technologie auszustatten seien eine mehr oder weniger unlösbare Aufgabe darstellen (es sei denn man zieht sich auf Zufallsauswahlen zurück).

Aus technischer Sicht steht neben dem Problem des notwendigen Investitionsaufwan-des in zwei Dimensionen ein hohes Verbesserungspotenzial zu erwarten: Einmal kann sich die Qualität der Forschungsdaten durch eine „Trigger"-Funktion deutlich erhöhen oder es können sogar Forschungsfragen bearbeitet werden, die bis dato methodisch nicht realisier-bar waren (z. B. durch einen Trigger bei Eintreffen/Vorbeifahrt eines Gefahrguttranspor-tes was die spezifische Frage beantworten könnte, ob in bestimmten Bereich auf Grund des Verkehrsaufkommens und damit der Unfallanfälligkeit generell Durchfahrtverbote für Gefahrguttransporte verhängt werden sollten – eine verkehrspolitisch sehr relevan-te Fragestellung, zu der aber derzeit methodisch kaum spezifische Forschungen möglich sind). Zweitens könnte durch die Integration der Nutzer/Betrachtungsobjekte auch eine Forschung „on demand" ermöglicht werden, was in einigen Bereichen wie z. B. der Verkehrsforschung sehr interessant sein könnte.

Letztlich kann für den Betrachtungsbereich Recht formuliert werden, dass die Anwendung grundsätzlich als möglich erscheint, jedoch Probleme beim Datenschutzrecht zu erwarten sind (insbesondere die Verbindung aus Positionsbestimmung und Interaktion) – wobei dieser Bereich sowohl in bestehenden empirischen Methodenansätzen (Freiwilligkeitsprinzip bei Umfragen) aus auch im Bereich moderner Smartphone-Applikationen (lokalisierungsbasierte Dienste) als „etabliert" gelten kann.

2.3 Fallstudie C

Wie Abb. 5 zeigt, überwiegen in der dritten Fallstudie die positiven Potenziale einer Anwendung des DPS in der Lehre. Analysiert wird hierbei eine mögliche Nutzung von GPS-Lokalisierung der Teilnehmer für Lehrveranstaltungen.

Betriebswirtschaftlich wäre dieser Ansatz eindeutig positiv zu bewerten, da ein hohes Optimierungspotenzial in der Raumeinsatzplanung zu vermuten ist. So könnten flexibel im Semesterverlauf und auch kurzfristig Lehrräume eingesetzt und umgeplant werden, je nach erwarteten und tatsächlichen Teilnehmerzahlen. Allerdings müssten prozessseitig einige Anpassungen vorgenommen werden, da in der Regel die Raumplanung als starres Planungssystem mit langen Planungs- und Änderungszeiten agiert. Insbesondere für die Dokumentation der Raumnutzung (Abrechnung/Kostenzuordnung) müssten die Prozesse aber sehr flexibel auch langfristig nachgehalten werden. Insbesondere in der ex post-Ana-

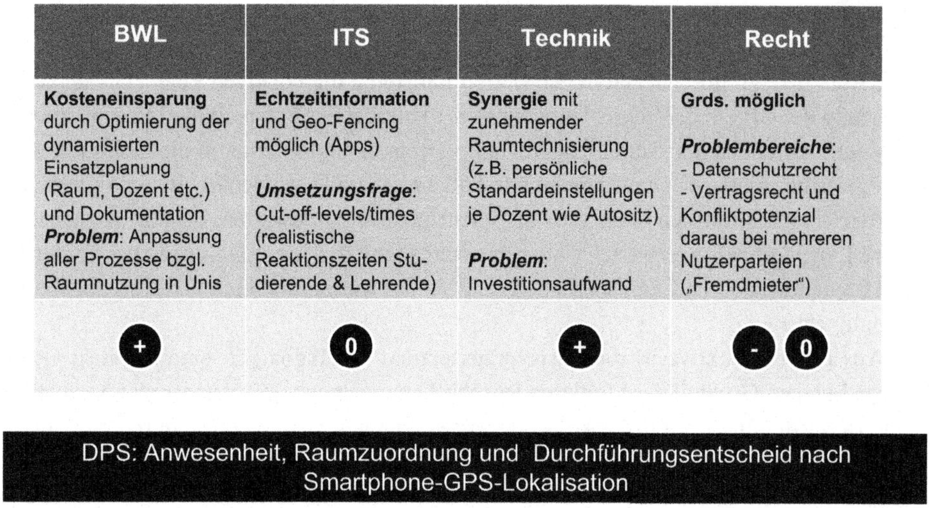

BWL	ITS	Technik	Recht
Kosteneinsparung durch Optimierung der dynamisierten Einsatzplanung (Raum, Dozent etc.) und Dokumentation **Problem**: Anpassung aller Prozesse bzgl. Raumnutzung in Unis	**Echtzeitinformation** und Geo-Fencing möglich (Apps) **Umsetzungsfrage**: Cut-off-levels/times (realistische Reaktionszeiten Studierende & Lehrende)	**Synergie** mit zunehmender Raumtechnisierung (z.B. persönliche Standardeinstellungen je Dozent wie Autositz) **Problem**: Investitionsaufwand	**Grds. möglich** **Problembereiche**: - Datenschutzrecht - Vertragsrecht und Konfliktpotenzial daraus bei mehreren Nutzerparteien („Fremdmieter")
+	0	+	- 0

DPS: Anwesenheit, Raumzuordnung und Durchführungsentscheid nach Smartphone-GPS-Lokalisation

Abb. 5 Fallstudie C

lyse würde dieser Einsatz aber auch ein spezifiziertes Controlling ermöglichen (Dokumentation tatsächliche Teilnehmerzahlen etc.).

In der ITS-Umsetzung sind die informatorischen Voraussetzungen (z. B. Geofencing zur Abgrenzung der lokalisierten Teilnehmer in einem Raum bzw. Gebäude) erfüllbar, praktische Herausforderungen dürften sich aber eher in den Prozessen zu konkreten Entscheidungen ergeben, da beispielsweise spezifische Cut-off-Zeiten festzusetzen wären, bis zu welchem Zeitraum vor einer Lehrveranstaltung noch eine Umplanung realisiert und auch kommuniziert werden kann („communication back channel" – die Teilnehmer müssen über die Raumänderung auch informiert sein und diese noch umsetzen können). Dies könnte viele theoretisch möglichen Umplanungen praktisch unmöglich machen, insbesondere bei größeren Teilnehmerzahlen.

Auf rein technischer Seite ist neben dem Problem des Investitionsaufwandes wiederum eine Reihe von möglichen – gerade qualitativen – Verbesserungen denkbar. So könnte die Raumnutzung anhand der Dozenten bzw. deren GPS-Lokalisation und –Identifikation individualisiert werden; so wie heute schon im Auto könnte sich der Vorlesungsraum also an den Dozenten individualisiert anpassen (z. B. Pulthöhe, Licht und Helligkeit, Mikrophonlautstärke etc.).

Final ist aus rechtlicher Perspektive zu konstatieren, dass die Umsetzung grundsätzlich als möglich erscheint, Problembereiche jedoch in den Bereichen Datenschutz und Nutzungskonflikte zu erwarten wären. Insbesondere bei vielen Nutzungsparteien bzw. Fremdnutzern von außerhalb der Universität wären die Möglichkeiten der dynamischen Raumplanung sehr eingeschränkt oder würden hohes Konfliktpotenziale mit sich bringen – so zahlen in der Regel externe Nutzer auch Nutzungsentgelte für Universitätsräumlichkeiten und wären dann ggf. nicht zu kurzfristigen Raumänderungen bereit.

2.4   Fallstudie D

Wie Abb. 6 zeigt, überwiegen in der vierten Fallstudie die positiven Potenziale einer Anwendung des CPS in der Lehre. Untersucht wird hierbei der Beispielfall, dass eine Interaktion von Lehrenden und Studierenden via Smartphone und Internet in die Lehre integriert wird, was beispielsweise im Rahmen von Fallstudien und Gruppenarbeiten möglich wäre.

Betriebswirtschaftlich wäre dies als leicht positiv zu bewerten, da rein Kostenseitig keine Einsparungen zu erwarten sind, sehr wohl aber Effizienzsteigerungen bei Lehrenden und Lernenden durch Zeiteinsparungen (z. B. in der Kommunikation und Aufgabenbereitstellung etc.).

Aus ITS-Perspektive ist die Basisvoraussetzung (Verfügbarkeit Smartphones) als gegeben bei dem Großteil der Studierendenschaft anzunehmen. Problematisch könnte allein eine Bereitstellung geeigneter Apps oder Anwendungen sein, da diese durch die Universität allen betroffenen Studierenden verfügbar gemacht werden müsste – und die über alle Veranstaltungen und Fachbereiche hinweg (Komplexitätsproblematik).

BWL	ITS	Technik	Recht
Kosteneinsparung sind im Wesentlichen nicht zu erwarten, maximal Zeiteinsparungen der Studierenden bei verbesserter Lerneffizienz (Opportunitätsnutzen)	**Echtzeit-Interaktion** weitestgehend realisiert bei einen großen Studierendenanteil (Bsp. „Handy-Slam") *Problem*: Zentrale Steuerung / Bereitstellung (Apps)	**Ergebnisverbesserung** durch weitere Lernbereiche da Interaktion (Gruppenarbeit etc.); MOOCs; Individualisierung *Risiko*: Fehlende Dokumentation?	**Keine Problembereiche**
+ 0	+	+	0

CPS: Interaktion von Lehrenden und Lernenden via SocialMedia / Smartphone

Abb. 6 Fallstudie D

Aus technisch-qualitativer Sich ist ein derartiger Einsatz zu befürworten, da eindeutig Qualitätsverbesserungen zu erwarten sind (Interaktion, Individualisierung der Lehre). Jedoch ist zu beachten, dass möglicherweise (zentrale) Dokumentations- und Lehrmöglichkeiten verloren gehen könnten – d. h. andere Teilnehmer können an den Lernerfolgen einer Gruppe nur noch wenig partizipieren.

Rechtlich schließlich sind hierbei keine Probleme zu erwarten, da die private Smartphone-Nutzung derartige Anwendungen bereits vielfach erprobt und etabliert hat.

2.5 Analytische Synopse

In der Zusammenschau der vier betrachteten Fallstudien aus der Dienstleistungsproduktion der Universität lassen sich folgende Gemeinsamkeiten und Unterschiede spezifizieren (vgl. auch Abb. 7):

- Bezüglich der ein der Einführung genannten *Effizienzerwartungen* ist festzustellen, dass diese vor allem ein hohes Potenzial im Bereich der universitären Lehre aufweisen dürften; wobei übergreifend in Forschung und Lehre vor allem die DPS-Anwendungsfelder (Fallstudien A und C) als betriebswirtschaftlich interessant einzustufen sind.
- Im Hinblick auf die Qualitätserwartungen lässt sich feststellen, dass diese in weiten Teilbereichen vorhanden sind, wenn Invest- und Eingangshürden überwunden werden können. Dies betrifft sowohl Forschung als auch Lehre, mehrheitlich dabei durch CPS-Anwendungen.
- Zusätzlich lassen sich erweiterte Potenzialbereiche insbesondere in der Interaktion identifizieren, was speziell neue Lernbereiche in der Lehre, schnellere Reaktionszeiten und Flexibilität ermöglicht.

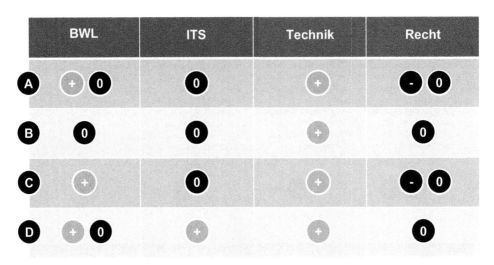

Abb. 7 Fallstudiensynopse

- Spezielle Problembereiche ergeben sich insbesondere bezüglich rechtlicher Fragen wie zum Beispiel in den Bereichen Datenschutz, Arbeitsrecht und insbesondere im Bereich der Anwendung von DPS in der Forschung. Zu befürchten und auch rechtlich zu diskutieren wäre möglicherweise auch eine „new digital divide" bei Lehrenden und Lernenden durch den vertieften Einsatz technischer Applikationen (dies beschaffungs- und auch qualifikations-/motivationsseitig).

3 Ausblick

Die folgenden Diskussions- und Themenpunkte können als Desiderat aus den beschriebenen Ausführungen für weitere Forschungen und Diskussionen notiert werden:

a. In einer Detailanalyse sollten beispielsweise erwartete Unterschiede bezüglich der Fachdisziplinen, Hochschultypen, Hochschulgröße, Interaktion (regional, international: Transfer) und Profilierung (Forschung, Internationalität, Leitbild) betrachtet werden.

b. Weiterhin könnte es in diesem Kontext sehr interessant sein, mögliche Einflussfaktoren zu identifizieren, so zum Beispiel: Welche „Stellschrauben" zur Realisierung der analysierten positiven Effekte können vermutet werden (z. B. „economies of scale & scope"; Qualifikation/ Motivation/ Alter des Personals)?

c. Letztlich wäre im Rahmen einer Risikovorbeugung auch zu fragen: Welche Maßnahmen könnten ergriffen werden, damit die identifizierten Risiken und Problembereiche nicht schlagend werden?

Schließlich ist final zu formulieren, dass die Anwendung von Industrie 4.0 in Dienstleistungsprozessen im Allgemeinen und in Leistungsprozessen der Universität ein hohes Potenzial aufweist, was durch weitere Analyse und Pilot-Implementierungen in der Anwendung für eine effizientere Produktion mit verbesserter Qualität genutzt werden sollte.

Danksagung
Der Dank des Autors gilt den Organisatoren der Tagung „Industrie 4.0" an der Universität Passau, den Mitgliedern des Forschungsprojektes HELENA an der Universität Duisburg-Essen sowie der Projektförderung des BMBF und des Projektträgers Wissenschaftsökonomie (Förderkennzeichen 01PW11007).

Literatur

Amaldas, C., Shankaranarayanan, A., & Gemba, K. (2013). An empirical analysis of faculty performance and perspectives in Japanese business schools. *International Journal of Management & Information Technology, 4*(1), 179–189.

Chen, T., (1997). A measurement of the resource utilization efficiency of university libraries. *International Journal of Production Economics, 53*(1), 71–80.

Dundar, H., & Lewis, D. R. (1995). Departmental productivity in American universities: Economies of scale and scope. *Economics of Education Review, 14,* 199–244.

Frazzon, E. M., Hartmann, J., Makuschewitz, T., & Scholz-Reiter, B. (2013). Towards socio-cyber-physical systems in production networks. Forty sixth CIRP conference on manufacturing systems. *Procedia CIRP, 7,* 49–54.

Jiang, H., & Barnhart, C. (2013). Robust airline schedule design in a dynamic scheduling environment. *Computers & Operations Research, 40,* 831–840.

Johnes, J. (2006). Measuring efficiency: A comparison of multilevel modelling and data envelopment analysis in the context of higher education. *Bulletin of Economic Research, 58*(2), 75–104.

Korhonen, S., Tainio, R., & Wallenius, J. (2001). Value efficiency analysis of academic research. *European Journal of Operational Research, 130,* 121–132.

Malhotra, M. K., & Kher, H. V. (1996). Institutional research productivity in production and operations management. *Journal of Operations Management, 14*(1), 55–77.

Mikusz, M. (2014). Towards an understanding of cyber-physical systems as industrial software-product-service systems. Product Services Systems and Value Creation – Proceedings of the 6th CIRP Conference on Industrial Product-Service Systems. *Procedia CIRP, 16,* 385–389.

Ramón, N., Ruiz, J. L., & Sirvent, I. (2010). Using data envelopment analysis to assess effectiveness of the processes at the university with performance indicators of quality. *International Journal of Operations and Quantitative Management, 16*(1), 87–103.

Riedl, M., Zipper, H., Meier, M., & Diedrich, C. (2014). Cyber-physical systems alter automation architectures. *Annual Reviews in Control, 38,* 123–133.

Sellers-Rubio, R., Mas-Ruiz, F. J., & Casado-Diaz, A. B. (2010). University efficiency: Complementariness versus trade-off between teaching, research and administrative activities. *Higher Education Quarterly, 64*(4), 373–391.

Datenschutz in der Industrie 4.0

Neue Lösungsansätze der Europäischen Datenschutzgrundverordnung

Kai Hofmann

1 Problemstellung

Die Datenverarbeitung in der Industrie 4.0 erreicht bisher nicht gekannte Dimensionen – und zwar sowohl hinsichtlich personenbezogenen als auch hinsichtlich unternehmensbezogenen Daten. Mit der schieren Menge der Daten ergeben sich neue Möglichkeiten, diese Daten miteinander zu verknüpfen und aus ihnen Erkenntnisse zu gewinnen, die sie in ihrem ursprünglichen Kontext nicht aufgewiesen haben. Damit steigt nicht nur die Menge der Daten, sondern auch die potentielle Aussagekraft jedes einzelnen Datums (Roßnagel 2007, S. 91 ff.). Dieses Problem wird zusätzlich durch die Entwicklung verschärft, dass Daten in ganzen Wertschöpfungsnetzwerken über die Grenzen des Unternehmens hinaus verarbeitet und genutzt werden (acatech 2013, S. 24).

1.1 Gefahrenlage für natürliche Personen

Die Verarbeitung personenbezogener Daten in der intelligenten Fabrik betrifft vor allem die dort beschäftigten Mitarbeiter. Jede Interaktion mit der intelligenten Fabrik kann dazu führen, dass personenbezogene Daten erhoben, verarbeitet und ggf. zusammen mit Produktions- und Logistikdaten an andere Unternehmen übermittelt werden. Insbesondere sog. Mitarbeiterassistenzsysteme weisen ein erhebliches Gefahrenpotential auf (Roßnagel 2007, S. 76 ff., 85 ff.). Systeme, die den bedarfsgerechten Personaleinsatz in der Fabrik optimieren sollen, operieren notwendigerweise mit einer Vielzahl personenbezogener

K. Hofmann (✉)
Universität Passau, Innstraße 39, 94032 Passau, Deutschland
E-Mail: kai.hofmann@uni-passau.de

© Springer Fachmedien Wiesbaden 2016
R. Obermaier (Hrsg.), *Industrie 4.0 als unternehmerische Gestaltungsaufgabe,*
DOI 10.1007/978-3-658-08165-2_11

Daten. Soll eine defekte Maschine bei einem Fehler automatisch den nächsten geeigneten Beschäftigten rufen können, müssen alle Beschäftigten ständig in der Fabrik geortet werden. Soll derjenige Beschäftigte gerufen werden, der in der Praxis den jeweiligen Fehler stets am zuverlässigsten beheben konnte, müssen Tätigkeiten und Arbeitsergebnisse der Beschäftigten aufgezeichnet und ausgewertet werden.

Beschäftigte sind jedoch nicht die einzige betroffene Gruppe. Die neuen Möglichkeiten und Einsatzbereiche der Datenverarbeitung in der Industrie können sich auch auf die Rechte der Kunden auswirken. Die flexibleren Produktionsmethoden erlauben es der Industrie, Produkte ohne wesentlichen Mehraufwand auf den Kunden hin zu individualisieren. Dadurch können die Daten zur Produktions- und Logistiksteuerung u. U. einem einzelnen Kunden genau zugeordnet werden und so Personenbezug erhalten.

1.2 Gefahrenlage für Unternehmen

Daten, die zur Produktions- und Logistiksteuerung zwischen Unternehmen ausgetauscht werden, können einen Personenbezug aufweisen, sie werden aber immer einen Bezug zu dem Unternehmen aufweisen, in dem sie erfasst wurden. So ist es u. U. möglich, dass die Daten nach einem Kontextwechsel einen Einblick in Unternehmensinterna bieten.

Event-Daten aus einem Logistiknetzwerk, die eigentlich der Steuerung der Lieferkette dienen, geben Auskunft darüber, welche Waren wohin transportiert werden. Daraus kann auf die Anzahl der Bestellungen und die Absatzzahlen in bestimmten Märkten geschlossen werden. Das Problem verschärft sich, wenn in einem Netzwerk gegenläufige Interessenlagen bestehen, etwa weil miteinander konkurrierende Unternehmen beteiligt sind. Ein anderes Beispiel bilden die Daten der zustandsbasierten Wartung. Hier werden Lasten und Systemzustände der Maschinen in Echtzeit erfasst und zur Auswertung an externe Unternehmen – etwa den Hersteller – übertragen. Von der Auslastung der einzelnen Maschine können Rückschlüsse auf die Auslastung der ganzen Fabrik und hierdurch auf die Auftragslage des Unternehmens gezogen werden – eine Information, die etwa in Vertragsverhandlungen von enormer Bedeutung sein kann (Hofmann 2013, S. 210).

1.3 Gesamtbetrachtung

Mit der Entwicklung zur Industrie 4.0 sind damit nicht nur große Erwartungen hinsichtlich einer effizienten und flexiblen Produktion, sondern auch ein erhebliches Gefahrenpotential für die beteiligten Personen und Unternehmen verbunden. Daher ist sie auch eine juristische Herausforderung. Um ihr zu begegnen, müssen die bekannten Grundsätze und Instrumente des Datenschutzes angepasst und weiterentwickelt werden.

2   Grundsätze des Datenschutzes

Das Datenschutzrecht hat zum Schutz des Einzelnen vor dem unbegrenzten Umgang mit seinen personenbezogenen Daten verschiedene Prinzipien entwickelt, die auch im Kontext der Industrie 4.0 aktuell sind. Der Anknüpfungspunkt des gesetzlichen Schutzes ist bewusst niederschwellig gewählt. Geschützt ist nach § 1 Abs. 2 i. V. m. § 3 Abs. 1 BDSG bereits jede Einzelangabe über persönliche oder sachliche Verhältnisse einer bestimmten oder bestimmbaren natürlichen Person. Es spielt zunächst keine Rolle, wie aussagekräftig das jeweilige Datum ist, welchem Lebensbereich es entspringt oder ob es geheim oder offenkundig ist. Entscheidend ist allein, dass es einer einzelnen Person zugeordnet werden kann (Dammann 2014, Rn. 6 f., 17, 20). Der Schutz des Einzelnen ist auch in einer anderen Hinsicht umfassend. Nach dem sog. Verbotsprinzip in § 4 Abs. 1 BDSG bedarf jede Erhebung, Verarbeitung (insbesondere die Speicherung und Übermittlung) und Nutzung personenbezogener Daten einer Erlaubnis, die entweder durch eine Rechtsvorschrift oder die Einwilligung des Betroffenen erteilt wird.

Das Datenschutzrecht macht damit keineswegs jegliche Datenverarbeitung unmöglich. In der Sache hängt ihre Rechtmäßigkeit im Wesentlichen von einer Abwägung der Interessen einerseits des Betroffenen und andererseits der für die Datenverarbeitung verantwortlichen Stelle ab. Diese Interessenabwägung findet aber nicht auf einer abstrakten Ebene statt, etwa dergestalt, dass bestimmte Daten, Verfahren oder Zwecke von vornherein vom Schutz ausgenommen wären. Den Gegenstand der Beurteilung bilden vielmehr stets die konkreten Umstände der Datenverarbeitung (Wolff 2013, Rn. 45 ff.). Dem liegt die Einschätzung zugrunde, dass sich das Gefahrenpotential einer einzelnen Information nicht abstrakt bestimmen lässt, sondern von dem jeweiligen Verarbeitungskontext abhängt (Hornung 2012b; a. A. Schneider und Härting 2012, S. 200).

Die weiteren Grundsätze knüpfen entsprechend an dem Verarbeitungsvorgang an. Dieser hat stets zu einem bestimmten Zweck zu erfolgen und sein Umfang hat sich danach zu richten, was zur Zweckerfüllung erforderlich ist. So dürfen etwa Kundendaten, die zur Auftragsabwicklung erhoben wurden, nur hierfür verarbeitet oder an Dritte (etwa in einem Wertschöpfungsnetzwerk) übermittelt werden. Unzulässig wäre, sie für zielgerichtete Werbung oder die Personalisierung einer anderen Dienstleistung zu verwenden. Daten, die in einem Mitarbeiterassistenzsystem gewonnen werden, dürfen nur für die Unterstützung und bessere Planung des Einsatzes der Beschäftigten, nicht aber für arbeitsrechtliche Maßnahmen genutzt werden. Schließlich dürfen nur die für den jeweiligen Zweck konkret erforderlichen Daten verarbeitet werden. Die Tatsache oder die Erwartung, dass bestimmte Daten zum aktuellen Zeitpunkt nützlich bzw. zu einem künftigen Zeitpunkt eventuell notwendig werden, genügt nicht. Jede Zweckänderung bedarf weiterhin einer erneuten Rechtfertigung (Wolff 2013, Rn. 11, 17, 23). Schließlich gehört es zu den Grundpfeilern des Datenschutzes, dass seine Einhaltung sowohl durch den Betroffenen – dem individuelle Rechte verliehen werden – als auch durch eine unabhängige staatliche und ggf. innerbetriebliche Stelle kontrolliert werden kann bzw. wird.

3   Die europäische Datenschutzreform

Aktuell diskutieren die Institutionen der EU über eine Datenschutzreform, deren Kern-
stück eine neue Datenschutzgrundverordnung (DS-GVO) darstellt.[1] Die Verordnung befindet sich derzeit noch im Entwurfsstadium, weshalb keine abschließenden Aussagen getroffen werden können. Die Grundlage für die hier angestellten Betrachtungen bildet die
konsolidierte Entwurfsfassung nach den umfangreichen Änderungen durch das Parlament
2014.[2]

3.1   Überblick über die Reform

Die aktuelle Gesetzeslage wird wesentlich durch die 1994 beschlossene Europäische
Datenschutzrichtlinie 95/46/EG (DS-RL) bestimmt. Seitdem hat sich insbesondere auf
europäischer Ebene ein erheblicher Reformbedarf gezeigt (Simitis 2010). Moderne Phänomene wie das Cloud Computing oder Big Data-Verfahren werden nicht hinreichend berücksichtigt. Die Richtlinie und daran anschließend auch das deutsche BDSG weisen einen
nur unzureichenden räumlichen Anwendungsbereich auf, der dazu führt, dass sich insbesondere in Verarbeitungskonstellationen mit Auslandsbezug ein enormes Vollzugsdefizit
zeigt.[3] Schließlich führt die Rechtsform der Regelung – eine Richtlinie, die stets noch der
gesetzgeberischen Umsetzung in dem jeweiligen Mitgliedsstaat bedarf – dazu, dass das
Datenschutzniveau innerhalb der Europäischen Union nicht unerheblich schwankt.

Die Europäische Kommission hat darum 2012 einen Vorschlag für eine neue Europäische Datenschutzgrundverordnung vorgelegt. Nach der Abstimmung im EU-Parlament
liegt der Vorschlag aktuell zur Beratung beim Ministerrat. Das Reformwerk wird wohl erst
zwischen 2018 bis 2020 in Kraft treten.

Mit dem Wechsel zum Regelungsinstrument der Verordnung ist nach Art. 288 Abs. 2
AEUV nun keine Umsetzung mehr durch die Mitgliedsstaaten erforderlich. In der Folge
gälte ein EU-weiter einheitlicher Datenschutz. Die räumliche Anwendbarkeit hinge nicht
mehr wie derzeit von der Lage von Unternehmensniederlassungen und technischen Mitteln ab, sondern davon, ob der Zielmarkt innerhalb der EU liegt (Wybitul und Fladung
2012, S. 510; hierfür plädiert auch der Ministerrat, http://heise.de/-2217560). Weiterhin

---

[1] Aktueller Stand des Gesetzgebungsverfahrens abrufbar unter http://www.europarl.europa.eu/oeil/
popups/ficheprocedure.do?lang=en&reference=2012/0011(COD).

[2] Offiziell existiert nur eine Liste der Änderungen des Parlaments. Inoffizielle konsolidierte Fas-
sungen finden sich auf http://www.janalbrecht.eu/themen/datenschutz-und-netzpolitik/alles-wichti-
ge-zur-datenschutzreform.html (englisch) und http://www.delegedata.de/datenschutz-grundverord-
nung-konsolidierte-fassung/ (deutsch). In der Literatur wird dieser Entwurf teilweise – nach dem
federführenden Ausschuss – LIBE-Entwurf genannt. Der Einfachheit halber wird trotzdem durchgehend die Bezeichnung DS-GVO verwendet.

[3] Dies gilt weiterhin auch angesichts der Tatsache, dass der EuGH den räumlichen Anwendungsbereich der DS-RL beträchtlich ausgeweitet hat, EuGH, ECLI:EU:C:2014:317, Rn. 45 ff.

soll die Zuständigkeit der Aufsichtsbehörden für Unternehmen mit mehreren Niederlassungen in der EU vereinfacht werden (Nguyen 2014, S. 27; krit. Herrmann 2014, S. 441; Kranig 2013, S. 556). Schließlich sollen die Vollzugsdefizite mit Sanktionsdrohungen von bis zu 5 % des jährlichen weltweiten Umsatzes eines Unternehmens verringert werden.

3.2   Problematische Verarbeitungssituationen

Für die Datenverarbeitung in der Industrie 4.0 sollen drei typische Phänomene herausgegriffen werden, anhand derer sich die juristischen Herausforderungen der Entwicklung zur Industrie 4.0 für den Datenschutz konkretisieren. Die bestehenden Instrumente erweisen sich hierfür als unzureichend.

Das grundlegende Problem ergibt sich aus dem Paradigmenwechsel zur Industrie 4.0 selbst. Neben dem stark steigenden Umfang der Datenverarbeitung (siehe 2.1) fällt hier vor allem der vergleichsweise hohe Grad an Autonomie und Dezentralität der in der „intelligenten" Fabrik eingesetzten selbstorganisierenden Systeme ins Gewicht. Mit einem rein normativen Schutzkonzept lässt sich die Einhaltung des Datenschutzes in einer solchen Situation kaum wirksam gewährleisten (Bizer 1999, S. 36 f.; Richter 2012, S. 576; Roßnagel 2007, S. 127 ff.). Ein wirksamer Datenschutz kann in einem solchen Umfeld nur sichergestellt werden, wenn er bereits auf Ebene der Technik implementiert wird (Richter 2012, S. 576; Simitis 2014b, Rn. 118). Der Datenschutz durch Technik ist in der DS-RL jedoch gar nicht und in § 3a BDSG nur als de facto unverbindliche Zielvorgabe geregelt (dazu gleich unter 3.3.1).

Hinzu kommt die Einbindung der „intelligenten Fabrik" in unternehmensübergreifende internationale Logistiknetzwerke. Der damit einhergehende Auslandsbezug verkompliziert die Lage noch weiter, denn zusätzlich zu der – auch im Inland notwendigen – Rechtsgrundlage bestehen für die Übermittlung an eine Stelle außerhalb des EWR nach §§ 4b und 4c BDSG weitere Anforderungen. Wurde dem betreffenden Drittstaat nicht durch die EU-Kommission nach Art. 25 Abs. 6 DS-RL ein angemessenes Datenschutzniveau bescheinigt,[4] muss die verantwortliche Stelle selbst ausreichende Garantien nach § 4c Abs. 2 BDSG für die Wahrung der Persönlichkeitsrechte vorweisen. Dazu genügt es nach § 4c Abs. 2 S. 1 HS. 2 BDSG etwa, die empfangenden Stellen zur Einhaltung von dem europäischen Datenschutz gleichwertigen Regeln vertraglich zu verpflichten oder – im Falle der konzerninternen Übermittlung – derartige Pflichten verbindlich vorzuschreiben.

---

[4] Dies sind u. A. Argentinien, Israel, Kanada und die Schweiz, siehe http://ec.europa.eu/justice/data-protection/document/international-transfers/adequacy/index_en.htm. US-amerikanische Unternehmen haben die Möglichkeit, sich den „Safe Harbor-Regeln" des US-Handelsministeriums zu unterwerfen; dies hat die Wirkung eines Angemessenheitsbeschlusses (Schantz 2014, Rn. 28 ff.; Simitis 2014a, Rn. 71 ff.). Vor dem Hintergrund der Aktivitäten der NSA haben die Datenschutzbehörden allerdings angekündigt, keine Datenübermittlung auf Grundlage des Safe Harbor-Abkommens mehr zu genehmigen (Götz 2013, S. 636; kritisch hierzu Spies 2013). Auch der EuGH (ECLI:EU:C:2015:650) ist mittlerweile der Meinung, dass das Safe Habor-Abkommen kein angemessenes Schutzniveau gewährleistet.

Werden hierfür die von der EU-Kommission entworfenen Standardvertragsklauseln verwendet, bedarf es – anders als bei eigenen Regeln – keiner Genehmigung (Schantz 2014,
Rn. 43; Simitis 2014a, Rn. 51). Dies vermag jedoch nicht den Makel überdecken, dass
damit die tatsächliche Durchsetzung der Datenschutzregeln nicht gewährleistet ist (Gola
et al. 2015, Rn. 11).

Als problematisch erweist sich schließlich die Entwicklung in der Industrie, anstatt
oder zusätzlich zu Produkten vermehrt Dienstleistungen anzubieten. Operieren diese als
Dienstleistung angebotenen Systeme mit personenbezogenen Daten, müssen diese an den
externen Dienstleister übermittelt werden. Dies ist in vielen Fällen nicht vom Erforderlichkeitsprinzip gedeckt – das System könnte auch intern betrieben werden. In einem
solchen Fall bietet sich eine Auftragsdatenverarbeitung nach § 11 BDSG an. Der Auftraggeber bleibt hier verantwortliche Stelle; die Datenverarbeitung des Beauftragten wird
ihm zugerechnet. In der Folge kommt es zu keiner Übermittlung, sondern lediglich zu
einer Nutzung, die unter denselben Bedingungen, wie die rein interne Nutzung zulässig ist
(Petri 2014, Rn. 43; Spoerr 2015, Rn. 4 ff.) Um diese Privilegierung zu rechtfertigen, verlangt der Gesetzgeber in § 11 Abs. 2 S. 2 BDSG u. a. vertraglich geregelte Weisungs- und
Kontrollrechte des Auftraggebers gegenüber dem Auftragnehmer. Eine tatsächliche Kontrolle dürfte aber nicht selten – gerade, wenn kleinere Unternehmen Industrie 4.0-Lösun-
gen einsetzen wollen – nur unter einigen Schwierigkeiten vorzunehmen sein (zum selben
Problem im Cloud Computing Nägele und Jacobs 2010, Rn. 290, Sädtler 2013a, S. 258,
Sädtler 2013b, S. 170).

3.3 Moderne Instrumente

Die Datenschutzgrundverordnung belässt die geschilderten Grundsätze des Datenschutzes
unverändert und widmet sich vielmehr vor allem deren besserer praktischer Umsetzung.
Im Fokus dieser Betrachtung stehen die Vorschläge zum Einsatz moderner Datenschutz-
instrumente, die auch bei der Datenverarbeitung in der Industrie 4.0 Anwendung finden
können.

3.3.1 Technischer Datenschutz

Mit dem technischen Datenschutz verfolgt der Gesetzgeber einen verhältnismäßig neuen
Regulierungsansatz. Anstatt erst auf der Ebene der Datenverarbeitung anzusetzen, werden
bereits Anforderungen an die zugrundeliegende Technik gestellt. Dies wird als der ungleich wirksamere Ansatz angesehen, schließlich müsse nicht mühsam im Einzelfall verhindert werden, was technisch bereits nicht möglich sei (Richter 2012, S. 576; Roßnagel
2003, Rn. 47). Nicht zuletzt soll dadurch das enorme Vollzugsdefizit des Datenschutzrechts beseitigt werden.

Datensicherheit

Ein grundlegender und schon lange etablierter Aspekt des technischen Datenschutzes sind
Maßnahmen zur Gewährleistung der Datensicherheit (Bizer 1999, S. 35 f.). Die Daten-

schutzgrundverordnung definiert hierzu in Art. 30 DS-GVO bestimmte Schutzziele, ohne jedoch einzelne Maßnahmen vorzuschreiben. Damit gibt sie den Verantwortlichen einen größeren Umsetzungsspielraum als bisher das BDSG, welches in der Anlage zu § 9 BDSG acht Schutzmaßnahmen vorschreibt (zum Regelungsansatz Dix 2003, Rn. 13 f.). Der Regelungsbereich bleibt indessen unverändert: Die Norm regelt nur die technischen Rahmenbedingungen der Datenverarbeitung (zur dt. Recht Karg 2015, Rn. 12) sie enthält jedoch keine Vorgaben zur Gestaltung des Datenverarbeitungssystems selbst.

Die in Art. 30 DS-GVO geregelten Anforderungen sind zweistufig aufgebaut. Nach Art. 30 Abs. 2 DS-GVO müssen mindestens die Vertraulichkeit personenbezogener Daten sowie deren Schutz vor Zerstörung, Verlust und unrechtsmäßiger Verarbeitung gewährleistet sein. Darüber hinausgehende Sicherheitsziele sind nach Art. 30 Abs. 1 DS-GVO nur zu verfolgen, wenn sie mit den der Datenverarbeitung einhergehenden Risiken einerseits und ihren Implementierungskosten andererseits in angemessenem Verhältnis stehen. Zu dieser zweiten Stufe zählen z. B. die Fähigkeit, die Integrität personenbezogener Daten zu bestätigen und Fähigkeit, die ständige Verfügbarkeit und Belastbarkeit des Datenverarbeitungssystems sicherzustellen. Im Kontext der Industrie 4.0 sind derartige gesteigerte Anforderungen wohl vor allem den Mitarbeiterassistenzsystemen aufzuerlegen. Dient ein solches System etwa der selbstständigen Schichtplanung oder Aufgabenvergabe unter den Beschäftigten, muss die Übernahme einer entsprechenden Pflicht auch dem jeweiligen Mitarbeiter zweifelsfrei zugeordnet werden können.

Datenschutz durch Technik im bisherigen Ansatz – Datensparsamkeit

Die Datenschutzrichtlinie beschränkt sich hinsichtlich technischer Maßnahmen auf Vorschriften zur Datensicherheit. In der deutschen Datenschutzgesetzgebung finden sich hingegen bereits Vorgaben zur datenschutzfreundlichen Technikgestaltung. Nach § 3a BDSG sind die Auswahl und die Gestaltung von Datenverarbeitungssystemen an dem Ziel auszurichten, so wenig personenbezogene Daten wie möglich zu erheben, zu verarbeiten oder zu nutzen.

Dieses Datenvermeidung und Datensparsamkeit genannte Prinzip bedeutet mehr als nur die konsequente Beachtung des Erforderlichkeitsprinzips. Letzteres enthält nämlich allein Anforderungen an die konkrete Datenverarbeitung. Hierfür bezieht es sich auf einen gegebenen Verarbeitungszweck und ein gegebenes Datenverarbeitungssystem, deren Festlegung weitgehend der wirtschaftlichen Entscheidungsfreiheit der verantwortlichen Stelle unterfällt (Bäumler 1999, S. 260). Das Prinzip der Datensparsamkeit nach § 3a BDSG hingegen setzt eine Stufe tiefer an und stellt Anforderungen an die Gestaltung des Datenverarbeitungssystems selbst (Dix 2003, Rn. 25; Richter 2012, S. 577; Roßnagel et al. 2001, S. 101; Scholz 2014, S. 33 f.; krit. Simitis 2000a, S. 716, b, S. 373). Dabei sollen bevorzugt Verfahren zur Anonymisierung und Pseudonymisierung zum Einsatz kommen. Personenbezogene Daten sollen also erst gar nicht anfallen oder so bald und umfassend wie möglich ihren Personenbezug verlieren. Einem eventuellen Missbrauch personenbezogener Daten wird so am effektivsten vorgebeugt.

Anders als das Erforderlichkeitsprinzip, welches als Rechtmäßigkeitsvoraussetzung in Erlaubnistatbeständen wie in § 28 Abs. 1 Nr. 1 oder § 32 Abs. 1 S. 1 BDSG enthalten ist, sind die Auswahl- und Gestaltungsanforderungen des § 3a BDSG reine Zielvorgaben. Der Einsatz datenschutzfreundlicher Technik ist selbst keine Voraussetzung für die Rechtmäßigkeit der Verarbeitung personenbezogener Daten. Aufsichtsbehördliches Eingreifen oder gar die Verhängung von Bußgeldern nach § 43 BDSG ist nicht vorgesehen (Scholz 2014, Rn 57; Schulz 2014, Rn 102). Das Prinzip der Datensparsamkeit hält zur unter datenschutzgesichtspunkten optimalen Systemgestaltung an. Seine harte Durchsetzung würde nicht nur zu Rechtsunsicherheit führen, sondern auch in die grundsätzliche Entscheidungsautonomie der verantwortlichen Stelle für die Organisation ihrer Verarbeitungsprozesse eingreifen. Die Umsetzung soll stattdessen durch Marktanreize gelingen, z. B. mit Datenschutzsiegeln für datenschutzfreundliche Technik oder verantwortliche Stellen, die ihre Prozesse besonders datenschutzfreundlich gestalten (mehr dazu unter 4.3.2; Hornung und Hartl 2014; Roßnagel et al. 2001, S. 102).

Datenschutz durch Technik in der Verordnung – „Lebenszyklusmanagement"

Auch die Datenschutzgrundverordnung widmet sich in Art. 23 DS-GVO nun ausdrücklich dem Datenschutz durch Technik. Die verantwortliche Stelle ist nach Absatz 1 Satz 1 verpflichtet, technische und organisatorische Maßnahmen und Verfahren durchzuführen, durch welche die Einhaltung der Anforderungen der Verordnung – insbesondere der Grundsätze nach Art. 5 DS-GVO – sichergestellt und die Rechte des Betroffenen gewährleistet werden. Umfang und Art der konkreten Maßnahmen richten sich nach dem Risiko, welches von der jeweiligen Verarbeitung ausgeht. Ihr Maßstab sind der Stand der Technik, das aktuelle technische Wissen sowie die international bewährten Verfahrensweisen. Die Maßnahmen zur Gewährleistung des Datenschutzes sollen bereits in die Planung der Datenverarbeitung miteinfließen und deshalb schon Berücksichtigung finden, wenn der Zweck und die Mittel der Verarbeitung festgelegt werden.

Der Grundsatz des Datenschutzes durch Technik zeichnet sich nach der Vorstellung des europäischen Gesetzgebers durch einen in zweierlei Hinsicht umfassenden Ansatz aus. Erstens konzentriert sich der Einsatz der Technik nach Art. 23 Abs. 1 S. 2 DS-GVO systematisch auf die Aufstellung umfassender Verfahrensgarantien für sämtliche Verarbeitungsschritte, von der Erhebung über die Verarbeitung bis hin zur Nutzung. Ziel ist es, die Richtigkeit, Vertraulichkeit, Integrität, physische Sicherheit und Löschung personenbezogener Daten sicherzustellen. Zweitens sollen diese Verfahrensgarantien nach dem Erwägungsgrund der Verordnung (EG) 61 in allen „Lebensphasen" der Technik Beachtung finden, von der Entwicklung über den Einsatz bis schließlich zur Außerbetriebnahme. Datenschutz soll also schlicht immer mitbedacht werden, sowohl auf Hersteller- als auch auf Betreiberseite. Art. 23 Abs. 1 S. 2 DS-GVO benutzt hierfür den Begriff des „life cycle management", wobei nicht ganz klar wird, ob damit der Lebenszyklus des personenbezogenen Datums oder – und hierfür spricht EG 61 – der eingesetzten Technik gemeint ist.

Die Zielsetzung in Art. 23 Abs. 1 S. 1 DS-GVO ist damit weitaus umfassender, als die des § 3a BDSG. Es soll nicht allein das Prinzip der Datensparsamkeit verfolgt, sondern vielmehr die Einhaltung sämtlicher Anforderungen der Verordnung sichergestellt werden.

Auch die Hervorhebung der selbst sehr breit gefächerten Datenverarbeitungsgrundsätze in Art. 5 DS-GVO trägt wenig zur Spezifizierung bei. Dies bedeutet jedoch nicht, dass das bisherige Konzept der Datensparsamkeit als Anforderung an die Systemgestaltung völlig aufgegeben wird. Auch die Datenschutzgrundverordnung unterscheidet zwischen den Voraussetzungen für die Rechtmäßigkeit der konkreten Datenverarbeitung in Art. 6 DS-GVO und den abstrakteren Grundsätzen in Art. 5 DS-GVO. Letztere enthalten damit durch die Verbindung mit Art. 23 Abs. 1 DS-GVO Anforderungen an die Gestaltung des Datenverarbeitungssystems (a. A. Roßnagel et al. 2013, S. 106; Roßnagel und Kroschwald 2014, S. 499). Insbesondere die Grundsätze der Daten- und der Speicherminimierung in Art. 5 lit. c bzw. e DS-GVO stehen dem Prinzip der Datensparsamkeit sehr nahe. Für die Systemgestaltung gelten jedoch noch weitere Grundsätze, wie etwa der Grundsatz der Zweckbindung oder der Wirksamkeit nach Art. 5 lit. b bzw. ea DS-GVO.

Dies schlägt sich entsprechend auf die Methoden des Datenschutzes durch Technik nieder. In § 3a S. 2 BDSG werden die Anonymisierung und die Pseudonymisierung herausgehoben. Art. 23 Abs. 1 S. 2 DS-GVO verpflichtet zwar zur frühzeitigen und tiefgreifenden Berücksichtigung des Datenschutzes bei der Systemgestaltung, ohne jedoch eine Methode hervorzuheben. Dies bedeutet, dass ein Datenverarbeitungssystem den Anforderungen des Datenschutzes durch Technik nach Art. 23 Abs. 1 DS-GVO auch auf andere Weise gerecht werden kann. So könnte auf eine mögliche, wenngleich aufwendige Anonymisierung oder Pseudonymisierung verzichtet werden (krit. zu einem solchen Konzept allg. Bizer 1999, S. 47; Dix 2003, Rn. 37; Hornung 2012a, S. 103), wenn die Rechtmäßigkeit der weiteren Verarbeitung anderweitig abgesichert wird, etwa indem die Zweckbindung bezüglich dieser Daten systemseitig mit Hilfe getrennter Speicherung oder der Kennzeichnung des Kontextes (vgl. Dix 2003, Rn. 45 f.; Kühling 2007, S. 163) durchgesetzt wird.

Normadressaten und Folgen der Nichtbeachtung in der Verordnung

Wie auch bei den bisherigen Regelungen zum technischen Datenschutz ergeben sich unmittelbare Pflichten auch bei Art. 23 und 30 DS-GVO nur für die verantwortliche Stelle und ggf. den Auftragsdatenverarbeiter, die in aller Regel nur Anwender der Technik sind. Sie sollen die entsprechenden technischen und organisatorischen Maßnahmen ergreifen. Datenschutz durch Technik verlangt nach EG 61 zwar, dass die Implementierung datenschutzrechtlicher Verfahrensgarantien bereits in der Entwicklungsphase Beachtung findet, eine Verpflichtung für die Hersteller ist damit dennoch nicht verbunden (a. A. Richter 2012, S. 578). Es bedeutet lediglich, dass die verantwortliche Stelle solche Technik – falls verfügbar – auszuwählen und einzusetzen hat (Dehmel und Hullen 2013, S. 148 f.; krit. Roßnagel et al. 2013, S. 105 f.). Auch hier setzen die Regelungen auf Marktmechanismen.

Die Anforderungen des Art. 23 und 30 DS-GVO sind als eigenständige Rechtspflicht ausgestaltet. Verstöße hiergegen können nach Art. 79 DS-GVO zu aufsichtsbehördlichen Sanktionen führen, angefangen bei Verwarnungen über regelmäßige Überprüfungen bis hin zu Bußgeldern. Darüber hinaus wird bei sonstigen Verstößen – etwa gegen die materiellen Voraussetzungen einer rechtmäßigen Datenverarbeitung – der (fehlende) Einsatz von Datenschutz durch Technik bei der Bestimmung der Ordnungsstrafe berücksichtigt.

Die Wirkung eines Verstoßes gegen die Vorschriften des technischen Datenschutzes ist nicht ausdrücklich geregelt. Der EuGH misst aber zumindest der Datensicherheit einen hohen Stellenwert bei und hat in seiner Entscheidung zur Vorratsdatenspeicherung die betreffende Richtlinie 2006/24/EG auch wegen eines Verstoßes hiergegen für ungültig erklärt (EuGH, ECLI:EU:C:2014:238, Rn. 66 f.). Die Regelungen zur Datensicherheit nach Art. 30 DS-GVO genießen folglich den Status von materiellen Verarbeitungsvoraussetzungen. Sind diese Rahmenbedingungen nicht gewährleistet, darf überhaupt keine Datenverarbeitung stattfinden (vgl. zum dt. Recht Karg 2015, Rn. 119; Plath 2013, S. 19). Für die Regelungen des Datenschutzes durch Technik nach Art. 23 Abs. 1 DS-GVO bleibt dies unklar. Hier kann die Argumentation zu § 3a BDSG herangezogen werden (siehe 4.3.1.2). Zwar wählt die Verordnung mit ihrem Fokus auf Verarbeitungsgarantien einen breiteren und weniger an der Datensparsamkeit orientierten Ansatz, die Argumente für eine Ausgestaltung als bloßes Optimierungsgebot und gegen eine als Verarbeitungsvoraussetzung greifen jedoch auch hier. Eine Datenverarbeitung, die sich tatsächlich an die Vorgaben der DS-GVO hält, dürfte darum nicht allein deshalb rechtswidrig werden, weil die nötige technische Absicherung hierfür fehlt.

3.3.2 Datenschutzsiegel – Auditierung und Zertifizierung

Der Parlamentsentwurf führt in Art. 39 DS-GVO ein „Europäisches Datenschutzsiegel" in die Verordnung ein, mit dem sich Unternehmen bestätigen lassen können, dass ihre Verarbeitung personenbezogener Daten im Einklang mit der Verordnung steht. Das Instrument ist dabei nicht vollkommen neu. So wird in § 9a BDSG ein – nie in Kraft getretenes – Datenschutzauditgesetz angekündigt. Eine praktische Anwendung hat das Instrument jedoch bisher nur durch das ULD Schleswig-Holstein gefunden.

Prüfungsmaßstab und Verfahren

Hinsichtlich des dem Siegel zugrundeliegenden Prüfprozesses kann allgemein zwischen der Prüfung von Verfahren (Auditierung) und Produkten und Dienstleistungen (Zertifizierung) unterschieden werden. Die Regelungen in Art. 39 DS-GVO machen diese Unterscheidung nicht. So legt die Formulierung in Abs. 1a nahe, dass das gesamte Verfahren geprüft wird, mithin ein Audit stattfindet. Trotzdem wird stets nur von Zertifizierung gesprochen. Auch im Erwägungsgrund 77 ist vom Datenschutzniveau von Erzeugnissen die Rede. Ansätze der Produktzertifizierung finden sich weiterhin in Abs. 2a, demzufolge der europäische Datenschutzausschuss – ein Gremium der unabhängigen Aufsichtsbehörden – datenschutzfreundliche technische Standards zertifizieren kann (Hornung und Hartl 2014, S. 223). Der Sache nach gibt es keinen Grund, warum nicht auch Dienstleistungen und Produkte zertifiziert werden sollten.

Das Siegel wird durch die staatlichen Datenschutzaufsichtsbehörden für höchstens fünf Jahre erteilt. Die eigentliche Prüfung können die Aufsichtsbehörden selbst vornehmen oder dafür spezialisierte dritte Prüfer akkreditieren (Borges 2014, S. 168). Den Prüfungsmaßstab bilden sämtliche Regelungen der Verordnung, insbesondere die der Art. 5, 23 und 30 DS-GVO (kritisch zum Prüfungsumfang Dehmel und Hullen 2013, S. 151). Das

Verfahren ist freiwillig und muss vom betreffenden Unternehmen selbst beantragt werden. Das Datenschutzsiegel stellt daher keine repressive Maßnahme dar, sondern folgt vielmehr dem Ansatz, Datenschutz mit Marktanreizen durchzusetzen. Unternehmen, die ein Datenschutzsiegel vorweisen können, sind – so die der Regelung zugrundeliegende Annahme – vertrauenswürdiger als solche ohne Siegel und erlangen so einen Wettbewerbsvorteil (Hornung und Hartl 2014, S. 219 f.).

Anreizsystem

Das Datenschutzsiegel bescheinigt jedoch nur die Selbstverständlichkeit der Einhaltung geltenden Rechts. Wenngleich dies den damit verbundenen Werbeeffekt etwas schmälert, verliert das Siegel dadurch nicht gänzlich an Attraktivität. Zum einen besteht gerade bei neuen Technologien – wie denen der Industrie 4.0 – Unsicherheit hinsichtlich ihrer Rechtskonformität. Zum anderen enthält der Prüfungsmaßstab mit den Vorschriften zum Datenschutz durch Technik durchaus dynamische Elemente (ebd., S. 220 f., 223). Vor diesem Hintergrund wäre jedoch eine stärker auf den Grundsatz der Datenvermeidung ausgerichtete Konzeption des Art. 23 Abs. 1 DS-GVO wünschenswert gewesen. So ist es nicht vorgesehen, verantwortliche Stellen herauszuheben, deren technische Maßnahmen sich nicht in den geforderten Verfahrensgarantien erschöpfen, sondern vielmehr etwa eine anonyme oder pseudonyme Nutzung zu ermöglichen. Gleiches gälte für Produkte, die dies ermöglichen und insofern besonders datenschutzfreundlich sind. Sie können ihre Marktvorteile bei insgesamt abgesenkten Anforderungen für die Zertifizierung nicht voll ausspielen. Letztlich wird hier viel davon abhängen, wie die Aufsichtsbehörden und ihre Akkreditierungsstellen den Prüfungsmaßstab interpretieren.

Neu und beachtenswert sind jedoch die rechtlichen Anreize einer Siegelerteilung. Die für die Datenübermittlung ins Ausland notwendige Garantie ist erfüllt, wenn nach Art. 42 Abs. 2 lit. aa DS-GVO sowohl übermittelnde als auch empfangende Stelle über ein Datenschutzsiegel verfügen. Auch für die Auftragsdatenverarbeitung genügt es nach § 26 Abs. 3a DS-GVO, wenn der Auftragnehmer über ein Datenschutzsiegel verfügt (Borges 2014, S. 168; Roßnagel und Kroschwald 2014, S. 498). Das Datenschutzsiegel erweist sich hier den bisherigen Regelungsinstrumenten (siehe 4.2) als überlegen. Bei der Datenübermittlung ins Ausland wird die empfangende Stelle nicht nur vertraglich zur Einhaltung gleichwertiger Datenschutzstandards verpflichtet, sondern diesbezüglich im Rahmen des Audits von einer unabhängigen Stelle auch kontrolliert. Im Falle der Auftragsdatenverarbeitung wird der Auftraggeber von seinen bisweilen kaum zu realisierenden Kontrollpflichten befreit und kann diese Aufgabe auf eine unabhängige und vertrauenswürdige Stelle wie die Aufsichtsbehörde bzw. einen von ihr akkreditierten Prüfer auslagern. Damit wird in beiden Fällen der Datenschutz effektiver durchgesetzt ohne gleichzeitig legitime Geschäftsmodelle unmöglich zu machen. Schließlich fällt ein Siegel nach § 79 Abs. 2b DS-GVO bei der Verhängung etwaiger Geldbußen wegen Datenschutzverstößen mildernd ins Gewicht (kritisch Härting 2013, S. 721).

Siegel in Wertschöpfungsketten

Datenschutzsiegel sollen auch zwischen datenverarbeitenden Unternehmen Vertrauen schaffen. Indem die Prüfung durch vertrauenswürdige Dritte und bereits im Vorfeld vorgenommen wurde, entlastet sie die unmittelbaren Partner. Der Einsatz von Datenschutzsiegeln dürfte sich dadurch besonders in Wertschöpfungsnetzwerken empfehlen, in denen Kooperationen mit verschiedensten Unternehmen flexibel eingegangen und wieder gelöst werden können. So ist es denkbar, die Teilnahme an einem solchen Netzwerk von einem Datenschutzsiegel abhängig zu machen. Der Anwärter müsste sich dann zunächst einer Auditierung unterziehen. Das gesamte Netzwerk ließe sich hingegen nicht auditieren. Sowohl die Auditierung als auch die Siegelvergabe selbst beziehen sich allein auf die jeweils verantwortliche Stelle, nicht auf einen Verbund von Stellen. Werden in dem Netzwerk jedoch standardisierte IT-Produkte für den Datenaustausch verwendet, können diese zertifiziert werden. Die Tatsache, dass in einem Datenverarbeitungsverfahren zertifizierte Produkte Verwendung finden, erleichtert wiederum die Auditierung dieses Verfahrens. Besonders vor diesem Hintergrund ist eine genauere Regelung der Produktzertifizierung wünschenswert.

3.3.3 Selbstregulierung

Neben der Zertifizierung und Auditierung sieht die Datenschutzgrundverordnung mit der Förderung der Selbstregulierung ein zweites Instrument vor, welches eher mit Marktanreizen operiert (Kranig und Peintinger 2014). Das Ziel ist die Verabschiedung von branchenspezifischen Verhaltensregeln, welche die Anwendung der Datenschutzgrundverordnung konkretisieren. Sie sollen neben materiellen Vorschriften zur Rechtmäßigkeit der Datenverarbeitung auch Mechanismen vorsehen, mit denen ihre Einhaltung überwacht und sichergestellt wird.

Die Verhaltensregeln werden von den Branchenverbänden entworfen und der Aufsichtsbehörde – bei Regeln, die mehr als einen Mitgliedstaat betreffen, der EU-Kommission – vorgeschlagen. Diese entscheidet dann, ob die im Entwurf vorgesehene Datenverarbeitung mit der Datenschutzgrundverordnung vereinbar ist. Alternativ kann die Aufsichtsbehörde auch eigeninitiativ Verhaltensregeln ausarbeiten. Ob sich ein Branchenunternehmen den Verhaltensregeln unterwirft, ist seine Entscheidung – von allein entfalten die Regeln keine Bindung.

Die Möglichkeit Verhaltensregeln aufzustellen bestand bisher schon nach § 38a BDSG, wurde aber wenig genutzt.[5] Nun ist sie nicht nur europaweit geregelt, sondern – ähnlich wie die Datenschutzsiegel – auch mit rechtlichen Anreizen versehen, die über die – zwangsläufige – Rechtssicherheit gegenüber der bestätigenden Aufsichtsbehörde hinausgehen. Sie konkretisiert nach Art. 14 Abs. 2a DS-GVO die teilweise sehr umfangreichen Informationspflichten der verantwortlichen Stelle, sie berechtigt nach Art. 22 Abs. 3a DS-GVO zur europaweiten Übermittlung von Daten zwischen Konzernunternehmen und sie

---

[5] Lediglich der Antrag des Gesamtverbands der Deutschen Versicherungswirtschaft e. V. (GDV) wurde durch den Berliner Beauftragten für Datenschutz und Informationsfreiheit nach § 38a Abs. 2 BDSG positiv beschieden.

dient schließlich nach Art. 26 Abs. 3a DS-GVO dem Nachweis der notwendigen Garantien des Auftragsdatenverarbeiters.

3.3.4 Data Breach Notification

Aus der deutschen Gesetzgebung übernimmt die Datenschutzgrundverordnung die Berichtspflichten bei Verletzungen des Schutzes personenbezogener Daten, die sog. Data Breach Notification in § 42a BDSG (befürwortend Hornung 2013, S. 14). Dabei unterscheidet sie hinsichtlich der Benachrichtigungsschwelle sowie hinsichtlich der Adressaten. So muss der Auftragsdatenverarbeiter an die verantwortliche Stelle und diese die Aufsichtsbehörden nach Art. 31 DS-GVO unverzüglich bei jedem Verstoß informieren. Die Mitteilung muss die Art der Verletzung, die Folgen und Maßnahmen zu deren Eindämmung und die eingeleiteten Gegenmaßnahmen enthalten, kann aber ggf. auch stufenweise erfolgen. Die betroffenen Personen selbst sind nach Art. 32 Abs. 1 DS-GVO nur zu informieren, wenn die Wahrscheinlichkeit einer tatsächlichen Beeinträchtigung besteht (krit. Eckhardt und Kramer 2013, S. 292). Waren die betreffenden Daten verschlüsselt, muss nach Art. 32 Abs. 3 DS-GVO in keinem Fall informiert werden (hierfür auch EU-Ministerrat 2014, S. 7). Dennoch hat die Aufsichtsbehörde nach Art. 31 Abs. 4a DS-GVO ein öffentliches Verzeichnis über die ihr gemeldeten Verstöße anzulegen.

4 Unternehmensgeheimnisse

Die Anwendbarkeit des Datenschutzrechts ist nach § 3 Abs. 1 BDSG auf natürliche Personen beschränkt. Angaben über juristische Personen oder Personengesellschaften[6] werden hierdurch nicht geschützt; die aufgezeigten Prinzipien und Instrumente finden keine Anwendung. Stattdessen greift hier der Schutz von Unternehmensgeheimnissen. Die ähnlichen Gefährdungslagen bei natürlichen Personen und Unternehmen legen einen Vergleich der beiden Schutzinstrumente nahe.

4.1 Grundsätze des Schutzes von Unternehmensgeheimnissen

Der Schutz von Unternehmensgeheimnissen ist nicht wie der von personenbezogenen Daten zentral geregelt. Er findet sich vielmehr punktuell in unterschiedlichen Regelungsmaterien, folgt jedoch stets einem gemeinsamen Grundgedanken (Wolff 1997, S. 98). Den Schwerpunkt bildet aber der wettbewerbsrechtliche Schutz in Art. 17 UWG.

---

[6] Trotz der strukturellen Unterschiede von juristischen Personen und Personengesellschaften ergeben sich für die in diesem Beitrag diskutierten Probleme keine relevanten Unterschiede. Ausführungen zu juristischen Personen beziehen sich im Folgenden darum stets auch auf Personengesellschaften.

Die Schwelle für einen gesetzlichen Schutz von Unternehmensgeheimnissen ist ungleich höher als die von personenbezogenen Daten. Als Unternehmensgeheimnisse sind nur nicht offenkundige Tatsachen geschützt, bezüglich derer ein Geheimhaltungswille (wenn auch implizit) geäußert wurde und an denen ein Geheimhaltungsinteresse besteht (BVerfGE 115, S. 205, 230; BGH, GRUR 2003, S. 356, 358; BGH, GRUR 2006, S. 1044, 1046; BGH, GRUR 2009, S. 603, 604). Hinzu kommt, dass es sich bei Unternehmensgeheimnissen nicht notwendigerweise um Angaben über das Unternehmen handelt, sondern vielmehr um Wissen des Unternehmens (vgl. Harte-Bavendamm 2013, Rn. 2). Inhaber eines Geheimnisses ist also stets derjenige, in dessen Machtbereich es entstanden ist (Hofmann 2013, S. 214 f.)

Unternehmensgeheimnisse werden zudem nicht umfassend, also nicht vor jeder Form des Umgangs mit ihnen geschützt. Verboten ist vielmehr nur die unbefugte Offenbarung, Verschaffung und Sicherung. Eine Verwertung von fremden Unternehmensgeheimnissen ist nur unrechtmäßig, wenn diese Geheimnisse zuvor unbefugt erlangt wurden. Dies ist aber gerade nicht der Fall, wenn die Informationen – etwa im Rahmen einer Unternehmenskooperation – untereinander ausgetauscht wurden. Damit besteht kein Schutz dieser Informationen gegen eine zweckändernde Nutzung durch einen Dritten, der diese Daten ursprünglich rechtmäßig erlangt hat (Stancke 2013, S. 1421; Wolff 1997, S. 100).

Das Schutzkonzept ist also – im Gegensatz zum verarbeitungsorientierten Datenschutz – datenorientiert ausgelegt. Der Gesetzgeber geht davon aus, dass die ausgetauschten Daten selbst schon alle wettbewerbsrelevanten Informationen enthalten. Das mag für Konstruktionspläne oder Kundenlisten zutreffen, Rohdaten zur gegenseitigen Maschinensteuerung gewinnen ihre Bedeutung aber erst in der richtigen Verknüpfung mit anderen Daten. Hierin liegt der entscheidende Verarbeitungsschritt. Die Erkenntnisse, die aus dieser Verknüpfung von Daten abgeleitet werden können, sind folglich Unternehmensgeheimnisse desjenigen, der diesen Verarbeitungsschritt vorgenommen hat. Der bestehende gesetzliche Schutz von Unternehmensgeheimnissen erweist sich darum für Industrie 4.0-Anwendungen als unzureichend (Hofmann 2013, S. 215).

4.2   Lösungsansätze aus dem Bereich des Datenschutzes

Die Lücken im gesetzlichen Schutz von Unternehmensgeheimnissen können und sollten mit vertraglichen Regelungen unter den Beteiligten geschlossen werden. Das betrifft vor allem die Grundsätze des verarbeitungsorientierten Datenschutzes. Auch Daten zur Maschinen- und Logistiksteuerung sollten nur im Rahmen der vertraglichen Vereinbarung der Beteiligten verarbeitet werden dürfen (Verbotsprinzip). Dabei hat sich das verarbeitende Unternehmen an den Zweck zu halten, zu dem die Daten weitergegeben wurden (Zweckbindung). Je mehr Daten für einen – wenn auch legitimen – Zweck verwendet werden, desto größer ist die Gefahr, dass auch eine zweckändernde Verarbeitung stattfindet. Darum sollte sich die Datenverarbeitung auf das für die spezifische Zweckerreichung Erforderliche beschränken (Erforderlichkeitsprinzip).

Auch für die Umsetzung dieser – vertraglich vereinbarten – Schutzziele können Anleihen am Datenschutzrecht genommen werden. So macht es ein Einsatzszenario autonom agierender und datenaustauschender Maschinen unumgänglich, die vereinbarten Verarbeitungsgrundsätze durch die Technik selbst umzusetzen. Derartige Ansätze wurden bereits demonstriert. So werden die im RAN-Projekt zur Steuerung des Logistiknetzwerkes ausgetauschten Event-Daten nicht einfach jedem Beteiligten gleichermaßen zugänglich gemacht. Statt auf zentrale, setzt das System auf konföderierte Datenbanken, jeweils eine pro beteiligtem Unternehmen. Dort ist die Berechtigung der jeweils anderen Datenbank hinterlegt, sodass diese auch nur die erforderlichen Event-Daten erhält (http://www.autonomik.de/de/ran.php).

Gerade in großen und evtl. flexibel gestalteten Wertschöpfungsnetzwerken stellt es womöglich einen abschreckenden Aufwand dar, wenn jedes Unternehmen den Umgang mit seinen Geheimnissen vorab regeln muss. Eventuell zeichnet sich diesbezüglich auch ein strukturelles Ungleichgewicht zwischen KMUs und Großunternehmen ab. In diesem Fall könnte auf die Selbstregulierung durch Verhaltensregeln zurückgegriffen werden, die jede Branche für sich setzt.

In den meisten Fällen wird sich zumindest die Frage stellen, wie die Einhaltung der vereinbarten Grundsätze zum Schutz der Unternehmensgeheimnisse sichergestellt werden kann. Hier empfiehlt es sich auf die Instrumente der Auditierung und Zertifizierung zurückzugreifen. Wie bereits oben (3.3.2) beschrieben, könnte die Aufnahme eines Unternehmens von einer Auditierung abhängig gemacht oder die Verwendung von zertifizierten Produkten vorgeschrieben werden.

Literatur

acatech (Deutsche Akademie der Technikwissenschaften). (2013). Umsetzungsempfehlungen für das Zukunftsprojekt Industrie 4.0. Abschlussbericht des Arbeitskreises Industrie 4.0. Frankfurt a. M. http://plattform-i40.de/umsetzungsempfehlungen-f%C3%BCr-das-zukunftsprojekt-industrie-40-0.

Bäumler, H. (1999). Das TDDSG aus Sicht eines Datenschutzbeauftragten. *Datenschutz und Datensicherheit, 23*(5), 258–262.

Bizer, J. (1999). Datenschutz durch Technikgestaltung. In H. Bäumler & A. von Mutius (Hrsg.), *Datenschutzgesetze der dritten Generation. Texte und Materialien zur Modernisierung des Datenschutzrechts* (S. 28–59). Neuwied: Luchterhand.

Borges, G. (2014). Cloud Computing und Datenschutz. Zertifizierung als Ausweg aus einem Dilemma. *Datenschutz und Datensicherheit, 38*(3), 165–169.

Dammann, U. (2014). § 3 BDSG. In S. Simitis (Hrsg.), *Bundesdatenschutzgesetz.* Kommentar (8. Aufl.). Baden-Baden: Nomos (NomosKommentar).

Dehmel, S., & Hullen, N. (2013). Auf dem Weg zu einem zukunftsfähigen Datenschutz in Europa? Konkrete Auswirkungen der DS-GVO auf Wirtschaft, Unternehmen und Verbraucher. *Zeitschrift für Datenschutz, 3*(4), 147–153.

Dix, A. (2003). Kapitel 3.5, Konzepte des Systemdatenschutzes. In A. Roßnagel (Hrsg.), *Handbuch Datenschutzrecht. Die neuen Grundlagen für Wirtschaft und Verwaltung* (S. 363–386). München: C.H. Beck.

Eckhardt, J., & Kramer, R. (2013). EU-DSGVO – Diskussionspunkte aus der Praxis. *Datenschutz und Datensicherheit, 37*(5), 287–294.

EU-Ministerrat (Rat der Europäischen Union). (2014). *Pseudonymisation.* 5332/1/14. Brüssel.

Gola, P., Klug, C., & Körffer, B. (2015). § 4c BDSG. In P. Gola & R. Schomerus (Hrsg.), *BDSG. Kommentar* (12. Aufl.). München: C.H. Beck.

Götz, C. (2013). Grenzüberschreitende Datenübermittlung im Konzern. Zulässigkeit nach BDSG und Entwurf der EU-DS-GVO. *Datenschutz und Datensicherheit, 37*(10), 631–638.

Harte-Bavendamm, H. (2013). § 17. In H. Harte-Bavendamm & F. Henning-Bodewig (Hrsg.), *Gesetz gegen den unlauteren Wettbewerb (UWG). Kommentar* (3. Aufl.). München: C.H. Beck.

Härting, N. (2013). Datenschutzreform in Europa: Einigung im EU-Parlament. Kritische Anmerkungen. *Computer und Recht, 29*(11), 715–721.

Herrmann, J. (2014). Anmerkung zur Reform des europäischen Datenschutzrechts. Harmonisierung unter Wahrung hoher datenschutzrechtlicher Standards. *Zeitschrift für Datenschutz, 4*(9), 439–441.

Hofmann, K. (2013). Schutz der informationellen Selbstbestimmung von Unternehmen in „intelligenten" Netzwerken. *Zeitschrift zum Innovations- und Technikrecht, 1*(4), 210–216.

Hornung, G. (2012a). Eine Datenschutz-Grundverordnung für Europa? Licht und Schatten im Kommissionsentwurf vom 25.1.2012. *Zeitschrift für Datenschutz, 2*(3), 99–106.

Hornung, G. (2012b). Stellungnahme zu den öffentlichen Anhörungen des Innenausschusses des Deutschen Bundestages am 22. Oktober 2012 zu den Vorschlägen der Europäischen Kommission für eine Reform des Datenschutzrechts (KOM (2012) 11 endg. und KOM (2012) 10 endg.). *Ausschuss-Drs, 17*(4), 584 E.

Hornung, G. (2013). Die europäische Datenschutzreform. Stand, Kontroversen und weitere Entwicklung. In M. Scholz & A. Funk (Hrsg.), *DGRI Jahrbuch 2012* (S. 1–24). Köln: Otto Schmidt (Informationstechnik und Recht, 22).

Hornung, G., & Hartl, K. (2014). Datenschutz durch Marktanreize – auch in Europa? Stand der Diskussion zu Datenschutzzertifizierung und Datenschutzaudit. *Zeitschrift für Datenschutz, 4*(5), 219–225.

Karg, M. (2015). § 9 BDSG. In H. A. Wolff & S. Brink (Hrsg.), *Beck'scher Online-Kommentar Datenschutzrecht* (12. Aufl.). München: C.H. Beck.

Kranig, T. (2013). Zuständigkeit der Datenschutzaufsichtsbehörden. Feststellung des Status quo mit Ausblick auf die DS-GVO. *Zeitschrift für Datenschutz, 3*(11), 550–557.

Kranig, T., & Peintinger, S. (2014). Selbstregulierung im Datenschutzrecht. Rechtslage in Deutschland, Europa und den USA unter Berücksichtigung des Vorschlags zur DS-GVO. *Zeitschrift für Datenschutz, 4*(1), 3–9.

Kühling, J. (2007). Datenschutz in einer künftigen Welt allgegenwärtiger Datenverarbeitung. *Die Verwaltung, 40*(2), 153–172.

Nägele, T., & Jacobs, S. (2010). Rechtsfragen des Cloud Computing. *Zeitschrift für Urheber- und Medienrecht, 54*(4), 281–292.

Nguyen, A. M. (2014). Die Verhandlungen um die EU-Datenschutzgrundverordnung unter litauischer Ratspräsidentschaft. *Recht der Datenverarbeitung, 30*(1), 26–30.

Petri, T. B. (2014). § 11 BDSG. In S. Simitis (Hrsg.), *Bundesdatenschutzgesetz. Kommentar* (8. Aufl.). Baden-Baden: Nomos (NomosKommentar).

Plath, K.-U. (2013). § 9 BDSG. In K.-U. Plath (Hrsg.), *BDSG. Kommentar zum BDSG sowie den Datenschutzbestimmungen von TMG und TKG.* Köln: Otto Schmidt.

Richter, P. (2012). Datenschutz durch Technik und die Grundverordnung der EU-Kommission. *Datenschutz und Datensicherheit, 36*(8), 576–580.

Roßnagel, A. (2003). Kapitel 3.4, Konzepte des Selbstdatenschutzes. In A. Roßnagel (Hrsg.), *Handbuch Datenschutzrecht. Die neuen Grundlagen für Wirtschaft und Verwaltung* (S. 327–361). München: C.H. Beck.

Roßnagel, A. (2007). *Datenschutz in einem informatisierten Alltag. Gutachten im Auftrag der Friedrich-Ebert-Stiftung.* Berlin: Friedrich-Ebert-Stiftung (Medien- und Technologiepolitik).

Roßnagel, A., Kroschwald, S. (2014). Was wird aus der Datenschutzgrundverordnung? Die Entschließung des Europäischen Parlaments über ein Verhandlungsdokument. *Zeitschrift für Datenschutz, 4*(10), 495–500.

Roßnagel, A., Pfitzmann, A., & Garstka, H. (2001). *Modernisierung des Datenschutzrechts. Gutachten im Auftrag des Bundesministeriums des Innern.* Berlin: Bundesministerium des Innern (BMI).

Roßnagel, A., Richter, P., & Nebel, M. (2013). Besserer Internetdatenschutz für Europa. Vorschläge zur Spezifizierung der DS-GVO. *Zeitschrift für Datenschutz, 3*(3), 103–108.

Sädtler, S. (2013a). Aktuelle Rechtsfragen des Cloud Computing. Identitätsmanagement, Einsatz elektronischer Ausweise. In J. Taeger (Hrsg.), *Law as a Service. Recht im Internet- und Cloud-Zeitalter.* Tagungsband DSRI Herbstakademie 2013 (S. 251–270). Edewecht: OlWIR.

Sädtler, S. (2013b). Aktuelle Rechtsfragen des Datenschutzes und der Datensicherheit im Cloud Computing. *Praxis der Informationsverarbeitung und Kommunikation, 36*(3), 165–173.

Schantz, P. (2014). § 4c BDSG. In H. A. Wolff & S. Brink (Hrsg.), *Beck'scher Online-Kommentar Datenschutzrecht* (12. Aufl.). München: C.H. Beck.

Schneider, J., Härting, N. (2012). Wird der Datenschutz nun endlich internettauglich? Warum der Entwurf einer Datenschutz-Grundverordnung enttäuscht. *Zeitschrift für Datenschutz, 2*(5), 199–203.

Scholz, P. (2014). § 3a BDSG. In S. Simitis (Hrsg.), *Bundesdatenschutzgesetz. Kommentar* (8. Aufl.). Baden-Baden: Nomos (NomosKommentar).

Schulz, S. (2014). § 3a BDSG. In H. A. Wolff & S. Brink (Hrsg.), *Beck'scher Online-Kommentar Datenschutzrecht* (12. Aufl.). München: C.H. Beck.

Simitis, S. (2000a). Auf dem Weg zu einem neuen Datenschutzkonzept. Die zweite Novellierungsstufe des BDSG. *Datenschutz und Datensicherheit, 24*(12), 714–726.

Simitis, S. (2000b). Das Volkszählungsurteil oder der lange Weg zur Informationsaskese – (BVerfGE 65, 1). *Kritische Vierteljahresschrift für Gesetzgebung und Rechtswissenschaft, 83*(4), 359–375.

Simitis, S. (2010). Die EG-Datenschutzrichtlinie: eine überfällige Reformaufgabe. In F. Herzog & U. Neumann (Hrsg.), *Festschrift für Winfried Hassemer* (S. 1235–1248). Heidelberg: Müller.

Simitis, S. (2014a). § 4c BDSG. In S. Simitis (Hrsg.), *Bundesdatenschutzgesetz. Kommentar* (8. Aufl.). Baden-Baden: Nomos (NomosKommentar).

Simitis, S. (2014b). Einleitung. In S. Simitis (Hrsg.), *Bundesdatenschutzgesetz. Kommentar* (8. Aufl.). Baden-Baden: Nomos (NomosKommentar).

Spies, A. (2013). Keine „Genehmigungen" mehr zum USA-Datenexport nach Safe Harbor? Übertragung personenbezogener Daten aus Deutschland in die USA. *Zeitschrift für Datenschutz, 3*(11), 535–538.

Spoerr, W. (2015). § 11 BDSG. In H. A. Wolff & S. Brink (Hrsg.), *Beck'scher Online-Kommentar Datenschutzrecht* (12. Aufl.). München: C.H. Beck.

Stancke, F. (2013). Grundlagen des Unternehmensdatenschutzrechts – gesetzlicher und vertraglicher Schutz unternehmensbezogener Daten im privaten Wirtschaftsverkehr. *Betriebs-Berater, 68*(24), 1418–1425.

Wolff, H. A. (1997). Der verfassungsrechtliche Schutz der Betriebs- und Geschäftsgeheimnisse. *Neue Juristische Wochenschrift, 50*(2), 98–101.

Wolff, H. A. (2013). Prinzipien. In H. A. Wolff & S. Brink (Hrsg.), *Beck'scher Online-Kommentar Datenschutzrecht* (12. Aufl.). München: C.H. Beck.

Wybitul, T., & Fladung, A. (2012). EU-Datenschutz-Grundverordnung – Überblick und arbeitsrechtliche Betrachtung des Entwurfs. *Betriebs-Berater, 67*(8), 509–515.

Teil IV

Industrie 4.0: Wirtschaftlichkeit, Effizienz und Kalkulation

Betriebswirtschaftliche Wirkungen digital vernetzter Fertigungssysteme – Eine Analyse des Einsatzes moderner Manufacturing Execution Systeme in der verarbeitenden Industrie

Robert Obermaier und Victoria Kirsch

1 Problemstellung

Unter dem Stichwort „Industrie 4.0" wird derzeit in Deutschland nicht weniger als die Vierte Industrielle Revolution ausgerufen. Nach der Mechanisierung, der Automatisierung und der Digitalisierung stehe nun das Zeitalter der Vernetzung vor der Tür. Zwar war eine Vernetzung industrieller Infrastruktur schon in den 1990er Jahren mit dem Konzept des Computer-Integrated Manufacturing (CIM) angedacht. Dabei wurde eine Integration von betriebswirtschaftlichen Planungs- und Steuerungsaufgaben mit den primär technisch orientierten Aufgaben der Produktion angestrebt (Scheer 1987; Becker 1992).

Aus heutiger Sicht ist jedoch zu konstatieren, dass diese Vernetzung nur zu Teilen realisiert wurde. Während die (betriebswirtschaftliche) Produktionsplanung zumeist im Rahmen von etablierter ERP-Software weitgehend EDV-gestützt abläuft, existieren kaum Anbindungen weder an die physische Fertigungssteuerung im sog. shop floor noch an die (technischen) Funktionen Konstruktion oder NC-Programmierung. Stattdessen finden sich in vielen Fertigungsbetrieben überwiegend informationstechnische Insellösungen. Damit aber bestehen Potentiale fort, um mit dem Übergang zu einem digital vernetzten Gesamtsystem eine engere Abstimmung von betriebswirtschaftlicher und technischer Informationsverarbeitung (nicht nur) im Fertigungssektor zu erreichen.

R. Obermaier (✉)
Innstraße 27, 94032 Passau, Deutschland
E-Mail: controlling@uni-passau.de

V. Kirsch
Maschinenfabrik Reinhausen, Falkensteinstraße 8, 93059 Regensburg, Deutschland
E-Mail: V.Kirsch@reinhausen.com

© Springer Fachmedien Wiesbaden 2016
R. Obermaier (Hrsg.), *Industrie 4.0 als unternehmerische Gestaltungsaufgabe*,
DOI 10.1007/978-3-658-08165-2_12

Basistechnologie dieser Vernetzung stellen sog. Manufacturing Execution Systeme (MES) dar, die insbesondere eine Anbindung von Systemen der Produktionsplanung mit der physischen Produktion, dem sog. shop floor, leisten sollen, aber ebenso die technischen Funktionen integrieren sollen.

Investitionen in derartige Systeme sind regelmäßig nicht unerheblich und daher begründungsbedürftig. Außerdem sind deren Wirkungen bislang weitgehend unerforscht. Der vorliegende Beitrag hat daher zum Ziel, zu klären, 1) welche produktionswirtschaftliche Neuerung den Kern der Vernetzungsvision von Industrie 4.0 ausmacht, was insbesondere a) unter einem digital vernetzten Fertigungssystem zu verstehen und b) wie es zu realisieren ist, um schließlich 2) zu analysieren, welche Wirtschaftlichkeitseffekte beim Übergang auf eine entsprechend digital vernetzte Fertigung zu erwarten sind.

Zur Beantwortung dieser Forschungsfragen wird auf eine im Grunde klassische experimentelle Anordnung zurückgegriffen. Am Beispiel eines realen Industriebetriebs wird im Rahmen eines Vorher-Nachher-Vergleichs jeweils eine detaillierte Prozeßanalyse im Bereich der Fertigung vor und nach Implementierung eines digital vernetzenden Fertigungssteuerungssystems durchgeführt. Die dabei gewonnenen Ergebnisse lassen signifikante Produktivitätswirkungen erkennen, die die Wettbewerbsfähigkeit von Industriebetrieben entscheidend verbessern können und überdies zur Wirtschaftlichkeitsbeurteilung vor Einführung entsprechender Systeme genutzt werden können.

2   Die digital vernetzte Fabrik als Untersuchungsobjekt

2.1   Die CIM-Vision der digitalen Fabrik

Im Bereich der Fertigung wurde der Ansatz einer integrierten Informationsverarbeitung früh mit dem Konzept des *Computer Integrated Manufacturing* (CIM) aufgegriffen. Darunter versteht man die integrierte Informationsverarbeitung aller mit der Leistungserstellung zusammenhängenden Bereiche, wobei zwischen den primär technischen Funktionen Konstruktion, Arbeitsplanung, NC-Programmierung und Instandhaltung sowie den primär betriebswirtschaftlichen Funktionen der Produktionsplanung und -steuerung (PPS) einschließlich Qualitätssicherung unterschieden wird (Scheer 1987; Becker 1992). Können diese beiden Stränge im Stadium der Planung noch getrennt voneinander – sinnvollerweise aber unter Rückgriff auf integrierte Datenbanken (z. B. Stücklisten, Arbeitspläne, Betriebsmitteldaten) – durchlaufen werden, ist, sobald das Stadium der Planung abgeschlossen ist und die Steuerung der physischen Produktion beginnt, eine enge Verzahnung der nachfolgenden Steuerungsaufgaben erforderlich (Abb. 1).

Die Realisierung dieser integrierten Informationsverarbeitung stellt besonders hohe Anforderungen an die Betriebsorganisation. Aus heutiger Sicht ist zu konstatieren, dass der theoretische Anspruch des CIM-Konzepts in der Praxis bislang nicht erreicht wurde. Nach wie vor finden sich informationstechnische Insellösungen in Industriebetrieben.

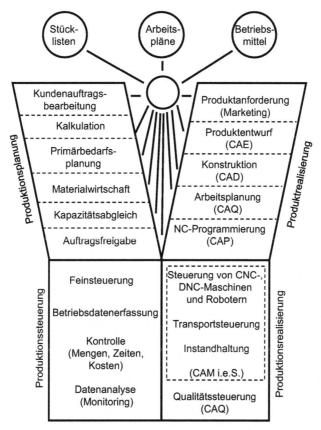

Abb. 1 Integrierte Informationsverarbeitung nach dem CIM-Konzept. (Quelle: Kiener et al. 2012, in Anlehnung an Scheer 1987)

Ein durchgängiger Datenfluß in der Fertigung scheitert zumeist an der Vielzahl und Vielfalt der beteiligten Kommunikationsschnittstellen. Im Extremfall kommuniziert jeder Akteur in einer Fertigung mit Hilfe von unterschiedlichen Schnittstellen mit jedem anderen Akteur. Die Anzahl an Schnittstellen S einer dementsprechend bilateral stattfindenden Kommunikation zwischen n Akteuren, wie sie durch Insellösungen in der Fertigung auftreten, folgt logisch folgendem Zusammenhang:

$$S(n) = n(n-1) \tag{1}$$

Dass die Vielzahl der so entstehenden Schnittstellen zwischen den beteiligten Akteuren Kommunikationsprobleme mit sich bringt, liegt auf der Hand. Je mehr Kommunikationen ablaufen bzw. je mehr Schnittstellen in einem Kommunikationsprozeß auftreten, desto größer ist die Wahrscheinlichkeit für auftretende Probleme. Zudem ist der Aufwand für die technische Definition und Dokumentation entsprechender Schnittstellen sowie für deren Implementierung und Pflege erheblich.

Neben diesen Schnittstellenproblemen gibt es weitere Hindernisse für einen durchgängigen Datenfluß in der Fertigung. Beispielhaft sei der Bereich der Werkzeugvoreinstellung zur Veranschaulichung herausgegriffen. In vielen Betrieben ist bis dato die Weitergabe von Werkzeugvoreinstelldaten in elektronischer Form nur bedingt möglich. Die Weitergabe der Informationen zwischen den Maschinen erfolgt stattdessen in der Regel auf Papier und die generierten Werkzeugdaten müssen unter erheblichem Zeitaufwand manuell in die Maschinensteuerung der jeweiligen NC-Maschine übertragen werden. Die manuelle Erfassung der Daten zu Werkzeugbe- und -entladungen kann darüber hinaus zu Fehlern und Ungewißheiten über die tatsächliche Bestückung des Werkzeugmagazins der NC-Maschinen führen. Dies hat unmittelbar ungünstige Auswirkungen auf die Rüstzeiten der NC-Maschinen und den Bestand an vorkonfektionierten Werkzeugen sowie den hierfür erforderlichen vorzuhaltenden (und relativ teuren) Werkzeugkomponenten.

Damit bestehen Potentiale, mit dem Übergang zu einem vernetzten Gesamtsystem eine engere Abstimmung von betriebswirtschaftlicher und technischer Informationsverarbeitung im Fertigungssektor zu erreichen, um so Produktivitätssteigerungen zu realisieren.

2.2 Die Industrie 4.0-Vision der digital vernetzten Fabrik

Die dargestellten Schwierigkeiten mit der alten „Fabrik der Zukunft" vom Schlage CIM stellen faktisch den Ausgangspunkt der unter dem Schlagwort Industrie 4.0 derzeit diskutierten Vision einer digital vernetzten neuen „Fabrik der Zukunft" dar. Deren Kern bilden sog. *cyber-physische Systeme* (CPS) die a) mittels Sensoren Daten erfassen, mittels eingebetteter Software aufbereiten und mittels Aktoren auf reale Vorgänge einwirken, b) über eine Dateninfrastruktur, wie z. B. das Internet, kommunizieren und c) über Mensch-Maschine-Schnittstellen verfügen, mithin also Maschinen und Systeme über Internettechnologie vernetzen (Acatech 2012).

Im Bereich der Fertigung sind dabei sog. *Manufacturing Execution Systeme* (MES) der kritische Baustein zur Etablierung cyber-physischer Systeme, die als a) interoperables, b) echtzeitfähiges und c) webfähiges Bindeglied zwischen dem ERP- oder dem PPS-System und der physischen Fertigung (shop floor) fungieren und so die fehlende Vernetzung aller Akteure bewirken (Obermaier et al. 2010).

Mit der informationstechnischen Vernetzung der am Fertigungsprozeß beteiligten Akteure (v. a. ERP-System, PPS-System, CNC-Programmierung, Werkzeugverwaltung, Meßgeräte, Werkzeuglagersystem, CNC-Maschinen, Qualitätssicherung) sollen Informationen bereitgestellt und Produktionsabläufe vom Anlegen eines Auftrags, über die Fertigungssteuerung bis hin zum fertigen Produkt möglichst effizient gestaltet werden. Der Rückgriff auf aktuelle und exakte Daten soll eine schnelle Reaktion auf den Fertigungsablauf beeinflussende Bedingungen erlauben und zu verbesserten Fertigungs- und Prozeßabläufen führen. Zudem kann dabei von bislang mit proprietären Datenformaten parallel arbeitenden Insellösungen zu einem interoperablen, weil vernetzten, webbasierten und damit papierlosen MES übergegangen werden.

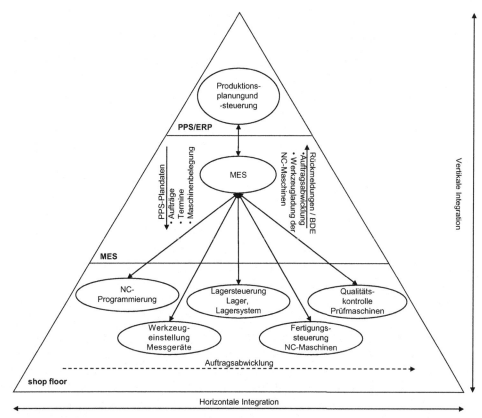

Abb. 2 Integration eines MES in die IT-Gesamtarchitektur eines Industriebetriebs. (Quelle: Obermaier et al. 2010)

Von ganz zentraler Bedeutung für die Vernetzung ist dabei die Rolle eines MES einerseits als Bindeglied zwischen dem PPS- oder ERP-System und der physischen Fertigung (vertikale Integration) und andererseits als Bindeglied zwischen den einzelnen den Fertigungsprozeß ausführenden Akteuren (horizontale Integration) (Abb. 2).

Im Rahmen der vertikalen Integration wird ein vom PPS-System ausgelöster Fertigungsauftrag durch das MES übernommen und auf shop floor-Ebene gesteuert, bis er abgeschlossen ist. Während das PPS-System Aufträge untereinander plant, koordiniert und terminiert (z. B. durch Vergabe von Start-/Endterminen), kommt dem MES eine Steuerungsaufgabe innerhalb der Abarbeitung der einzelnen Aufträge zu. Zudem werden sowohl Teilschritte als auch abgeschlossene Aufträge zurückgemeldet. Durch diese Rückmeldung wird erreicht, dass das PPS-System seine Auftragsplanung auf Echtzeitdaten aufbauen kann und nicht auf Grundlage geplanter Daten rechnen muß. So wird es möglich, dass das PPS-System Aufträge unter Berücksichtigung von aktuell im Bedarfszeitpunkt erhobenen Informationen vergibt (z. B. aktueller Prozeßstatus, Maschinenkapazität oder Bestand der Werkzeugmagazine einzelner Maschinen). Beispielsweise kann mit einer Echtzeit-

Abfrage der Werkzeugmagazine eines Bearbeitungszentrums festgestellt werden, welche Werkzeuge sich tatsächlich im Magazin befinden. Damit ist es möglich, ausschließlich die für den Auftrag zusätzlich benötigten Werkzeuge zu montieren, also solche, die sich noch nicht in einem Maschinenmagazin befinden (sog. Werkzeug-Nettobedarf). Ebenso können jene Werkzeuge abgerüstet werden, welche in absehbarer Zeit nicht benötigt werden. Wird es möglich, den insgesamt erforderlichen Bestand an Werkzeugkomponenten zu reduzieren, hat dies unmittelbare Auswirkungen auf die Kapitalbindungskosten des Unternehmens (reduzierter Werkzeugbestand, verringerte Größe von maschinennahen Werkzeugmagazinen, geringere Maschinenstellfläche).

Im Rahmen der horizontalen Integration werden alle Akteure auf shop floor-Ebene durch das MES informationstechnisch vernetzt. Eine wesentliche Aufgabe liegt in der Bereitstellung der nötigen Schnittstellen, um eine Kommunikation zwischen den regelmäßig mit proprietären Datenformaten arbeitenden Maschinen zu ermöglichen. Durch die direkte Weitergabe der Maschinendaten werden Medienbrüche sowie zeitintensive und potentiell fehlerhafte manuelle Eingaben vermieden. So werden bei NC-Programmen über die Zeit hinweg nicht selten vielfache Änderungen vorgenommen, bis das gewünschte Qualitätsniveau erreicht ist. Werden diese Änderungen z. B. von den Fertigungsmitarbeitern direkt auf der Maschinensteuerung durchgeführt, ohne dass der verantwortliche NC-Programmierer darüber in Kenntnis gesetzt wird, führt dies aufgrund unzureichender Informationen bei der Werkzeugeinstellung zu einer Abnahme der Prozeßsicherheit und zu einem Rückgang der Produktivität insbesondere bei Wiederholaufträgen. Auch führen unvollständige Einstellaufträge, oft auf Papier, zu Fehlern, Unklarheiten und Rückfragen. Darüber hinaus birgt eine manuelle Dateneingabe eine zusätzliche Fehlergefahr.

Die informationstechnische Realisierung eines MES kann in der Logik einer Client-Server-Architektur erfolgen. Das MES fungiert dabei als zentrale Informationsdrehscheibe in der Fertigung: Die einzelnen Akteure melden ihre Anfragen dem MES, das die geforderten Informationen bei den entsprechenden Akteuren abfragt, diese Informationen gegebenenfalls verknüpft, und das Ergebnis der anfragenden Stelle überträgt. Zudem wird auf diese Weise die Anzahl der Kommunikationsschnittstellen der beteiligten Akteure einer Fertigung um ein Vielfaches reduziert werden, da diese nicht mehr jeweils bilateral sondern zentral über das MES als „information hub" erfolgt. Die Anzahl der Schnittstellen S einer zentralen Kommunikation beträgt dabei nur noch:

$$S(n) = 2n \tag{2}$$

Der Rückgang an Kommunikationsschnittstellen bei zentral gesteuerter gegenüber bilateraler Kommunikation (Abb. 3) hilft nicht nur, den Wartungsaufwand und die Fehleranfälligkeit der Datenübermittlung erheblich zu senken, sondern insbesondere, eine integrierte Informationsverarbeitung zu realisieren.

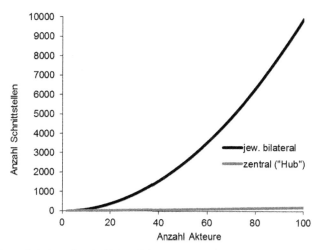

Abb. 3 Anzahl von Schnittstellen in Abhängigkeit von der Art der Kommunikation und der Anzahl der Akteure

3 Betriebswirtschaftliche Wirkungen: Hypothesen

Die Leistungsfähigkeit eines industriellen Fertigungssystems hat – folgt man der klassischen Logik der sog. S-Kurve – grundsätzlich technologisch bedingte Grenzen, die auch durch kontinuierliche Verbesserungen nicht ohne weiteres überwunden werden können (Foster 1986). Demgegenüber sind sprunghafte Leistungsverbesserungen regelmäßig nur durch Investitionen in alternative, konkurrierende Fertigungssteuerungstechnologien möglich. Diese sprunghafte Leistungssteigerung stellt eine Diskontinuität dar, da sie mit dem Wechsel von einer Technologie A auf eine konkurrierende Technologie B und all den damit zusammenhängenden Veränderungsprozessen einhergeht (Abb. 4).

Das dieser Untersuchung zugrundeliegende MES, das die in einer Fertigung beteiligten Akteure horizontal, vertikal, über das Internet und in Echtzeit integriert, und somit sog. cyber-physische Systeme erzeugt, stellt gegenüber konventionellen ERP-/PPS-Systemen eine alternative Technologie mit Diskontinuitätspotential dar. Die Erwartung eines möglichen Sprungs auf eine leistungsfähigere Fertigungssteuerungstechnologie, begründet sich vor allem aus der Etablierung cyber-physischer Systeme, die gegenüber konventionellen ERP-/PPS-Systemen nicht ausschließlich im Bereich der Planung, sondern vor allem auch im Bereich der shop-floor-Steuerung wirksam sind

Dabei wird erwartet, dass ein webbasiertes, papierloses MES, das den Auftragsprozess arbeitsstationsübergreifend begleitet und einen durchgehenden Informationsfluss sichert, insbesondere durch die elektronische Weitergabe und Anreicherung auftragsrelevanter Daten zwischen den Arbeitsstationen Teilprozesse automatisiert, Medienbrüche bei der Informationsweitergabe vermeidet, Rüstzeiten verkürzt und Werkzeugbestände verringert (Obermaier et al. 2010). Es liegen der Arbeit daher folgende Hypothesen zugrunde:

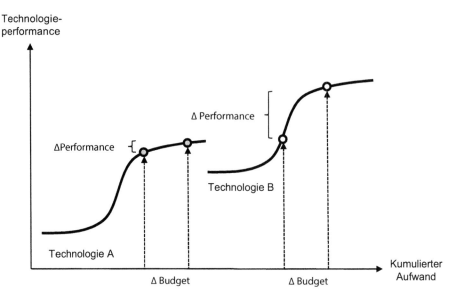

Abb. 4 S-Kurven alternativer Technologien und Diskontinuität

H1: Die Einführung eines MES führt zur Vermeidung nicht-wertschöpfender Teilprozesse in Teilbereichen der Fertigung.

H2: Die Einführung eines MES führt zur Reduktion von Rüstzeiten in Teilbereichen der Fertigung.

H3: Die Einführung eines MES führt zu einer Reduktion von Werkzeugbeständen in Teilbereichen der Fertigung.

Die Überprüfung dieser Hypothesen ist Gegenstand des vorliegenden Beitrags.

4 Methodik

4.1 Untersuchungsdesign

Ausgangspunkt der Untersuchung ist eine reale Fertigung in einem Industriebetrieb, die wesentliche Elemente eines digital vernetzten Fertigungssystems im o. g. Sinne enthält, und deren Vorzustand, d. h. vor Einführung eines entsprechenden Systems bekannt ist, um die Auswirkungen nach Einführung eines MES durch Vergleich mit dem Zustand der Fabrik vor der Implementierung beobachten zu können.

Bei dem betrachteten Unternehmen handelt es sich um ein mittelständisches Maschinenbauunternehmen, das überwiegend Anlagen für die Verpackung von Arzneimitteln herstellt. Der untersuchte Fertigungsbereich umfaßt ca. 160 Mitarbeiter und 20 CNC-Maschinen mit den Bearbeitungsschritten Fräsen, Drehen, Schleifen, Erodieren.

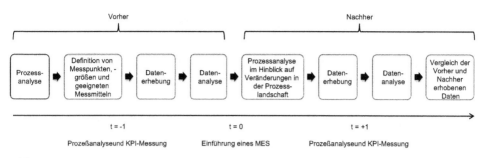

Abb. 5 Methodik der Prozeßanalyse

Bei dem implementierten MES handelt es sich mit „MR-CM®" um eine IT-Lösung der Maschinenfabrik Reinhausen, die auf die Anforderungen und Anwendungsfälle von Unternehmen mit zerspanender Fertigung ausgelegt ist, und deren Funktionalität im wesentlichen der in Abschn. 2.2. dargestellten Wirkungsweise entspricht (zu einer detaillierteren Darstellung der Funktionsweise siehe auch Obermaier et al. 2010).

Der Ablauf der Untersuchung ist in Abb. 5 wiedergegeben. Vor Implementierung (t = − 1) des MES wurden in allen relevanten Fertigungsbereichen (Akteure) Prozeanalysen durchgeführt, Kennzahlen (sog. KPIs) und geeignete Meßpunkte definiert und Meßmethoden festgelegt. Entsprechend wurden die entsprechenden Daten für den Vorher-Zustand erhoben und ausgewertet. Nach erfolgter Einführung des MES (t = 0) wurde die Prozeßanalyse wiederholt (t = + 1), Veränderungen dokumentiert, gemessen und ausgewertet.

Methodisch ist das Design der Studie a) eine klassische experimentelle Anordnung mit gezielter Beobachtung („Observation") und Messung relevanter Zustände vor und nach Implementierung („Treatment") eines MES, b) als „case study" zu klassifizieren, die auf einen konkreten Fall bezogen ist und c) als Feldstudie angelegt, da die Untersuchung in einem realen Industriebetrieb stattfindet (vgl. zu möglichen experimentellen Anordnungen u. a. Obermaier und Müller 2008).

4.2 Untersuchungsobjekt

Die vorliegende Untersuchung beschränkt sich auf Prozessanalysen von Fertigungsaufträgen des untersuchten Industriebetriebs, deren grundsätzliche Struktur in Abb. 6 dargestellt ist.

Der Prozeß der Durchführung eines Fertigungsauftrages für ein bestimmtes Werkstück beginnt mit der Anlage des Auftrages im ERP-System. Unter Berücksichtigung von Auftragsprioritäten und zur Verfügung stehender Kapazitäten wird der Fertigstellungstermin

Abb. 6 Ablaufstruktur eines Fertigungsauftrags

Tab. 1 Prozeßschritte eines Fertigungsauftrags und beteiligte Akteure

Prozeßschritt Fertigungsauftrag	Akteur(e)
(1) Freigabe Fertigungsauftrag	PPS/ERP-Fertigungssteuerung, Fertigungsmeister
(2) NC-Programm-Erstellung	CAD/CAM-NC- bzw. WOP-NC-Programmierung
(3) Bereitstellung Fertigungshilfsmittel	Werkzeuglager, Werkzeugvoreinstellung, Maschinenpark
(4) Bearbeitung auf Maschine	Maschinenpark
(5) Qualitätsprüfung	Maschinenpark, Qualitätssicherung
(6) Lagerzugang oder Montage	PPS/ERP-Fertigungssteuerung, Meister

des Auftrages bestimmt und der entsprechende Startzeitpunkt für den Fertigungsauftrag ermittelt (Terminierung).

Nach Auftragsfreigabe können im ERP-System unter Berücksichtigung der zugehörigen Arbeitspläne Auftragsreihenfolgen auf Arbeitsgangebene (z. B. NC-Programmierung, Fräsen, o. ä.) gebildet werden. Diese Abarbeitungslisten können einerseits über das ERP-System in der zentralen NC-Programmierung oder dezentral an einem Arbeitsplatz mit werkstattorientierter Programmierung (WOP) eingesehen werden. Bei Einsatz eines MES übernimmt dieses den Auftrag und startet einen Workflow im shop-floor-Bereich.

Neben der NC-Programmerstellung müssen vor einem möglichen Auftragsstart auf den Bearbeitungsmaschinen im shop floor weitere Fertigungshilfsmittel bereitgestellt werden. Dies erfolgt zum einen durch die Werkzeugeinstellung (Werkzeuge), zum anderen durch Materialdisponenten (Werkstücke, Vorrichtungen) und schließlich vor Ort, d. h. am jeweiligen Arbeitsplatz durch die Maschinenbediener (Werkzeuge, Werkstücke, NC-Programm, Mess- und Prüfmittel) selbst.

Im Anschluß an diese Rüstprozesse kann der eigentliche Bearbeitungsprozeß an der Maschine starten. Fertiggestellte Teile werden mittels Selbstkontrolle durch den Maschinenbediener am Arbeitsplatz oder nach Stichprobenentnahmen von der Qualitätssicherung geprüft. Anschließend werden die produzierten und qualitativ als gut befundenen Werkstücke in ein Lager oder zur Weiterverarbeitung direkt in die Montage transportiert.

Die einzelnen Schritte dieses schematischen Durchlaufs repräsentieren dabei bestimmte Akteure auf shop-floor-Ebene, welche das MES horizontal integriert und mit Informationen versorgt sowie vertikal mit dem ERP-System verbindet (Tab. 1).

Der Fokus der Prozeßanalyse liegt im weiteren auf einer Teilmenge der dargestellten Fertigungsprozeßstruktur, nämlich der CAD/CAM-NC-Programmierung, WOP-NC-Programmierung, Werkzeugeinstellung (= Werkzeuglager inkl. Werkzeuge messen und einstellen) und dem Maschinenbediener (= Maschinenpark), d. h. den Schritten (2) bis (4) gem. Tabelle 1, da – wie in den Hypothesen formuliert – bei den entsprechenden Akteuren ex ante ein maßgeblicher Einfluß durch die Einführung eines MES vermutet wird.

Zur Überprüfung der Hypothesen wurden ex ante und ex post, d. h. vor und nach Einführung eines MES in der Fertigung des untersuchten Unternehmens, detaillierte Prozeßanalysen bei den jeweiligen Akteuren (Werkzeugeinsteller, Maschinenbediener, CAD/CAM-NC-Programmierer, WOP-NC-Programmierer) durchgeführt und mittels Workflow-Diagrammen visualisiert.

5   Ergebnisse

5.1   Prozeßanalyse

5.1.1   CAD/CAM-NC-Programmierer

Die Hauptaufgabe der CAD/CAM-NC-Programmierung besteht darin, die mittels CAD-System erzeugten Konstruktionsdaten für ein Werkstück nach Import in das CAM-System in ein NC-Programm zu übersetzen, das der betreffenden Maschinen bereitzustellen ist. Vereinfacht dargestellt hat dieser Prozess folgende Struktur (Abb. 7).

Der NC-Programmierer erhält über die Arbeitsvorbereitung oder aus dem ERP-System die Information, in welcher Reihenfolge Fertigungsaufträge abgearbeitet werden müssen. Programmänderungs- bzw. -anpassungswünsche werden dem CAD/CAM-NC-Programmierer unmittelbar durch die Maschinenbediener mitgeteilt. Aus dem Arbeitsplan kann die Zeichnungsnummer des Werkstücks im CAD-System entnommen werden, so dass anschließend die Konstruktionsdaten in das CAM-Programmiersystem importiert werden können. Ausgehend von den Konstruktionsdaten werden die späteren Bearbeitungsschritte der NC-Maschine im NC-Programmcode schrittweise aufgebaut. Alternativ ruft der NC-Programmierer ein existierendes CAM-Projekt auf und führt Änderungen an den Bearbeitungsschritten entsprechend der geänderten Konstruktionsdaten oder der Aufforderung des Maschinenbedieners durch. Während der Programmierung werden die Werkzeuge, welche zur Durchführung der einzelnen Bearbeitungsschritte benötigt werden, unter Rückgriff auf eine zentrale Werkzeugdatenbank oder die Werkzeugbibliothek des Programmiersystems ausgewählt. Nach Abschluss der Programmierung wird durch den Einsatz eines sog. Postprozessors der extern und maschinenunabhängig programmierte Code in ein maschinenspezifisches Format konvertiert. Zudem kann vom Arbeitsplatz des NC-Programmierers aus mittels eines Simulationstools oder -programms das NC-Programm grafisch-dynamisch simuliert werden, bevor es für die Bearbeitung auf einer Maschine freigegeben wird. Schließlich muss das Programm, sowie dazugehörige Rüstinformationen (z. B. Einrichteplan, Aufspannskizze, Werkzeugliste), für die Bearbeitung an der Maschine bereitgestellt werden.

Dieser Teilprozess wurde im Rahmen dieser Untersuchung, ebenso wie die übrigen Akteure WOP-NC-Programmierung, Werkzeugeinstellung und Maschinenbediener einer detaillierten Prozessanalyse unterzogen. Dabei ist neben der Darstellung aller Aktivitäten der operativen Prozessdurchführung auch eine qualitative Klassifikation nach Art der Ak-

Abb. 7 Vereinfachte Struktur des operativen Prozesses eines CAD/CAM-NC-Programmierers

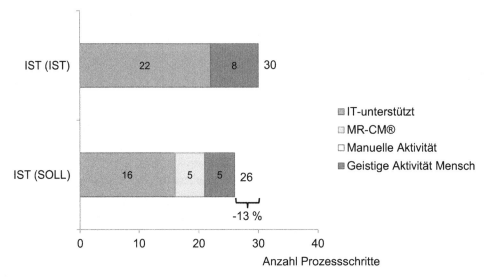

Abb. 8 Vorher-Nachher-Prozessanalyse der CAD/CAM-NC-Programmierung

tivitäten vorgenommen worden. Es werden drei bzw. vier Klassen unterschieden: a) manuelle, b) geistige und c) (teil-) automatisierte bzw. IT-gestützte Aktivitäten, wobei nach Einführung des MES eine vierte Aktivitätsklasse einbezogen wird: jene Aktivitäten, die d) durch die Funktionalität des MES ermöglicht werden.

Der aus dieser Analyse abgeleitete quantitative Befund lässt sich wie folgt zusammenfassen: insgesamt werden vor Implementierung des MES pro Programmierauftrag 30 einzeln abgrenzbare Aktivitäten durchgeführt. Davon sind 22 durch den Einsatz entsprechender IT-Systeme unterstützt, nur acht sind davon unabhängige geistige Aktivitäten der Mitarbeiter.

Nach Implementierung des MES (ex post) wurde eine solche qualitative und quantitative Prozessanalyse erneut durchgeführt und der Istzustand des Sollzustandes erhoben. Insgesamt sind für den CAD/CAM-NC-Programmierer ex post 26 Prozessschritte zu unterscheiden. Weiterhin zeichnen sich 16 Aktivitäten durch IT-Unterstützung aus, fünf Aktivitäten werden durch das MES unterstützt und weitere fünf Aktivitäten können als geistige Aktivitäten der Mitarbeiter klassifiziert werden. Insgesamt wird die Anzahl der Prozessschritte um 13 % reduziert. Abbildung 8 stellt diese Beobachtungen zusammenfassend dar.

Neben dieser Prozessanalyse wurde auch der Frage nach qualitativen Verbesserungspotenzialen durch die Einführung des MES in dem untersuchten Teilbereich nachgegangen. Die mit der Veränderung des operativen Workflows erschließbaren Potenziale sind in Tab. 2 gegenübergestellt.

Als maßgebliche Faktoren sind im Bereich der CAD/CAM-NC-Programmierung zu nennen: höhere Transparenz und intelligente Fehlervermeidung durch kontrollierte, automatisierte Workflows, Verfügbarkeit standardisierter, eindeutiger Informationen sowie die Vermeidung redundanter Datenhaltung.

Tab. 2 Qualitative Prozessveränderungen in der CAD/CAM-NC-Programmierung

Ex ante (Vorher)	Ex post (Nachher)
Fehlende Transparenz über von Maschinenbedienern gewünschte NC-Programmanpassungen oder -korrekturen. Mangelnde Verbindlichkeit in der Einhaltung und Kontrolle von Prozessrichtlinien im Änderungsverlauf von NC-Programmen	Durch erzwungene Rückübertragung von NC-Programmen und die Pflicht zur „Befüllung" eines NC-Lebenslaufs entsteht Transparenz über Änderungswünsche. Diese werden zusätzlich anhand vordefinierter Kriterien in „eilige" und „normale" unterschieden, was zusätzlich Transparenz schafft
Fehlende Dokumentation von Programm- und Änderungshistorien und dadurch Gefahr repetitiver Fehlprogrammierungen	Durch die automatisierte Initialisierung des NC-Lebenslaufs bei der erstmaligen Archivierung eines NC-Programms und die anschließende automatisiert kontrollierte Befüllung des Lebenslaufs werden Programme dokumentiert und die Einsatz- sowie Änderungshistorie transparent gemacht. Bereits erfolgte Programmierversuche können nachverfolgt und eine Wiederholung vermieden werden
Analysen der NC-Programmqualität sind nicht möglich, da entsprechende Daten nicht verfügbar sind	Auswertungen über die Qualität von NC-Programmen werden möglich
Fehlende Standards für die Programmbereitstellung führen zu parallelen Bereitstellungswegen und fehlender Archivierung von geänderten Programmen	Standardisierter Bereitstellungsworkflow über die NC-Verwaltung als einzig zulässige Alternative.
Redundante Datenhaltung und –verwaltungsaufwände in drei Systemen parallel	Reduktion der Datenhaltung und -verwaltung auf ein System. Verwendung eindeutiger Werkzeug-Ident-Nummern
Fehlender Standard für Qualität, Umfang und Format der Werkzeugdaten (z. B. fehlende Stückliste, fehlende visuelle Information)	Standardisierte Erfassung von Werkzeugdaten. Automatisierte Warnung bei Verwendung von noch nicht in der Werkzeugdatenbank definierten Werkzeugen in NC-Programmen
Fehlender Standard für die Erzeugung der Programmwerkzeugliste. Daher teilweise automatisierte Erzeugung der Programmwerkzeugliste, teilweise manuelle Anlage notwendig	Statische Programmwerkzeugliste muß nicht mehr abgelegt, der Werkzeugstatus nicht mehr manuell gepflegt werden
In jedem Fall bei Anlage der Programmwerkzeugliste in NC-Verwaltung manuelle Werkzeugstatuskorrektur notwendig	Stattdessen dynamische, in Echtzeit abgefragte Werkzeugliste. Fehlervermeidung bei der Werkzeugstatuspflege und folglich Bereinigung des Arbeitsaufkommens an Folgearbeitsplätzen (Werkzeugeinstellung, Maschine)

5.1.2 WOP-NC-Programmierer

An Maschinenarbeitsplätzen mit sog. werkstattorientierter Programmierung (WOP) werden zwei Kernaufgaben erfüllt. Das Tagesgeschäft der hier tätigen Maschinenbediener besteht einerseits aus der Programmierung unmittelbar auf der Maschinensteuerung einer

Abb. 9 Vereinfachte Struktur des operativen Prozesses eines WOP-NC-Programmierers

CNC-Fertigungsanlage und andererseits aus der Bearbeitung des zugeschnittenen Rohmaterials mit den zuvor erstellten NC-Programmen. Vereinfacht lässt sich der operative Prozess an WOP-Maschinen folgendermaßen darstellen (Abb. 9).

Der WOP-Programmierer entnimmt der Arbeitsvorratsliste, welches Werkstück als nächstes zu fertigen ist und bestückt die Maschine mit dem zugeschnittenen Rohmaterial inkl. der begleitenden Laufkarte und dazugehörigen Konstruktionszeichnung. Anschließend kann er mit der Erstellung des NC-Programms an der Steuerung der CNC-Maschine beginnen. Der Maschinenbediener sichtet die Konstruktionszeichnung und macht sich gedanklich einen Plan, wie das Rohteil gespannt werden soll und welche Werkzeuge im NC-Programm verwendet werden sollen. Die getroffene Auswahl sowie alle zum Fräsen oder Drehen der Kontur notwendigen sog. Verfahrbewegungen werden schließlich im NC-Programm dokumentiert. Wenn die Programmwerkzeugliste definiert ist, kann der WOP-Programmierer die Werkzeugeinstellung über bereitzustellende Werkzeuge informieren. Wenn alle zur Bearbeitung des Werkstücks notwendigen Informationen sowie Roh-, Hilfs- und Betriebsstoffe bereitgestellt sind, kann der Maschinenbediener mit dem Rüstvorgang an der Maschine fortfahren. Nach dem Bearbeitungsstart überwacht der WOP-Programmierer in seiner Funktion als Maschinenbediener die Bearbeitung des Werkstücks auf der Maschine und greift gegebenenfalls korrigierend ein. Je nachdem, ob ein Werkstück in mehreren oder nur einer Aufspannung gefertigt wird, muss die Maschine während eines Fertigungsauftrags umgerüstet werden. Auch hängt es vom Einzelfall ab, ob qualitätssichernde Prüfungen dezentral durch den Maschinenbediener oder zentral in einer Qualitätsprüfung durchgeführt werden. Sind alle notwendigen Bearbeitungsschritte durchgeführt, kann die Maschine wieder abgerüstet und das Werkstück abtransportiert werden. Der Maschinenbediener hat schließlich das NC-Programm und relevante Rüstinformationen für Folgeaufträge zu dokumentieren.

Auch der hier skizzierte Prozess wurde im Zuge der Vorher-Nachher-Betrachtung einer detaillierten Analyse unterzogen und eine Zuordnung der Aktivitäten in die o. g. Aktivitätsklassen (a) – (d) ex ante und ex post durchgeführt.

Die quantitative Analyse des operativen Workflows an Arbeitsplätzen mit WOP zeigt, dass vor der Implementierung des betrachteten MES insgesamt 58 Prozessschritte durchlaufen werden. Davon sind 14 IT-unterstützt, neun sind rein manuelle Handgriffe während 35 Aktivitäten überwiegend geistige Aktivtäten der Mitarbeiter darstellen.

Ex post, d. h. nach Einführung des MES, reduziert sich der WOP-Prozess auf 42 Aktivitäten. Maßgeblich hierfür ist eine quantitative Reduktion notwendiger geistiger Aktivitäten der Mitarbeiter auf nur mehr 16 und im Bereich der manuell ausgeführten Arbeits-

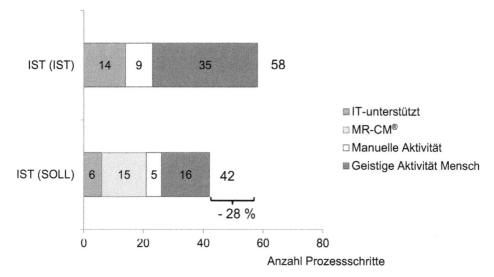

Abb. 10 Vorher-Nachher-Prozessanalyse Werkstattorientierte Programmierung (WOP)

schritte (Reduktion von neun auf fünf). Eine allgemeine IT-Unterstützung bleibt für sechs Aktivitäten erhalten. 15 Aktivitäten werden durch das implementierte MES ausgeführt. In Summe kann somit eine Reduktion des Prozessumfangs um 28 % festgestellt werden (Abb. 10).

Auch für den Bereich der werkstattorientierten Programmierung wurde die qualitative Prozessanalyse auf eine vergleichende Gegenüberstellung der maßgeblichen Verbesserungspotenziale durch die Systemeinführung ausgeweitet. In diesem Bereich können als qualitative Faktoren insbesondere standardisierte Abläufe, die Vermeidung von Medienbrüchen und die Online-Verfügbarkeit von Echtzeitinformationen genannt werden. Die vollständige Beurteilung dieses Bereichs ist in Tab. 3 wiedergegeben.

5.1.3 Werkzeugeinsteller

Hauptaufgabe der Werkzeugeinsteller besteht darin, fertigungsauftragsbezogen Komplettwerkzeuge für die Bearbeitung von NC-Programmen an den Fertigungsanlagen bereitzustellen. Der Workflow eines Werkzeugeinstellers ist in Abb. 11 dargestellt:

Der Werkzeugeinsteller erhält Einstellaufträge für bereitzustellende Komplett- oder Ersatzwerkzeuge. Aus Werkzeuglisten zu diesen Einstellaufträgen geht hervor, welche Komplettwerkzeuge zur Bearbeitung eines Programms auf einer CNC-Bearbeitungsmaschine benötigt werden. Für die einzustellenden Komplettwerkzeuge müssen die zur Montage notwendigen Werkzeugelemente identifiziert werden. Sind diese identifiziert, müssen deren Lagerorte lokalisiert werden, um die Elemente für die Montage zu Komplettwerkzeugen auszulagern und zusammenzusammeln. Anschließend erfolgt die Montage und Vermessung der Komplettwerkzeuge mit einem Einstellgerät. Schließlich werden die ein-

Tab. 3 Qualitative Prozeßveränderungen im Bereich der Werkstattorientierten Programmierung (WOP)

Ex ante (Vorher)	Ex post (Nachher)
Subjektive Entscheidungsfreiheit über Auftragszuteilung auf Maschinenebene unter Berücksichtigung nicht dokumentierter und nachvollziehbarer Entscheidungskriterien	Subjektive Entscheidungsfreiheit auf wenige verantwortliche Mitarbeiter eingeschränkt
Fehlende Richtlinien zur Einhaltung von Teilprozeßreihenfolgen (z. B. Zeitpunkt der Werkzeugauswahl und Informationsweitergabe an Werkzeugeinstellung). Potentielle Folge: Wartezeiten, Maschinenstillstände	Standardisierung des Workflows der Programmerstellung
Arbeitsvorratsliste aus dem ERP/PPS-System: Fertigungsaufträge mit fehlender Vorgängerrückmeldung können nicht bearbeitet werden. Keine eindeutige zeitliche Priorisierung. Fehlender Maschinenbezug	Arbeitsvorratsanzeige im MES: zwischengeschaltete Liste dient der Maschinenzuteilung und löst frühzeitige Werkzeugbereitstellung aus. Die resultierende Abarbeitungsliste kann ohne zeitaufwendige Prüfungen und Rückfragen verwendet werden. Sie ist bereinigt auf bearbeitbare Aufträge
Auswahl von Werkzeugen: Know-how-basiert, aus dem Gedächtnis, nach Rücksprache, auf Basis statischer Excel-Listen mit Standardwerkzeugen. Dabei kein Zugriff auf eindeutige, rückfragefreie Rüstanweisung. Grafische Darstellungen sind nur lückenhaft vorhanden	Auswahl von Werkzeugen unter Zugriff auf den kompletten in der Werkzeugdatenbank erfassten Werkzeugbestand des Unternehmens. Zugriff auf Werkzeuglisten aus ähnlichen Programmen und Importmöglichkeit. Graphische Unterstützung bei Werkzeugauswahl
Individuelle Verwaltung von selbsterstellten und verwendeten Programmen auf der Maschinensteuerung. Dadurch entsteht u. a. „Wildwuchs" auf der Steuerung	Limitierung der auf einer Steuerung gespeicherten zulässigen NC-Programme. Durch Datenanreicherungslogik wird kontrolliert und verhindert, daß darüberhinausgehend Programme den Speicherplatz belegen
Fehlende Rücksicherung von auf der Maschine erstellten Programmen	Standardisierte Rücksicherung der NC-Programme nach jeder Verwendung durch erzwungene Rückübertragung. Dadurch Abbau von „Wildwuchs" und Vermeidung von Programmverlusten beim Absturz der Steuerung
Individueller Aufbau des Programmkopfes	Automatisiert geführte Erstellung des NC-Rumpfprogramms (Programmkopf, Nullpunkte, Werkzeugaufrufe) nach der Werkzeugauswahl und Auslösen des Einstellauftrags
Nach der Werkzeugauswahl manueller Abgleich mit dem Ladezustand der Maschine	Beim Auslösen des Einstellauftrags erfolgt der Brutto-Netto-Abgleich automatisiert, in Echtzeit und unter Berücksichtigung der Auftragsreihenfolge auf der Maschine
Programmdokumentation: manuelle Anlage der Werkzeugliste in NC-Verwaltung	Pflege von Werkzeuglisten entfällt. Werkzeuglisten werden automatisiert und tagesaktuell bei jeder Programmabfrage angezeigt
Keine standardisierte und kontrollierte Verwendung eines NC-Lebenslaufs	Bei jeder Programmrücksendung wird die Befüllung des NC-Lebenslaufs erzwungen

Abb. 11 Vereinfachte Struktur des operativen Prozesses eines Werkzeugeinstellers

gestellten und vermessenen Komplettwerkzeuge zusammen mit den gemessenen Werkzeugdaten an den entsprechenden Bearbeitungsmaschinen bereitgestellt.

Die Analyse dieses Teilprozeßes einer zerspanenden Fertigung ergab ex ante, d. h. vor Implementierung des MES, daß pro Einstellauftrag insgesamt 25 voneinander abgrenzbare Teilprozessschritte durchlaufen werden müssen. Dabei werden zehn Aktivitäten von bereits vorhandenen IT-Werkzeugen unterstützt, bei sechs Aktivitäten steuert der Einsteller auf Basis individueller Überlegungen, während neun Aktivitäten als manuelle Tätigkeiten einzustufen sind.

Nach Implementierung des MES (ex post) besteht der Prozeß pro Einstellauftrag aus nur noch 15 Prozeßschritten. Zehn Teilaktivitäten sind durch den Einsatz des MES entfallen. Sieben der verbleibenden Vorgänge werden durch das MES automatisiert abgewickelt, sechs Schritte sind weiterhin manuell, zwei Schritte erfordern weiterhin geistige Überlegungen des Werkzeugeinstellers. Insgesamt wird die Anzahl Prozeßschritte durch den Einsatz des MES um 40 % reduziert. Eine entsprechende Übersicht liefert Abb. 12.

Neben diesen quantitativen Veränderungen bei dem untersuchten Teilprozeß der Werkzeugeinstellung konnten nach der Einführung eines MES auch im Rahmen einer qualitativen Prozeßanalyse weitere Erkenntnisse mit Blick auf Verbesserungspotenziale durch die Einführung des MES gewonnen werden. Diese beruhen insbesondere auf standardisierten Abläufen, lückenlosen Informationsflüßen und der Vermeidung potentieller Fehlerquellen (Tab. 4).

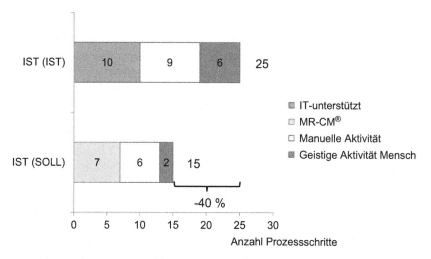

Abb. 12 Vorher-Nachher-Prozessanalyse Werkzeugeinstellung

Tab. 4 Qualitative Prozeßveränderungen bei der Werkzeugeinstellung

Ex ante (Vorher)	Ex post (Nachher)
Subjektive Entscheidungsspielräume der Mitarbeiter. Auf Erfahrungswerten basierende Prozeßdurchführung (potentieller Know-How-Verlust)	Subjektive Entscheidungsspielräume entfallen
Nicht hinreichend definierte und dokumentierte Prozessanweisungen (z. B. Rüstinformationen für Komplettwerkzeuge)	Datenanreicherungslogiken erzeugen eindeutige Prozessparameter und triggern die Prozessdurchführung teils automatisiert (z. B. automatisierte Erzeugung von Werkzeuglisten aus IST-Daten und Anzeige zugehöriger Rüstinformationen für Komplettwerkzeuge)
Fehlende Richtlinien zur Einhaltung von Teilprozessreihenfolgen (z. B. exakter Zeitpunkt, um Teilrückmeldung an ERP/PPS zu setzen)	Standardisierung des Workflows
Gefahr von Parallelaktivitäten	Automatisierte Teilrückmeldungen und Transparenz über Bearbeitungsstatus
Arbeitsvorratsliste aus dem ERP/PPS-System: Einstellaufträge mit fehlender Vorgängerrückmeldung können nicht bearbeitet werden. Keine eindeutige zeitliche Priorisierung. Teilweise fehlender Maschinenbezug	Arbeitsvorratsanzeige im MES: nur durchführbare Einstellaufträge. Einzuhaltende zeitliche Priorisierung. Maschinenbezug vorhanden
Werkzeuge sind mit Status versehen, der Auskunft darüber gibt, ob Werkzeuge bereits im Maschinenmagazin geladen, vor der Maschine in einem Schrank lagern oder einzustellen sind. Dieser Status ist statisch gesetzt. Eine Echtzeitauskunft über den Standort bzw. Lagerplatz von Werkzeugen fehlt	Der Stand- bzw. Lagerort von Werkzeugen wird im Rahmen der Brutto-Netto-Rechnung in Echtzeit erfasst und berücksichtigt die IST-Situation sowie den Auftragshorizont
Ersatzwerkzeugbestellungen werden nicht in den Auftragsvorrat aus dem ERP/PPS-System eingelastet und führen zu ad-hoc Unterbrechungen. Rüstinformationen sind unzureichend	Ersatzwerkzeugbestellungen erfolgen online. Sie werden zeitlich priorisiert in den Arbeitsvorrat im MES eingeschleust. Die bestellten Werkzeuge sind eindeutig inkl. Stücklistenauflösung identifiziert
Werkzeugsuche basiert auf Erinnerungen und Vermutungen	Die Werkzeugsuche erfolgt online mittels Identifikationsnummer. Eine Information darüber, ob und wo ein fehlendes Werkzeug lokalisiert werden kann ist möglich
Keine eindeutige, rückfragefreie Rüstanweisung für Komplettwerkzeuge vorhanden. Graphische Darstellungen von Komplettwerkzeugen sind lückenhaft dokumentiert	Die Montagegraphik des MES enthält alle zur Montage von Komplettwerkzeugen notwendigen Rüstinformationen inkl. einer graphischen Darstellung
Werkzeugdaten werden in Papierform weitergereicht und müssen manuell übertragen werden	Die Werkzeugdaten werden online übertragen

5.1.4 Maschinenbediener

Die Kernaufgaben der Maschinenbediener bestehen im Rüsten, der Bedienung und Überwachung von CNC-Fertigungsmaschinen (Abb. 13).

Der Maschinenbediener wird über eine terminierte und priorisierte Arbeitsvorrats- oder Abarbeitungsliste darüber informiert, welche Fertigungsaufträge er in Bearbeitung nehmen muss. Aus den Auftragspapieren erhält er die Information, welches NC-Programm für die Bearbeitung auf der CNC-Anlage notwendig ist, kann dieses in der NC-Verwaltung gezielt suchen und auf die Steuerung der Maschine übertragen. Desweiteren prüft der Maschinenbediener, welche Werkzeuge er zur Bearbeitung eines Werkstücks rüsten muss und ob auch die Vorrichtung umgerüstet werden muss. Sind Werkzeuge zu beladen, werden diese von einem Werkzeugwagen mit bereitgestellten Werkzeugen entnommen und in das Werkzeugmagazin der CNC-Maschine eingesetzt. Daraufhin muss der Maschinenbediener dafür Sorge tragen, dass die Werkzeugdaten in der Steuerung aktualisiert werden. Schließlich ist das Werkstück selbst im Bearbeitungsraum der Maschine zu rüsten. Durch Start des NC-Bearbeitungsprogramms beginnt der Bearbeitungsprozess auf der Maschine. Währenddessen überwacht und kontrolliert der Maschinenbediener die Bearbeitungsschritte und -ergebnisse. Gegebenenfalls nimmt er Korrekturen am NC-Programm selbst vor oder hält Rücksprache mit der CAD/CAM-NC-Programmierung und lässt Änderungen dort durchführen (siehe dazu 5.1.1. bzw. 5.1.2.). Wenn die Bearbeitung des Werkstücks auf der CNC-Maschine abgeschlossen ist, rüstet der Maschinenbediener das fertige Teil ab und dokumentiert falls notwendig Änderungen am NC-Programm.

Dieser Teilprozess des Maschinenbedieners an der CNC-Maschine besteht ex ante aus 42 Prozessschritten. Davon sind zwölf Aktivitäten durch Automatisierungs- und IT-Techniken unterstützt, elf Aktivitäten werden manuell ausgeführt und 19 Aktivitäten führt der Maschinenbediener nach eigenständigen Überlegungen durch.

Ex post legt der Blick auf den Prozess des Maschinenbedieners mit nur noch 32 Prozessschritten eine Reduktion des Prozessumfangs von 24 % offen. Nach MES-Einführung lässt sich folgende Klassifizierung vornehmen: elf Prozessschritte sind nun durch das MES (teil-)automatisiert, sechs Prozessschritte sind manuelle Ausführungen und 15 Prozessschritte basieren auf dem Sachverstand des Mitarbeiters. Zusammenfassend sind die Ergebnisse in Abb. 14 dargestellt.

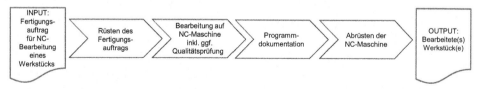

Abb. 13 Vereinfachte Struktur des operativen Prozesses eines Maschinenbedieners

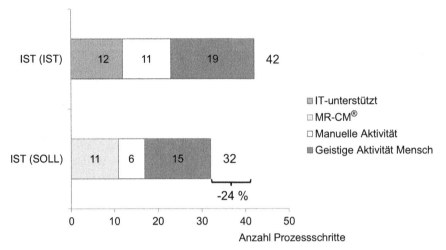

Abb. 14 Vorher-Nachher-Prozessanalyse Maschinenbediener

Die inhaltlich festgestellten Wirkungspotenziale aus der MES-Implementierung im Bereich des Maschinenbedieners bestehen in standardisierten, automatisierten Workflows, der Vermeidung von Medienbrüchen und Kontrollmechanismen zur Vermeidung potentieller Fehler. Eine Übersicht dazu ist Tab. 5 zu entnehmen.

5.2 Rüstzeiten

5.2.1 Werkzeugeinstellung

Zur Untersuchung von Hypothese 2, die Einführung eines MES führe zur Reduktion von Rüstzeiten, wurden Messungen der Prozessdauer in der Werkzeugeinstellung vor und nach Einführung des MES durchgeführt.

Hierzu wurde der Werkzeugeinsteller ex ante bei der Ausübung seiner Tätigkeit im Rahmen von 29 Einstellaufträgen beobachtet. Es erfolgte eine Zeitnahme vom Zeitpunkt des Bearbeitungsstarts eines Einstellauftrags bis zum letzten Ausdruck eines Werkzeugdatenetiketts für den jeweiligen Einstellauftrag. Insgesamt wurde bei dieser Vollerhebung die Rüstzeit für 72 Werkzeuge (Basis: 29 Einstellaufträge) ermittelt. Im Mittel belief sich die Rüstzeit auf 7,2 min pro Werkzeug.

Im Nachher-Zustand wurde das Vergleichsergebnis aus Daten des MES gewonnen. Dabei wurden die Bereitstelldauern für ebenfalls 72 Werkzeuge ermittelt (Basis: 19 Einstellaufträge). Der definierte Startzeitpunkt für die Auftragsbearbeitung und der Endzeitpunkt, d. h. wann das letzte Werkzeug eines Auftrags vermessen wurde, sind somit identisch mit dem Vorher-Zustand.

Der Mittelwert der ex post gemessenen Rüstzeit beläuft sich allerdings auf 4,5 min pro Werkzeug, was einer Reduktion der Rüstzeit um 38 % entspricht (Abb. 15). Die gemessene Differenz der beiden Mittelwerte erwies sich im übrigen als statistisch hoch signifikant (p-value $< 0,0001$).

Tab. 5 Qualitative Prozessveränderungen aus Sicht des Maschinenbedieners

Ex ante (Vorher)	Ex post (Nachher)
Subjektive Entscheidungsfreiheit über Auftragszuteilung auf Maschinenebene unter Berücksichtigung nicht dokumentierter oder nachvollziehbarer Entscheidungskriterien	Subjektive Entscheidungsfreiheit auf wenige verantwortliche Mitarbeiter eingedämmt
Arbeitsvorratsliste aus dem ERP/PPS-System: Fertigungsaufträge mit fehlender Vorgängerrückmeldung können nicht bearbeitet werden. Keine eindeutige zeitliche Priorisierung. Teilweise fehlender Maschinenbezug	Arbeitsvorratsanzeige im MES: nur Fertigungsaufträge in Abarbeitungsreihenfolge aufgelistet, die bearbeitet werden können. Zeitaufwendige Prüfungen und Rückfragen entfallen
Fehlende Transparenz über Programmverwendungs- und Änderungshistorie und dadurch Gefahr repetitiver Fehlprogrammierungen oder wiederholter Programmanpassungen auf Grund fehlender Rücksicherung geänderter Programme	Durch die schrittweise Erweiterung des NC-Lebenslaufs nach jeder Programmbestellung und -verwendung wird zugleich die NC-Programmqualität transparent
Es gibt keinen NC-Lebenslauf, der über das NC-Programm informiert	Nach jeder Programmverwendung wird die Programmrückübertragung inkl. der Pflege des NC-Lebenslaufs automatisiert und kontrolliert. Programme werden somit dokumentiert und die Verwendungs- sowie Änderungshistorie transparent
Programme werden auf der Steuerung in Eigenregie verwaltet und gesammelt. Es entsteht „Wildwuchs" und die Gefahr des Verlustes von nicht rückgesicherten Programmen	Kontrollmechanismus verhindert das Ansammeln von Programmen auf der Steuerung und erzwingt neben dem Rücksenden auch das Löschen nicht benötigter Programme
Fehlende Kontrollmöglichkeiten beim Zurücksenden von NC-Programmen. Im Wiederholfall Identifikation der aktuellen NC-Version durch Abgleich des Versionsstandes auf der Steuerung und in der NC-Verwaltung	Ein standardisierter, automatisierter Workflow mit Kontrollmechanismen stellt die Rücksendung und Bereitstellung der jeweils aktuellen Programmversion sicher
	Programme sind bis auf den Verwendungszeitpunkt nur an einem Speicherort vorhanden
Beim Rüsten eines Fertigungsauftrags erfolgt der Brutto-Netto-Abgleich manuell oder unter Rückgriff auf eine statische Werkzeugstatusauskunft	Der Brutto-Netto-Abgleich erfolgt automatisiert. Es werden auftragsbezogen nur fehlende Werkzeuge durch die Werkzeugeinstellung am Arbeitsplatz bereitgestellt
Die Suche von Werkzeugen basiert auf Vermutungen. Schrankwerkzeuge müssen in den chaotisch organisierten Werkzeugschränken lokalisiert werden	Falls Werkzeuge gesucht werden müssen, steht eine Online-Suchfunktion zur Verfügung, die den Standort von Komplett- und Elementwerkzeugen ermittelt
Durch Veränderungen in der Auftragsreihenfolge und mangelnde Transparenz wird eine frühzeitige Werkzeugbereitstellung erschwert. In der Folge übernimmt der Maschinenbediener Aufgaben des Werkzeugeinstellers	Der Werkzeugeinsteller ist zu 100 % Dienstleister für den Maschinenbediener. Durch eine zwischengeschaltete Auftragszuteilungsseite an den Maschinen werden fixierte Abarbeitungslisten erzeugt. Daraus leitet sich der Einstellauftragsvorrat inkl. Terminierung und Priorisierung ab

Tab. 5 (Fortsetzung)

Ex ante (Vorher)	Ex post (Nachher)
Bei der Ersatzwerkzeugbestellung entstehen Laufereien. Die Arbeitsanweisung an die Werkzeugeinstellung erfolgt nach individuellen Maßstäben, da definierte Standards fehlen. Dadurch werden vermeidbare Rückfragen und Wartezeiten verursacht	Die Ersatzwerkzeugbestellung und –bereitstellung: erfolgt über einen standardisierten, automatisierten Workflow von der Maschinensteuerung aus
Teilweise übernimmt auch hier der Maschinenbediener die Werkzeugeinstelltätigkeit	Das bereitzustellende Werkzeug ist eindeutig mit Stückliste definiert
	Auch für die Ersatzwerkzeugbereitstellung ist der Werkzeugeinsteller als „Dienstleister" verantwortlich
Bei der Programmübertragung müssen NC-Teilprogramme einzeln gesucht und übertragen werden	Bei der Programmübertragung werden alle Teilspannungen automatisch mit übertragen
Werkzeugbeladung: subjektive Entscheidungen (z. B. Platzwahl, Auswahl eines zu entladenden Werkzeugs), manuelle Dateneingabe und Datenkorrektur an der Steuerung, Werkzeugumladevorgänge möglich	Werkzeugbeladung wird durch Assistenzsystem unterstützt und automatisiert. Be- und Entladevorschläge berücksichtigen wichtige Entscheidungskriterien und Echtzeitinformationen (z. B. Beladesituation der Maschine, Auftragshorizont, Platzbedarf einzelner Werkzeuge) und beugen Umladevorgängen vor. Die Werkzeugdaten werden online übertragen. Die Korrektur von Daten wird überwacht

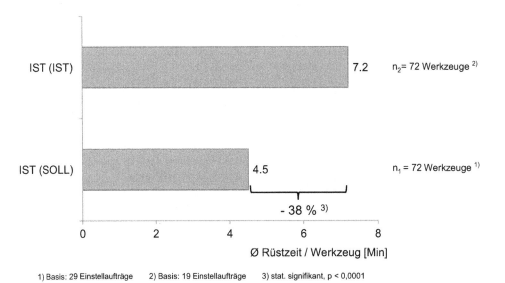

1) Basis: 29 Einstellaufträge   2) Basis: 19 Einstellaufträge   3) stat. signifikant, $p < 0{,}0001$

Abb. 15 Reduktion von Rüstzeiten im Bereich Werkzeugeinstellung

5.2.2 Maschinenpark

Auch aus Sicht des Maschinenparks ist Hypothese 2 untersucht worden. Der Rüstprozess für CNC-Maschinen setzt sich beim betrachteten Unternehmen aus folgenden Aktivitäten zusammen:

- Auftrag an- und abmelden,
- Programm ein- und auslesen,
- Programm anpassen
- Sonder-/ Schrankwerkzeug rüsten
- Spannmittel rüsten
- Rohteil rüsten
- Messschnitt durchführen
- Teil messen und korrigieren.

Die zeitliche Abfolge dieser Einzelaktivitäten ist in Abb. 16 dargestellt. Jedoch fallen in Abhängigkeit vom Fertigungsauftrag bzw. zu bearbeitenden Werkstück einzelne Schritte ein- oder mehrfach an, andere Schritte hingegen unter Umständen gar nicht.

Dabei stellen das Einlesen und Rücksenden des NC-Programms auf und von der Anlagensteuerung sowie die Be-, Ent- und ggf. Umladung von Werkzeugen inklusive der Eingabe von Werkzeugdaten (in Abb. 16 grau markiert) jene Rüstaktivitäten dar, bei denen sowohl qualitative als auch quantitative Auswirkungen durch die Implementierung des betrachteten MES festzustellen sind.

Dauer einer Werkzeugbeladung

Zur Messung der Dauer einer Werkzeugbeladung inklusive der Eingabe der Messdaten an der Steuerung wurde eine Beladesimulation mit 15 Werkzeugen an einer Maschine durchgeführt, um den Effekt ex ante und ex post analysieren zu können.

Dabei wurde ein Maschinenbediener ex ante dabei beobachtet, wie er einen Platz zur Werkzeugbeladung auswählt, ansteuert und das Werkzeug belädt sowie die dazugehörigen Messdaten aus der Werkzeugeinstellung an der Steuerung der Maschine eintippt und dem beladenen Werkzeug zuteilt. Derselbe Maschinenbediener wurde bei derselben Aufgabe auch ex post beobachtet, also nach MES-Einführung. Im Nachher wird der Beladeplatz vom MES vorgeschlagen und bei Bestätigung entsprechend angesteuert. Die Werkzeugdaten werden beim Quittieren eines Beladevorgangs online an die Steuerung übertragen.

Vor der Einführung des MES ergab die Messung eine durchschnittliche Beladedauer pro Werkzeug von 63 Sekunden Mit dem geänderten Workflow nach der Einführung des Systems reduzierte sich die gemessene Zeit im Mittel auf 39 Sekunden Der Mittelwert der

Abb. 16 Rüstaktivitäten an CNC-Maschinen ex-ante (grau: von der Implementierung beeinflusste Aktivitäten)

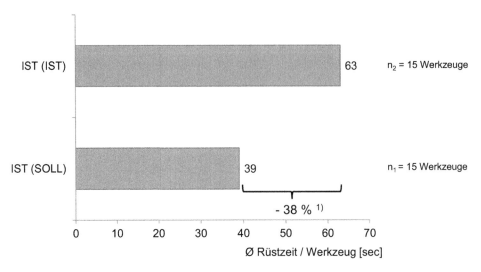

1) stat. signifikant, p < 0,0001

Abb. 17 Reduktion von Rüstzeiten im Maschinenpark

Rüstzeit für ein Werkzeug ist somit um 38 % reduziert, wobei die gemessene Differenz der Mittelwerte als hoch signifikant (p-value $<0,0001$) einzustufen ist (Abb. 17).

Es ist im übrigen zu vermuten, dass der festgestellte Effekt außerhalb der Beladesimulation sogar noch etwas stärker ist, da im realen Prozeßgeschehen vorher Werkzeuge aus Werkzeugschränken in unmittelbarer Nähe der Bearbeitungsmaschine herausgesucht und am Beladeplatz bereit gestellt werden mussten, während diese im Rahmen der Beladesimulation schon bereitstanden.

Anzahl Rüstvorgänge
Neben der Auswirkung einer MES-Implementierung auf Rüstzeiten je Werkzeug ist natürlich auch die Mengenkomponente, also die Anzahl der benötigten Rüstvorgänge von Interesse, um auch Aussagen über Rüstzeiten in Summe machen zu können. Hierzu wurden ex post für zwei Maschinengruppen (4 CNC-Fräsmaschinen) Daten zur Anzahl zu rüstender Werkzeuge in einem Dreimonatszeitraum einerseits aus dem ERP-System (i. S. v. ex ante) und andererseits aus der Protokolldatei (Logdatei) des MES (i. S. v. ex post) extrahiert, analysiert und einander gegenübergestellt.

Während bei einer Maschinengruppe ex ante im Mittel drei Werkzeuge pro Auftrag gerüstet werden mussten, waren es bei der zweiten Maschinengruppe durchschnittlich 1,4 Werkzeuge pro Auftrag. Ex post wiederum ist festzustellen, dass bei beiden Maschinengruppen die mittlere Anzahl zu rüstender Werkzeuge zurückgegangen ist (absolut um 2,1 bzw. 0,9 Werkzeuge pro Auftrag). In den beiden Maschinengruppen reduzierte sich somit die Anzahl der zu rüstenden Werkzeuge um 70 bzw. 64 % (Abb. 18).

Neben den aus der Prozeßanalyse sich ergebenden Zeitverkürzungen gibt es weitere Wirkungslogiken des implementierten MES, die unmittelbar auf die Funktionalitäten des Assistenzsystems zurückgeführt werden können. So weist das MES einen Auftrag der

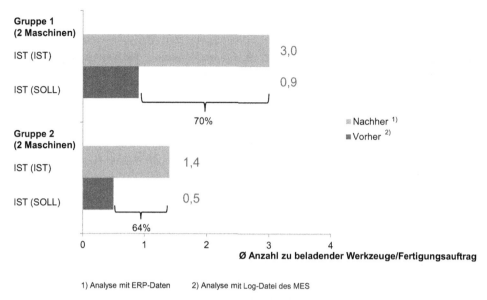

Abb. 18 Reduktion der Anzahl Werkzeug-Rüstvorgänge im Maschinenpark

Maschine zu, welche aktuell den geringsten Werkzeug-Nettobedarf hat und macht auch Entladevorschläge für nicht benötigte, aber im Werkzeugmagazin befindliche Werkzeuge (Obermaier et al. 2010).

5.3 Werkzeugbestände

Schließlich soll untersucht werden, ob die Einführung eines MES zur Reduktion von Werkzeugbeständen und damit zur Senkung von Kapitalbindungskosten führt. Werkzeugbestände sind bei dem im Rahmen dieser Untersuchung betrachteten Unternehmen an drei Punkten in der Fertigung zu verorten: unmittelbar in den Werkzeugmagazinen der Maschinen, mittelbar in Lagerschränken an den Werkzeugmaschinen und schließlich im zentralen Werkzeuglager der Werkzeugeinstellung.

Daraus ergibt sich, dass durch den Einsatz eines MES zwischen kurz- und langfristig wirkenden Effekten unterschieden werden kann. Eine kurz- bis mittelfristige Wirkung im Bereich der Werkzeugbestände ist unmittelbar mit dem Abbau vorhandener Werkzeugschränke verbunden, deren Pufferfunktion in einer vernetzten Fertigung nicht mehr benötigt wird. Dieser Effekt war unmittelbar nach der Einführung des MES zu beobachten. Bei 20 betrachteten Maschinen wurde vor der MES-Einführung an 15 ein zusätzlicher Werkzeugschrank vorgehalten. In diesen Schränken wurden insgesamt 771 Komplettwerkzeuge gelagert. Mit der Einführung des MES sind alle diese Schränke abgebaut worden, so dass gebundenes Kapital in Form der darin gelagerten Werkzeuge (bei geschätzten Kosten pro Werkzeug in Höhe von ca. 400 EUR) in Höhe von ca. 300.000 EUR abgebaut werden konnte.

Neben diesem Einmaleffekt werden langfristig über das MES Verwendungsdaten über Werkzeuge gewonnen, so dass mit Hilfe weitergehender Analysen weitere Senkungspotentiale realisiert werden können (z. B. Standardisierung, Einkaufsstrategien). Und die operative Logik des MES wirkt ebenfalls bestandssenkend: Vor Einführung des MES konnte durch Statuskennzeichnung der Werkzeuge (Werkzeug an Bord der Maschine, Werkzeu im Schrank, Werkzeug aus Einstellraum) und manuellem Brutto-Netto-Abgleich (Obermaier et al. 2010) im Erhebungszeitraum die Belademenge auf 23,2 % in Maschinengruppe 1 (bzw. 19,6 % in Maschinengruppe 2) der in den NC-Programmen zum Einsatz kommenden Werkzeuge reduziert werden. Durch den automatisierten Brutto-Netto-Abgleich als Funktionalität des MES zur Unterstützung bei der Entladung nicht benötigter Werkzeuge konnte die Belademenge auf nur 8,1 % (bzw. 4,0 %) der verwendeten Komplettwerkzeuge reduziert werden.

6 Fazit

Den Kern der aktuell unter dem Schlagwort Industrie 4.0 diskutierten Vision einer digital vernetzten „Fabrik der Zukunft" bilden sog. *cyber-physische Systeme* (CPS) die mittels Sensoren Daten erfassen, mittels eingebetteter Software aufbereiten und mittels Aktoren auf reale Vorgänge einwirken, über eine Dateninfrastruktur, wie z. B. das Internet, kommunizieren und schließlich über Mensch-Maschine-Schnittstellen verfügen. Im Bereich der Fertigung sind sog. *Manufacturing Execution Systeme* (MES) der kritische Baustein zur Etablierung cyber-physischer Systeme, die als interoperables, echtzeitfähiges und webfähiges Bindeglied zwischen dem ERP- oder dem PPS-System und der physischen Fertigung (shop floor) fungieren und die Vernetzung aller Akteure bewirken sollen.

Der vorliegende Beitrag liefert eine umfassende Analyse von Wirtschaftlichkeitseffekten beim Übergang auf eine entsprechend digital vernetzte Fertigung eines realen Industriebetriebs. Dazu werden sowohl umfassende Prozeßanalysen vor und nach Einführung eines MES, als auch entsprechende Rüstzeitmessungen im Bereich der Werkzeugvoreinstellung des untersuchten Maschinenbauunternehmens durchgeführt. Dabei zeigt sich, dass nicht-wertschöpfende Prozeßschritte im Bereich der Werkzeugeinstellung um rund 40 % und Rüstzeiten um durchschnittlich 38 % reduziert werden können. Rund um die Maschine und die Aufgaben des Maschinenbedieners konnte eine Reduktion des Prozeßumfang um 24 % festgestellt werden, bei einer gleichzeitigen Reduktion der Werkzeugrüstzeiten um 38 %. Neben der zeitlichen Reduktion pro Werkzeugrüstvorgang konnte auch die Menge zu beladender Werkzeuge gesenkt werden. Schließlich konnte eine erste Bestandsreduktion an unmittelbar im Maschinenpark im Umlauf befindlichen Komplettwerkzeugen analysiert werden, welche sich langfristig in einer reduzierten Kapitalbindung ausdrücken sollte. In den indirekt zur Wertschöpfung beitragenden Disziplinen der CAD/CAM-NC-Programmierung und Werkstattorientierten Programmierung (WOP) konnten die Prozesse um 13 bzw. 28 % der anfallenden Aktivitäten reduziert werden. Neben diesen quantitativen Wirkungen treten auch eine Reihe qualitativer Prozeßverbesserungen auf, die – obgleich in dieser Studie nicht näher untersucht – sich in höherer Prozeßstandardisierung, -transparenz und -sicherheit niederschlagen.

Die vorliegenden Ergebnisse geben begründeten Anlaß, von signifikanten Performanceverbesserungen beim Übergang auf digital vernetzte Fertigungssteuerungssysteme auszugehen. Dies ist bedeutsam für die ex ante Beurteilung anstehender Investitionen in moderne Fertigungssteuerungssysteme sowie eine ex post-Beurteilung nach Realisierung. Mehr noch geben sie erste Hinweise für bedeutsame Kosten- und Produktivitätsvorteile für im globalen Wettbewerb stehende Industriebetriebe.

Künftige Studien könnten weitere Performancegrößen in die Untersuchung einbeziehen, um so ein noch umfassenderes Bild der betriebswirtschaftlichen Wirkungen einer digital vernetzten Fertigung zeichnen und die mitunter erheblichen Investitionen in neue Fertigungstechnologien besser beurteilen zu können.

Literatur

Acatech. (2012). *agendaCPS – Integrierte Forschungsagenda Cyber-Physical Systems (acatech STUDIE)*. von E. Geisberger & M. Broy (Hrsg.). Heidelberg. http://www.springer.com/series/10578.

Becker, J. (1992). Computer Integrated Manufacturing aus Sicht der Betriebswirtschaftslehre und der Wirtschaftsinformatik. *Zeitschrift für Betriebswirtschaft, 62*, 1381–1407.

Foster, R. N. (1986). *Innovation – The attacker's advantage*. New York.

Kiener, S., Maier-Scheubeck, N., Obermaier, R., & Weiß, M. (2012). *Produktions-Management* (10. Aufl.). München: Oldenbourg.

Obermaier, R., & Müller, F. (2008). Management accounting research in the lab – Method and applications. *Zeitschrift für Planung & Unternehmenssteuerung, 19*(3), 325–351.

Obermaier, R., Hofmann, J., & Kellner, F. (2010). Web-basierte Fertigungssteuerung in der Praxis: Produktivitätssteigerungen mit dem Manufacturing Execution System MR-CM©. *HMD – Praxis der Wirtschaftsinformatik, 272*, 49–59.

Scheer, A.-W. (1987). *CIM – Der computergesteuerte Industriebetrieb*. Berlin: Springer.

Effizienzbewertung und -darstellung in der Produktion im Kontext von Industrie 4.0

Herwig Winkler, Gottfried Seebacher und Bernhard Oberegger

1 Einleitung

Betriebliche Informationssysteme sollen Führungskräfte auf allen hierarchischen Ebenen durch entscheidungsorientierte Informationen für das strategische und operative Management unterstützen. Wir bezeichnen betriebliche Informationssysteme als adaptive Assistenzsysteme, wenn sie den Entscheidungsträgern umfassende Informationen über bestimmte definierte Entscheidungssachverhalte liefern, indem sie an vielfältige Entscheidungssituationen schnell anpassbar und für komplexe Entscheidungsprobleme gut nutzbar sind. Adaptive Assistenzsysteme werden u. E. gerade im Bereich des Produktionsmanagements zukünftig eine noch wichtigere Rolle spielen, da viele Produktionssysteme mittlerweile durch eine sehr hohe Komplexität gekennzeichnet sind und Veränderungen in der Konfiguration, der Ressourcenausstattung sowie den Leistungsprozessen aufgrund der kürzer werdenden Produktlebenszyklen immer schwieriger zu bewältigen sind. Adaptive Assistenzsysteme tragen damit stark dazu bei, dass produzierende Unternehmen insbesondere in Europa die erforderliche Flexibilität und Effizienz im Produktionssystem aufweisen, um im internationalen Wettbewerbsumfeld besser bestehen zu können. Der Einsatz moderner intelligenter Informationstechnologien im Sinne der vierten industriel-

H. Winkler (✉)
Brandenburgische Technische Universität Cottbus-Senftenberg,
Siemens-Halske-Ring 6, 03046 Cottbus, Deutschland
E-Mail: winkler@b-tu.de

G. Seebacher · B. Oberegger
Alpen-Adria-Universität Klagenfurt, Universitätsstraße 65–67, 9020 Klagenfurt, Österreich

© Springer Fachmedien Wiesbaden 2016
R. Obermaier (Hrsg.), *Industrie 4.0 als unternehmerische Gestaltungsaufgabe*,
DOI 10.1007/978-3-658-08165-2_13

len Revolution in Kombination mit der Simulation sind aus unserer Sicht eine geeignete Basis für leistungsfähige adaptive Assistenzsysteme.

Ein wesentlicher Ansatz des Zukunftsprojekts „Industrie 4.0" ist es, standardisierte IT-Systeme in der Produktion zu integrieren. Dadurch soll eine umfassende Daten- und Informationserfassung prozessbezogener Leistungsparameter ermöglicht werden. Die erfassten Daten sind in geeigneter Form auszuwerten und zur Entscheidungsunterstützung möglichst in Echtzeit der Produktionsleitung zur Verfügung zu stellen. Eine von uns durchgeführte aktuelle Studie belegt, dass insbesondere Manufacturing Execution Systeme (MES) dazu den wesentlichen funktionalen Kern im Produktionsmanagement bilden (Winkler et al. 2014a, S. 1 ff.). Viele Unternehmen erwarten sich durch den Einsatz von MES hohe Effizienzsteigerungen im Produktionsvollzug (Kletti 2007, S. 1 sowie Zhou et al. 2005, S. 909 ff. sowie Winkler und Taschek 2013, S. 19 ff.). Mit Hilfe der Simulation sind reale Produktionssysteme virtuell zu modellieren und mit den in MES gesammelten Prozessdaten zu befüllen. Dadurch entsteht eine Art ‚Versuchsumgebung' innerhalb derer die Konfiguration sowie die prozessualen Abläufe des Produktionssystems beliebig variiert und nach den Zielvorstellungen der Produktion angepasst werden können. Damit ist eine realitätsnahe schrittweise Optimierung bzw. zielorientierte Veränderung der Produktion sehr gut zu bewerkstelligen (Gansterer et al. 2014, S. 206 ff.).

Viele der heute eingesetzten MES weisen jedoch im Rahmen des betrieblichen Effizienzmanagements ein erhebliches Defizit auf. Aktuell sind MES häufig unmittelbar nur zur Messung und Abbildung der anlagenwirtschaftlichen Effizienz geeignet. Zusätzlich wird jedoch in vielen Unternehmen die produktionslogistische Effizienz immer bedeutsamer, die es zu bewerten und im MES darzustellen gilt, um das gesamte zu realisierende Effizienzsteigerungspotenzial in der Produktion abschätzen zu können (Bleicher et al. 2014, S. 441 ff. sowie auch Albrecht et al. 2014, S. 386 ff.). Dazu sind insbesondere die innerbetrieblichen Transporte, die Umschlagprozesse sowie die Bestände vor, in und nach der internen Wertschöpfungskette zu erfassen (Winkler et al. 2013a, S. 127 ff.). Sowohl hinsichtlich des Messvorgangs von Prozessparametern als auch bei der Festlegung geeigneter Kennzahlen zur Identifikation von Effizienzverlusten in Produktionssystemen ergeben sich spezielle Anforderungen, denen es bei der Konzeptionierung eines geeigneten Systems zur Beurteilung und Verbesserung von Produktionssystemen gerecht zu werden gilt. Es besteht daher Forschungsbedarf zur Entwicklung eines funktionalen Konzeptes für ein System, das auf intelligente, integrierte und automatisierte Art und Weise eine betriebliche und überbetriebliche Steigerung der Effizienz und Wirtschaftlichkeit in Produktionssystemen ermöglicht. Synchron soll das System zusätzlich zu Effizienzveränderungen die finanziellen Folgen einer überbetrieblichen Prozessanpassung aufzeigen und damit eine fundierte Entscheidungshilfe bei der Gestaltung und Optimierung von Produktionssystemen darstellen. Insofern ist damit auch eine Weiterentwicklung der immer noch häufig in der unternehmerischen Praxis vorzufindenden traditionellen Methoden des Lean Management zu erreichen.

Aufbauend auf den zuvor geschilderten Problemen und Anforderungen haben wir einen zeitbasierten Ansatz für die ganzheitliche Bewertung der produktionslogistischen Effizienz entwickelt, der alle relevanten Zeitverluste bei der Ausführung der technologischen Bearbeitungsprozesse und der produktionslogistischen Aufgaben einbezieht. Dieser Ansatz kann die Basis für ein modernes adaptives Assistenzsystem darstellen, das in Kombination mit integrierten IT-Systemen und der Simulation Entscheidungsprozesse in der Produktion umfassend verbessert.

Wir zeigen im vorliegenden Beitrag, wie die auftretenden Zeitverluste in der Produktion in Anlehnung an die Berechnung der Overall Equipment Efficiency (OEE) methodisch mit Hilfe moderner MES und Auto-ID-Technologien zu erfassen, auszuwerten und zur Bewertung der Effizienz im Produktionssystem heranzuziehen sind. Der vorliegende Ansatz liefert eine in aktuell verfügbaren MES integrierbare Kennzahllogik zur echtzeitbasierten Abbildung der Effizienz. Die Funktionsweise und die praxistaugliche Anwendbarkeit des Ansatzes wurden bereits mittels Simulationsstudien in der Praxis validiert. Die erzielten Ergebnisse werden exemplarisch präsentiert und die daraus folgenden Implikationen für das Prozessmanagement diskutiert.

2   Grundlagen zur Beurteilung der anlagenwirtschaftlichen und der produktionslogistischen Effizienz

2.1   Bestimmung der anlagenwirtschaftlichen Effizienz in der Produktion

Das Konzept der Overall Equipment Efficiency (OEE) ist ein in der unternehmerischen Praxis weitverbreiteter Ansatz zur Beurteilung der anlagenwirtschaftlichen Effizienz (vergleiche hierzu und im Folgenden u. a. De Groote 1995, S. 17 f., Jonsson und Lesshammar 1999, S. 61 f. sowie zum Einsatz der OEE in der Produktion u. a. Mathur et al. 2011, S. 81 ff.). Die OEE wird in der Praxis primär dazu eingesetzt, um die Anlagenverfügbarkeit zu steigern und die Effizienz in der Leistungserstellung abzubilden (Seebacher und Winkler 2014, S. 340 ff.; Muchiri und Pintelon 2008, S. 3517 ff.). Dazu werden die in der Produktion auftretenden Zeitverluste, z. B. Stillstände und Geschwindigkeitsverluste, erfasst und von der verfügbaren Produktionszeit abgezogen. Problematisch ist dabei, dass die OEE die Produktionseffizienz häufig punktuell für einzelne Produktionsanlagen abbildet. Für eine ganzheitliche Beurteilung der Effizienz in der Produktion wäre jedoch eine systemweite Effizienzkennzahl erforderlich, in der die gesamte anlagenwirtschaftliche und produktionslogistische Effizienz enthalten ist (Oechsner et al. 2002, S. 333 ff.).

Die anlagenwirtschaftliche Effizienz des gesamten Produktionssystems definieren wir über die Overall Production Efficiency (OPE) (Seebacher 2013, S. 210 ff.). Die OPE ist eine aggregierte Effizienzkennzahl, die alle Zeit- und Qualitätsverluste in der Produktion erfasst und die anlagenwirtschaftliche Effizienz aller Produktionsanlagen in Summe abbildet. Zusätzlich ist die OPE dazu geeignet, die Verschwendung aus den in der Produktion vorhandenen Beständen zu erfassen und in der Effizienzbewertung zu berücksichtigen. Die OPE errechnet sich indem zuerst die Zeit, in der aus unternehmerischen und/oder strategischen Gründen nicht produziert wird, von der gesamten verfügbaren Zeit, d. h.

1440 min. täglich, abgezogen wird. Dies ist zweckmäßig, da die Produktionsmittel grundsätzlich 24 h an sieben Tagen pro Woche für Produktionsaufgaben zur Verfügung stehen.
Die Nicht-Produktionszeit, z. B. in Form einer möglichen dritten Schicht im Falle einer
Zwei-Schichtproduktion, ist daher grundsätzlich als Effizienzverlust zu werten. Wird die
Zeit, in der bewusst nicht produziert wird, von der verfügbaren Produktionszeit abgezogen, ergibt dies die geplante Produktionszeit. Die geplante Produktionszeit stellt die
eigentliche Basis für die nachfolgende Effizienzbeurteilung dar. Von der geplanten Pro-
duktionszeit, d. h. der vorhandenen Kapazität (K), sind alle in der Produktion auftretenden Zeitverluste, z. B. geplante und ungeplante Stillstände (s), Geschwindigkeits- v und
Qualitätsverluste (q), abzuziehen. Daraus ergibt sich die Nettoproduktivzeit (N) aller für
die Produktion eingesetzten Anlagen (F). Die Nettoproduktivzeit beschreibt die für die
Herstellung von verkaufsfähigen Erzeugnissen erforderliche Zeit. Formal lässt sich die
Nettoproduktivzeit wie folgt darstellen:

$$\sum_{f=1}^{F} N_f = \sum_{f=1}^{F} K_f - \left(\sum_{f=1}^{F} s_f + v_f + q_f \right)$$

Die OPE errechnet sich aus dem Verhältnis von Nettoproduktivzeit zur gesamten verfügbaren Produktionskapazität und ist wie folgt zu berechnen:

$$OPE \, [\%] = \frac{\sum_{f=1}^{F} N_f}{\sum_{f=1}^{F} K_f} \cdot 100$$

Die so errechnete Effizienz des Produktionssystems ist zusätzlich um die vorhandenen
(Über-)Bestände in der Fertigung zu korrigieren. Dies ist damit zu begründen, dass die
Bestände in der Produktion eigentlich eine Art gebundene Kapazität darstellen. Diese im
Produktionssystem gebundene Kapazität ist als Verschwendung zu werten, wenn es keine
plausible Erklärung für deren Existenz gibt. Die zusätzlich in der Produktion gebundene
Kapazität aus Beständen wird anhand der Produktionszeit ermittelt, die dafür aufgewendet
wurde, um den betreffenden Bestand in der Produktion an einer bestimmten Stelle zu bilden. Die gebundene Kapazität nimmt mit zunehmender Bearbeitungszeit für die Herstellung des Bestands zu. Folglich ist die Höhe der zusätzlichen Kapazität davon abhängig,
wo sich die Bestände im Produktionsablauf befinden. Abbildung 1 zeigt die Vorgehensweise zur Erfassung der Bestände in der Produktion.

Die im Produktionssystem vorhandenen Bestände werden mit den Bearbeitungszeiten
(b) bewertet. Die aus den Beständen in Stück (x) resultierende, zusätzlich im Produktionssystem gebundene Kapazität (a), ist daher formal wie folgt zu ermitteln:

$$\alpha = \sum_{f=1}^{F} \left(x \sum_{f=1}^{F} b_f \right)$$

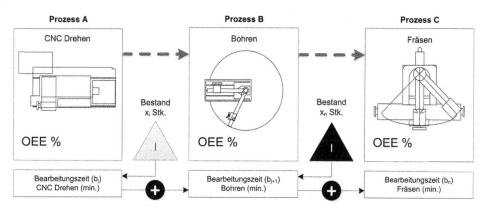

Abb. 1 (Seebacher 2013, S. 214)#X:126 Y:192

Nachdem die in den Beständen gebundene Kapazität errechnet wurde, ist die OPE unter Berücksichtigung der Effizienzverluste aufgrund von Beständen (OPE_B) zu berechnen:

$$OPE_B[\%] = \frac{\sum_{f=1}^{F} N_f^2}{\sum_{f=1}^{F} K_f \cdot \left(\sum_{f=1}^{F} N_f + \alpha\right)} \cdot 100$$

Die folgende Abb. 2 stellt die Vorgehensweise zur systemweiten Bewertung der anlagenwirtschaftlichen Effizienz übersichtlich dar. Zusätzlich zeigt die Abb. 2 wie Bestände in der Produktion unter Effizienzgesichtspunkten zu erfassen sind.

Die anlagenwirtschaftliche Effizienz bildet die Effizienz in der Produktion nur teilweise ab. Zusätzlich zu den anlagenwirtschaftlichen Prozessen in der Produktion sind auch die produktionslogistischen Prozesse zu berücksichtigen und unter Effizienzgesichtspunkten zu beurteilen. Damit wird sichergestellt, dass sämtliche Effizienzverluste in der betrieblichen Leistungserstellung erfasst und adäquat abgebildet werden.

2.2 Bestimmung der produktionslogistischen Effizienz in der Produktion

Die Effizienz der produktionslogistischen Prozesse wird ermittelt, indem alle bei der Durchführung der logistischen Aufgaben auftretenden Zeitverluste erfasst und von der gesamten verfügbaren Zeit abgezogen werden. Daraus resultiert die für die Abwicklung produktionslogistischer Aufgaben produktiv genutzte Zeit. Die produktive Zeit für die Abwicklung produktionslogistischer Prozesse wird ins Verhältnis zur gesamten verfügbaren Zeit gestellt, um die Effizienz in der Produktionslogistik zu bewerten. Die Effizienz produktionslogistischer Prozesse (EPP) gibt an, wieviel der verfügbaren Zeit zur Abwicklung der produktionslogistischen Aufgaben produktiv genutzt wird (vergleiche hierzu und im

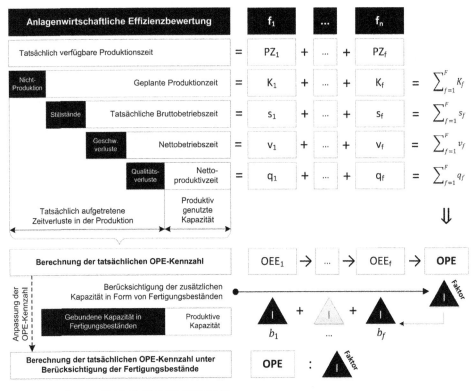

Abb. 2 (Seebacher 2013, S. 216)

Folgenden Winkler et al. 2014b, S. 97 ff. sowie insbesondere zur Vorgehensweise bei der Beurteilung der Transporteffizienz überbetrieblicher Logistikprozesse auch Winkler et al. 2013b, S. 107 f.).

Die produktionslogistische Produktivzeit ist zu errechnen, indem die Stillstandzeiten, Geschwindigkeitsverluste und die Leerfahrtzeiten in den Logistikprozessen erfasst und von der für die Abwicklung dieser Prozesse zur Verfügung stehenden Zeit abgezogen werden. Stillstandzeiten sind alle geplanten und ungeplanten Stillstände von Ressourcen für Transport und Umschlag, z. B. Pausen-, Warte-, und/oder störungsbedingte Stehzeiten. Die zur Abwicklung der produktionslogistischen Prozesse verfügbare Zeit (a) abzüglich der Stillstandzeiten (i) ergibt die maximale Transportabwicklungszeit. Die maximale Transportabwicklungszeit beschreibt jene Zeit, die zur Durchführung der logistischen Aufgaben genutzt wurde. Von der maximalen Transportabwicklungszeit sind alle Geschwindigkeitsverluste (g) abzuziehen. Geschwindigkeitsverluste erhöhen die Prozesszeiten und sind auf eine verringerte Transportgeschwindigkeit zurückzuführen. Die maximale Transportabwicklungszeit abzüglich aller Geschwindigkeitsverluste bei der Abwicklung der produktionslogistischen Prozesse bezeichnen wir als reduzierte Transportabwicklungszeit. Zuletzt sind noch die Leerfahrtzeiten (l) der innerbetrieblichen Transportmittel bei der

Effizienzbeurteilung der produktionslogistischen Prozesse zu berücksichtigen. Die Leerfahrtzeiten sind von der reduzierten Transportabwicklungszeit abzuziehen, da Leerfahrten als Effizienzverluste zu werten sind. Daraus resultiert die produktive Transportabwicklungszeit. Die produktive Transportabwicklungszeit ist jene Zeit, die effektiv für die Abwicklung der produktionslogistischen Prozesse genutzt wird. Der Quotient aus produktiver und verfügbarer Transportabwicklungszeit liefert die EPP.

Die EPP errechnet sich aus der Differenz der Summe aller verfügbaren Transportabwicklungszeiten abzüglich der Summe aller Zeitverluste, die bei der Abwicklung der produktionslogistischen Aufgaben auftreten (Seebacher 2013, S. 210 ff.). Formal lässt sich die EPP für ganze Produktionssysteme mit jeder beliebigen Anzahl innerbetrieblicher Transportmittel ($j = 1 \dots n$) wie folgt beschreiben:

$$EPP[\%] = \frac{\sum_{j=1}^{n} a_j - \sum_{j=1}^{n}(i_j + g_j + l_j)}{\sum_{j=1}^{n} a_j} \cdot 100$$

Die Tab. 1 zeigt die Berechnung der produktiven Transportabwicklungszeit.

Die anlagenwirtschaftliche Effizienz unter Berücksichtigung der Bestände (OPE_B) und die produktionslogistische Effizienz (EPP) bilden gemeinsam die Basis für die Effizienz des Produktionssystems.

2.3 Bestimmung der Gesamtsystemeffizienz in der Produktion

Die systemweite Effizienz in der Produktion wird anhand einer Spitzenkennzahl beurteilt, die sich aus der OPE_B und der EPP errechnet. Dazu wird eine Gewichtung der anlagenwirtschaftlichen und der produktionslogistischen Effizienz vorgenommen. Die Gewichtung ist notwendig, da die anlagenwirtschaftliche und die produktionslogistische Effizienz für verschiedene zu beurteilende Produktionssysteme von unterschiedlicher Bedeutung ist. Dies ist damit zu begründen, dass beispielsweise in bearbeitungsintensiven Produk-

Tab. 1 Effizienzbeurteilung produktionslogistischer Prozesse. (Quelle: Winkler et al. 2014b, S. 100)

Verfügbare Transportabwicklungszeit (a)		
–	Geplanten Stillstände (i)	Z. B. Pausenzeiten, usw.
–	Ungeplanten Stillstände	Z. B. Wartezeiten, usw.
=	**Maximale Transportabwicklungszeit**	
–	Geschwindigkeitsverluste (g)	Z. B. verringerte Geschwindigkeit, usw.
=	**Reduzierte Transportabwicklungszeit**	
–	Leerfahrtzeiten (l)	Z. B. An-/Leerfahrtzeiten, usw.
=	**Produktive Transportabwicklungszeit**	

tionssystemen ein wesentlich höherer und teurerer Ressourceneinsatz der anlagenwirt-schaftlichen Effizienz zuzurechnen ist. Logistische Aufgaben werden in der Produktion z. B. mittels Flurförderfahrzeugen und/oder Stetigförderern durchgeführt, die im Ver-gleich zur den Produktionsanlagen häufig einen geringeren Wert aufweisen. Dieser unter-schiedliche Wert des Ressourceneinsatzes im Rahmen der betrieblichen Wertschöpfung ist in der Bewertung der Gesamtsystemeffizienz zu berücksichtigen. Daher sind die OPE_B und die EPP zu gewichten und so in der Gesamtsystemeffizienz GSE zusammenzuführen.

Ein mögliches Kriterium zur Berücksichtigung des Wertes von Ressourcen bei der Bestimmung der Gewichtungsfaktoren stellen die fixen Kosten dar, die der anlagenwirt-schaftlichen Effizienz und der produktionslogistischen Effizienz zuzuordnen sind. In die-sem Fall können beispielsweise die Abschreibungen auf das in der Produktion eingesetzte Anlagevermögen und die Personalkosten in der Produktion der anlagenwirtschaftlichen Effizienz zugeordnet werden. Der Effizienz in der Produktionslogistik sind die Abschrei-bungen auf das zur Abwicklung der produktionslogistischen Aufgaben notwendige An-lagevermögen und die Personalkosten der innerbetrieblichen Logistik zuzurechnen. Da-durch lassen sich aus dem Verhältnis der für den jeweiligen Ressourceneinsatz anfallen-den Kosten Gewichtungsfaktoren bestimmen. Diese Gewichtungsfaktoren werden dazu verwendet, die anlagenwirtschaftliche und die produktionslogistische Effizienz nach de-ren Bedeutung für das zu beurteilende Produktionssystem in der Gesamtsystemeffizienz zu berücksichtigen.

Die Gesamtsystemeffizienz setzt sich aus den mit den Gewichtungsfaktoren (ω_A; ω_P) gewichteten Effizienzkennzahlen zusammen. Die Bedeutung der anlagenwirtschaftlichen Effizienz für das zu beurteilende Produktionssystem wird mit ω_A und die Bedeutung der produktionslogistischen Effizienz mit ω_P bewertet. Folglich ist die GSE wie folgt zu be-stimmen:

$$GSE = OPE_B \cdot \omega_A + EPP \cdot \omega_p; \, \omega_A + \omega_p = 1$$

Die Abb. 3 veranschaulicht den Aufbau der Kennzahlen zur Bewertung der anlagenwirt-schaftlichen und der produktionslogistischen Effizienz. Zusätzlich zeigt die Abb. 3 wie die Effizienzkennzahlen auf die Gesamtsystemeffizienz wirken.

3 Ergebnisse einer Simulationsstudie zur ganzheitlichen Effizienzbewertung in der Produktion

3.1 Datengrundlage und Modellbildung zur Durchführung der Simulationsstudie

Die Anwendbarkeit der systemweiten Effizienzbewertung in der Produktion wird anhand einer Simulationsstudie demonstriert (in Anlehnung Bangsow 2011, S. 1 ff.; Fandino Pita und Wang 2010, S. 152 ff.; Božičković et al. 2012, S. 642 ff.; Verein Deutscher Ingenieu-re 1993, Blatt 1). Dazu werden die Bearbeitungs- und Transportprozesse einer diskreten

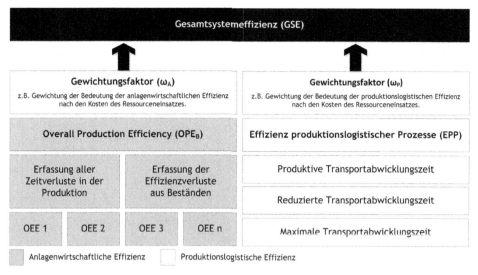

Abb. 3 Verfasser#X:126 Y:192

Fertigung simuliert (Huang et al. 2003, S. 513 ff.). Das Produktionssystem umfasst 27 Bearbeitungsstationen, die mittels Flurförderwagen bedient werden. Die transportlogistischen Prozesse werden manuell ausgeführt (Eley 2012, S. 1 ff.). Für die vorliegende Simulationsstudie wurden die zu fertigenden Produkte in vier Produktfamilien (*A...D*) zusammengefasst. In der Simulation durchlaufen die Produktfamilien *A...D* unterschiedlich viele Bearbeitungsprozesse. Die Produkte werden zudem in Losen zu 323, 56, 24 und 357 Stück hergestellt. Die Abb. 4 zeigt die Bearbeitungsreihenfolge der Produktfamilien sowie die Transportzeiten zwischen den Bearbeitungsstationen.

Nach der Vorbereitung der Produkte wird eine Transportanforderung ausgelöst und die Produkte werden entsprechend der Bearbeitungsreihenfolge zur nächsten Bearbeitungsstation transportiert. Transportiert werden nur vollständige Lose, d. h. es ist keine Losteilung zulässig. Nach der letzten Bearbeitung werden die Produkte im Ausgangslager abgelegt. Die Abb. 5 zeigt das Hallenlayout zur Herstellung der vier Produktfamilien, die Anordnung der Bearbeitungsstationen sowie die innerbetrieblichen Transportwege des simulierten Produktionssystems. Die für den innerbetrieblichen Transport bestimmten Hin- und Rückwege sind nicht zwangsläufig identisch. Für den Hin- und Rücktransport wird stets der kürzeste Weg gewählt.

Für den simulierten Produktionsvollzug wurden die notwendigen Rüstvorgänge und die damit einhergehenden Rüstzeiten im Modell hinterlegt. Die Dauer der Rüstvorgänge wird von den zu fertigenden Produkten beeinflusst. Die Tab. 2 zeigt die Bearbeitungsreihenfolgen, die durchschnittliche Bearbeitungszeit pro Stück (BAZ/Stk), die anfallende Rüstzeit (RZ) beim Produktwechsel sowie die Anlagenverfügbarkeit und die mittlere Fehlerbehebungszeit (MTTR).

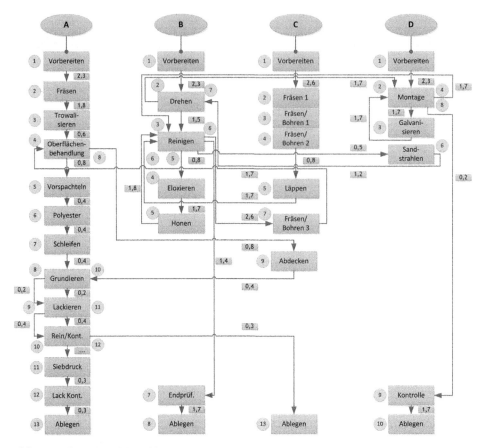

Abb. 4 Verfasser#X:126 Y:192

Die Simulationsstudie wurde mittels diskreter ereignisorientierter Simulation durchgeführt. In Tab. 3 werden die Systemelemente beschrieben und deren Ausprägungen dargestellt. Damit die Simulation statistisch signifikante Ergebnisse liefert, wurden ein Beobachtungszeitraum von 260 Tagen und eine Anlaufphase von zehn Tagen festgelegt.

Das Produktionssystem wird im Dreischichtbetrieb simuliert.

3.2 Ergebnisse der Simulationsstudie zur ganzheitlichen Effizienzbewertung

Die Studie diente dazu, die Zeitverluste in der Produktion und in der Produktionslogistik zu erfassen und die Gesamtsystemeffizienz der Fertigung zu beurteilen. Tabelle 4 zeigt die prozentuelle Verteilung der maximal verfügbaren Zeit für ausgewählte Bearbeitungsstationen. Die geplante Produktionszeit ergibt sich aus der verfügbaren Produktionszeit abzüglich der Nicht-Produktionszeit. Die geplante Produktionszeit wird in die Zeitsegmente Wertschöpfung, Rüsten, Warten, Störung und Pause zerlegt.

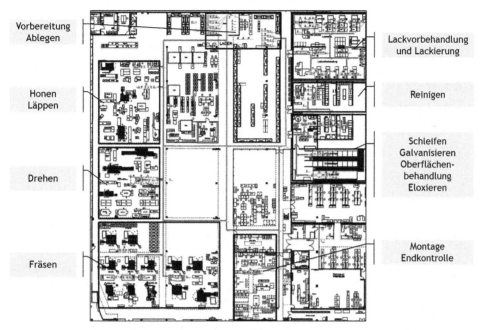

Abb. 5 Verfasser#X:126 Y:192

Die Bewertung der systemweiten Effizienz in der Produktion wird anhand der geplanten Produktionszeit vorgenommen. Das bedeutet, dass die Nicht-Produktionszeit vorab von der tatsächlich verfügbaren Zeit für Produktionsaufgaben abgezogen wurde. Die Tab. 5 zeigt die prozentuellen Anteile der wertschöpfenden Zeit sowie der in der Produktion auftretenden Zeitverluste an der geplanten Produktionszeit. Diese in der Simulation errechneten Zeitsegmente dienen dazu, die systemweite Effizienz der diskreten Fertigung zu ermitteln.

Im Einschichtbetrieb stehen 480 min zur Bearbeitung der Produkte zur Verfügung. Die Pausenzeiten von 30 min pro Schicht sind als geplante Stillstände zu werten. Die ungeplanten Stillstände resultieren aus den Warte- und Fehlerbehebungszeiten. Die Rüstzeiten stellen die Geschwindigkeitsverluste in der Produktion dar. Andere typische Geschwindigkeitsverluste sind auf eine verringerte Produktionsintensität zurückzuführen. Die um die Qualitätsverluste verringerte Nettobetriebszeit ergibt die Nettoproduktivzeit. Die Tab. 6 zeigt die Berechnung der anlagenwirtschaftlichen Effizienz für ausgewählte Bearbeitungsprozesse sowie die systemweite Effizienz der simulierten Produktion. Zusätzlich werden die Effizienzverluste in der Produktion dargestellt.

Die Effizienz in der Produktion wird um die Effizienzverluste aus den Fertigungsbeständen korrigiert. Die in den Fertigungsbeständen gebundene Kapazität für alle vier Produktfamilien der vorliegenden Simulationsstudie errechnet sich wie folgt:

$$\alpha = \sum_{f=1}^{F} \left(x \sum_{f=1}^{F} b_f \right) \cdots \alpha \forall P_{A...D} = 5.333,00 \, [min]$$

Tab. 2 Produktbezogene Bearbeitungs-, Rüst- und Fehlerbehebungszeiten sowie Anlagenverfüg-
barkeiten. (Quelle: Verfasser)

Bearbeitungs-schritt	Bearbeitungsstation	BAZ/Stk	RZ	Verfügbarkeit	MTTR
		[s]	[min]	[%]	[min]
Produkt A					
1	Vorbereiten	12,96	–	100,00 %	–
2	Fräsen	161,28	66,78	98,70 %	6,23
3	Fräsen/Bohren_1	464,40	78,78	98,70 %	6,23
4	Fräsen/Bohren_2	1008,00	76,38	98,70 %	6,23
5	Läppen	212,04	9,00	98,94 %	5,08
6	Reinigen	33,84	15,00	98,48 %	7,32
7	Fräsen/Bohren_3	304,56	81,84	98,70 %	6,23
8	Oberflächenbehandlung	138,24	15,00	96,83 %	15,21
9	Abdecken	185,40	9,00	100,00 %	–
10	Grundieren	207,72	18,00	95,24 %	22,85
11	Lackieren	257,76	24,00	95,24 %	22,85
12	Reinigen/Kontrolle	167,76	12,00	100,00 %	–
13	Ablegen	5,04	–	100,00 %	–
Produkt B					
1	Vorbereiten	0,72	–	100,00 %	–
2	Drehen	371,52	212,4	93,51 %	31,17
3	Reinigen	10,08	15,0	98,48 %	7,32
4	Eloxieren	55,80	21,0	95,24 %	22,86
5	Honen	117,36	36,0	96,88 %	15,00
6	Reinigen	10,44	15,0	98,48 %	7,32
7	Endprüfung	3,24	–	100,00 %	–
8	Ablegen	0,72	–	100,00 %	–
Produkt C					
1	Vorbereiten	75,60	–	100,00 %	–
2	Fräsen	720,00	120,00	98,70 %	6,23
3	Trowalisieren	145,44	15,00	95,86 %	19,87
4	Oberflächenbehandlung	177,48	15,00	96,76 %	15,56
5	Vorspachteln	188,64	15,00	99,93 %	0,33
6	Polyester	496,80	24,00	95,24 %	22,85
7	Schleifen	1117,44	6,00	98,16 %	8,86
8	Grundieren	678,24	18,00	95,24 %	22,85
9	Lackieren	955,08	24,00	95,24 %	22,85
10	Reinigen/Kontrolle	137,88	12,00	100,00 %	–
11	Siebdruck	657,00	72,00	100,00 %	–
12	Lack Kontrolle	15,12	–	100,00 %	–
13	Ablegen	11,88	–	100,00 %	–

Tab. 2 (Fortsetzung)

Bearbeitungs-schritt	Bearbeitungsstation	BAZ/Stk	RZ	Verfügbarkeit	MTTR
		[s]	[min]	[%]	[min]
Produkt D					
1	Vorbereiten	1,80	–	100,00%	–
2	Montage	155,16	–	100,00%	–
3	Galvanisieren	157,32	15,00	72,84%	130,39
4	Montage	45,36	–	100,00%	–
5	Reinigen	6,84	21,00	98,48%	7,32
6	Sandstrahlen	101,88	15,00	95,40%	22,07
7	Drehen	77,04	60,00	100,00%	–
8	Montage	812,52	–	100,00%	–
9	Kontrolle	209,52	–	100,00%	–
10	Ablegen	0,72	–	100,00%	–

Die OPE_B errechnet sich nun wie folgt:

$$OPE_B = \frac{5.478,65^2}{12.480,00 \cdot (5.478,65 + 5.333,00)} \cdot 100 = 22,25\%$$

Die systemweite Effizienz in der Produktion unter Berücksichtigung der Effizienzverluste aus den Beständen liegt bei 22,25%. Zusätzlich zur anlagenwirtschaftlichen Effizienz wurde auch die produktionslogistische Effizienz für die simulierte Fertigung errechnet. Für die Abwicklung der produktionslogistischen Aufgaben wurden die geplanten und ungeplanten Stillstände, die Geschwindigkeitsverluste sowie die Leerfahrten in der Simulation ermittelt und von der verfügbaren Transportabwicklungszeit abgezogen. Die daraus resultierende produktive Transportabwicklungszeit ergibt 15,06 min. Daraus errechnet sich für den vorliegenden Produktionsvollzug eine produktionslogistische Effizienz von 3,14%. Die hohen Effizienzverluste von 96,86% resultieren primär aus der geringen Auslastung des Transportmittels. Die Tab. 7 zeigt die Zeitverluste bei der Abwicklung der produktionslogistischen Aufgaben und die Errechnung der produktiven Transportabwicklungszeit.

Die Gewichtungsfaktoren ω_A und ω_P wurden anhand der für den Ressourceneinsatz anfallenden Kosten bestimmt. Dazu wurden die Abschreibungen auf das anlagenwirtschaftliche und produktionslogistische Anlagevermögen sowie die Personalkosten in Produktion und Logistik erhoben. Die Tab. 8 zeigt die für die Berechnung der Gewichtungsfaktoren zugrundeliegenden Kosten.

Die Gewichtungsfaktoren ω_A und ω_P errechnen sich wie folgt:

$$\omega_A = \frac{4.900.000}{5.600.000} = 0,875$$

Tab. 3 Systemelemente und deren Ausprägungen. (Quelle: Verfasser)

Systemelemente	Beschreibung	Ausprägung	
Bewegliche Objekte (BE's)	Produkt A	Losgröße = 56 Stk	
	Produkt B	Losgröße = 323 Stk	
	Produkt C	Losgröße = 24 Stk	
	Produkt D	Losgröße = 357 Stk	
Ressourcen		Anzahl	Schichten
	Vorbereiten	4	1
	Drehen	2	2
	Trowalisieren	1	1
	Vorspachteln	1	2
	Polyester	1	2
	Schleifen	1	2
	Reinigen	1	1
	Eloxieren	1	1
	Honen	1	1
	Fräsen	1	3
	Fräsen/Bohren_1	1	3
	Fräsen/Bohren_2	1	3
	Fräsen/Bohren_2	1	3
	Läppen	1	1
	Oberflächenbehandlung	1	1
	Sandstrahlen	1	1
	Abdecken	1	1
	Grundieren	1	2
	Lackieren	1	2
	Siebdruck	1	1
	Galvanisieren	2	1
	Montage	8	1
	Kontrolle	2	1
	Lack Kontrolle	1	1
	Reinigen/Kontrolle	1	1
	Endprüfen	1	1
	Ablegen	4	1
Transporter	Anzahl Transporter	1	
	Geschwindigkeit (m/s)	1	

Tab. 3 (Fortsetzung)

Systemelemente	Beschreibung	Ausprägung
Inputgrößen	Zwischenankunftszeit Produkt A	34 h
	Zwischenankunftszeit Produkt B	44 h
	Zwischenankunftszeit Produkt C	26 h
	Zwischenankunftszeit Produkt D	48 h
	BAZ, RZ, usw.	Tabelle 2
	Pausenzeiten	30 min
Anlaufphase	10 Tage	
Simulationslauf	260 Tage	

Tab. 4 Übersicht der Simulationsergebnisse. (Quelle: Verfasser)

Bearbeitungs-station	Geplante Produktionszeit					Nicht-Produktion
	Wertschöpfung (%)	Rüsten (%)	Warten (%)	Störung (%)	Pause (%)	
Drehen	41,90	0,02	0,00	2,58	2,97	52,53
Eloxieren	10,60	0,74	52,34	3,07	4,45	28,80
Honen	20,43	1,17	0,00	0,66	1,48	76,27
Fräsen	9,66	4,31	51,87	0,91	4,45	28,80
Fräsen/Bohren_1	27,81	5,03	33,03	0,88	4,45	28,80
Fräsen/Bohren_2	59,94	4,88	1,10	0,83	4,45	28,80
Läppen	12,59	0,59	8,82	0,25	1,48	76,27
Oberflächenbehandlung	11,70	3,37	6,50	0,68	1,48	76,27
Grundieren	25,52	4,01	13,08	1,89	2,97	52,53
Lackieren	33,97	5,43	3,12	1,98	2,97	52,53
Fräsen/Bohren_3	18,08	5,22	42,64	0,80	4,45	28,80
...	...	...	...	...	...	...

$$\omega_p = \frac{700.000}{5.600.000} = 0,125$$

Somit kann die Gesamtsystemeffizienz unter Berücksichtigung der Gewichtungs-faktoren ω_A und ω_p wie folgt berechnet werden:

$$GSE = OPE_B \cdot \omega_A + EPP \cdot \omega_p = 22,25 \cdot 0,875 + 3,14 \cdot 0,125 = 19,86\%$$

Tab. 5 Simulationsergebnisse zur Effizienzbewertung. (Quelle: Verfasser)

Bearbeitungs-station	Geplante Produktionszeit					Nicht-Produktion
	Wertschöpfung (%)	Rüsten (%)	Warten (%)	Störung (%)	Pause (%)	
Drehen	88,27	0,04	0,00	5,44	6,25	0,00
Eloxieren	14,89	1,04	73,51	4,31	6,25	0,00
Honen	86,09	4,93	0,00	2,78	6,25	0,00
Fräsen	13,57	6,05	72,85	1,28	6,25	0,00
Fräsen/Bohren_1	39,06	7,06	46,39	1,24	6,25	0,00
Fräsen/Bohren_2	84,19	6,85	1,54	1,17	6,25	0,00
Läppen	53,06	2,49	37,17	1,05	6,25	0,00
Oberflächenbe-handlung	49,30	14,20	27,39	2,87	6,25	0,00
Grundieren	53,76	8,45	27,55	3,98	6,25	0,00
Lackieren	71,56	11,44	6,57	4,17	6,25	0,00
Fräsen/Bohren_3	25,39	7,33	59,89	1,12	6,25	0,00
…	…	…	…	…	…	…

Die Ergebnisse zeigen, dass die gewichtete Gesamtsystemeffizienz der simulierten Fertigung bei rund 20 % liegt. Die Effizienzverluste in der Produktion sind vor allem auf die geringe durchschnittliche Auslastung der Produktionsprozesse zur Herstellung der Produkte zurückzuführen. Ebenso sind die hohen Effizienzverluste bei der Abwicklung der produktionslogistischen Aufgaben im vorliegenden Anwendungsfall insbesondere mit der geringen Auslastung des Transportmittels zu begründen.

Abbildung 6 zeigt eine detaillierte Darstellung der anlagenwirtschaftlichen und produktionslogistischen Effizienzverluste im Effizienzcockpit. Zudem werden die durch die Bestände in der Produktion auftretenden Effizienzverluste dargestellt. Zusätzlich liefert das Effizienzcockpit die relevanten Hebel zur Effizienzverbesserung, indem die Verluste aufgrund von Stillständen, Geschwindigkeits- und Qualitätsverlusten dargestellt werden.

4 Integratives Datenerfassungskonzept zur echtzeitfähigen Darstellung der Effizienz im Produktionssystem

4.1 Datenerfassungskonzept zur echtzeitfähigen Bewertung der systemweiten Effizienz

Eine Bewertung der systemweiten Effizienz ist zweckmäßigerweise laufend durchzuführen. Idealerweise werden die dafür notwendigen Daten laufend automatisiert erfasst und verarbeitet. Dazu sind geeignete Technologien zur automatisierten Datenerfassung und -verarbeitung einzusetzen. Die in der Produktion auftretenden Zeitverluste bei der Produktbearbeitung können heute z. B. mit Hilfe moderner Manufacturing Execution Systeme (MES) sehr gut gemessen und zur Bewertung der anlagenwirtschaftlichen Effizienz

Tab. 6 Berechnung der Overall Production Efficiency (OPE)

Ermittlung der Overall Production Efficiency (OPE)		Drehen	Elox.	Honen	…	Endprüf.	Kontrolle	$\sum_{j=1}^{n} j$ [min]	Effizienz	Effizienz-verluste
Verfügbare Produktionszeit (K)		480,00	480,00	480,00	…	480,00	480,00	12.480,00	100%	–
–	Geplanten Stillstände (s)	30,00	30,00	30,00	…	30,00	30,00	780,00	–	6,25%
–	Ungeplanten Stillstände	26,09	373,55	13,35	…	438,53	96,28	5.342,04	–	42,80%
=	**Bruttobetriebszeit (BBZ)**	423,91	76,45	436,65	…	11,47	353,72	**6.357,96**	**50,95%**	–
–	Geschwindigkeits-verluste v	0,20	4,99	23,66	…	–	–	667,19	–	5,35%
=	**Nettobetriebszeit (NBZ)**	423,71	71,46	413,00	…	11,47	353,72	**5.690,77**	**45,60%**	–
–	Qualitätsverluste (q)	21,93	–	0,19	…	–	–	212,12	–	1,7%
=	**Nettoproduktivzeit (N)**	401,78	71,46	412,81	…	11,47	353,72	**5.478,65**	**43,90%**	**56,10%**

Tab. 7 Berechnung der Effizienz produktionslogistischer Prozesse (EPP). (Quelle: Verfasser)

Produktionslogistische Effizienz (EPP)		Werker (Transport)	$\sum_{j=1}^{n} j \, [\text{min}]$	Effizienz	Effizienz-verlust
Verfügbare Transportabwicklungs-zeit (a)		**480,00**	**480,00**	**100%**	–
–	Geplanten Stillstände (i)	30,00	**30,00**	–	6,25%
–	Ungeplanten Stillstände	406,23	**406,23**	–	84,63%
=	Maximale Transportabwicklungszeit	43,77	**43,77**	**9,12%**	–
–	Geschwindigkeitsverluste (g)	–	–	–	–
=	Reduzierte Transportabwicklungszeit	43,77	**43,77**	**9,12%**	–
–	Leerfahrtzeiten (l)	28,71	**28,71**	–	5,98%
=	**Produktive Transportabwicklungszeit**	**15,06**	**15,06**	**3,14%**	**96,86%**

Tab. 8 Abschreibungen und Löhne der Produktion und der innerbetrieblichen Logistik. (Quelle: Verfasser)

Kostenpositionen	Produktion	Logistik	Gesamt
Abschreibung [EUR]	1.330.000 EUR	70.000 EUR	1.400.000 EUR
Löhne [EUR]	3.570.000 EUR	630.000 EUR	4.200.000 EUR
Gesamt [EUR]	*4.900.000 EUR*	*700.000 EUR*	*5.600.000 EUR*

weiterverarbeitet werden. Manufacturing Execution Systeme sind spezielle Softwarelösungen für den Produktionsvollzug, die es erlauben, Daten an beliebigen Messpunkten, z. B. in Maschinensteuerungen, in der Produktion zu erfassen, zu speichern und für beliebige Analysen weiterzuverarbeiten (Winkler et al. 2014b, S. 98). Die an der Maschinensteuerung der Produktionsanlagen erhobenen Prozessdaten und -parameter werden in diesem Fall vom MES erfasst, gespeichert und zur Bewertung der anlagenwirtschaftlichen Effizienz weiterverarbeitet. Damit wird es möglich, die anlagenwirtschaftliche Effizienz laufend und in Echtzeit in der Produktion zu erfassen und abzubilden.

Eine laufende und echtzeitfähige Bewertung der produktionslogistischen Effizienz ist etwas schwieriger zu bewerkstelligen. Dies ist auf die in der Produktionslogistik eingesetzten Ressourcen und die Charakteristika logistischer Prozesse zurückzuführen. Die laufende Bewertung der produktionslogistischen Effizienz in Echtzeit erfordert eine ständige Erfassung der beurteilungsrelevanten Daten im gesamten Produktionsvollzug. Dies ist für innerbetriebliche Logistikprozesse nur dann zu erreichen, wenn es gelingt, eine Kommunikation zwischen den zu bearbeitenden Produkten und/oder Teilen und dem Datenerfassungssystem herzustellen. Diese Kommunikationsfähigkeit zwischen Gegenständen und Informationsverarbeitungssystemen ist Teil des Ubiquitious Computing und wird

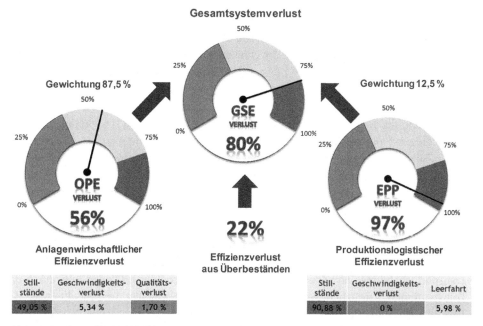

Abb. 6 Verfasser#X:126 Y:192

mittels sogenannter Smart Devices und/oder Smart Labels realisiert. Unter Ubiquitous Computing wird eine physisch virtuelle IT-Infrastruktur verstanden. Diese erlaubt eine Kommunikation zwischen physischen Gegenständen und einem Informationsverarbeitungssystem. Ubiquitous Computing ist charakterisiert durch die physische Integration und die eigenständige Interoperabilität (Kindberg und Fox 2002, S. 70 ff.). Zusätzlich ist sicherzustellen, dass die Transportanforderungen zum Weitertransport der Produkte und/oder Teile zwischen den Bearbeitungsstationen im Produktionsvollzug vom System erfasst und die Transportvorgänge gezielt gesteuert werden (Winkler et al. 2014b, S. 104 f.). Die im innerbetrieblichen Transport auftretenden Zeitverluste sind laufend und in Echtzeit zu erfassen, indem die Transportmittel und/oder die Transportbehältnisse beispielsweise mit Radio Frequency Identification (RFID)-Tags ausgestattet werden. Die Informationsgewinnung zur späteren Bewertung der produktionslogistischen Effizienz erfolgt mittels RFID-Antennen, die an den zur Datenerfassung notwendigen Standorten installiert werden. Dafür werden die Bearbeitungsstationen mit Mid- oder Wide-Range-Antennen (M/W-R) und die Transportmittel mit Ultra-Low-Range-Antennen (UL-R) ausgerüstet. Die RFID-Tags werden an den Transportbehältnissen und/oder an den zu bearbeitenden Produkten und/oder Teilen angebracht. Die UL-R-Antennen erfassen bei Aufnahme des Transportbehältnisses und/oder des Produkts durch das Transportmittel den Startzeitpunkt des innerbetrieblichen Transportvorgangs. Der betreffende Transportvorgang endet, wenn der RFID-Tag den Frequenzbereich der UL-R-Antenne wieder verlässt, d. h. wenn die Transportbehältnisse und/oder die Produkte entladen werden. Die M/W-R-Antennen der

Bearbeitungsstationen zeichnen zusätzlich die innerbetriebliche Transportzeit, ohne Be-, Um- und Entladezeiten, auf. Der physische Transport beginnt beim Verlassen des Frequenzbereichs der M/W-R-Antenne der Quellstation und endet bei Ankunft im Frequenzbereich der M/W-R-Antenne der Zielstation. Dadurch lässt sich aus der Differenz der von den UL-R- und den M/W-R-Antennen aufgezeichneten Zeitstempel die Be-, Um- und Entladezeiten bei den Quell- und Zielstationen errechnen. Alternativ dazu besteht die Möglichkeit, die Lagerbereiche der Bearbeitungsstationen mit RFID-Portalen auszurüsten. In diesem Fall wird das Ein- und Ausfahren der Transportmittel erfasst. Die Differenz dieser Zeitstempel ergibt die Be-, Um- und Entladezeit für die betreffende Bearbeitungsstation. Die Geschwindigkeitsverluste bei der Durchführung der innerbetrieblichen Transporte sind zu erfassen, indem die von den M/W-R-Antennen aufgezeichnete Transportzeit von einer zuvor geplanten Transportzeit abgezogen wird. Diese ideale geplante Transportzeit errechnet sich aus dem Transportweg und der geplanten Transportgeschwindigkeit. Zuletzt sind die Zeitverluste für Leerfahrten zu bestimmen. Die Leerfahrtzeit ist die Zeitspanne zwischen der Bestätigung der Transportanforderung und der Aufnahme des Transportbehältnisses und/oder des zu bearbeitenden Produkts und/oder Teils durch das Transportmittel. Zusätzlich werden die Zeiten von der Entladung der Produkte und/oder Teile bis zum Abstellen des Transportmittels bei Unterauslastung sowie die Zeiten von der Bestätigung neuer Transportaufträge bis zur Aufnahme dieser Transportaufträge als Leerfahrtzeiten erfasst. Gelingt es, eine Paarigkeit zwischen den innerbetrieblichen Transporten herzustellen, werden diese als produktive Transportvorgänge im System erfasst.

Die Abb. 7 veranschaulicht das Konzept zur laufenden und echtzeitfähigen Erfassung der Daten mittels RFID zur Bewertung der produktionslogistischen Effizienz.

4.2 Echtzeitfähige Effizienzbewertung mit Manufacturing Execution Systemen (MES)

Zweckmäßigerweise sind die Effizienzkennzahlen in leistungsfähige IT-Systeme zu integrieren, die geeignet sind, Produktionsdaten laufend zu erfassen, zu speichern und zu verarbeiten und den Produktionsvollzug in Echtzeit abzubilden. Die modulartige Integration der zuvor entwickelten Effizienzkennzahlen ermöglicht ein echtzeitfähiges Effizienzmanagement in der Produktion. Dazu werden die für die Bewertung der anlagenwirtschaftlichen Effizienz notwendigen Daten an den Maschinensteuerungen der Produktionsanlagen laufend erfasst und im MES verarbeitet. Die zur Beurteilung der produktionslogistischen Effizienz erforderlichen Daten werden z. B. mittels RFID-Systemen erhoben und in Echtzeit im MES gespeichert und verarbeitet. Die Daten zur Gewichtung der anlagenwirtschaftlichen und produktionslogistischen Effizienz in der Bewertung der systemweiten Effizienz, z. B. Kosten der personellen und technischen Ressourcenausstattung, liefert z. B. das ERP-System. Die im MES gesammelten Daten zur Ermittlung der Effizienzkennzahlen werden automatisiert verarbeitet, um die Effizienzkennzahlen des Produktionssystems zu errechnen und in einem Effizienzcockpit darzustellen. Das Effizienzcock-

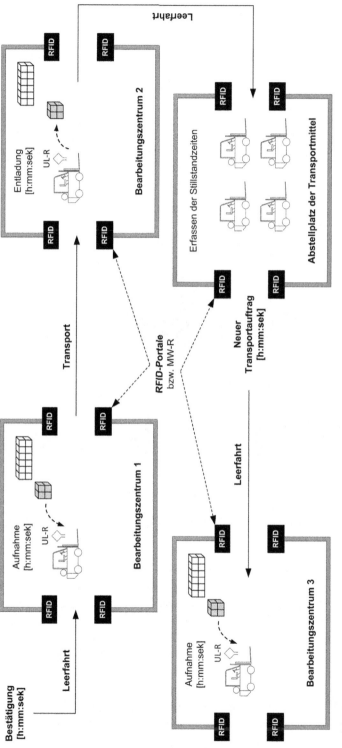

Abb. 7 Verfasser#X:126 Y:192

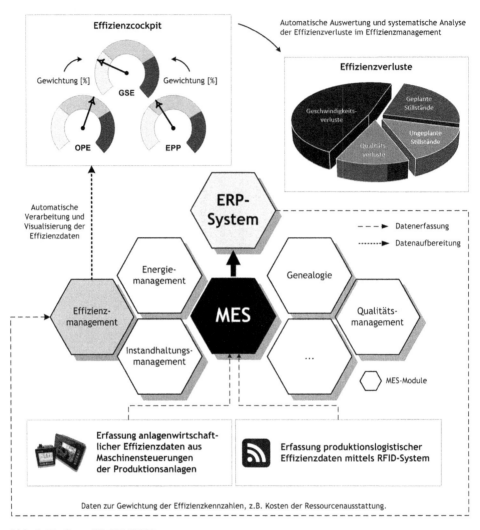

Abb. 8 Verfasser#X:126 Y:192

pit bildet ständig die aktuelle Effizienzsituation in der Produktion ab. Zusätzlich bietet das Effizienzmanagement-Modul die Möglichkeit, die aktuellen Verluste in der Produktion, wie Stillstände, Geschwindigkeits- und Qualitätsverluste in Echtzeit darzustellen und ermöglicht somit die systematische und zeitnahe Analyse der Zeitverluste in der Produktion.

Die folgende Abb. 8 stellt die modulartige Integration der Effizienzkennzahlen und des Effizienzmanagement in MES übersichtlich dar. Zusätzlich zeigt die Abb. 8 wie die für die Effizienzbewertung notwendigen Daten zu erfassen sind und wie eine automatisierte Verarbeitung und Visualisierung der Effizienzkennzahlen in MES aussehen kann. Zudem wird ersichtlich, wie die automatisierte und systematische Analyse der Effizienzverluste im Effizienzmanagement-Modul zu gestalten ist, um den Entscheidungsträgern ein übersichtliches und handhabbares Werkzeug zur raschen und gezielten Effizienzverbesserung im gesamten Produktionsvollzug bereitzustellen.

5   Zusammenfassung und Ausblick

Für die meisten europäischen Industrieunternehmen ist eine effizientere Leistungserstellung angesichts des zunehmenden Kostendrucks unerlässlich, um wettbewerbsfähig zu bleiben. Zur Darstellung der erzielten Effizienz in der Produktion nutzen heute viele Unternehmen die Kennzahlen Produktivität, Durchsatz, Ausschussrate, Fehlzeiten und/ oder Overall Equipment Efficiency (OEE). Analytische und ganzheitliche Ansätze zur Bewertung der Effizienz in der Produktion werden bisher kaum eingesetzt.

Im vorliegenden Beitrag haben wir demonstriert, wie die Effizienz in der Produktion analytisch zu erfassen und zu bewerten ist. Dazu führen wir eine systemweite Effizienzbewertung durch, indem die anlagenwirtschaftliche und produktionslogistische Effizienz ermittelt und miteinander in Beziehung gesetzt wird. Die anlagenwirtschaftliche Effizienzkennzahl erfasst die Zeitverluste bei der Durchführung der Bearbeitungsprozesse und bildet die Effizienz bei der Produkt- und/oder Teilebearbeitung in der Produktion ab. Zusätzlich werden jene Effizienzverluste berücksichtigt, die aus überhöhten Beständen in der Produktion resultieren. Die Berechnung der produktionslogistischen Effizienz erfolgt dadurch, dass Effizienzverluste bei der Abwicklung der innerbetrieblichen Transportaufgaben detailliert erfasst werden. Bei der Bestimmung der Gesamtsystemeffizienz wird eine Gewichtung der anlagenwirtschaftlichen und der produktionslogistischen Effizienz vorgenommen, um die unternehmensspezifische Bedeutung der produzierenden und logistischen Ressourcen zu berücksichtigen.

Der vorliegende Beitrag zeigt anschaulich, wie die für die systemweite Effizienzbewertung erforderlichen Daten in der Produktion zu erfassen und zu verarbeiten sind. Durch die modulartige Integration eines ganzheitlichen Effizienzmanagements in ein MES wird eine laufende und echtzeitfähige Bewertung und Analyse der Effizienz in der Produktion ermöglicht. Das gezielte Effizienzmanagement in der Produktion wird durch ein benutzerfreundliches Effizienzcockpit im MES unterstützt. Dieses Effizienzcockpit stellt die gegenwärtige Effizienzsituation in der Produktion laufend in Echtzeit dar und bietet zudem die Möglichkeit, aktuelle Effizienzverluste systematisch aufzuzeigen und zu analysieren. Damit haben wir die Basis für ein adaptives Assistenzsystem geschaffen.

Die Vorgangsweise zur Bewertung der systemweiten Effizienz wird anhand einer Simulationsstudie aus der betrieblichen Praxis veranschaulicht. Die Simulationsstudie zeigt, welche Daten in der Praxis zu erheben sind und wie die anlagenwirtschaftliche und die produktionslogistische Effizienz zu berechnen ist. Daraus wird deutlich, wie sich die Gesamtsystemeffizienz des simulierten Produktionssystems errechnet. Zuletzt haben wir die Ergebnisse der Simulationsstudie im Effizienzcockpit dargestellt. Die Simulation stellt ein geeignetes Werkzeug dar, um mögliche Effizienzverbesserungen im Produktionsvollzug zu prüfen und Verschwendungen gezielt zu identifizieren. Die regelmäßige Simulation des

Produktionsvollzugs bietet die Möglichkeit, Verbesserungsmaßnahmen ergebnisorientiert umzusetzen und Effizienzverbesserungspotenziale zielorientiert zu heben.

Neben der Effizienzdiskussion dominiert heute mehr denn je die Flexibilitätsdiskussion die Produktionswelt. Weiterer Forschungsbedarf bei der Entwicklung adaptiver Assistenzsysteme für die Produktion besteht daher insbesondere darin, zusätzlich zur Effizienz auch die produktionswirtschaftliche Flexibilität zu messen und ein geeignetes Flexibilitätsmanagement für das Produktionsmanagement zu schaffen. Ziel ist es dazu, eine adäquate Datenerfassung zu konzipieren und die erforderlichen Daten im Produktionssystem zu erheben, um einen aktuellen Flexibilitätsgrad für die Produktion zu ermitteln. Die Flexibilität in der Leistungserstellung soll ebenso laufend und in Echtzeit mit Hilfe von MES abgebildet werden, um ein echtzeitfähiges Flexibilitätsmanagement zu ermöglichen.

Literatur

Albrecht, F., Abele, E., & Kleine, O. (2014). Planning and optimization of changeable production systems by applying an integrated system dynamic and discrete event simulation approach. *Procedia CIRP, 17*, 386–391. doi:10.1016/j.procir.2014.01.039.

Bangsow, S. (2011). *Praxishandbuch Plant Simulation und SimTalk – Anwendung und Programmierung in über 150 Beispiel-Modellen*. München: Carl Hanser.

Bleicher, F., Duer, F., Leobner, I., Kovacic, I., Heinzl, B., & Kastner, W. (2014). Co-simulation environment for optimizing energy efficiency in production systems. *CIRP Annals – Manufacturing Technology, 63*(1), 441–444. doi:10.1016/j.cirp.2014.03.122.

Božičković, R., Radošević, M., Ćosić, I., Soković, M., & Rikalović, A. (2012). Integration of simulation and lean tools in effective production systems – Case study. *Journal of Mechanical Engineering, 58*(11), 642–652. doi:10.5545/sv-jme.2012.387.

De Groote, P. (1995). Maintenance performance analysis: A practical approach. *Journal of Quality in Maintenance, 1*(2), 4–24. doi:10.1108/13552519510089556.

Eley, M. (2012). *Simulation in der Logistik*. Berlin: Springer.

Fandino Pita, J., & Wang, Q. (2010). A simulation approach to facilitate manufacturing system design. *International Journal of Simulation Modelling, 3*, 152–164. doi:10.2507/IJSIMM 09(3)4.162.

Gansterer, M., Almeder, C., & Hartl, R. (2014). Simulation-based optimization methods for setting production planning parameters. *International Journal of Production Economics, 151*, 206–213. doi:10.1016/j.ijpe.2013.10.016.

Huang, H. S., Dismukes, P. J., Shi, J., Su, Q., Razzak, A. M., Bodhale, R., & Robinson, E. (2003). Manufacturing productivity improvement using effectiveness metrics and simulation analysis. *International Journal of Production Research, 41*(3), 513–527. doi:10.1080/00207540210000 42391.

Jonsson, P., & Lesshammar, M. (1999). Evaluation and improvement of manufacturing performance measurement systems – The role of OEE. *International Journal of Operations and Production Management, 19*(1), 55–78. doi:10.1108/01443579910244223.

Kindberg, T., & Fox, A. (2002). System software for ubiquitous computing. *IEEE Pervasive computing, 1*(1), 70–81. doi:10.1109/MPRV.2002.993146.

Kletti, J. (2007). *Manufacturing Execution System – MES*. Berlin: Springer.

Mathur, A., Dangayach, G. S., Mittal, M. L., & Sharma, K. M. (2011). Performance measurement in automated manufacturing. *Measuring Business Excellence, 15*(1), 77–91. doi:10.1108/13683041111113268.

Muchiri, P., & Pintelon, L. (2008). Performance measurement using overall equipment effectiveness (OEE): Literature review and practical application discussion. *International Journal of Operations & Production Management, 46*(13), 3517–3535. doi:10.1080/00207540601142645.

Oechsner, R., Pfeffer, M., Pfitzner, L., Binder, H., Müller, E., & Vonderstrass, T. (2002). From overall equipment efficiency (OEE) to overall Fab effectiveness (OFE). *Materials Science in Semiconductor Processing, 5*, 333–339. doi:10.1016/S1369-8001(03)00011-8.

Seebacher, G. (2013). *Ansätze zur Beurteilung der produktionswirtschaftlichen Flexibilität*. Berlin: Logos.

Seebacher, G., & Winkler, H. (2014). Evaluating flexibility in discrete manufacturing based on performance and efficiency. *International Journal of Production Economics, 153*, 340–351. doi:10.1016/j.ijpe.2014.03.018.

Verein Deutscher Ingenieure. (1993). *Simulation von Logistik-, Materialfluss- und Produktionssystemen. Blatt 1: Grundlagen*. Düsseldorf: VDI-Verlag.

Winkler, H., & Taschek, H. (2013). Steigerung der Energieeffizienz mit Manufacturing Execution Systemen (MES). *Productivity Management, 18*(4), 19–21.

Winkler, H., Kuss, C., & Wurzer, Th. (2013a). Beurteilung und Verbesserung der Prozesseffizienz in Supply Chains. In C. Mieke (Hrsg.), *Prozessinnovation und Prozessmanagement* (S. 127–150). Berlin: Logos.

Winkler, H., Kuss, C., Wurzer, T., Seebacher, G., & Winkler, S. (2013b). *Supply Chain Improvement Projekte und Systeme*. Berlin: Logos.

Winkler, H., Seebacher, G., & Oberegger, B. (2014a). *Ausgewählte Studienergebnisse zum Stand der Effizienzbewertung in der Produktion*. Klagenfurt: Universität Klagenfurt.

Winkler, H., Seebacher, G., & Oberegger, B. (2014b). Effizienzbewertung in der Produktionslogistik anhand einer Simulationsstudie. In C. Mieke (Hrsg.), *Logistikorientiertes Produktionsmanagement* (S. 97–116). Berlin: Logos.

Zhou, B., Wang, S., & Xi, L. (2005). Data model design for manufacturing execution system. *Journal of Manufacturing Technology, 16*(8), 909–935. doi:10.1108/17410380510627889.

Produktkalkulation im Kontext von Industrie 4.0

Clemens Haußmann, Jens Lachenmaier, Heiner Lasi und
Hans-Georg Kemper

1 Einleitung und Problemstellung

In Deutschland produzierende industrielle Unternehmen sind zunehmend einem verstärkten internationalen Wettbewerbsdruck ausgesetzt. Entscheidende Faktoren, um in dieser Situation bestehen zu können, sind hierbei eine Erhöhung der Ressourceneffektivität, eine Verkürzung der Time-to-Market sowie eine zunehmende Kundenindividualisierung von Produkten (Vgl. bspw. Kagermann et al. 2013). Unter dem Begriff *„Industrie 4.0"* werden derzeit Konzepte diskutiert, die aus primär technologischer und informationstechnischer Sicht Lösungsansätze hierzu aufzeigen. Eine zentrale Neuerung ist hierbei der Einsatz autonomer Cyber-physischer Systeme (CPS) in der Produktion unter Nutzung des Internets der Dinge und Dienste. Zu fertigende Bauteile werden dabei um eingebettete Systeme angereichert, so dass sie über Intelligenz verfügen („Smart Product"). Hierdurch werden sie in die Lage versetzt, mit Maschinen und Fertigungsinfrastrukturen kommunizieren zu können.

C. Haußmann (✉) · J. Lachenmaier · H.-G. Kemper
Betriebswirtschaftliches Institut, Abt. VII - Lehrstuhl für Wirtschaftsinformatik I,
Universität Stuttgart, Keplerstraße 17, 70174 Stuttgart, Deutschland
E-Mail: haussmann@wi.uni-stuttgart.de

J. Lachenmaier
E-Mail: lachenmaier@wi.uni-stuttgart.de

H. Lasi
Ferdinand-Steinbeis-Institut der Steinbeis-Stifung, Willi-Bleicher-Straße 19,
70174 Stuttgart, Deutschland
E-Mail: heiner.lasi@stw.de

H.-G. Kemper
E-Mail: kemper@wi.uni-stuttgart.de

© Springer Fachmedien Wiesbaden 2016
R. Obermaier (Hrsg.), *Industrie 4.0 als unternehmerische Gestaltungsaufgabe,*
DOI 10.1007/978-3-658-08165-2_14

Beispiel

Ein Bauteil benötigt einen bestimmten Bearbeitungsschritt und „fragt" bei den verschiedenen zur Verfügung stehenden Maschinen an, welche Maschine für den Bearbeitungsschritt in Frage kommt. Die einzelnen Maschinen geben entsprechend Rückmeldung über den aktuellen Rüststand und derzeit mögliche Bearbeitungsschritte. Das Bauteil sucht sich dann abhängig von übergeordneten Parametern die Maschine, die für den anstehenden Bearbeitungsschritt am besten geeignet ist. Übergeordnete Parameter können bspw. eine möglichst kurze Produktionszeit oder ein möglichst kostenminimaler Produktionsdurchlauf sein.

Die Steuerung einer CPS-basierten Produktion ist somit nicht wie bisher zentral organisiert und ex-ante determiniert, sondern hat einen dezentralen ad-hoc Charakter. Hinzu kommt die zunehmende Entwicklung hin zu kundenindividuellen Produkten. Diese resultiert in einer Reduzierung von Losgrößen bis hin zur Losgröße eins. Dies führt dazu, dass der Grad der Fertigungsindividualisierung sowohl in Bezug auf die zu fertigenden Produkte als auch in Bezug auf den Fertigungsablauf stark zunimmt. Es stellt sich somit die Frage, welche Auswirkungen diese Veränderungen auf die etablierten Konzepte der Produktkalkulation haben und wie ein Konzept zur Produktkalkulation im Kontext von Industrie 4.0 gestaltet sein kann.

2 Forschungsmethodik und Vorgehensweise

Die Vorgehensweise folgt den Vorgaben der im deutschsprachigen Raum etablierten gestaltungorientierten Wirtschaftsinformatik. Danach gliedert sie sich in die drei Phasen Analyse, Entwurf sowie Evaluation (Vgl. Österle et al. 2010). Im Rahmen der Analysephase wurden 15 Interviews von ca. zweistündiger Dauer mit Experten aus der Unternehmenspraxis durchgeführt. Auf Basis der Experteninterviews wurden Anforderungen an ein Lösungskonzept identifiziert. Dieses wurde im Rahmen der Entwurfsphase mittels gängiger BI-Lösungen prototypisch umgesetzt. Die Evaluation des Lösungskonzepts erfolgte in Form eines Workshops mit 22 Experten aus den Bereichen Produktentwicklung und Produktion.

3 Auswirkungen auf die Vorkalkulation

Die dezentrale Steuerung der Produktion (Stichwort „Bauteil steuert Fabrik") hat weitreichende Auswirkungen auf die Organisation der Produktion. Im Gegensatz zum Fall einer zentralen Produktionssteuerung wird die Arbeitsschrittfolge nicht vor Produktionsbeginn determiniert. Es sind also weder die eingesetzten Fertigungsressourcen noch die Bearbeitungs- und Durchlaufzeiten vorab bekannt. Die Steuerung geht vom jeweiligen Bauteil aus. Der nächste Arbeitsschritt wird auf der Maschine durchgeführt, die – abhängig von übergeordneten Parametern – am besten geeignet ist. Die Arbeitsschrittfolge ist somit nicht vor Produktionsbeginn determiniert, sondern kann für Bauteile des gleichen Typs unterschiedlich sein.

Beispiel

Eine quadratische Trägerplatte soll mit einem Loch versehen werden (Vgl. Abb. 1). Ein Loch kann bspw. gebohrt, aber auch gelasert werden. Abhängig von der aktuellen Verfügbarkeit und des Rüstzustandes der einzelnen Maschinen wird das Loch im einen Fall gebohrt, beim nächsten Bauteil gleichen Typs gelasert.

Ohne determinierte Arbeitsschrittfolge gibt es jedoch auch keinen Arbeitsplan im bisherigen Sinn. Dies hat weitreichende Konsequenzen für die Vorkalkulation im Kontext der Kostenträgerstückrechnung. Eine schnelle und präzise Vorkalkulation ist jedoch insbesondere in industriellen Betrieben zu einem wichtigen Wettbewerbsfaktor geworden, da einerseits die Anzahl an Anfragen auf Basis digitaler Produktmodelle aufgrund der zunehmen Digitalisierung der Kommunikationsmedien stark zunimmt, und andererseits die Güte der Vorkalkulation aufgrund des harten Wettbewerbs sehr hoch sein muss. Hinzu kommt, dass der Trend zur Einzel- und Auftragsfertigung von individualisierten Produkten zu einer zunehmenden Relevanz sowohl der auftragsbezogenen Vor- als auch der Nachkalkulation führt.

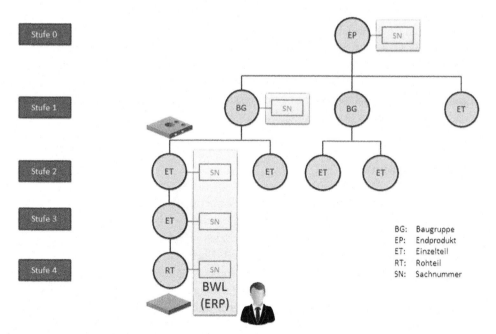

Abb. 1 Eine beispielhafte Erzeugnisstruktur

Da der Gegenstandsbereich der vorliegenden Forschung in der Herstellung technischer Industriegüter liegt, werden im Folgenden die Auswirkungen auf etablierte Verfahren der Vorkalkulation in einer unverbundenen Produktion untersucht.

Innerhalb der Kalkulation der Herstellkosten ist im Rahmen der vorliegenden Arbeit insbesondere die Ermittlung der Fertigungskosten von Interesse, da die Materialkosten sowie Zuschläge bspw. für Ausschuss als unverändert angenommen werden können. Maßgebliche Parameter bei der Kalkulation der Fertigungskosten sind u. a. der Arbeitsgang, die Fertigungsstelle, die Fertigungsart sowie die verfahrensabhängigen Fertigungskosten. Diese sind traditionell zum Zeitpunkt der Vorkalkulation bereits über die Stückliste und den Arbeitsplan determiniert bzw. lassen sich direkt zuordnen (vgl. Kilger et al. 2012). Des Weiteren können über Stücklisten und Arbeitspläne Belegzeiten und damit Kostensätze geplant werden (Vgl. Corsten und Gössinger 2012; Wiendahl 2014).

Im Fall „Bauteil steuert Fabrik" entfällt jedoch der Arbeitsplan und damit die vordefinierte Arbeitsschrittfolge sowie die Zuordnung zu Maschinen bzw. Fertigungstechnologien. Damit fehlt eine der zentralen Grundlagen für die traditionelle Vorkalkulation der Fertigungskosten, die auf den drei Säulen Wertansatz, Stückliste sowie Arbeitsplan basiert (vgl. Kilger et al. 2012).

Ein möglicher Lösungsansatz kann darin bestehen, die Fertigungskosten auf Basis fiktiver Arbeitspläne grob abzuschätzen. Diese sind aus Sicht der Praxis jedoch wenig geeignet, da zum einen die Anzahl der Permutationen sehr groß ist und zum anderen die ermittelten Fertigungskosten erheblich von den Ist-Kosten abweichen können. Dies ist jedoch insbesondere vor dem Hintergrund der zunehmenden Wettbewerbsintensität und der damit verbundenen Angebotserstellung „am Limit" problematisch. Des Weiteren nimmt aufgrund der kleiner werdenden Losgrößen die Anzahl der zu erstellenden Angebote zu. Hierdurch entsteht für die Kalkulation mittels fiktiver Arbeitspläne ein hoher Aufwand.

Das im folgenden Abschnitt dargestellte Konzept bietet hierfür einen Lösungsansatz, in dem sowohl eine Teilautomatisierung der Vorkalkulation der Fertigungskosten sowie eine adäquate Näherung an die Ist-Kosten berücksichtigt sind.

4 Lösungskonzept

Abbildung 1 zeigt eine beispielhafte Erzeugnisstruktur. Aus einem Rohteil (RT) wird ein Einzelteil (ET) hergestellt, das weiter bearbeitet wird und in eine Baugruppe (BG) eingeht. Diese Baugruppe bildet wiederum zusammen mit einer anderen Baugruppe sowie einem Einzelteil das Endprodukt (EP). Rohteil, Einzelteil, Baugruppe und Endprodukt sind jeweils als Knoten dargestellt und üblicherweise mittels einer Sachnummer (Vgl. Grupp 1987) in einem Enterprise Ressource Planning (ERP)-System hinterlegt. Zu einer Sachnummer können auch zusätzliche Kosteninformationen hinterlegt werden. Jedoch muss – wie oben diskutiert – zur Ermittlung der einzelnen Planwerte je Rohteil, Einzelteil, Baugruppe bzw. Endprodukt bekannt sein, wie das jeweilige Teil gefertigt wird.

Der gewählte Lösungsansatz basiert darauf, die Arbeitsschritte aus der Perspektive des Engineering zu betrachten. Bei der Konstruktion eines Produkts wird ein Digitales Produktmodell erstellt. Dabei kommt in der Regel die sogenannte Feature-Technologie zum Einsatz. Danach besteht ein Produkt aus einer Geometrie sowie semantischen Features (F). Features sind nach VDI *„informationstechnische Elemente, die Bereiche von besonderem (technischen) Interesse von einzelnen oder mehreren Produkten darstellen"* (VDI 2003, S. 10).

Beispiel

Dem Rohteil auf Stufe 4 wird zur Herstellung des Einzelteils auf Stufe 3 ein Loch (F1) hinzugefügt. Das Loch ist dabei das „Element von technischem Interesse", das mittels Attributen (bspw. Durchmesser, Positionskoordinaten) beschrieben wird.

Ein Produkt ist somit beschrieben über das Rohteil und die Summe aller enthaltenen Features. Damit ist die Fertigung zu verstehen als die Realisierung der Features an einem Rohteil. Aus betriebswirtschaftlicher Perspektive entsprechen die Fertigungskosten damit den Realisierungskosten der Features. Bestehende Ansätze im Bereich des Feature-based Costing erweitern daher in der Regel die Feature-Beschreibung um ein Kostenattribut für Kalkulationszwecke (Vgl. hierzu u. a. Wierda 1991. Ein Überblick findet sich in Layer et al. 2001). Dies ist problematisch, weil Features im Kontext von CPS mittels unterschiedlicher Fertigungsverfahren und unterschiedlicher Randbedingungen realisiert werden können. Zu den Randbedingungen zählt insbesondere, welche Features im Gesamten enthalten sind. Beispielsweise macht es einen Unterschied, ob ein Loch in einen geraden oder einen abgekanteten Körper (Abkantung entspricht zusätzlichem Feature) eingebracht werden muss. Dies führt dazu, dass Featurerealisierungskosten abhängig von der Featurekombination sind. Daher sind bei der Ermittlung von Featurekosten zwingend Featurekombinationen zu berücksichtigen.

Beispiel

Das Loch (F1) kann bspw. auf Maschine 1 oder auf Maschine 2 gebohrt werden. Maschine 1 ist bspw. schneller, Maschine 2 kostengünstiger. Auch ist es möglich das Loch zu lasern. Wird ein Loch in Kombination mit einer Abkantung erstellt, so ist bspw. nur Lasern als Fertigungsverfahren möglich.

Mit Hilfe von Business Intelligence ist es möglich, die Features aus dem Digitalen Produktmodell zu extrahieren und mit Kosteninformationen aus der Fertigung unter Berücksichtigung von Featurekombinationen in einem produktorientierten Data Warehouse zu kombinieren. Die Kosteninformationen stammen vor allem aus ERP-Systemen von in der Vergangenheit durchgeführten Fertigungsprozessen. Hierbei werden die jeweiligen Features den jeweiligen Knoten in der Erzeugnisstruktur zugeordnet (Vgl. Abb. 2).

Je Featureart (z. B. Bohrung mit Tiefe 7 cm und Durchmesser 8 mm in Material Stahl) können anschließend auf Basis historischer Ist-Werte (bisher bereits durchgeführte Realisationsmöglichkeiten) kalkulatorische Werte für die Angebotskalkulation bestimmt wer-

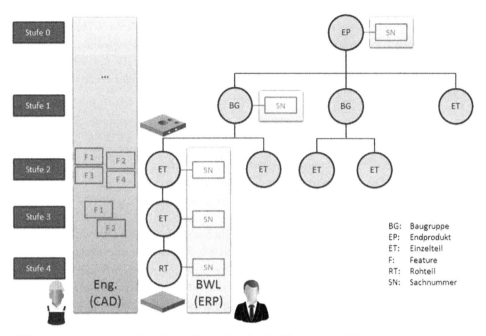

Abb. 2 Integration von technischer und betriebswirtschaftlicher Perspektive

den. Hierbei sind insbesondere die verschiedenen Konstellationen von Features von Bedeutung. Mittels etablierter Analyseverfahren kann überprüft werden, ob bereits in der Vergangenheit ähnliche Featurekombination realisiert wurden, um dann auf dieser Basis mit statistischen Verfahren eine Kostenabschätzung zu treffen.

Beispiel

Ein geplantes Bauteil soll ein Loch (F1) innerhalb einer Nut (F3) enthalten. Die Analyse mittels des produktorientierten Data Warehouse ergibt, dass bereits eine ähnliche Featurekombination in der Vergangenheit realisiert wurde. Die damals angefallenen Kosten sind bekannt, so kann auf dieser Basis eine Vorkalkulation für das neue Bauteil erfolgen.

Mit Hilfe der in Abb. 2 gezeigten Verknüpfung von technischen Merkmalen aus dem Engineering und betriebswirtschaftlichen Daten ist es möglich, für noch nicht gefertigte Teile eine Vorkalkulation der Fertigungskosten auf Basis einer featurebasierten Abschätzung zu erstellen. Hierfür ist es jedoch notwendig, für eine große Anzahl an gefertigten Aufträgen eine Nachkalkulation auf Feature-Basis durchzuführen, um die notwendige Datenmenge für zuverlässige Kostenprognosen zu erhalten.

Für die traditionelle Kalkulationsstruktur bedeutet dies, dass der Wegfall von Arbeitsplänen im Kontext Cyber-physischer Systeme durch eine Hinzunahme von technischen

Merkmalen (Feature-Elementen) in Verbindung mit Analyseverfahren und historischen Ist-Werten aus der Nachkalkulation kompensiert werden kann.

5 Zusammenfassung und Ausblick

Die Veränderungen durch Industrie 4.0-Ansätze haben weitreichende Auswirkungen auch über den Produktionsbereich hinaus. Durch die Abkehr von der zentralen Steuerung der Fabrik hin zu dezentralen Steuerungsansätzen mittels CPS entfällt der vordeterminierte Arbeitsplan und damit eine wesentliche Grundlage etablierter Konzepte zur Vorkalkulation der Fertigungskosten. Ein adäquater Lösungsansatz ist die Erweiterung etablierter BI-Konzepte um technische Merkmale aus dem Produkt-Engineering. Hiermit wird es möglich, eine prädiktive Vorkalkulation auf Basis von Produktfeatures bzw. Featurekombinationen durchzuführen, die auf historischen Ist-Daten basiert. Dieses Lösungskonzept wurde prototypisch umgesetzt und mit Anwendern aus der Praxis evaluiert (proof of concept). Hierbei hat es sich gezeigt, dass featurebasierte Kalkulationsverfahren im Kontext von CPS in der Produktion zielführend sind. Der vorgestellte Ansatz weist jedoch auch noch Lücken auf. Um der betriebswirtschaftlichen Problemstellung der Vorkalkulation im Kontext von CPS Rechnung tragen zu können, bedarf es einer engen Annäherung an Ist-Werte, die Stand heute eine große historische Datenbasis erforderlich machen. Dies führt zu Problemstellungen, die im Themenbereich Big Data Analytics verortet sind und in zukünftigen Forschungsarbeiten adressiert werden müssen.

Literatur

Corsten, H., & Gössinger, R. (2012). *Produktionswirtschaft: Einführung in das industrielle Produktionsmanagement* (13. Aufl.). München: Oldenbourg.

Grupp, B. (1987). *Optimale Verschlüsselung bei Online-Datenverarbeitung: Aufbau moderner Nummernsysteme für Sachnummern jeder Art, Personennummern und Auftragsnummern.* Köln: TÜV Rheinland.

Kagermann, H., Wahlster, W., & Helbig, J. (Hrsg.). (2013) *Umsetzungsempfehlungen für das Zukunftsprojekt Industrie 4.0. Plattform Industrie 4.0.* Frankfurt a. M.

Kilger, W., Pampel, J. R., & Vikas, K. (2012). *Flexible Plankostenrechnung und Deckungsbeitragsrechnung* (13. Aufl.). Heidelberg: Springer.

Layer, A., Haasis, S., & Van Houten, F. (2001). *Feature-based, design-concurrent cost calculations using case-based reasoning.* Proceedings of DECT/DFM'01, ASME 2001 Design Engineering Technical Conference, Pittsburgh 9–12 September 2001, S. 163–172.

Österle, H., Becker, J., Frank, U., Hess, T., Karagiannis, D., Krcmar, H., Loos, P., Mertens, P., Oberweis, A., & Sinz, E. J. (2010). Memorandum zur gestaltungsorientierten Wirtschaftsinformatik. *Zeitschrift für betriebswirtschaftliche Forschung, 62*(6), 664–672.

VDI. (2003). *VDI-Richtlinie 2218: Informationsverarbeitung in der Produktentwicklung – Feature-Technologie.* Düsseldorf: Verein deutscher Ingenieure (VDI).

Wiendahl, H. P. (2014). *Betriebsorganisation für Ingenieure* (8. Aufl.). München: Hanser.

Wierda, L. (1991). Linking design, process planning and cost information by feature-based modelling. *Journal of Engineering Design, 2,* 3–19.

Teil V
Industrie 4.0: Voraussetzungen, Veränderungen und Akzeptanz

Voraussetzungen für den Einsatz von MES schaffen – Erfahrungsbericht aus Sicht einer Fertigung

Johann Hofmann

1 Problemstellung

Im Zuge der stetigen Weiterentwicklung industrieller Produktionsverfahren von der Maschinenkraft über die Massenfertigung mit Hilfe von Fließbändern und den Einsatz von Digitalcomputern bis hin zur digital vernetzten Fabrik („Smart Factory"), die derzeit unter dem Schlagwort „Industrie 4.0" diskutiert wird, nimmt auch die Komplexität in der Fertigung ständig zu, ganz ähnlich der Entropie in einem geschlossenen System.

Kundenseitig begleitet werden diese technologischen Entwicklungen zudem von steigenden Qualitätsanforderungen, kürzeren Lieferzeiten, sich verkürzenden Produktlebenszyklen und wachsender Variantenvielfalt.

Für eine sich diesen technologischen und kundenorientierten Herausforderungen stellende Hochleistungsfertigung reichen Standardprozesse und -technologien in der Regel nicht mehr aus, da sie höchste Anforderungen an die Prozessreife und Prozessleistung stellen (vgl. Abb. 1).

Interessanterweise konnte in der Praxis beobachtet werden, daß Phasen der technologischen Fortentwicklung von Standardprozessen hin zu sog. Hochleistungsprozessen neben den angestrebten unmittelbaren Wirkungen stets noch zwei gegenläufige Effekte aufweisen: zum einen zunehmende Prozesskomplexität und zum anderen abnehmende Prozessrobustheit (s. Abb. 2).

Daraufhin erfolgt eine gewisse Gegenbewegung. Und so folgte der CIM-Euphorie in den 1980er Jahren mit der damit einhergehenden Komplexitätssteigerung in den

J. Hofmann (✉)
ValueFacturing®
Maschinenfabrik Reinhausen GmbH, Falkensteinstraße 8, 93059 Regensburg, Deutschland
E-Mail: j.hofmann@reinhausen.com

© Springer Fachmedien Wiesbaden 2016
R. Obermaier (Hrsg.), *Industrie 4.0 als unternehmerische Gestaltungsaufgabe*,
DOI 10.1007/978-3-658-08165-2_15

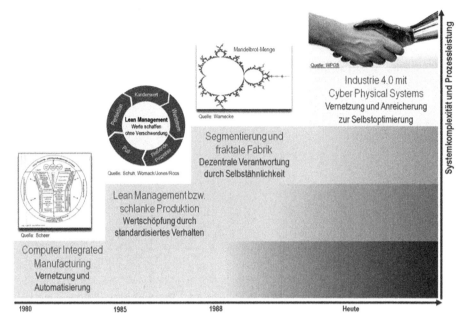

Abb. 1 Systemkomplexität und Prozessleistung#S. (Maschinenfabrik Reinhausen)

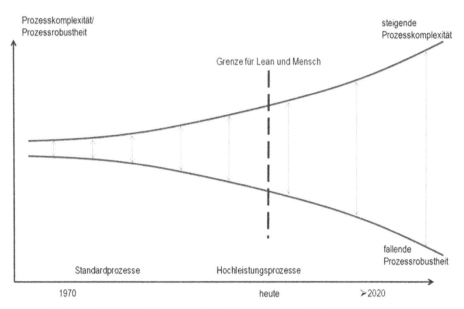

Abb. 2 Grenze für Lean und Mensch#S. (Maschinenfabrik Reinhausen)

Produktionssystemen konsequenterweise das Konzept des „Lean Manufacturing" zur Vereinfachung der gesamten Wertschöpfungskette. Weitere Entwicklungsschritte zur Komplexitätsreduktion waren Ansätze der Dezentralisierung, der Segmentierung und der „fraktalen Fabrik".

Im Kontext von Industrie 4.0 stehen aktuell technologische Ansätze zur Vernetzung, Datenanreicherung und Selbstoptimierung mit Hilfe von sog. cyber-physischen Systemen (CPS) im Vordergrund der Debatte um Effizienzsteigerungen und Komplexitätsbeherrschung im Produktionsbereich (vgl. Abb. 1). Dabei handelt es sich um Systeme, die a) mittels Sensoren Daten erfassen, mittels eingebetteter Software aufbereiten und mittels Aktoren auf reale Vorgänge einwirken, b) über eine Dateninfrastruktur, wie z. B. das Internet, kommunizieren und c) über Mensch-Maschine-Schnittstellen verfügen.

Um den Einsatzbereich sog. CPS besser zu verstehen, erscheint es hilfreich, zunächst den Komplexitätsbegriff (im Bereich der Produktion) näher zu beleuchten.

Während Produktionsprozesse bis zu einem gewissen Grad, hier kompliziert genannt, berechenbar sind, weil sie in ihren Zusammenhängen durchschaubar sind, gilt dies für die nächsthöhere Stufe, hier komplex genannt, nicht mehr.

- *Komplizierte Probleme* sind vorhersehbar, beherrschbar, automatisierbar wenn man genug Wissen darüber hat. Komplizierte Probleme kann man berechnen und sie können somit ohne den Menschen, alleine durch den Einsatz von IT gelöst werden. Als Beispiel kann das Schachspiel genannt werden, bei dem zwei Schachcomputer problemlos gegeneinander antreten können.
- *Komplexe Probleme* sind hingegen nicht vorhersehbar, weil die Zusammenhänge nicht vollkommen durchschaubar sind. Derartige Systeme sind zwar beobachtbar, nicht aber beherrschbar in dem Sinne, daß die Folgen von Eingriffen in das System eindeutig vorhersehbar wären. Die Vorstellung einer exakten Planung in komplexen Systemen ist daher pure Illusion. Komplexe Probleme kann man deshalb auch nicht berechnen!

Was nun den Umgang mit Komplexität angeht, so nutzen Ansätze des Lean Manufacturing und von Industrie 4.0 unterschiedliche Stoßrichtungen um der ständig wachsenden Herausforderung Herr zu werden (s. Abb. 3).

Lean Manufacturing verwendet Methoden und Verfahrensweisen zur effizienten und einfachen Gestaltung von Arbeitsprozessen; d. h. Lean Manufacturing lässt konsequenterweise die Steigerung der Herausforderung für den Menschen in den Bereich der Komplexität nicht zu. Allerdings sind den Einsatzbereichen des Lean Manufacturing im Kontext der vorgenannten Hochleistungsprozesse doch gewisse Grenzen gesetzt. Lean Management hält Prozesse durch 1) weglassen, 2) vereinfachen, 3) visualisieren, 4) vorbeugen, 5) besprechen oder 6) standardisieren bewusst so einfach, dass sie für den Menschen beherrschbar bleiben. Hochleistungsprozesse zeichnen sich jedoch definitionsgemäß durch den Einsatz komplexer Technologien aus, was den Einsatzbereich von Lean-Methoden zwangsläufig einschränkt (siehe Abb. 2).

Darauf aufbauend können im Industrie 4.0-Kontext aber sog. CPS zum Einsatz kommen, die in ihrer Wirkungslogik gut mit Assistenzsystemen verglichen werden können

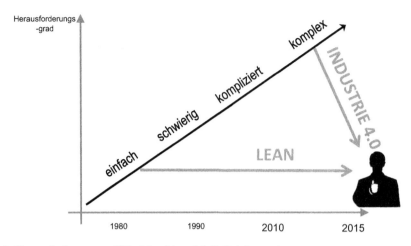

Abb. 3 Herausforderungsgrad#S. (Maschinenfabrik Reinhausen)

und den Menschen dabei unterstützen sollen, die Komplexität des Gesamtsystems in Teilbereichen beherrschbar zu machen.

Ansätze von Industrie 4.0 lassen technologisch bedingt steigende Komplexität zunächst vollständig zu, reduzieren aber durch den Einsatz von Assistenzsystemen, das sind die sog. cyber-physische Systeme (CPS), die „wirkende", d. h. bei den Mitarbeitern wahrgenommene Komplexität auf ein beherrschbares Maß. Das erlaubt, den Herausforderungsgrad für die Produktionsmitarbeiter von komplexen technologischen Prozessen erheblich zu vereinfachen (s. Abb. 3).

Die grundsätzliche Wirkungslogik zur Komplexitätsbeherrschung durch entsprechende Assistenzsysteme lässt sich wie folgt kategorisieren:

1. *Assistenzsysteme unterstützen bei der Lösung von Teilproblemen*
   Als Metapher kann der einzelne Bremsassistent im Auto dienen, der den Bremsweg und das Spurhalten beim Bremsen verbessert.
2. *Assistenzsysteme unterstützen bei der Optimierung des Gesamtsystems*
   Als Metapher kann ein modernes Flugzeug dienen, das ohne Assistenzsysteme unmöglich vom Piloten alleine geflogen werden kann.
3. *Assistenzsysteme fördern den Kompetenzaufbau des Anwenders*
   Als Metapher kann das Navigationssystem im Auto dienen, das ortsfremden Fahrern die Fähigkeit in fremden Städten zu navigieren ermöglicht.

Gegenstand des vorliegenden Beitrags ist es aufzuzeigen, welche Voraussetzungen in Industriebetrieben für den Einsatz entsprechender Assistenzsysteme im Industrie 4.0-Kontext erfüllt sein müssen und welche Rolle dabei sog. Manufacturing Execution Systeme als Basistechnologie spielen. Grundlage der Überlegungen sind die vom Verfasser in über mehr als zwanzig Jahren gesammelten Erfahrungen bei der Entwicklung und Einführung eines entsprechenden Systems, dem sog. MR-CM®, im Bereich der zerspanenden Fertigung der Maschinenfabrik Reinhausen.

2 MES als Industrie 4.0-Basistechnologie für die Fertigung

Die zur Komplexitätsbeherrschung im Industrie 4.0-Kontext skizzierten Assistenzsysteme funktionieren nach der Logik sog. cyber-physische Systeme (CPS), die in der Lage sind, die physische Einheit (z. B. einer CNC-Maschine) mittels Web-Services selbst Daten erfassen zu lassen (z. B. den Bestand an Werkzeugen), über eine Dateninfrastruktur mit anderen Akteuren des Fertigungssystems kommunizieren zu können, mittels eingebetteter Software die gewonnenen (und ggf. weitere) Daten aufzubereiten und mittels Aktoren auf reale Vorgänge einwirken (z. B. einen Be- und Entladevorschlag generieren) und über eine Mensch-Maschine-Schnittstelle verfügen, um den Entscheidungsvorschlag umzusetzen.

Im Bereich der industriellen Fertigung sind dabei sog. Manufacturing Execution Systeme (MES) der kritische Baustein zur Etablierung cyber-physischer Systeme, wenn sie als a) interoperables, b) echtzeitfähiges und c) webfähiges Bindeglied zwischen dem ERP- oder dem PPS-System und der physischen Fertigung (shop floor) fungieren und so die Vernetzung aller Akteure bewirken. Entsprechende MES sind daher als Basistechnologie auf dem Weg zu einer digital vernetzten Fertigung anzusehen. Diese MES sollen Informationen liefern und die Produktionsabläufe vom Anlegen eines Auftrags, über die Fertigungssteuerung bis hin zum fertigen Produkt möglichst effizient gestalten.

Die weiteren Ausführungen rekurrieren auf MR-CM®, ein spezielles webbasiertes MES, das von der Maschinenfabrik Reinhausen entwickelt und implementiert wurde, das auf Fertigungsunternehmen im Bereich Drehen und Fräsen konzentriert ist, und dessen Funktionalität der bereits oben skizzierten Wirkungsweise entspricht (zu einer detaillierteren Darstellung der Funktionsweise siehe Obermaier et al. 2010; Kiener et al. 2012). Dieses webbasierte MES begleitet den Auftragsprozess arbeitsstationsübergreifend und sichert einen durchgehenden Informationsfluss im gesamten Werkzeugkreislauf der Fertigung. Die durch das MES unterstützten Prozesse betreffen vornehmlich die Arbeitsvorbereitung und hier konkret die Rüstprozesse der im Einsatz befindlichen CNC-Maschinen.

Den verschiedenen Akteuren (Programmierer, Meister, Werkzeugeinsteller, Maschinenbediener, Lagerist, Qualitätssicherer, Instandhalter und Administrator) stellt das MES aufgabenbezogene, einfach über Touchscreen zu bedienende Oberflächen zur Verfügung, mit denen sie den Datenfluss steuern. Aktiviert wird das MES, indem durch das Produktionsplanungssystem (PPS-ERP) der Auftrag für ein bestimmtes Werkstück gestartet wird. Das MES steuert und überwacht daraufhin den vollständigen Fertigungshilfsmittel-Kreislauf auf Arbeitsgangebene; d. h. NC-Programme, Werkzeuge, Spannmittel, Vorrichtungen, Mess- und Prüfmittel sowie alle dazu notwendigen Daten werden papierlos durch die Hochleistungsfertigung gesteuert.

Wesentliche Triebfeder für die Entwicklung eines MES bei der Maschinenfabrik Reinhausen waren Ineffizienzen beim Rüstprozess. Kernproblem dabei ist, dass die unterschiedlichen an einem Fertigungsprozess beteiligten Aggregate (NC-Maschinen, Voreinstellgeräte, Lagersysteme etc.) proprietäre Datenformate verwenden und eine aggregatübergreifende Bereitstellung der Prozessdaten regelmäßig nicht möglich ist. Daher wurde angestrebt, mit der informationstechnischen Vernetzung der am Auftragsprozess beteiligten Akteure einen integrierten Ansatz zur bedarfsgerechten, aggregatsübergreifenden und durchgehenden Erfassung sowie Bereitstellung von Information zu verfolgen. Von mit proprietären Datenformaten parallel arbeitenden Insellösungen sollte zu einem vernetzten, webbasierten und papierlosen MES übergegangen werden. Der Rückgriff auf aktuelle und exakte Daten soll eine schnelle Reaktion auf den Fertigungsablauf beeinflussende Bedingungen erlauben und zu verbesserten Fertigungs- und Prozeßabläufen führen. Zudem kann dabei von bislang mit proprietären Datenformaten parallel arbeitenden Insellösungen zu einem interoperablen, weil vernetzten, webbasierten und papierlosen MES übergegangen werden.

Damit ein MES im vorgenannten Sinne als Assistenzsystem fungieren kann, muss es die Funktionalitäten eines CPS aufweisen. Die dafür nötigen Voraussetzungen sind Gegenstand der folgenden Ausführungen.

3   Voraussetzungen für den Einsatz eines MES

3.1   Horizontale und vertikale Vernetzung der Fertigung

Erste Voraussetzung für den Einsatz eines MES ist, dass es sowohl als Bindeglied zwischen ERP-System und der Fertigung (vertikale Integration) als auch als Bindeglied zwischen den einzelnen den Fertigungsprozess ausführenden Einheiten in der Fertigung (horizontale Integration) fungiert (vgl. Abb. 4).

Die technische Seite der Vernetzung des dieser Arbeit zugrundeliegenden MES wurde als Web-Service entwickelt und stellt ein rollenspezifisches browserbasiertes User Interface für die einzelnen Akteure zur Verfügung. Das System arbeitet mit den Techniken des Internets, ist allerdings auf das firmeninterne Intranet reduziert und in einem eigenen Ma-

Abb. 4 Horizontale und vertikale Vernetzung. (Maschinenfabrik Reinhausen)

schinen-Netzwerk vom Office-Netzwerk getrennt und somit vor den virtuellen Gefahren geschützt.

Damit die Anzahl der Schnittstellen nicht exponentiell steigt, müssen die Verbindungen zentral und nicht dezentral hergestellt werden. Der Zusammenhang ist einfach darzustellen.

Die Anzahl an Schnittstellen S einer *dezentral* stattfindenden Kommunikation zwischen n Akteuren, wie sie durch Insellösungen in der Fertigung auftritt, kann dabei logisch durch folgende Formel beschrieben werden:

$$S(n) = n(n-1) \qquad (1)$$

Sind in einer dezentralen Kommunikation beispielsweise fünf Akteure beteiligt ($n = 5$), ergeben sich 20 Schnittstellen, bei zehn Akteuren ($n = 10$) sind es 90 Schnittstellen, bei hundert Akteuren ($n = 100$) sind es gar 9900 Schnittstellen (siehe auch Abb. 1).

Eine *zentral* stattfindende Kommunikation hingegen kann die Anzahl der Schnittstellen erheblich reduzieren, da stets nur zwei Schnittstellen je zusätzlichem Akteur nötig sind. Die Anzahl an Schnittstellen S einer zentralen Kommunikation beträgt somit stets

$$S(n) = 2n \qquad (2)$$

Sind fünf Akteure in einer zentralen Kommunikation beteiligt, ergeben sich 10 Schnittstellen, bei zehn Akteuren sind es 20 Schnittstellen, bei hundert Akteuren sind es 200 Schnittstellen. Dies hilft, die Fehleranfälligkeit drastisch zu minimieren. Je mehr Kommunikationsteilnehmer, desto gravierender der Unterschied.

Durch das MES System MR-CM® wird die zentrale Verbindung wie in Abb. 5 visualisiert realisiert.

Im direkten Vergleich mit jeweils bidirektionaler Kommunikation – dem nach Erfahrung des Verfassers in der Praxis allerdings häufig vorzufindenden Vernetzungsmusters – wird der Unterschied noch deutlicher (s. Abb. 6).

Assistenzsysteme wie z. B. MR-CM® wirken in ihrem definierten engen Zuständigkeitsbereich jeweils zentral. Daher benötigt eine Fabrik, um zur Smart Factory zu werden, u. U. mehrere solcher Assistenzsysteme (genauso wie jedes moderne Auto mehrere Assistenzsysteme benötigt). Als Gesamtbild im Sinn von Industrie 4.0 ergibt sich ein dezentrales Verbund-System von Assistenzsystemen. Eine künftige Herausforderung wird die Abstimmung dieser dezentralen Assistenzsysteme zur Optimierung des Gesamtsystems sein. Diese könnte beispielsweise über ein sog. Meta-MES erfolgen.

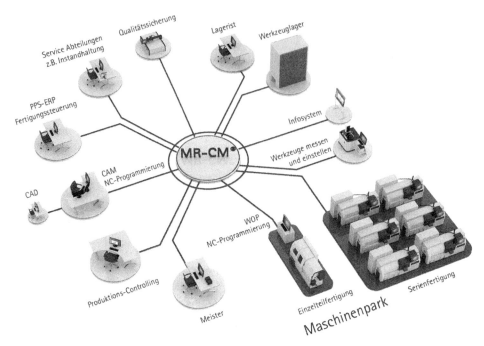

Abb. 5 MR-CM®. (Maschinenfabrik Reinhausen)

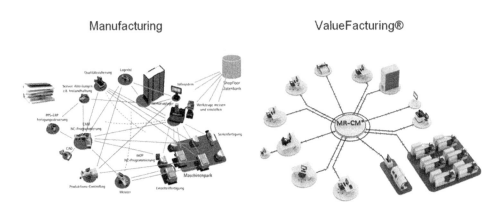

Abb. 6 Vergleich Manufacturing und ValueFacturing#S. (Maschinenfabrik Reinhausen)

3.2 Datenqualität

Kennzeichnend für ein Assistenzsystem bzw. MES ist seine direkte Anbindung an die verteilten Shopfloor-Systeme. So erst ermöglicht es unter anderem, Fertigungsdaten just-in-time bereitzustellen. Anders also als ein planendes ERP-System agiert das MES als letztes Glied in der digitalen Datenkette, wodurch Fehler im Datenfluss somit augenblicklich zu Problemen in der Fertigung führen können.

Damit die Kernaufgabe des Assistenzsystems, die sog. Datenanreicherung, vollumfänglich funktionieren kann, müssen also sämtliche herkömmlichen Prozesspapiere digitalisiert werden. Die CAM-Programmierung der Maschinenfabrik Reinhausen ist bereits seit 2002 vollständig papierlos organisiert.

Die benötigte Datenqualität in den einzelnen Sub-Systemen stellt somit eine wesentliche Herausforderung bei der Inbetriebnahme eines Assistenzsystems dar. Bei unzureichenden bzw. fehlerhaften Daten kann die Datenanreicherung durch das Assistenzsystem nicht stattfinden. Deshalb werden im Folgenden die wesentlichen Stammdaten in einer NC-Fertigung aufgeführt, die als notwendige Kriterien der vorzuhaltenden Datenqualität anzusehen sind.

3.2.1 Werkzeugdatenbank

Die Werkzeug-Datenbank (mit wohlbemerkt fehlerfreiem Inhalt) ist eine der elementaren Voraussetzungen für eine reibungslos funktionierende MES-Lösung im Werkzeugkreislauf einer zerspanenden Fertigung. Während regelmäßig in der Praxis noch Werkzeuglisten in Papierform vorherrschen, erlaubt der Einsatz einer Werkzeugdatenbank die vollständige Digitalisierung der Bereitstellung von Werkzeugmontagegrafiken incl. Stücklisten.

Selbst beim Einsatz von Werkzeugdatenbanken ist in der Praxis zu beobachten, dass aufgrund fehlender Erfahrung der Mitarbeiter Daten fehlerhaft oder unvollständig eingepflegt werden, weswegen die Werkzeugdatenbank häufig ein Schattendasein als „Datengrab" führt und so mögliche Wirkungen eines MES verhindert.

Um bestehende Fertigungsstrukturen in eine intelligente und zentral vernetzte Werkzeugdatenbank zu überführen, müssen sowohl die Anforderungen des CAD/CAM-NC-Programmiersystems als auch die des Shopfloor-Management-Systems erfüllt werden. Dazu gehört der Einsatz im Bereich der CAD/CAM-Simulation und der Werkzeugmontage und -vermessung.

Die Anforderungen des MES an Werkzeugdatenbanken richten sich vor allem auf den Bereich der Werkzeugmontage und -vermessung. Um effizient arbeiten zu können, benötigen die Shopfloor-Mitarbeiter vielfach Hilfe, beispielsweise bei der Berechnung der bereitzustellenden Werkzeuge, bei der Entnahme der Werkzeuge durch Lageransteuerung, bei der Montage der Werkzeuge durch Stücklisten und Montageanweisungen oder beim Vermessen der Werkzeuge durch eine Bereitstellung der Einstellaufträge.

In der Praxis wirft diese Dualität der Anforderungen an Werkzeugdatenbanken weitreichende Probleme auf. Werden bei der Auswahl und Implementierung einer Werkzeugdatenbank beispielsweise nur die Erfordernisse der CAD/CAM-Simulation berücksichtigt, sind die Anforderungen des Shopfloors regelmäßig nur noch mit hohem Aufwand zu berücksichtigen.

Unternehmen stehen in der Regel vor der Entscheidung zwischen einer Werkzeugdatenbank, die fest an ein bestimmtes CAD/CAM-NC-Programmiersystem gebunden ist und einer unabhängigen. Dabei ergeben sich einige Vor- und Nachteile.

Die mit einem CAD/CAM-NC-Programmiersystem festverbundenen Werkzeugdaten-banken sind lediglich auf dieses System fokussiert und übergehen meist den Shopfloor, da sie dafür nur sehr eingeschränkt kompatibel sind. Der immense Vorteil einer funktionierenden Schnittstelle zwischen dem Programmiersystem und der Werkzeugdaten-bank kann aber den Nachteil einer fehlenden Anbindung des Shopfloors nicht aufwiegen. Auf den ersten Blick erscheint diese Lösung dadurch kostengünstiger, aber derartige Werkzeugdatenbanken können nachträglich nur mit großem Aufwand Shopfloor-tauglich gemacht werden.

Eine unabhängige Werkzeugdatenbank erfüllt in der Regel die Anforderungen des CAD/CAM-NC-Programmiersystems in gleichem Maße wie die des Shopfloors. Bei der Auswahl der geeigneten Datenbank ist weiter zu beachten, dass sie zu jedem gängigen Programmiersystem und jeder MES-Lösung kompatible Schnittstellen besitzen muss, was wiederrum herstellerabhängig ist.

Ist eine geeignete Werkzeugdatenbank für die Fertigung ausgewählt, ergeben sich daraus schnell enorme Vorteile. Durch die Reduzierung des vorgehaltenen Bestands an Werkzeugen können Werkzeugkosten reduziert werden. Jedes Werkzeug ist nämlich einzeln identifizierbar und lokalisierbar, was Mehrfachanschaffungen vorbeugt. Angesichts der hohen Kosten mancher Werkzeugkomponenten bietet dies ein enormes Einsparpotenzial. Des Weiteren werden auch nicht wertschöpfende Zeiten sofort aufgedeckt und können somit vermieden werden. Durch eine einheitliche Führung des gesamten Werkzeugbestands ist der reibungsfreie Fertigungsablauf gewährleistet. Dies verbessert die Wertschöpfung innerhalb der gesamten Fertigungsprozesse. Die Einführung einer Werkzeugdatenbank ist für Unternehmen ein großer Schritt, der sich in den meisten Fällen dank kluger Vorausplanung vielfach bezahlt macht. Ist der Werkzeugbestand erst einmal durchdacht organisiert, wird der Aufwand schnell durch deren viele Vorteile belohnt.

Werkzeugmontagegrafiken

CAM-Programmiersysteme erzeugen üblicherweise über sog. Postprozessoren Werkzeuglisten in Textform. Diese Werkzeuglisten können von Mitarbeitern unterschiedlich interpretiert werden, was wiederum zu Ineffizienzen im MES führen kann. Das in Abb. 7

SCHAFTFRÄSER Ø 14, IC900, TYP N, ZÄHNE = 4, ECKENFASE = 0.4

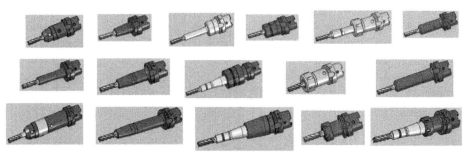

Abb. 7 Werkzeuglisten in Textform. (Maschinenfabrik Reinhausen)

dargestellte Beispiel soll das Problem verdeutlichen. Die in Textform wiedergegebene Beschreibung eines Werkzeugs über die angegebenen Attribute läßt verschiedene Kombinationen zu.

Da also die Beschreibung des Werkzeuges in Textform zu wenige Attribute aufweist, um eindeutig zu sein, erfüllen mehrere Werkzeuge die Beschreibung. Um zu klären, welches Werkzeug im konkreten Fall angefordert wird, ist zusätzliches Wissen der Mitarbeiter erforderlich. Eine Lösung für dieses Problem ist die in Abb. 8 gezeigte Montagegrafik, die im MES automatisch aus den Stammdaten der Werkzeugdatenbank generiert wird und keinen Raum für Verwechslung mehr zulässt.

3D-Simulationsgrafiken

Der Einsatz einer Werkzeugdatenbank ermöglicht die Bereitstellung von 3D-Werkzeuggrafiken im Rahmen von CAD/CAM-Simulationen. Damit wird außerhalb des MES eine Virtualisierung der Arbeitsvorbereitung im Sinne einer Smart Factory möglich. Kern dessen ist, dass NC-Programme vollständig im 3D-Raum simuliert werden, bevor sie in den Shopfloor gehen. Dies erfordert u. a. dass in der Werkzeugdatenbank 3D-Simulationsgrafiken generiert werden (vgl. Abb. 9). Darüber hinaus benötigt man zur Simulation den vollständigen Arbeitsraum der Maschine und sämtliche Vorrichtungen und Spannmittel ebenfalls in 3D.

D1:	4	D1min:		Winkel:	180	SS:	VHM	
XAmin:	33	D1max:		Zaehne:	4	Typ:	N	
L1neu:	30	XAmax:		SK-Form:		D2:		
L1min:	25	NC-F-D:		Tol:		A:	0	
lsp:		NC-F-L:		Steig:		AnzKorr:	1	
XS:	108					Kühlung:	1	

WW004669	SCHAFTFRAESER	
11315013	SPANNZANGE DIN6499 ER16	D4.0-3.0
WW004459	SPANNZANGENFUTTER	D16

Abb. 8 Montagegrafik von Assistenzsystem. (Maschinenfabrik Reinhausen)

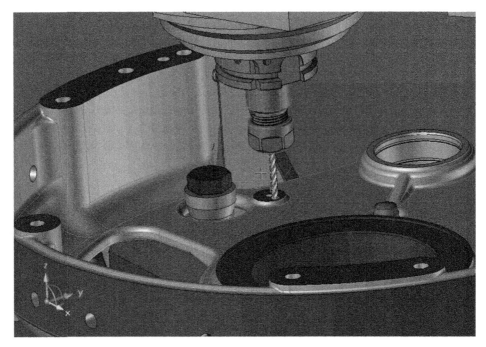

Abb. 9 Simulationsgrafik. (Maschinenfabrik Reinhausen)

3.2.2 ERP-Stammdaten

Das ERP-System generiert im Auftragsfalle aus dem Arbeitsplan einen Fertigungsauftrag mit Losgröße und Termin. Das MES benötigt nun vom ERP-System alle Fertigungshilfsmittel -Informationen wie z. B. NC-Programm-Nummer, Vorrichtungsnummer, Mess- und Prüfmittelnummer. Mit diesen Informationen begleitet MR-CM® alle Aktivitäten und Schritte eines Arbeitsganges bis sie abgeschlossen sind. Auf dem Weg zur digitalen Fertigung müssen die ERP-Stammdaten dabei folgende Informationen liefern:

- Arbeitsplan mit definierten Arbeitsgängen und vollständigen FHM-Informationen.
- Arbeitsgänge müssen in Aktivitäten zerlegt werden.
- Aktivitäten müssen in Schritte zerlegt werden.

Diese Zerlegung ist in Abb. 10 beispielhaft für einen Fräs-/Drehprozess dargestellt.

3.3 Mitarbeiter in einer Industrie 4.0-Umgebung

Der Einsatz von Assistenzsystemen im Rahmen von Industrie 4.0 bedeutet nicht, dass vernetzte Produktionssysteme alle Aufgaben übernehmen. Während der Anteil einfacher,

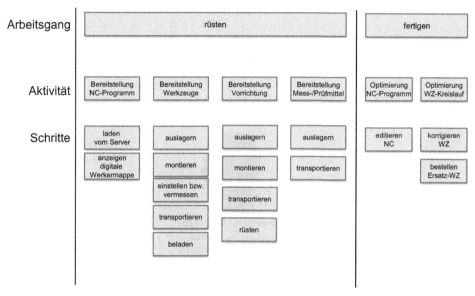

Abb. 10 Arbeitsgänge mit allen FHM-Informationen#S. (Maschinenfabrik Reinhausen)

manueller Tätigkeiten sinkt, sind die Mitarbeiter zunehmend gefragt, Abläufe zu koordinieren und eigenverantwortliche Entscheidungen zu treffen. Damit werden Tätigkeiten sowohl technologisch als auch organisatorisch anspruchsvoller.

Der Mitarbeiter operiert zunehmend als sog. Augmented Operator, der die Fertigung (dezentral) steuert und überwacht. Damit sind Beschäftigte in der Smart Factory bezeichnet, die die Produktionsprozesse dank einer (virtuell) erweiterten Sicht auf die reale Fabrik besser wahrnehmen und steuern können und so als Träger von Entscheidungen und Optimierungsprozessen auftreten.

Als Erfahrungsträger und Entscheider behält der Mensch damit ganz bewusst eine wichtige Rolle in allen relevanten Abläufen des Produktionsnetzwerks. Denn er kann Zielvorgaben situativ und kontextabhängig beeinflussen. Assistenzsysteme unterstützen den Augmented Operator dabei.

Auf dem Weg zur Industrie 4.0 gilt es deshalb, alle Beschäftigten darauf vorzubereiten. Es bedarf unter anderem vielfältiger Weiterbildungsmöglichkeiten und einer Arbeitsorganisation, die das Lernen und interdisziplinäre Kompetenzen fördert. Dabei sind auch Risiken der zunehmenden Digitalisierung zu berücksichtigen wie eine Entgrenzung der Arbeit oder der Ausschluss von weniger qualifizierten Arbeitskräften (vgl. Abb. 11).

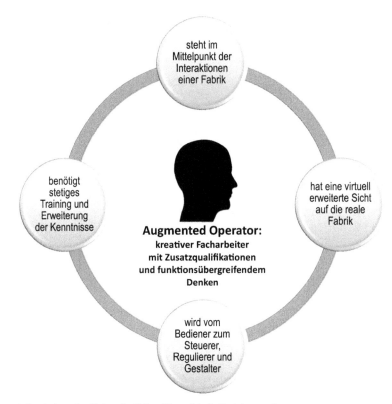

Abb. 11 Mitarbeiter der Zukunft. (Maschinenfabrik Reinhausen)

4 Fazit

Der Einsatz von Assistenzsystemen in der industriellen Fertigung ist der notwenige Schritt in Richtung Industrie 4.0. Damit wird es möglich, eine beherrschbare Prozesskomplexität ohne Abstriche bei der Prozessleistung und Prozessrobustheit zu erreichen. Intelligente, webbasierte Assistenzsysteme mit integriertem „Mulitdolmetscher" wirken größtenteils im Verborgenen und haben Zugriff auf alle Maschinen, Anlagen und Softwaresysteme, wobei das Internet bzw. Intranet als Kommunikationsmedium fungiert. So wird Echtzeit-kommunikation in der Fertigung von einer Vision zur Realität.

Die dafür nötigen Voraussetzungen sind der Einsatz moderner Manufacturing Execution Systeme, die eine horizontale und vertikale Vernetzung mit dem shop floor und dem ERP-System ermöglichen sowie eine Reihe von Anforderungen insbesondere an die Datenqualität stellen. Erst wenn all diese grundlegenden Voraussetzungen für Industrie 4.0 in der Fertigung erfüllt sind, macht der nächste Schritt in Richtung Sensorik und Aktorik Sinn.

Assistenzsysteme arbeiten nicht losgelöst vom Menschen sondern assistieren dem Menschen der dadurch seine Arbeit perfektionieren kann, selbst aber auch auf seine Rolle als Augmented Operator vorbereitet sein muss.

Literatur

Acatech. (2012). In E. Geisberger & M. Broy (Hrsg.), *agendaCPS – Integrierte Forschungsagenda Cyber-Physical Systems*.

Kiener, S., Maier-Scheubeck, N., Obermaier, R., & Weiß, M. (2012). *Produktions-Management* (10. Aufl.). München.

Obermaier, R., Hofmann, J., & Kellner, F. (2010). Web-basierte Fertigungssteuerung in der Praxis: Produktivitätssteigerungen mit dem Manufacturing Execution System MR-CM©. *HMD – Praxis der Wirtschaftsinformatik, 272*, 49–59.

Warnecke, H.-J. (1996). *Die Fraktale Fabrik*.

Wildemann, H. (1989). *Die modulare Fabrik* (2. Aufl.).

Industrie 4.0 durch strategische Organisationsgestaltung managen

Georg Reischauer und Lukas Schober

1 Einleitung

Industrie 4.0, die auf das Internet und auf autonom agierende Betriebstechnik basierende Fertigung, nimmt immer konkretere Züge an. Sowohl die Praxis (z. B. it's OWL 2014) als auch die Betriebswirtschaft (z. B. Bauernhansl et al. 2014; Kersten et al. 2014) widmen sich verstärkt der Frage, wie Unternehmen das Potenzial von Industrie 4.0 bestmöglich ausschöpfen können. Dabei werden vor allem die unmittelbar von Industrie 4.0 betroffenen Sachfunktionen wie Produktion, Logistik und Informationstechnik (IT) fokussiert. Jüngst wurde jedoch darauf hingewiesen (z. B. Porter und Heppelmann 2015; Reischauer 2015), dass sich die Auswirkungen von Industrie 4.0 nicht auf diese Bereiche beschränken werden.

Auch die Autoren des vorliegenden Beitrags vertreten den Standpunkt, dass Industrie 4.0 weitreichendere Konsequenzen besitzt. Industrie 4.0, so die Ausgangsüberlegung, wird sich auf das gesamte Unternehmen auswirken – und stellt es dabei vor Herausforderungen. Um diesen Herausforderungen adäquat zu begegnen und das Potenzial von Industrie 4.0 zu nutzen, bedarf es einer ganzheitlichen Perspektive. Mit anderen Worten, das Management von Industrie 4.0 scheint notwendig. Der vorliegende Beitrag schlägt die Perspektive der *strategischen Organisationsgestaltung* vor, um Industrie 4.0 zu managen. Aus dem Spektrum dieser Perspektive werden mit dem *4-Ebenen-Modell* und der *Geschäftsmodell-*

G. Reischauer (✉)
Abteilung für Arbeitswissenschaft und Organisation, Technische Universität Wien
Theresianumgasse 27, A-1040 Wien, Österreich
E-Mail: georg.reischauer@tuwien.ac.at

L. Schober
Kalucon GmbH, Theresianumgasse 27, A-1040 Wien, Österreich

© Springer Fachmedien Wiesbaden 2016
R. Obermaier (Hrsg.), *Industrie 4.0 als unternehmerische Gestaltungsaufgabe*,
DOI 10.1007/978-3-658-08165-2_16

271

innovation zwei Modelle vorgestellt und illustriert. Wenngleich jedes Modell unterschiedliche Aspekte der strategischen Organisationsgestaltung fokussiert, sind sie miteinander
kompatibel und dadurch gemeinsam anwendbar.

Der Beitrag ist wie folgt aufgebaut. Im ersten Schritt wird das zugrundeliegende Verständnis von Management erörtert. Es folgt eine Skizze des Hintergrunds von Industrie
4.0 sowie den Konsequenzen und Herausforderungen, die von dieser Produktionsvision
potenziell zu erwarten sind. Im Anschluss wird die Managementperspektive der strategischen Organisationsgestaltung, mit der die Herausforderungen von Industrie 4.0 adressiert
werden können, besprochen, um daraufhin zwei Modelle der strategischen Organisationsgestaltung vorzustellen und zu illustrieren. Abschließend werden die Stärken und Schwächen der beiden Modelle diskutiert.

2   Management als Querschnittsaufgabe

Management ist ein Begriff, der in Praxis und Wissenschaft sehr unterschiedlich benutzt
und ausgelegt wird. Um zu verstehen, wie die Managementperspektive der strategischen
Organisationsgestaltung, die auf Industrie 4.0 angewandt wird, funktioniert, ist deshalb
mit Rückgriff auf Steinmann und Schreyögg (2005) zuerst zu präzisieren, was unter Management zu verstehen ist.

Management bezeichnet allgemein einen Komplex an Steuerungsaufgaben, welche
die Leistungserstellung eines Unternehmens sicherstellt. Zentrales Merkmal ist somit, ein
Unternehmen oder Abteilungen in einem Unternehmen mit dem Zweck der Leistungs-
erstellung zu koordinieren. Analytisch lässt sich die Tätigkeit des Managements in fünf
Managementfunktionen aufschlüsseln. Darunter sind allgemeine Bündel an Aufgaben ver-
stehen, die ein Management unabhängig vom konkreten Unternehmen erfüllt. Diese fünf
Funktionen bauen aufeinander auf und sind somit sowohl als linearer als auch iterativer
Prozess konzipiert:

- *Planung:* Entwurf einer Soll-Ordnung
- *Organisationsgestaltung:* Definition von Regeln, die das Verhalten von Personen
  steuern
- *Personal:* Rekrutierung, Besetzung und Entwicklung von Mitarbeitern
- *Führung:* Zielorientierte Ausrichtung des Verhaltens von Mitarbeitern
- *Kontrolle:* Soll-Ist-Vergleich

Diese Managementfunktionen liegen, wie in Abb. 1 visualisiert, quer zu den *Sachfunktionen* eines Unternehmens. Darunter werden inhaltliche Aspekte eines Unternehmens wie
Logistik, Produktion, Vertrieb, Finanzierung oder Forschung und Entwicklung verstanden. Management fokussiert somit die Koordination von Sachfunktionen.

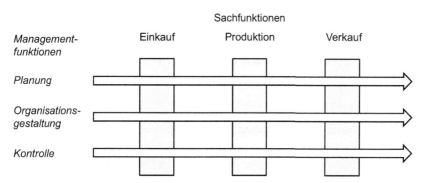

Abb. 1 Managementfunktionen und Sachfunktionen (vgl. Steinmann und Schreyögg 2005, S. 7)

3   Industrie 4.0

Im vorherigen Kapitel wurde das Verständnis von Management, das dem Beitrag zugrunde liegt, erörtert. Im Folgenden wird derselbe Schritt für die Produktionsvision Industrie 4.0 unternommen.

3.1   Hintergrund und Konzepte von Industrie 4.0

Am Anfang war die Dampfmaschine. Durch den Einsatz mechanischer Produktionsanlagen ermöglichte sie eine Beschleunigung der Warenherstellung und eine exponentielle Erhöhung der Stückzahlen. Basierend auf dieser 1. industriellen Revolution führten technologische Entwicklungen zu weiteren industriellen Revolutionen. Die Möglichkeit der Nutzung elektronischer Energie Anfang des 20. Jahrhunderts war die Basis für eine massenteilige Arbeitsproduktion, die als 2. industrielle Revolution bezeichnet wird. Anfang der 1970er Jahre konnten Produktionsprozesse durch die Verwendung von Elektronik und IT automatisiert werden, wodurch die 3. industrielle Revolution eingeläutet wurde (Kagermann et al. 2013).

Unter dem Dachbegriff Industrie 4.0 steht die Wirtschaft nun an der Schwelle zur 4. industriellen Revolution. Durch Kleinstcomputer, die als sogenannte eingebettete Systeme in physische Objekte wie vor allem Produkte und Maschinen integriert werden, können diese Objekte selbstständig Informationen austauschen und selbstständig agieren. Dadurch entsteht das Internet der Dinge, in dem physische Objekte im Internet oder anderen Kommunikationsstrukturen repräsentiert werden. Aus diesem Grund ist auch von Cyber-Physischen-Systemen (CPS) die Rede. Im Zusammenspiel mit dem Internet der Dienste, das Konzepte wie Data Warehouses, Big Data oder Cloud Computing vereint, entsteht ein „Internet der Dinge und der Dienste". In diesem komplexen Netzwerk steuern auf der

Grundlage einer durchgängigen Vernetzung von physischen Objekten und Informationen autonome Produkte und Maschinen verschiedene Wertschöpfungsnetzwerke nahezu in Echtzeit. Mit anderen Worten kommt durch Industrie 4.0 das Internet in die Werkstätte (Kagermann et al. 2013).

3.2   Konsequenzen und Herausforderungen von Industrie 4.0

Diese durch Industrie 4.0 eintretende Vernetzung findet nicht nur im industriellen Umfeld statt, sondern betrifft viele Bereiche des täglichen Lebens. Wie Kagermann et al. (2013) zeigen, werden durch das Internet Dinge und der Dienste einzelne Objekte *smart*: sie werden in die Lage versetzt, selbstständig Informationen zu verarbeiten, zu interagieren und neue Informationen weiterzuleiten. Damit entstehen beispielsweise:

- smarte Gebäude (z. B. nutzerorientierte Wegbeschreibungen auf Flughäfen)
- smarte Mobilität (z. B. Car Sharing)
- smarte Gesundheit (z. B. Sensoren leiten bei einem drohenden Schlaganfall selbstständig elektronische Impulse ein)
- smarte Netze (z. B. belastungsorientierte Bereitstellung von Strom aus dezentralen Produktionsstätten)

Aber auch Unternehmen werden in vielerlei Hinsicht smart werden:

- smarte Produkte und Dienstleistungen: IT durchdringt Produkte und Dienstleistungen, wodurch diese selbstständig mit Maschinen und/oder Kunden kommunizieren können
- smarte Kunden: Produkte und Dienstleistungen können durch den Kunden selbstständig konfiguriert werden
- smarte Fabrik: Maschinen lernen selbstständig optimale Arbeitseinstellungen, geben diese automatisiert an andere Maschinen in anderen Werken weiter und benachrichtigen bei potenziellen Störungen rechtzeitig, um Maschinenausfälle zu vermeiden
- smarte Logistik: automatisierte Nutzung von Wetterdaten zur Bestimmung von Nachschublieferungen in der Filiallogistik

Die zunehmende Verbreitung dieser und anderer smart-Konzepte stellt die zentrale *Konsequenz* von Industrie 4.0 dar. Wie Abb. 2 verdeutlicht, wird durch Industrie 4.0 eine durchgängige Vernetzung intelligenter Objekte sowohl innerhalb als auch außerhalb des Unternehmens entstehen. Diese Vernetzung ermöglicht es, Kundenerwartungen rechtzeitig zu antizipieren, die eigene Leistung dahingehend auszurichten und durch neue Technologien zu optimieren. Konkret, und wie in Abb. 3 ersichtlich, führt die durchgängige Vernetzung intelligenter Objekte zu einer zunehmenden horizontalen als auch vertikale Integration des Unternehmens. Eine *horizontale Integration* bedeutet im Kontext von Industrie 4.0 eine

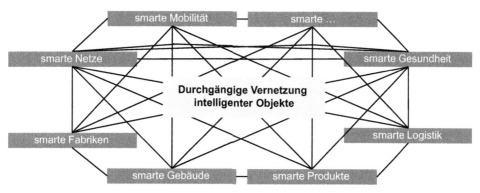

Abb. 2 Durchgängige Vernetzung intelligenter Objekte

Integration der Sachfunktionen wie Beschaffung, Leistungserstellung und Lieferung mittels selbststeuernder und durchgängiger Wertschöpfungsprozesse. Unter *vertikaler Integration* ist im Kontext von Industrie 4.0 eine stärkere Vernetzung zwischen den Unternehmensebenen, von der Unternehmensführung bis hin zu den einzelnen Mitarbeitern, und den Managementfunktionen zu verstehen. Eine hohe horizontale und vertikale Integration sind Ausdruck einer durchgängigen Vernetzung des Unternehmens.

Die Etablierung einer durchgängigen Vernetzung – und damit einen hohen vertikalen und horizontalen Integration – kann als eine Grundvoraussetzung für die Nutzung der Potenziale von Industrie 4.0 betrachtet werden. Um eine hohe vertikale und horizontale Integration zu erreichen, sind jedoch zahlreiche *Herausforderungen* zu adressieren. Es lassen sich konkret drei zentrale Herausforderungen nennen, die auf dem Weg zu einer durchgängigen Vernetzung zu meistern sind:

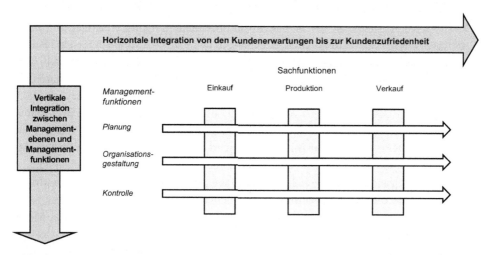

Abb. 3 Horizontale und vertikale Integration

- *Anpassungszeit:* Um neue Technologien nutzen zu können, sind neue Systeme und Schnittstellen rasch zu integrieren
- *Prozessflexibilität:* Flexible und modulare Prozesse, die sich durch eine hohe IT-Integration auszeichnen, treten in den Vordergrund
- *Kollaboration:* Verstärkte Zusammenarbeit mit und Einbindung von Kunden und Lieferanten in die eigene Leistungserstellung

Die Adressierung dieser Punkte führt zur Managementperspektive der strategischen Organisationsgestaltung.

4 Strategische Organisationsgestaltung als Perspektive für das Management

Um die skizzierten Herausforderungen von Industrie 4.0 zu bewältigen und Industrie 4.0 zu managen, werden in diesem Beitrag zwei Modelle der strategischen Organisationsgestaltung vorgeschlagen. Bevor diese vorgestellt und illustriert werden, wird im Folgenden die Managementperspektive der strategischen Organisationsgestaltung erörtert und die Vielfalt der verfügbaren Modelle aufgezeigt.

Wie eingangs gezeigt, kann Management als Prozess mit den fünf Funktionen Planung, Organisationsgestaltung, Personal, Führung und Kontrolle aufgefasst werden. Was genau ist nun das Ziel der Managementfunktion *Organisationsgestaltung*, die der wesentliche Bezugspunkt der strategischen Organisationsgestaltung ist? Organisation bezeichnet einen grundlegenden Ordnungsrahmen, der in einem Unternehmen die Erreichung eines Soll-Zustands erleichtern soll. Die Organisation eines Unternehmens, die gestaltet wird, funktioniert somit als Grobinstrument, um auf Basis der Managementfunktion Planung die Leistungserstellung des Unternehmens grundlegend zu ordnen. Diese Ordnung wird durch Regeln definiert, die das Verhalten von Mitarbeitern in unterschiedlichem Ausmaß festlegen. Diese Regeln, die Stellen, Abteilungen und ganze Geschäftseinheiten festlegen können, schaffen die Organisationsstruktur oder Aufbauorganisation, die oftmals durch ein Organigramm visualisiert wird. Beispiele für bekannte Organisationsstrukturen sind die Matrixorganisation oder die Divisionsorganisation (Steinmann und Schreyögg 2005).

Dieses klassische Verständnis von Organisationsgestaltung beruht auf der Grundannahme, dass Organisationsgestaltung eine eigenständige und klar definierbare Managementfunktion darstellt, die erst ‚auf Anlass‘ aktiv wird und weitgehend von den übrigen Managementfunktion losgelöst ist. Angesichts immer dynamischeren Umfeldbedingungen wurde diese Grundannahme zunehmend in Frage gestellt. Es wurden daraufhin Modelle entwickelt, die die Managementfunktion Organisationsgestaltung ganzheitlicher in den Blick nahmen. Aufgrund dieses ganzheitlichen Zugangs wird deshalb auch von Modellen der *strategischen Organisationsgestaltung* gesprochen. Um zu verstehen, was diese Perspektive ausmacht, werden im Folgenden prägnant unterschiedlichen Varianten von

Modellen der strategischen Organisationsgestaltung vorgestellt. Hierfür wird vereinfacht zwischen zwei Grundvarianten unterschieden. Während einige Modelle vor allem weitere Sachfunktionen eines Unternehmens integrieren und damit eine horizontale Integration vorantreiben, berücksichtigen andere Modelle weitere Managementfunktionen und streben damit eine stärkere vertikale Integration an.

4.1 Modelle mit Fokus horizontale Integration

Die Gemeinsamkeit der im Folgenden skizzierten Modelle für eine strategische Organisationsgestaltung besteht darin, dass in unterschiedlicher Weise weitere Sachfunktionen von Unternehmen berücksichtigt werden. Somit steht die horizontale Integration im Mittelpunkt. Ein bekanntes Modell ist die *Wertschöpfungskette* von Porter (1985). Es unterscheidet zwischen primären und sekundären Aktivitäten, mit denen ein Unternehmen Wert schaffen kann. Primäre Aktivitäten beinhalten mit Logistik, Produktion, Marketing und Vertrieb sowie After-Sales-Service jene Aktivitäten, die unmittelbar als Teil der Leistungserstellung eingestuft werden. Supportaktivitäten beschreiben Aktivitäten, die primäre Aktivitäten unterstützen. Zu diesen zählen in diesem Modell Beschaffung, IT und Betriebstechnik, Personalmanagement und die Unternehmensinfrastruktur, worunter alle übrigen Sachfunktionen wie Finanzierung und Rechnungswesen fallen. Primäre und sekundäre Aktivitäten sind sowohl innerhalb als auch untereinander abzustimmen. Wenngleich auch in diesem Modell Prozesse betont werden, liegt der Fokus auf die Verzahnung der Sachfunktionen.

Im deutschsprachigen Raum entwickelten sich Modelle wie der *St. Galler Ansatz*, die für die Betrachtung von Unternehmen als komplexe Systeme plädieren. Damit ist vereinfacht gemeint, das innerhalb von Unternehmen als auch mit anderen Unternehmen zahlreiche Verknüpfungen zwischen Sachfunktionen bestehen. Um diese hohe Komplexität zu bewältigen, hat die strategische Organisationsgestaltung die Aufgabe, nicht die Verbindungen selbst, sondern deren Kontext und die Voraussetzungen für die strategische Organisationsgestaltung so zu gestalten, dass sich das Unternehmen vor allem auf Basis von Selbstorganisation sprozessen anpassen kann (Kieser und Woywode 2006; Müller-Stewens und Lechner 2001).

Die Betonung von Verbindungen zwischen Sachfunktionen steht auch im Mittelpunkt von Modellen, die sich unter dem Begriff *Geschäftsmodelle* zusammenfassen lassen. Ein wesentlicher Unterschied zu jenen Modellen, die Unternehmen als komplexe Systeme definieren, besteht darin, dass in Geschäftsmodellen als zentral eingestufte Sachfunktionen miteinander in Beziehung gesetzt und konkrete Leitideen dafür vorgegeben werden, wie eine Sachfunktion mit der Leistungserstellung eines Unternehmens konkret in Verbindung steht. Geschäftsmodelle sind somit von einer stärkeren Umsetzungsorientierung geprägt (Schallmo 2014). Die Innovation von Geschäftsmodellen stellt eines der beiden Modelle dar, das für die strategische Organisationsgestaltung von Industrie 4.0 vorgeschlagen wird.

4.2   Modelle mit Fokus vertikale Integration

Die in der Folge beschriebenen Modelle eint, dass sie vor- und nachgelagerte Management-funktionen als Teil der strategischen Organisationsgestaltung betrachten und damit eine vertikale Integration anstreben. Zahlreiche dieser Modelle fokussieren die Art und Weise, wie Unternehmen ihre Leistungen erstellen. Anstelle von Organisationsstrukturen, die im Zentrum der klassischen Organisationsgestaltung stehen, rückten somit *Prozesse*. Beispiele für diese prozessorientierten Modelle sind die Splittung der Leistungserstellung in Module, das Insourcing von Prozessen oder die virtuelle Organisation, eine auf IT beruhende lose Zusammenarbeit zwischen einer Vielzahl an Unternehmen (Anand und Daft 2007).

Diese prozessorientierten Modelle erweiterten die Organisationsgestaltung um eine ak-tivitätenbezogene Perspektive. Damit bewegen sich diese noch weitgehend im Rahmen der klassischen Organisationsgestaltung. Eine Erweiterung um andere Managementfunk-tionen wurde beispielsweise durch das *Star-Modell* von Galbraith (1995) vorgenommen. Demnach zeichnet sich eine strategische Organisationsgestaltung durch Berücksichtigung der fünf Faktoren Strategien, Organisationsstrukturen, Prozesse, Renumerationen und Per-sonalmanagement-Grundsätzen aus. Alle Faktoren sind miteinander verbunden – wodurch in der visuellen Darstellung die Form eines Sterns entsteht – und somit gleich relevant. Ein ähnliches Modell, das jedoch detaillierter und stärker auf produzierende Unternehmen zugeschnitten ist und die strategische Planung berücksichtigt, stellt das *4-Ebenen-Modell* von Gausemeier und Plass (2014) dar. Als zweites Modell zur strategischen Organisa-tionsgestaltung von Industrie 4.0 wird es eigens erörtert.

Wieder andere Modelle der strategischen Organisationsgestaltung berücksichtigen informale Aspekte der Managementfunktionen. Es geht bei diesen Modellen somit dar-um, nicht verschriftlichte Aspekte eines Unternehmens wie etwa die Organisationskultur (Schein 1985) zu gestalten. Das wohl bekannteste Modell ist das *7-S-Modell*. Demnach sind für die strategische Gestaltung des gesamten Unternehmens sieben Faktoren – die im Englischen alle mit einem „s" beginnen – zu beachten: Strategien, Organisations-struktur, Managementsysteme, Personal, übergeordnete Ziele und Werte, Fähigkeiten und Führungsstil. Die ‚weichen' Gestaltungsfaktoren Personal, übergeordnete Ziele und Werte, Fähigkeiten und Führungsstil stellen informale Aspekte dar, durch das sich das 7-A-Modell von den bereits erwähnten Modellen abhebt. Wenngleich dadurch ein noch umfangreicherer Blick geschaffen wird, so zeigte sich, dass diese ‚weichen' Faktoren nicht ohne weiteres gestaltbar sind. Aus diesem Grund sollte dem Anspruch einer ‚ein-fachen' Gestaltung von informalen Aspekten mit einer gewissen Skepsis begegnet werden (Kasper et al. 2009).

Vor Hintergrund der Vielfalt von Modellen der strategischen Organisationsgestaltung werden in den beiden folgenden Kapiteln jene Modelle vorgestellt, die aus Sicht der Auto-ren wesentlich dabei unterstützen können, Industrie 4.0 zu managen: das Modell der Ge-schäftsmodellinnovation und das 4-Ebenen Modell. Wie dabei ersichtlich wird, verhalten sich die Modelle komplementär zueinander und können dadurch gemeinsam angewandt werden.

5 Geschäftsmodellinnovation und horizontale Integration

5.1 Kernaussagen

Das erste vorgeschlagene Modell der strategischen Organisationsgestaltung im Kontext von Industrie 4.0 ist die Geschäftsmodellinnovation. Dieses Modell zeichnet sich dadurch aus, dass es durch die Heuristik des Geschäftsmodels zentrale Sachfunktionen eines Unternehmens auf neue Weise aufeinander abstimmt. Hierdurch erhält man die Möglichkeit, die potenziellen Auswirkungen von Innovationen für das Unternehmen rasch festzustellen. Ein *Geschäftsmodell* beschreibt allgemein die Grundprinzipien, nach denen eine Organisation Werte schafft, vermittelt und erfasst (Osterwalder und Pigneur 2011). Anders gesagt, zeigt ein Geschäftsmodell,

- welche Leistungen ein Unternehmen für welche Kundengruppen erbringt,
- wie diese Leistungen erstellt werden und
- welche Kosten und Einnahmen diese Leistungen erzeugen.

Dies verdeutlicht, dass ein Geschäftsmodell ein System aus in Wechselwirkung stehenden Komponenten darstellt, die zusammen die wesentliche Funktionsweise eines Unternehmens repräsentieren. Über die Komponenten eines Geschäftsmodells gibt es in der Literatur weitreichende Diskussionen (z. B. Baden-Fuller und Haefliger 2013; Chesbrough 2010; Teece 2010). Zur Strukturierung und Visualisierung von Geschäftsmodellen in der Praxis hat sich unter anderem das *Business Model Canvas* etabliert (Osterwalder und Pigneur 2011). Abb. 4 fasst die Bausteine und Kernaussagen des Business Model Canvas zusammen – für eine detailliertere Betrachtung wird auf Osterwalder und Pigneur (2011) verwiesen. Das Business Model Canvas erlaubt eine rasche Strukturierung und Visualisierung von Geschäftsmodellen anhand von neun Bausteinen. Dabei ist es wichtig anzumerken, dass sich diese Bausteine gegenseitig beeinflussen. So kann beispielsweise die Änderung des Wertangebots auch eine Änderung der Einnahmequellen mit sich bringen.

Durch die Strukturierung und Visualisierung eines Geschäftsmodells können Auswirkungen von Innovationen systematisch erarbeitet werden. Dies ermöglicht auch eine gezielte Innovation des Geschäftsmodells. Diese *Geschäftsmodellinnovationen* sind ein kritischer Erfolgsfaktor für eine nachhaltige erfolgreiche Unternehmensentwicklung. Beispiele aus unterschiedlichen Branchen (z. B. Nokia, Kodak) illustrieren die Konsequenzen von fehlenden Geschäftsmodellinnovationen. Gründe für Geschäftsmodellinnovationen sind beispielsweise (Chesbrough 2010; Teece 2010)

- Aufkommen (radikaler) Innovationen (z. B. neue Technologien, neue Werkstoffe)
- dynamische Märkte (z. B. neue Marktzugänge, neue Marktsegmente)
- notwendige Wettbewerbsdifferenzierungen (z. B. neue Wettbewerber, neue Kundenwünsche)

Schlüssel-partner	Schlüssel-aktivitäten	Wertangebote	Kunden-beziehungen	Kunden-segmente
Notwendige Partner, um die Leistungen zu erfüllen	Notwendige operative Prozesse, um die Leistungen zu erfüllen	Leistungs-versprechen, welches konkrete Kundenprobleme löst und damit einen Mehrwert für den Kunden schafft	Art und Intensität der Kommunikation mit den Kundengruppen	Relevante Kundengruppen für die Kommunikation des Wertangebots
	Schlüssel-ressourcen		**Kanäle**	
	Notwendige Ressourcen, um die Leistungen zu erfüllen		Art der Zielgruppen-ansprache (Zugang)	

Kostenstruktur	Einnahmequellen
Kosten und deren Zusammensetzung, die für die Sicherstellung des Wertangebots notwendig sind	Beschreibt die Möglichkeit der Einnahmengenerierung durch das Wertangebot

Abb. 4 Kernaussagen der Geschäftsmodellbausteine

Die *Herausforderungen* im Bereich der Geschäftsmodellinnovation liegen vor allem in der Erkennung möglicher Anpassungen in der Zukunft und der Umsetzung der Geschäfts-modellinnovation. Für die Erkennung zukünftig möglicher Anpassungen kann beispiels-weise die Szenario-Technik, die Bestandteil des 4-Ebenen-Modells ist und dort erörtert wird, eingesetzt werden. Diese erlaubt es, durch konsistente Zukunftsbilder das Spektrum potenzieller Geschäftsmodellinnovationen zu erkennen. Für die Umsetzung liegt die Her-ausforderung vor allem in der Ko-Existenz des ‚alten‘ und des ‚neuen‘ Geschäftsmodells. Hier gilt es zu prüfen, in welcher Art und Weise das neue Geschäftsmodell umgesetzt werden kann. Oftmals scheitern mögliche Geschäftsmodellinnovationen am zu starken Festhalten am ‚alten‘ Geschäftsmodell (Chesbrough 2010).

5.2 Illustration

Industrie 4.0 ermöglicht verschiedene Geschäftsmodellinnovationen. Aus Sicht der Au-toren besitzen jedoch die Geschäftsmodellinnovationen durch eine konsequente Ausrich-tung an den *Kunden* und dessen Bedürfnisse die höchste Priorität. Im Mittelpunkt steht dabei, dass der Alltag des Kunden durch Lösungen erleichtert wird. Diese Lösungen sind so individuell wie möglich zu gestalten, basieren jedoch auf im Detail standardisierten und oftmals modular organisierten Leistungsangeboten (Reischauer und Schober 2015). Diese Leistungsangebote können Produkte, Dienstleistungen sowie hybride Leistungsbündel aus Produkten und Dienstleistungen umfassen. Die Möglichkeit, solche Leistungsangebote zu

definieren und umzusetzen, steigt durch Industrie 4.0 – und der damit verbundenen durchgängigen Vernetzung – erheblich.

Als ein Beispiel seien hier die *Car Sharing Konzepte* verschiedener Automobilhersteller erwähnt. Erst mittels der durchgängigen Vernetzung von Fahrzeugen und (möglichen)
Nutzern via Smartphones ist es möglich, Autos an beliebigen Orten abzustellen und zu
nutzen. Neben neuen Technologien wurden hierbei auch neue Geschäftsmodelle entwickelt: nun erwirbt der Autonutzer nicht mehr das Fahrzeug für einen längeren Zeitraum,
sondern die Nutzung eines Fahrzeuges für einen weitaus kürzeren Zeitraum. Damit haben
sich nicht nur das Wertversprechen, sondern auch die anderen Bestandteile des Business
Modell Canvas verändert. Die vereinfachte Abb. 5 zeigt die Innovation in den Geschäftsmodellen des Car Sharings im Vergleich zu etablierten Geschäftsmodellen.

Auch *radikale Geschäftsmodelleinnovationen* werden durch Industrie 4.0 ermöglicht.
Beispiele sind die auf Internetplattformen basierende Privatvermietung von Wohnraum
an Reisende oder die direkte Buchung von Transferfahrten von Personen. Hier wurden
komplett neue Geschäftsmodelle und sogar neue Unternehmen geschaffen.

Obgleich durch Industrie 4.0 ermöglichte Geschäftsmodellinnovationen oftmals auf
technologischen Änderungen basieren, ist für den nachhaltigen Unternehmenserfolg mehr
die Qualität des Geschäftsmodells als die technologische Innovation ausschlaggebend
(Chesbrough 2010). Daher wird im nächsten Abschnitt kurz auf ein mögliches Vorgehen
zur Entwicklung und Umsetzung von Geschäftsmodellinnovationen eingegangen.

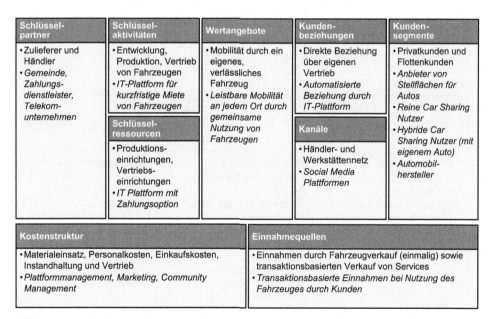

Abb. 5 Illustration Geschäftsmodellinnovation (Kursiv gesetzte Punkte illustrieren das Geschäftsmodell Car Sharing, nicht-kursive Punkte illustrieren klassische Geschäftsmodelle)

5.3 Entwicklung und Umsetzung

Wie Abb. 6 zusammenfasst, kann die Entwicklung und Umsetzung von Geschäftsmodell-innovationen allgemein in drei Phasen gegliedert werden.

5.3.1 Phase 1: Geschäftsmodellanalyse

In dieser Phase wird zunächst das heutige Leistungsversprechen analysiert. Es geht somit darum, festzustellen, welche Kundenbedürfnisse adressiert bzw. welche Kundenprobleme gelöst werden und welcher konkrete Kundennutzen durch das Leistungsversprechen realisiert wird. Sobald Klarheit über das Leistungsversprechen besteht, kann beispielsweise anhand des Business Model Canvas das Geschäftsmodell strukturiert und visualisiert werden. Im Verlauf der Visualisierung sollten auch bereits gegenwärtige Stärken und Schwächen des Geschäftsmodells sowie mögliche Chancen und Risiken besprochen und dokumentiert werden. Die Ergebnisse werden in Handlungsfelder überführt, welche zeitlich gestaffelt werden. Mittel- und langfristige Handlungsfelder fließen hierbei in die nächste Phase der Geschäftsmodellinnovation ein. Kurzfristige Handlungsfelder können sofort umgesetzt werden.

5.3.2 Phase 2: Geschäftsmodellgestaltung

Der erste Schritt dieser Phase besteht in der Entwicklung konsistenter Zukunftsszenarien. Die Beschäftigung mit Zukunftsszenarien hilft, mögliche technologische Entwicklungen und Änderungen im Kundenverhalten sowie unbesetzte Marktnischen zu erkennen und für das Unternehmen zu nutzen. In weiterer Folge wird geprüft, wie das Unternehmen die erkannten Chancen nutzen kann und wie sich dies auf das Geschäftsmodell auswirkt. Dadurch können verschiedene Geschäftsmodellszenarien entwickelt und in weiterer Folge

Geschäftsmodell-Analyse	Geschäftsmodell-Gestaltung	Geschäftsmodell-Umsetzung
• Definition des aktuellen Leistungsversprechens • Visualisierung Geschäftsmodell • Ableitung Chancen und Risiken heutiges Geschäftsmodell	• Entwicklung konsistenter Zukunftsszenarien • Ableitung und Bewertung möglicher Geschäftsmodellszenarien • Detaillierung erfolgversprechender Geschäftsmodellszenarien • Bewertung der Geschäftsmodellszenarien (Chancen, Risiken, Abweichungen zu gegenwärtigen Modell)	• Klärung Umsetzungsmöglichkeiten (z.B. eigenes Unternehmen, Integration in bestehendes Umfeld) • Bewertung Umsetzungsmöglichkeiten • Detaillierung relevanter Umsetzungsfahrplan • Überwachung Umsetzung und Sicherstellung Lernerfolg

Abb. 6 Mögliches Vorgehen Geschäftsmodellinnovation im Kontext von Industrie 4.0

bewertet werden. Im Optimalfall werden bei der Entwicklung von Zukunftsszenarien und möglichen Geschäftsmodellen auch bereits Kunden und Schlüsselpartner mit einbezogen.

5.3.3 Phase 3: Geschäftsmodellumsetzung

In der abschließenden Phase werden mögliche Umsetzungsformen der Geschäftsmodellinnovation entwickelt und bewertet. Auch hierbei sollten mögliche Schlüsselpartner bereits involviert und auf die gegenwärtige strategische Organisationsgestaltung Rücksicht genommen werden.

In der Praxis scheitern Geschäftsmodellinnovationen zumeist in dieser Phase, da die Abgrenzung bzw. der Übergang zwischen dem ‚alten' und ‚neuen' Geschäftsmodell nicht final geklärt wird (Chesbrough 2010). Als praktikabel hat sich die parallele Existenz beider Geschäftsmodelle erwiesen, um die Erfolgswahrscheinlichkeit des neuen Geschäftsmodells im trial-and-error Verfahren schnell feststellen zu können. Hierbei wird das ‚neue' Geschäftsmodell als initiales Experiment mit einer konstanten Anpassung durch trial-and-error gesehen. Damit kann sowohl eine rasche Umsetzung des ‚neuen' Geschäftsmodells als auch eine gleichzeitige permanente Verbesserung durch neue Einsichten sichergestellt werden. Daraufhin kann der Übergang vom ‚alten' zum ‚neuen' Geschäftsmodell konkret festgelegt werden (Sosna et al. 2010).

6 4-Ebenen-Modell und vertikale Integration

6.1 Kernaussagen

Das zweite hier vorgeschlagene Modell der strategischen Organisationsgestaltung im Kontext von Industrie 4.0, das 4-Ebenen-Modell, fokussiert die beiden Managementfunktionen Planung und Organisationsgestaltung. Aufgrund der Betonung von IT und Technologien und dem Fokus auf die Sachfunktion Produktion eignet sich dieses besonders, um jene Herausforderungen von Industrie 4.0 zu adressieren, die die vertikale Integration mit sich bringt. Die vier miteinander verknüpften Ebenen sind Vorausschau, Strategien, Prozesse, und IT-Systeme. Während Vorrauschau und Strategien die Managementfunktion der Planung detailliert, widmen sich Prozesse und IT-Systeme der Organisationsgestaltung. Diese vier Ebenen werden Folgenden im steten Rückgriff auf Gausemeier und Plass (2014) und mit einem Fokus auf für die Umsetzung anwendbare Instrumente und Techniken vorgestellt.

Ziel der ersten Ebene *Vorrauschau* ist es, den Zukunftsraum eines Unternehmens hinsichtlich künftiger Erfolgs- und Nutzenpotenziale auszuleuchten. Durch diesen in die Zukunft gerichteten Blick sollen gegenwartsbezogene strategische Analysen (z. B. Stärken-Schwäche-Analyse, Wettbewerberanalyse, Marktanalysen) ergänzt werden. Zentrales Instrument der Vorausschau ist die *Szenario-Technik*. Sie beschreibt die Zukunft mithilfe des Zusammenwirkens von grundlegenden Faktoren, die über das konkrete

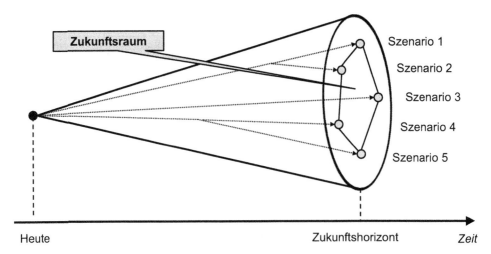

Abb. 7 Szenario-Trichter (vgl. Gausemeier und Plass 2014, S. 46)

Unternehmensumfeld hinausgehen. Es geht somit um eine vernetzte Betrachtung davon, wie sich künftig politische, wirtschaftliche, gesellschaftliche, technologische und ökologische Faktoren entwickeln könnten. Das Zusammenwirken dieser Faktoren wird in unterschiedlicher Konfiguration, den Szenarien, analysiert. Wie der dadurch entstehende und in Abb. 7 dargestellte Szenario-Trichter zeigt, stecken die unterschiedlichen Szenarien den Zukunftsraum ab, innerhalb dem systematisch und schrittweise das Potenzial für künftigen Erfolg und Nutzen ausgelotet werden kann. Die Szenario-Technik kann durch Instrumente wie die Delphi-Methode, der Trendanalyse, der strategischen Frühaufklärung, der Bibliometrie und dem Information Retrieval ergänzt werden.

Auf Basis der Einsichten, die auf der Ebene der Vorausschau gewonnen wurden, wird auf der Ebene *Strategien* der Kurs festgelegt, den das Unternehmen in Zukunft einschlagen soll. Strategien fungieren somit als Leitplanken, an denen sich Handlungen orientieren sollen. Es lässt sich hier zwischen zwei Grundtypen von Strategien unterscheiden. Die *Unternehmensstrategie* legt fest, mit welchen Leistungen das gesamte Unternehmen welche Märkte adressieren sollen. *Substrategien* – oder auch sach funktionsbezogene Strategien – konkretisieren, wie einzelne Sachfunktionsbereiche (z. B. Produktion, Forschung und Entwicklung, Marketing) vorgehen, damit sie bestmöglich zur Unternehmensstrategie beitragen. Die Entwicklung von beiden Strategiearten ist Gegenstand einer iterativen Phase, die aus fünf Teilphasen besteht:

- Strategische Analyse (Wo steht das Unternehmen heute und welche Möglichkeiten besitzt es heute?)
- Ermittlung von strategischen Optionen (Welche Möglichkeiten hat das Unternehmen in der Zukunft?)
- Strategieentwicklung (Welche Unternehmensstrategie und Substrategien werden warum verfolgt?)

- Strategieumsetzung (Inwiefern werden die entwickelten Strategien umgesetzt und gelten die Annahmen noch?)
- Strategieprozess (Wie wird der Umsetzungsprozess gestaltet und in Gang gehalten?)

Die dritte Ebene *Prozesse* beinhaltet alle Prozesse zur Leistungserstellung, die vor dem Hintergrund der Einsichten der Ebene Strategien gestaltet werden. Ein hilfreiches Instrument, um Prozesse verständlich und umfangreich zu gestalten, ist die *Geschäftsprozessmodellierung*. Dabei werden Abläufe, daran beteiligte Mitarbeiter bzw. Unternehmenseinheiten, technologische Ressourcen, Informationsflüsse und physische Objekte graphisch und mittels Applikationen zueinander in Beziehung gesetzt. Das Ausmaß der Modellierung variiert sowohl hinsichtlich des Formalisierungsgrades als auch des Detailgrades. Auf Basis der Geschäftsprozesse kann auch eine Aufbauorganisation abgeleitet werden, welche eine effektive und effiziente Umsetzung der modellierten Geschäftsprozesse erlaubt. Solche prozessorientierten Aufbauorganisationen stehen oftmals im Widerspruch zu vorhandenen Funktionen, wodurch die Umsetzung erschwert wird. Bezüglich einer Vertiefung der Thematik Geschäftsprozessorganisation darf hier auf die Literatur verwiesen werden (z. B. Schmelzer und Sesselmann 2013; Suter 2004).

Die vierte Ebene *IT-Systeme* umfasst alle Arten von auf IT basierenden Systemen eines Unternehmens. Durch IT-Systeme können Prozesse operativ gestaltet, gesteuert und vernetzt werden. Folgende Anwendungsmöglichkeiten von IT-Systeme für ein Industrieunternehmen lassen sich grundsätzlich unterscheiden:

- Produktentwicklung (z. B. CAD, Virtual Prototyping)
- Produktionssystementwicklung (‚Digitale Fabrik')
- Produktlebenszyklus-Management
- Auftragsabwicklung (z. B. ERP, CRM, MIS)
- Fertigungsautomatisierung (z. B. SPS, IPC, DNC)

6.2 Illustration

Die Art und Weise, wie die vorgestellten Techniken der Ebenen Vorausschau, Strategien, Prozesse und IT-Systeme funktionieren, wird sich durch Industrie 4.0 verändern. Per Ebene lassen sich, wie in Abb. 8 zusammengefasst, folgende wesentliche Änderungen festhalten.

Auf Ebene der *Vorrauschau* erlaubt Industrie 4.0 eine *vernetzte und offenere Vorrauschau*. Vernetzt meint, dass anstelle eines Fokus auf Produkte und Technologien die Verbindungen zwischen diesen und anderen Sachfunktionen verstärkt in den Blick rücken. So werden im Rahmen der Vorausschau Geschäftsmodelle zunehmend mit Szenarien verknüpft und gegenwärtig oftmals als sekundäre betrachtete Aktivitäten wie Abrechnung stärker berücksichtigt. Offen bezeichnet den Umstand, dass durch Industrie 4.0 die Informations- und Ideenquellen für die Vorrauschau weniger exklusiv werden. Kunden,

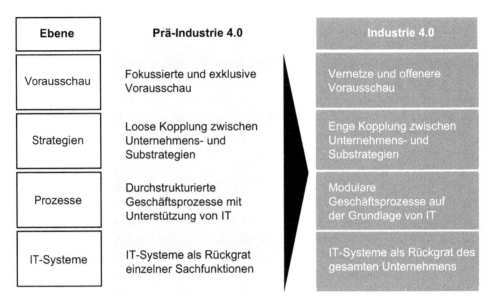

Abb. 8 Illustration 4-Ebenen-Modell im Kontext von Industrie 4.0

Mitarbeiter und Partner werden hierzu verstärkt wertvolle Informationen bereitstellen. Industrie 4.0 wird damit die Öffnung von traditionell exklusiv gehaltenen Innovationsprozessen („Open Innovation"; Chesbrough 2003) und Strategieprozessen („Open Strategy"; Whittington et al. 2011) weiter vorantreiben.

Für die Ebene der *Strategien* ist eine *enge Kopplung zwischen Unternehmens- und Substrategien* zu erwarten. Bereits gegenwärtig sind Unternehmens- und Substrategien miteinander verwoben. Durch Industrie 4.0 – und die damit einhergehende Vernetzung sowie enge Verknüpfung mit unterschiedlichen Technologien und Sachfunktionen – wird das Ausmaß dieser Kopplung zunehmen. Analog zu den Bausteinen des Business Model Canvas kann die Änderung einer Substrategie dazu führen, dass unmittelbar andere Substrategien oder sogar die Unternehmensstrategie ebenfalls zu ändern sind. Auch die Strategiezyklen werden dadurch kürzer.

Auf der Ebene der *Prozesse* ist eine zunehmende Verbreitung *modularer Geschäftsprozesse auf der Grundlage von IT* zu erwarten. Anstelle von durchstrukturierten Prozessen, die bei Veränderungen teilweise vollständig neu zu konfigurieren sind, ist eine Modularisierung, d. h. eine Splittung in in sich abgeschlossene Teilprozesse mit klar definiertem Output, zu erwarten. Module ermöglichen rasche Anpassungen (z. B. Einbindung neuer Technologiepartner oder Kunden), ohne dabei den gesamten Prozess verändern zu müssen. Während IT bei Geschäftsprozessen gegenwärtig bereits eine wichtige Rolle für Prozesse besitzt, ist durch Industrie 4.0 eine noch höhere Durchdringung durch IT zu erwarten. Mit anderen Worten, IT wird die Grundlage von Geschäftsprozessen darstellen.

Auf Ebene der *IT-Systeme* ist schließlich zu erwarten, dass diese zu einem *Rückgrat des gesamten Unternehmens* werden. Die durch Industrie 4.0 eintretende Vernetzung erhöht die bereits bestehende Relevanz von IT, die teilweise noch auf einzelne Sachfunktionen (insb. Produktion, Logistik, Marketing und Rechnungswesen) beschränkt ist. Konkret meint dies, dass die IT-Systeme der Produktentwicklung, der Produktionssystementwicklung, des Produktlebenszyklus-Managements, der Auftragsabwicklung und der Fertigungsautomatisierung verstärkt miteinander kommunizieren.

7 Schlussbetrachtung

Der vorliegende Beitrag widmete sich dem Thema Industrie 4.0 aus einer Managementperspektive. Um Industrie 4.0 zu managen, wurden zwei Modelle einer strategischen Organisationsgestaltung vorgeschlagen.

Das Modell der *Geschäftsmodellinnovation*, das die horizontale Integration in den Blick nimmt, fokussiert die diskontinuierliche Innovation des Geschäftsmodells eines Unternehmens. Zahlreiche Beispiele aus der Praxis zeigen die negativen Konsequenzen von verpassten Geschäftsmodellinnovationen. Durch Industrie 4.0 und das sich rasch ändernde Technologieumfeld werden die Zyklen für Geschäftsmodellinnovationen kürzer. Zudem werden durch neue Technologien gänzlich neue Geschäftsmodelle plötzlich umsetzbar. Die Erfolgsfaktoren für Geschäftsmodellinnovationen liegen vor allem im rechtzeitigen Erkennen der möglichen Innovationen, aber auch in der systematischen und strukturierten Entwicklung des neuen Geschäftsmodells.

Das *4-Ebenen-Modell*, das die vertikale Integration zentriert, macht deutlich, wie durch die Ebenen Vorausschau, Strategien, Prozesse und IT-Systeme ein Unternehmen grundlegend und umfassend gestaltet werden kann. Durch Industrie 4.0 lassen sich eine vernetze und offenere Vorausschau, eine enge Kopplung zwischen Unternehmens- und Substrategien, modulare und verstärkt auf IT basierende Geschäftsprozesse sowie die zunehmende Verbreitung von IT-Systemen im gesamten Unternehmen erwarten.

Die zentrale *Stärke* dieser beiden Modelle und deren gemeinsame Anwendung besteht darin, dass dem Management eine Perspektive zur Verfügung gestellt wird, die eine *systematische Bearbeitung der Komplexität von Industrie 4.0* und die eine *anforderungsgerechte Gestaltung* des Unternehmen erlaubt. Es lassen sich jedoch auch *Schwächen* anführen. Zum einen bringt die Vernetzung mit anderen Unternehmen, die aus der Anwendung der beiden Modelle eintreten wird, einen erhöhten Abstimmungsaufwand mit sich. Dieser Punkt kann jedoch durch weitere Konzepte der strategischen Organisationsgestaltung wie die *Architektur von Kollaborationen* (Fjeldstad et al. 2012) oder die *Vernetzung eines Industrieunternehmens mittels* Grenzstellen adressiert werden (Reischauer 2015).

Literatur

Anand, N., & Daft, R. L. (2007). What is the right organization design? *Organizational Dynamics, 36*(4), 329–344.

Baden-Fuller, C., & Haefliger, S. (2013). Business models and technological innovation. *Long Range Planning, 46*(6), 419–426.

Bauernhansl, T., ten Hompel, M., & Vogel-Heuser, B. (Hrsg.). (2014). *Industrie 4.0 in Produktion, Automatisierung und Logistik: Anwendung, Technologien, Migration*. Wiesbaden: Springer Vieweg.

Busch, R. (Hrsg.). (2000). *Change Management und Unternehmenskultur: Konzepte in der Praxis*. München: Rainer Hampp.

Chesbrough, H. (2003). *Open innovation: The new imperative for creating and profiting from technology*. Boston: Harvard Business School Press.

Chesbrough, H. (2010). Business model innovation: Opportunities and barriers. *Long Range Planning, 43*(2–3), 354–363.

Cross, R., & Parker, A. (2004). *The hidden power of social networks: Understanding how work really gets done in organizations*. Boston: Harvard Business School Press.

Fjeldstad, Ø. D., Snow, C. C., Miles, R. E., & Lettl, C. (2012). The architecture of collaboration. *Strategic Management Journal, 33*(6), 734–750.

Galbraith, J. R. (1995). *Designing organizations: An executive briefing on strategy, structure and, process*. San Francisco: Jossey-Bass.

Gausemeier, J., & Plass, C. (2014). *Zukunftsorientierte Unternehmensgestaltung: Strategien, Geschäftsprozesse und IT Systeme für die Produktion von morgen* (2. Aufl.). München: Carl Hanser.

it's OWL (2014). Technologie-Netzwerk Intelligente Technische Systeme OstWestfalenLippe (it's OWL). http://www.its-owl.de/. Zugegriffen: 08. Dez. 2015.

Kagermann, H., Wahlster, W., & Helbig, J. (Hrsg.). (2013). Deutschlands Zukunft als Produktionsstandort sichern: Umsetzungsempfehlungen für das Zukunftsprojekt Industrie 4.0. https://www.bmbf.de/files/Umsetzungsempfehlungen_Industrie4_0.pdf. Zugegriffen: 08. Dez. 2015.

Kasper, H., Loisch, U., Mühlbacher, J., & Müller, B. (2009). Organisationskultur und lernende Organisation. In H. Kasper & W. Mayrhofer (Hrsg.), *Personalmanagement, Führung, Organisation* (4. Aufl.). Wien: Linde, S. 309–361.

Kersten, W., Koller, H., & Lödding, H. (Hrsg.). (2014). *Industrie 4.0: Wie intelligente Vernetzung und kognitive Systeme unsere Arbeit verändern*. Berlin: GITO.

Kieser, A., & Woywode, M. (2006). Evolutionstheoretische Ansätze. In A. Kieser & M. Ebers (Hrsg.), *Organisationstheorien* (6. Aufl.). Stuttgart: Kohlhammer, S. 309–352.

Müller-Stewens, G., & Lechner, C. (2001). *Strategisches Management: Wie strategische Initiativen zum Wandel führen*. Stuttgart: Schäffer-Poeschel.

Osterwalder, A., Pigneur, Y. (2011). *Business Model Generation: Ein Handbuch für Visionäre, Spielveränderer und Herausforderer*. Frankfurt a. M.: Campus.

Pongratz, H. J., & Weltz, F. (Hrsg.). (2011). *Nachhaltige Innovation: Ein industriesoziologischer Ansatz zum Wandel in Unternehmen*. Berlin: edition sigma.

Porter, M. E. (1985). *Competitive advantage: Creating and sustaining superior performance*. New York: Free Press.

Porter, M. E., & Heppelmann, J. E. (2015). How smart, connected products are transforming companies. *Harvard Business Review, 93*(10), 53–71.

Reischauer, G. (2015). Industrie 4.0 organisieren: Ansätze zur Gestaltung der formalen und informalen Organisation. *Zeitschrift Führung + Organisation, 84*(4), 271–277.

Reischauer, G., & Schober, L. (2015). Controlling von Industrie 4.0-Prozessen. *Controlling & Management Review, 59*(5), 22–28.

Schallmo, D. R. A. (Hrsg.). (2014). *Kompendium Geschäftsmodell-Innovation: Grundlagen, aktuelle Ansätze und Fallbeispiele zur erfolgreichen Geschäftsmodell-Innovation*. Wiesbaden: Springer Gabler.

Schein, E. H. (1985). *Organizational culture and leadership*. San Francisco: Jossey-Bass.

Schmelzer, J. H., & Sesselmann, W. (2013). *Geschäftsprozessmanagement in der Praxis: Kunden zufrieden stellen – Produktivität steigern – Wert erhöhen* (8. Aufl.). München: Carl Hanser.

Sosna, M., Trevinyo-Rodriguez, R. N., & Velamuri, S. R. (2010). Business model innovation through trial-and-error learning: The Naturhouse case. *Long Range Planning, 43*(2–3), 383–407.

Steinmann, H., & Schreyögg, G. (2005). *Management: Grundlagen der Unternehmensführung* (6. vollständig überarbeitete Aufl.). Wiesbaden: Gabler.

Suter, A. (2004). *Die Wertschöpfungsmaschine: Wie Strategien ihre Stoßkraft entwickeln.* Zürich: Verlag industrielle Organisation.

Teece, D. J. (2010). Business models, business strategy and innovation. *Long Range Planning, 43*(2–3), 172–194.

Whittington, R., Cailluet, L., & Yakis-Douglas, B. (2011). Opening strategy: Evolution of a precarious profession. *British Journal of Management, 22*(3), 531–544.

Akzeptanzanalyse in der Industrie 4.0-Fabrik

Ein methodischer Ansatz zur Gestaltung des organisatorischen Wandels

André Ullrich, Gergana Vladova, Norbert Gronau und Nicole Jungbauer

1 Einleitung

Seit den 80er Jahren wird die Akzeptanz von Anwendungssystemen untersucht, so z. B. in den Systemwissenschaften sowie der Wirtschaftsinformatik. Derzeit vollzieht sich ein Wandel vom herkömmlichen Fertigungssystem hin zu umfassenden cyber-physischen Produktionssystemen (CPPS). Vor allem im Fertigungsumfeld ist die Untersuchung der Akzeptanz von Innovationen und der mit ihnen einhergehende Wandel der Fertigungsbedingungen gegenwärtig von besonderer Bedeutung (acatech 2013). Gründe hierfür sind die zu beobachtenden Unterschiede beim Übernahmeverhalten der Mitarbeiter in diesen Wandlungsprozessen (Klenow 1998) sowie die zunehmende Digitalisierung in Produkten und Prozessen der Innovationsaktivitäten in der Fertigung (Rai und Patnayakuni 1996).

Da der Prozess der Verbreitung von Innovationen (Innovationsdiffusion) unmittelbar durch das Akzeptanzverhalten der Beteiligten beeinflusst wird (Rogers und Shoemaker 1971), ist der Erfolg technologischer Innovationen hochgradig von deren subjektiven Wahrnehmungen abhängig. Es bestehen Fragen hinsichtlich der Eignung einer Innovation menschliche Anforderungen zu erfüllen sowie der Eignung des Menschen, den Anforderungen der Technologie gerecht zu werden. Um solche Fragen zu beantworten, muss das Akzeptanzniveau des Nutzers bestimmt werden und der technische Transformationsprozess unter der Bedingung der Maximierung der Nutzerakzeptanz gestaltet werden. Vor

A. Ullrich (✉) · G. Vladova · N. Gronau · N. Jungbauer
Universität Potsdam, August-Bebel-Straße 89, 14482, Potsdam, Deutschland
E-Mail: andre.ullrich@wi.uni-potsdam.de

G. Vladova
E-Mail: Gergana.Vladova@wi.uni-potsdam.de

© Springer Fachmedien Wiesbaden 2016
R. Obermaier (Hrsg.), *Industrie 4.0 als unternehmerische Gestaltungsaufgabe*,
DOI 10.1007/978-3-658-08165-2_17

diesem Hintergrund erweist sich ein integrierter Akzeptanz- und Begleitungsansatz für die Implementierung von CPS als notwendig.

Dieser Beitrag gliedert sich wie folgt: Dieser Beitrag gliedert sich wie folgt: Kapitel 1 konkretisiert die Problemstellung und spezifiziert den Anwendungsbereich. Kapitel 2 umfasst die notwendigen theoretischen Grundlagen und Kapitel 3 stellt den auf dieser Basis entwickelten Ansatz vor. Die Schlussbetrachtungen werden in Kapitel 4 dargestellt.

1.1 Problemdefinition

Das Verhältnis von Innovation, Akzeptanz und Wandel ist vielschichtig (Barnett 1953; Agarwal und Prasad 1997), wobei zwischen den Elementen unterschiedliche Abhängigkeiten existieren: Innovation erfordert Akzeptanz und führt zum organisationalen Wandel; Akzeptanz unterstützt die Wandlungsprozesse sowie die Innovationsdiffusion; Wandel resultiert in neuen Innovationen und beeinflusst das Akzeptanzverhalten (Tushman und O'Reilly 2013). Dementsprechend bestimmt das Zusammenspiel dieser drei Faktoren den notwendigen Rahmen für erfolgreiche Wandlungsprozesse.

Im Kontext von Industrie 4.0 ist dieser Wandel angetrieben von Zukunftsvisionen und rapiden technologischen Entwicklungen sowie vom Wunsch der Unternehmen, eine starke Wettbewerbsposition zu belegen oder gar Vorreiter zu sein. Auf der anderen Seite muss die kontroverse gegenwärtige Situation in den Fabriken berücksichtigt werden. Es entsteht die Notwendigkeit einer Transformation dieser Fabriken. Zu dieser Transformation gehören die Veränderungen vorherrschender Strukturen, wie z. B. die Einführung einer flexiblen und vernetzten Art der Arbeit und Arbeitsorganisation mit mobilen Geräten und Assistenzsystemen, welche die Arbeitsbedingungen unterstützen und dem Anwenderbedarf gerecht werden. Damit einhergehend werden Qualifikationen und deren Anforderungen vielseitiger, interdisziplinärer und anspruchsvoller.

Vor diesem Hintergrund sollte die mittels Literaturanalyse festgestellte theoretische Lücke geschlossen werden, die gegenwärtig das Fehlen praxisseitig geforderter geeigneter Ansätze zur Begleitung des Transformationsprozesses unter der Prämisse der Akzeptanzmaximierung der Beteiligten und Betroffenen konstatiert. Darüber hinaus bestehen zwar Ansätze, die die Nutzerakzeptanz bei der Einführung neuer Technologien (Davis 1986) messen, jedoch wurden diese bis dato nicht in Bezug auf die Anforderungen von CPS-Fabriken überprüft. Ein weiteres Defizit in der Akzeptanzforschung kann in der Tatsache gesehen werden, dass die meisten Arbeiten eine Erklärung der Akzeptanz fokussieren, das gestaltungsorientierte Ziel der Akzeptanzsteigerung jedoch weitgehend vernachlässigt wird.

Das Gesamtziel dieser Arbeit besteht in der Entwicklung eines Vorgehens zur Begleitung der Transformation von gegenwärtigen Fabriken in Industrie 4.0-Fabriken mit Fokus auf die Gestaltung des Wandlungsprozesses unter der Prämisse der Maximierung der Mitarbeiterakzeptanz.

1.2 Untersuchungsgegenstand

Die vierte industrielle Revolution besitzt das Potenzial, fundamentalen Wandel in der industriellen Produktion hervorzurufen (acatech 2011). Durch die Digitalisierung in den Fabriken wird eine neue Ebene der Organisation (Gronau et al. 2010) und eine technologisch auf cyber-physischen Systemen und dem Internet der Dinge basierende Steuerung der Wertschöpfungskette über den gesamten Produktlebenszyklus kreiert.

Cyber-physische Systeme als eingebettete softwareintensive Systeme in Produkten und Komponenten der Hochtechnologie sind mittels digitaler Netze verbunden, wobei ehemals geschlossene Systeme sich öffnen und mit anderen Systemen zu vernetzten Anwendungen verknüpft werden. Damit wird es möglich, weltweit verfügbare Daten und Dienste global zu nutzen. Die physikalische reale Welt wird durch diese Systeme nahtlos mit der Welt der IT zu einem Internet der Dinge, Dienste und Daten verknüpft. Cyber-physische Systeme verfügen über multimodale Mensch-Maschine-Schnittstellen wie z. B. RFID zur Überwachung von Transportvorgängen. Dabei erfassen Sensoren physikalische Daten und wirken mittels Aktoren auf physikalische Vorgänge ein (vgl. ten Hompel und Liekenbrock 2005, S. 16; Veigt 2013, S. 16). Auf der Basis der gespeicherten und ausgewerteten Daten agieren die cyber-physischen Systeme mit der physikalischen Welt.

Das Internet der Dinge kann als globale Internet-basierte Informationsarchitektur verstanden werden, die den Austausch von Gütern und Diensten unterstützt (Weber und Weber 2010). Die Integration von unterschiedlichen Technologien und Kommunikationslösungen stellt dafür den wichtigsten begünstigenden Faktor dar (Atzori et al. 2010).

Die Industrie 4.0-Fabrik ist ein sozio-technisches System mit dem Ziel der effizienten und effektiven Generierung von Output zur Befriedigung einer Marktnachfrage. Zu diesem Zweck werden integrierte Software, Sensoren, Aktoren, Kommunikatoren und Prozessoren sowie Maschinen und Informationssysteme mit dem Ziel der Aufzeichnung und Analyse von Daten verwendet. Industrie 4.0-Fabriken sind in globalen Netzwerken miteinander verknüpft (Gronau 2014), sodass weltweit verfügbare Daten und Dienste genutzt werden können. Die Durchdringung ermöglicht eine dezentrale und kontextadaptive Steuerung von Produktion und Logistik (Gronau et al. 2011), eine umfassende Nutzung von dezentral verfügbaren Sensorinformationen und die Absicherung von Entscheidungsalternativen mittels virtueller Modelle. Die Entitäten (Maschinen und Anlagen, Informationssysteme, Produkte, Menschen) organisieren sich (teil-)autonom zur effizienten Zielerreichung. Dadurch wird insbesondere die Rolle des Menschen beeinflusst und die Qualifikationsanforderungen werden unter neuen Bedingungen zu gestalten sein.

Diese Aufgabe hat hohe Priorität, denn trotz des technologischen Fortschritts bleiben die Mitarbeiter der bestimmende kritische Erfolgsfaktor. Insbesondere für die Produktionsarbeiter gilt es, neue Rollen, Technologien und Aufgaben zu adaptieren. Die neuen Arbeitsbedingungen müssen die Mitarbeiterflexibilität ermöglichen sowie Lernprozesse und Kreativität fördern. Weiterhin gilt es, gesundheitsförderliche Arbeitsstrukturen zu berücksichtigen, welche die Leistungsfähigkeit sowie die Akzeptanz der Mitarbeiter fördern.

Die proaktive Partizipation des Betriebsrates und der einzelnen Mitarbeiter im Transformationsprozess ist bei der Gestaltung dieses Handlungskontexts sinnvoll.

In Anlehnung an den holistischen multiplen Fallstudienansatz (Yin 2006, S. 57), werden drei Fallstudien durchgeführt. Am Beispiel der beteiligten Werke eines Anwendungspartners wird die Entwicklung des Vorgehens mit dem Fokus einer konstanten Überprüfung der Akzeptanz untersucht. Dieses Fertigungsunternehmen verfolgt das Ziel, Vor- und Nachteile einer flexiblen, dezentralen Fertigungssteuerung detailliert zu analysieren. Hierbei soll neben den konventionellen Zielgrößen der Produktion insbesondere eine Berücksichtigung von anfallenden Energiekosten und -bedarfen stattfinden. Potenziale sollen für den gesamten Standort analysiert werden. Vor allem vor dem Hintergrund einer stark manuell geprägten Fertigung liegt ein Hauptaugenmerk auf der aktiven Einbindung der beteiligten Mitarbeiter.

2   Wandlungsprozess, Akzeptanzmodelle und Innovationen

Zur Beschreibung der Transformation von jetzigen Fabriken in Industrie 4.0-Fabriken und der damit einhergehenden Implementierung von neuen Technologien, Aufgaben und Prozessen werden als Grundlage Definitionen und Konzepte von Akzeptanz, unternehmerischer Innovation und Wandel herangezogen. Darauf aufbauend wird durch Annäherung an die theoretische Relation ein spezifischer Rahmen für den Transformationsprozess generiert.

2.1   Begriffe und Konzepte

Ulijn und Fayolle (2004) verstehen Innovationen als einen Gruppenprozess mit multidisziplinärem Charakter und beschränkter Kontrollierbarkeit, der zu neuen Produkten, Prozessen oder Diensten führt.

Die Wandlungstreiber der intraorganisationalen Diffusion von Innovationen sind im Wesentlichen (jedoch nicht ausschließlich) außerhalb der Organisation verortet und können als Auslöser für Innovationen innerhalb und außerhalb der Organisation, welche in Abhängigkeit der spezifischen Rahmenbedingungen implementiert werden und zielgerichtet diffundieren, betrachtet werden. Vorhandene Literatur zur intraorganisationalen Diffusion bezieht sich meist auf lernbasierte Modelle (Battisti und Stoneman 2003).

Mansfield entwickelte einen Ansatz, welcher auf der Basis epidemischer Lernmodelle intraorganisationale Diffusion durch Unsicherheitsreduktion und Lernen erklärt. Er definiert intraorganisationale Diffusion als die (kritische) Menge, ab welcher eine Organisation beginnt, durch neu verwendete Techniken ältere zu substituieren (Mansfield 1963).

Zorn et al. (1999) definieren Wandel als jegliche Änderung oder Modifikation von organisationalen Strukturen oder Prozessen. Dabei sind Innovations- sowie Diffusionsprozesse oftmals der Ausgangspunkt für Wandlungsaktivitäten in einer Organisation und

die formalen Adoptions- und Implementationsprozesse sind Bestandteil des Wandlungsprozesses (Lewis 2011).

Eine wesentliche Hilfe, um Akzeptanz zu steigern, leistet die Einbeziehung der betroffenen Mitarbeiter im Prozess der Planung und Implementierung des Wandels. Akzeptanz
setzt die positive Bereitschaft zur Adaption voraus (Wiendieck 1992) und ist definiert als
die tatsächliche Verwendung von Artefakten unter Einbezug des tatsächlichen Gebrauchs
und der Nutzerbedürfnisse (Vogelsang et al. 2013). Wesentlich für den Erfolg sind eine
innere Überzeugung in Bezug auf erleichterte Zweckerfüllung sowie die Annahme, dass
Innovationen und der damit verbundene Wandel in der Organisation positiv betrachtet
werden.

Ausgehend von den vorhergehenden Ausführungen kann die Transformation einer
bestehenden Fabrik in eine Industrie 4.0-Fabrik als interner von internen oder externen
Wandlungstreibern angestoßener Innovationsprozess zusammengefasst werden, der mit
signifikanter Wahrscheinlichkeit durch Auswirkungen auf bestehende Prozesse oder Rollenbilder charakterisiert ist.

2.2 Umgang mit dem Wandlungsprozess

Poole (2004) betont die Rolle des Menschen bei organisationalen Innovationen und Wandlungsprozessen und unterscheidet zwischen den Theorien des Wandels und den Theorien
der Wandlung von Bennis (1966). Das erste Paradigma fokussiert den organisationalen
Wandel als Prozess und die Wandlungsfaktoren, während das zweite die Auswirkungen
und das Management des Wandels in das Zentrum der Betrachtung stellt. Die Unterscheidung impliziert die Rolle des Menschen als unabhängig von der Unterscheidung geplanter
oder ungeplanter Prozesse.

Im Kontext der Transformation zur Fabrik der Zukunft liegt der Fokus auf den geplanten Wandlungsprozessen und deren Management. Der Transformationsprozess besitzt Pro-
jektcharakter und in diesem ist die Möglichkeit des Scheiterns in Form einer Abweichung
bezüglich des intendierten Zielzustands immanent vorhanden. Darüber hinaus ist eine
Unterscheidung zwischen Teilnehmern (welche aktiv den Wandlungsprozess bewältigen
und die Rahmenbedingungen gestalten) und Betroffenen (welche die Änderungen akzeptieren und mit der neuen Situation umgehen müssen) des Wandels vorhanden. Durch den
Fokus auf die verschiedenen Beteiligten und ihre Rollen wird auf den Transformationsprozess als mehr als ein typischer top-down Ansatz verwiesen sowie auf die Wichtigkeit
von Bottom-up-Anstößen als nicht zu vernachlässigende Wandlungs- und Innovationstrei-
ber. Beispielsweise kann der Anstoß zur Änderung ebenso in Initiativen von betroffenen
Mitarbeitern liegen, da diese durch den unmittelbaren Umgang mit Technologien, Werkzeugen oder Methoden viel sensibilisierter für konkrete Prozessverbesserungen sind. Zusammenfassend kann die Transformation als ein integrierter Ansatz mit initialem Anstoß
zur Veränderung aus beiden Richtungen beschrieben werden. Transformativer Wandel im

Abb. 1 Wandlungsprozess. (Eigene Darstellung nach Krüger 2002, S. 49)

Kontext einer Fabrik wird allerdings wohl nicht ohne Autorisierung der notwendigen Ressourcen durch das Management durchführbar sein.

Wandlungsmanagement

Krüger (2002) definiert 5 Phasen des Wandlungsmanagements (Abb. 1): In Phase 1 werden durch Entscheidungsträger (unter möglicher Auslösung durch Mitarbeiter) der Wandlungsbedarf identifiziert und Wandlungsagenten bestimmt. Die Erstellung der strategischen Ziele sowie die Entwicklung eines Maßnahmenprogramms sind die wesentlichen Inhalte in Phase 2 und werden durch ein Wandlungsteam und Schlüsselpersonen durchgeführt. Phase 3 umfasst die Kommunikation des Wandlungskonzepts sowie das Kreieren und Sicherstellen von wandlungsfördernden Rahmenbedingungen. Diese sowie die nächsten zwei Phasen involvieren gleichermaßen Teilnehmer sowie Betroffene. In Phase 4 werden initiale Wandlungsprojekte implementiert sowie die Vorbereitungen für nachgelagerte Wandlungsprojekte in der Organisation getroffen. Phase 5 beinhaltet die Evaluation der Wandlungsresultate, die Konservierung der Wandlungsbereitschaft und Wandlungsfähigkeit der Wandlungssub- sowie -objekte sowie die Weiterentwicklung der Strategie und der Rahmenbedingungen.

Auf den ersten Blick könnte angenommen werden, dass der geradlinig-vorausgerichtete Charakter dieses Modells Bottom-up-Wandel sowie die Möglichkeit des Scheiterns vernachlässigt. Jedoch wird diese Annahme durch das Faktum relativiert, dass die Integration und Sensibilisierung der Mitarbeiter sowie die Möglichkeit, den Wandel durch Mitarbeiter auszulösen, berücksichtigt werden.

Als ein nächster Schritt ist die Integration von Stages und Gates in dieses Phasenmodell zu betrachten. Während der Stages-Phasen wird ein Prozess aktiv gelebt sowie Entscheidungen umgesetzt. Die Gates hingegen existieren zur Überprüfung und strategischen Ausrichtung. Vorherige Prozessphasen werden kritisch geprüft und Entscheidungen für die folgenden Phasen getroffen. Diese Struktur erlaubt es, jeder Phase die aktuellen Handlungen und Maßnahmen entsprechend der gewonnenen Erkenntnisse unter Umständen zu modifizieren.

Krüger (2004) betont hierzu zwei Dimensionen von Wandlungs- und Implementierungsmanagement, die von besonderer Bedeutung sind. Eine dieser Dimensionen ist das Management von Wahrnehmungen und Überzeugungen, die zweite betrifft das Macht- und das politische Management. Vor diesem Hintergrund können vier unterschiedliche Reaktionsformen involvierter Mitarbeiter identifiziert werden, aus denen sich wiederum Empfehlungen für das Managementverhalten ableiten lassen. 1) Gegner (negative Einstellung zum Wandel im allgemeinen und negatives Verhalten zum konkreten Wandlungsvorhaben) 2) Promotoren (positive Einstellung zum Wandel im allgemeinen und positives

Verhalten zum konkreten Wandlungsvorhaben) 3) Versteckte Gegner (negative Einstellung zum Wandel im allgemeinen obwohl sie oberflächlich den Anschein machen, als ob sie das konkrete Wandlungsvorhaben unterstützen) 4) Potenzielle Promotoren (positive Einstellung zum Wandel im allgemeinen mit jedoch negativen Gefühlen zum konkreten Wandlungsvorhaben).

2.3 Der Akzeptanzprozess

Wesentlich bei organisationalem Wandel ist die Involvierung aller relevanten Beteiligten. Dies bedeutet oftmals, dass annähernd alle Mitarbeiter mit einbezogen werden müssen, wenn auch in unterschiedlicher Intensität. Das Reaktionsverhalten der betroffenen Mitarbeiter kann als Prozess verstanden werden, bei dem die Änderungen schrittweise akzeptiert oder abgelehnt werden.

Nach Leao (2009) vollzieht sich der Akzeptanzprozess (Abb. 2) eines Individuums über acht Phasen und beginnt idealerweise mit dem Bewusstsein für die Notwendigkeit des Wandels. In der ersten Phase ergreift das Management wichtige Entscheidungen und kommuniziert diese Pläne den Mitarbeitern. Gewöhnlich ist die Reaktion der Mitarbeiter durch Überraschung und Ablehnung gekennzeichnet. Gründe für die Ablehnung können beispielsweise Rationalisierungsängste und der potenzielle Jobverlust sein. Über die Zeit gelangen die Mitarbeiter in die Phase der rationalen Akzeptanz, in der sie den Wandlungsbedarf anerkennen. In dieser Phase sind die Involvierten auf der Suche nach kurzfristigen Lösungen. Die nächste Phase der emotionalen Akzeptanz ist von Selbstreflexion geprägt. Die Realität wird schrittweise anerkannt und das eigene Verhalten wird hinterfragt, was von wesentlicher Bedeutung für den Erfolg oder Misserfolg der Akzeptanz für das Projekt ist. Das Akzeptanzniveau steigt, wenn ungenutztes Potenzial kanalisiert und dieses für die Aktivierung des geplanten Wandels genutzt wird. Die folgende Phase ist von Versuchen und Testen seitens der Mitarbeiter bezüglich des eigenen Verhaltens gekennzeichnet. Die Wandlungsziele werden analytisch verglichen und kritisiert, was wiederum zur Phase des Bewusstseins führt. Die Bedeutung der Veränderung für den jeweiligen Betroffenen, als auch für die Organisation wird deutlich. In der Phase der Integration wird das neue Verhalten, der Umgang mit den Umständen als selbstverständlich wahrgenommen.

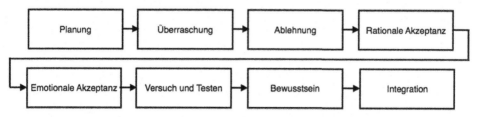

Abb. 2 Akzeptanzprozess. (Eigene Darstellung nach Leao 2009, S. 14)

2.4   Innovationen und Akzeptanzmodelle

Unter Adoption wird die Entscheidung von Menschen verstanden, die zum ersten Mal eine Innovation, z. B. eine gestengesteuerte Benutzungsschnittstelle, nutzen (Rogers 2003). Bevor sie zu dieser Entscheidung gelangen, durchlaufen sie einen Entscheidungsprozess (Abb. 3), den „innovation decision process". Die erste Phase in diesem Prozess ist das Wissen. Hier versteht die Person, die sich mit der Innovation auseinandersetzen muss, deren Funktion. In der zweiten Phase, der Beeinflussung, entwickelt der Mensch eine positive oder negative Haltung gegenüber der Innovation. Die darauffolgende Phase ist geprägt durch die Meinungsbildung bezüglich der Innovation sowie der Entscheidung darüber, ob die Person die Innovation für sich annimmt, also adoptiert, oder ablehnt. Nach dieser Phase benutzt der Mensch die Innovation in einem bestimmten Kontext zum ersten Mal. Zu diesem Zeitpunkt ist eine Änderung des Verhaltens möglich. Dies ist die Einführungsphase. In der abschließenden Konfirmationsphase sucht die Person nach Informationen, die ihre Entscheidung bestätigt. Es kann nun zu einer Änderung der vorher getroffenen Entscheidung kommen, sollte es zu gegenläufigen Informationen kommen.

Das Technologie Akzeptanz Modell (Davis 1986) (Abb. 4) ist eines der meist angewandten und geprüften Modelle zur Messung der Technologieakzeptanz und stellt einen Ausgangspunkt für diverse Weiterentwicklungen dar. Die wahrgenommene Nützlichkeit und die wahrgenommene Benutzerfreundlichkeit sind die zwei bestimmenden Variablen für die Einstellung einer Person bezüglich einer Technologie und deren Nutzerverhalten. Die subjektive Empfindung einer Person, ob die Anwendung einer bestimmten Technologie die individuelle Leistungsfähigkeit verbessert, wird durch die wahrgenommene Nützlichkeit repräsentiert. Die wahrgenommene Benutzerfreundlichkeit beschreibt die Einschätzung einer Person bezüglich des Lernaufwandes zur effizienten Verwendung einer Technologie. Diese beiden Variablen werden von einer Vielzahl externer Variablen beeinflusst. Darüber hinaus ist die Intention zur Nutzung abhängig von der Einstellung, welche wiederum Resultat der wahrgenommenen Nützlichkeit und der wahrgenommenen Benutzerfreundlichkeit ist (Davis et al. 1989; King und He 2006).

Das Task Technolology Fit Modell (TTFM) betrachtet die Kongruenz zwischen Aufgaben und Technik und versucht die Einflussfaktoren für die Nutzereinstellung zu erklären. Der kritische Einflussfaktor ist das Aufgaben-Technologie-Fit. Dieser stellt die subjektive Einschätzung der Systemleistung dar. Darüber hinaus beeinflussen die Variablen Aufgaben, Technologie und Individuum die Akzeptanzeinstellung über das Aufgaben-Technologie-Fit. Die Variable Aufgaben beschreibt den Schwierigkeitsgrad und die Vielfältigkeit

Abb. 3 Innovationsentscheidungsprozess. (Eigene Darstellung nach Rogers 2003, S. 20)

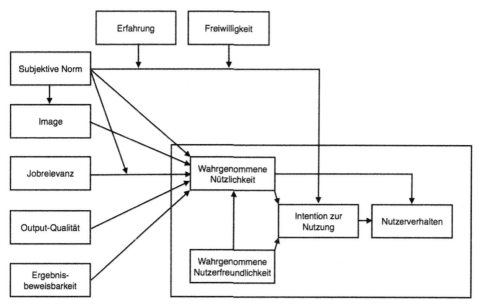

Abb. 4 Technologie Akzeptanz Modell 2. (Eigene Darstellung nach Venkatesh und Davis 2000, S. 188)

der Aufgaben, die Variable Technologie umfasst die Einflussfaktoren der Eigenschaften eines Informationssystems und Individuum umfasst die dem Individuum inhärenten Eigenschaften (Goodhue und Thompson 1995). Das TTFM ist in Abb. 5 dargestellt.

2.5 Auswirkungen auf die Industrie 4.0-Fabrik

Auf Grundlage des aufgebauten theoretischen Konstrukts können folgende Schlussfolgerungen für den Transformationsprozess bestehender Fabriken in Industrie 4.0-Fabriken akzentuiert werden:

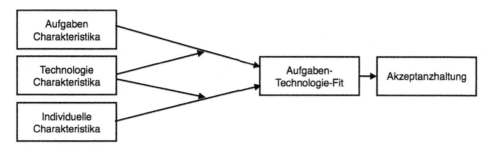

Abb. 5 Task Technology Fit Modell. (Eigene Darstellung nach Goodhue und Thompson 1995, S. 217)

In Bezug auf den Prozess

Um den Erfolg des Transformationsprozesses gewährleisten zu können, müssen mehrere damit verbundene Faktoren berücksichtigt werden. Ein Faktor davon ist der Mensch, welcher durch die Rollen des Treibers und Ermöglichers (z. B. als Manager oder Beobachter) auf der einen Seite sowie des von der Veränderung unmittelbar betroffenen Beschäftigten, auf der anderen Seite, gekennzeichnet ist. Der Akzeptanzprozess und die damit verbundenen Steuerungsmechanismen sind vor diesem Hintergrund sowohl von den mit dieser Rolle verknüpften als auch von individuellen Eigenschaften der Beteiligten verbunden. Weiterhin gilt es, die oben identifizierten wichtigen Einflussgrößen der vorgestellten Modelle den spezifischen Phasen des Transformationsprozesses zuzuordnen. Dabei sollen stets die Besonderheiten der Innovation und des Wandels als Gruppenprozesse mit einem interdisziplinären Charakter und beschränkter Kontrollierbarkeit in Bezug auf die Beteiligung beider Gruppen und die Berücksichtigung ihrer Interessen und Verantwortlichkeiten berücksichtigt werden. Weiterhin sollten die strategische Langzeitorientierung sowie eine klare Prozessstruktur in Bezug auf die Einführungs- und Adoptionsphase sowie in Bezug auf alltäglichen Aufgaben und Abläufe nach der Etablierung der neuen Praktiken in der Organisation etabliert werden.

In Bezug auf die organisationalen Rahmenbedingungen

Alle vom Wandlungsprozess betroffenen Akteure sollten bei seiner Gestaltung involviert sein. Die teilweise unterschiedlichen Interessen dieser Gruppen müssen berücksichtigt werden, um einen passenden Rahmen bezüglich der Innovations-, Wissensmanagement- und Wissenstransfer- sowie Veränderungskultur, extrinsischer und intrinsischer Mitarbeitermotivation, organisationalem Lernen und Weiterbildung sowie rechtlicher Aspekte aufspannen zu können. Dabei sollte einem sehr wichtigen Merkmal dieses Veränderungsprozesses Bedeutung beigemessen werden – der starken visionären Orientierung und in diesem Zusammenhang der neuen, erweiterten Rolle der technischen Entitäten. Diese Zukunftsvisionen sind wenig fassbar und teilweise vage, sodass sie neben den positiven Erwartungen ebenso mit Ängsten verbunden sind. Vor diesem Hintergrund sollte der Veränderungsprozess neben den anderen Faktoren ebenso Ansätze zum Umgang mit Mitarbeiterängsten und -unsicherheiten implizieren.

In Bezug auf die beteiligten Personen

Bei der Konzeptentwicklung des Transformationsprozesses zur Fabrik der Zukunft sollten die unterschiedlichen Anforderungen an das Management und an die Mitarbeiter berücksichtigt werden. Beide Rollen müssen Veränderungen bezüglich ihrer Aufgaben erkennen. Bildungs- und Weiterbildungskonzepte müssen flexibler und umfangreicher werden, um die Mitarbeiter zur richtigen Zeit mit den notwendigen maßgeschnittenen Qualifikationen zu versorgen.

Bestehende Führungs-, Arbeitsorganisations- und Lernkonzepte können in diesem Zusammenhang keine ausreichenden Ansätze liefern. Neue Konzepte relevante neue Rollenbilder wie Ermöglicher, Vermittler und Unterstützer beinhalten. Das Management der

Bedürfnisse der Mitarbeiter umfasst unter den neuen Bedingungen technische und Managementkompetenzen sowie IT-Kompetenzen und Kompetenzen bezüglich steuerbarer Technologien.

Die Mitarbeiter sollen die neuen Ideen und Konzepte akzeptieren. Förderlich hierzu sind eine personalisierbare Lernumgebung und intelligente Lernassistenten. Weiterhin ist die Wichtigkeit des sozialen Lernens sowie der Entwicklung von Problemlösungskompetenzen unabdingbar.

3   Entwicklung eines methodischen Ansatzes

Zur Begleitung des Wandels unter der Prämisse der Maximierung der Mitarbeiterakzeptanz und unter Zusammenführung der Inhalte und Implikationen aus den Anwendungsfällen sowie der theoretischen Überlegungen wurde ein Vorgehen entwickelt (Abb. 6).

Die Basis und der Rahmen dieses Vorgehens wurden in Anlehnung an das Wandlungsmodell von Krüger (2002) entwickelt, wobei die dort als Grundlage hinterlegten Phasen zur Begleitung des Transformationsprozesses übernommen wurden. Dieses Orientierungsmodell kann als pragmatisch und anwendungsnah sowie als strategisch proaktiv angesehen werden und eignet sich somit für die Gestaltung des zu begleitenden Transformationsprozesses. Ein wesentlicher Aspekt ist weiterhin die Ausführlichkeit des Modells. Neben den Phasen werden auch alle beteiligten Akteure mit ihren unterschiedlichen Rollen detailliert dargestellt und es wird auf eine Reihe notwendiger Tools sowie auf die Beteiligung prozessbegleitender Akteure und Maßnahmen, wie der HR-Abteilung oder die Kommunikation, verwiesen. Als Erweiterung und vor dem Hintergrund der Wichtigkeit eines Reviews bereits durchgeführter Veränderungen aus der Sicht der betroffenen Akteure wurden in Anlehnung an das Stage-Gate-Innovationsmodell von Cooper (2008) zwischen den einzelnen Prozessphasen ebenso Gates hinzugefügt. Diese dienen entweder als Messpunkte (AM) der Benutzerakzeptanz von Produktionsmitarbeitern oder verweisen auf einen Prozessabschnitt, an dem die Vorbereitung des nächsten Prozessschrittes (SB für Stimmungsbarometer) bezüglich des Akzeptanzverhaltens kritisch überprüft werden soll. Neben diesen zwei Überprüfungsmechanismen für die bereits erreichte Akzeptanz stellen diese Gates ebenso Schleifen zur Modifikation der Maßnahmen dar.

Die einzelnen Phasen des Wandlungsprozesses werden wie folgt gestaltet: Während der ersten beiden Phasen entwickelt das Industrie 4.0 Team gemeinsam mit dem Management die Wandlungsstrategien sowie ein entsprechendes Konzept, um die Fabrik sowie die Mitarbeiter für den Transformationsprozess und die neuen Rahmen- und Arbeitsbedingungen für die Mitarbeiter zu gestalten und zu führen. Diese Strategien beinhalten technologische, organisationale und personelle Veränderungen. Beispielhaft können angeführt werden: Entwicklung und Implementierung von innovativen technologischen Lösungen, die Organisation von Interdependenzen und Wissenstransfer zwischen Menschen und Maschinen oder die Entwicklung von neuen Kompetenzen und Wissen. Der Kommunikationsprozess im Unternehmen und damit einhergehend die ersten durchdringenderen Erfahrungen mit

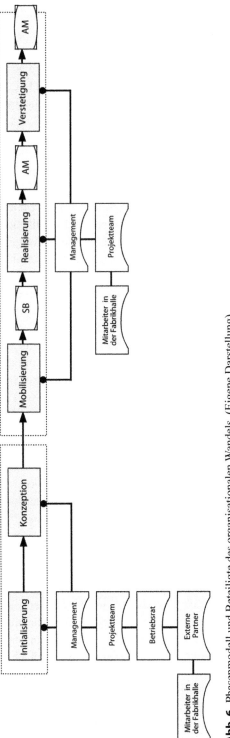

Abb. 6 Phasenmodell und Beteiligte des organisationalen Wandels. (Eigene Darstellung)

Initialisierung	
Aufgabe	Wandlungsbedarf feststellen, Wandlungsträger aktivieren
Aufgabenträger	Primär Management, jeder Mitarbeiter
Methoden	Ad-hoc-Feststellung, SWOT-Analyse, Potsdam Change Capability Indication (Gronau und Weber 2009), Turbulenzanalyse, 4-Stufen-Modell (WAMOPRO 2013)
	Überzeugung, Rekrutierung von Schlüsselpersonen und Promotoren mittels Sensibilisierung
Ergebnis	Delta zwischen IST-SOLL-Zustand ist identifiziert und beschrieben
	Wandlungskoalition und Wandlungspromotorengruppe
Konzeption	
Aufgabe	Festlegung der Wandlungsziele
	Entwicklung und Bewertung der Maßnahmenprogramme für den Transformationsprozess
Aufgabenträger	Wandlungskoalition unter Einbezug von Schlüsselpersonen
Methoden	Workshops zur Definition der Ziele
	Herunterbrechen der Ziele in Subziele und Entwicklung entsprechender Maßnahmen zur Erreichung der Ziele
	Bewertung der Maßnahmen mittels Klassifikation oder AHP-Verfahren
Ergebnis	Beschriebene Vision des Transformationsprozesses und Zielzustands
	Definierte Maßnahmenprogramme
Mobilisierung	
Aufgabe	Wandlungskonzept kommunizieren, Betroffene auf den bevorstehenden Wandel einstellen
	Wandlungsbereitschaft schaffen
	Wandlungsfähigkeit schaffen
Aufgabenträger	Wandlungskoalition unter Einbezug von Schlüsselpersonen und Promotorengruppe
Methoden	Infomail, Mitarbeiterzeitschrift, Beratung, Poster, Workshops, Mitarbeiterversammlung zur Überwindung von Wissens- und Willensbarrieren
	Schaffung von Akzeptanz durch Sensibilisierung für Notwendigkeit oder entstehende Vorteile, Motivationsinstrumente (intrinsische Anreize, Extrinsische Anreize, Transparenz), Organisationsinstrumente (Projektorganisation, Promotoren, Partizipation, Begleitung)
	Informationsinstrumente (siehe Phase Kommunikation), Qualifizierungsinstrumente durch entsprechende Aus-und Weiterbildungsmaßnahmen
Ergebnis	Kommunikation des Change Prozesses
	Positive Einstellung der Betroffenen bzgl. dem bevorstehendem Wandel
Realisierung	
Aufgabe	Prioritäre Vorhaben durchführen
	Folgeprojekte durchführen
Aufgabenträger	Alle Betroffenen, Wandlungskoalition unter Einbezug von Schlüsselpersonen und Promotorengruppe
Methoden	Operative Durchführung der Wandlungsmaßnahmen
Ergebnis	Erreichung des Transformationsprozess-Zielzustands
Verstetigung	
Aufgabe	Wandlungsergebnisse verankern
	Wandlungsbereitschaft und Wandlungsfähigkeit sichern
Aufgabenträger	Wandlungskoalition unter Einbezug von Schlüsselpersonen
Methoden	Wandlungsziel in den Prozessen durch stetiges Potenzialaufdecken fixieren, Sensibilisierung durch Kommunikation und Handeln
	Lern-und Ergebnisplattformen schaffen
Ergebnis	Etablierung der Veränderungen

Abb. 7 Ausgestaltung der Phasen des Wandlungsprozesses. (Eigene Darstellung)

den neuen Rahmenbedingungen vollzieht sich in Phase 3. Somit beginnen nach dieser Phase sowie den jeweiligen folgenden Phasen das Monitoren sowie die Akzeptanzüberprüfung. Eine detaillierte Beschreibung der Aufgaben, Aufgabenträger, Methoden und Ergebnisse der einzelnen Phasen ist der Abb. 7 zu entnehmen.

Stimmungsbarometer	
Aufgabe	Überprüfung des Erfolgs der Mobilisierungsmaßnahmen sowie Stimmungsbild der Betroffenen einholen
Aufgabenträger	Wandlungskoalition
Methoden	Mitarbeiterbefragung (Fragebogen, Einzel-oder Gruppeninterviews)
Ergebnis	Einschätzung der Stimmung der Mitarbeiter bezüglich der bevorstehenden Veränderungen
Akzeptanztest 1	
Aufgabe	Evaluation der Technologieakzeptanz nach Einführung neuer Technologien
Aufgabenträger	Wandlungskoalition
Methoden	Fragebogen (z.B. TAM (Venkatesh und Davis 2000), TTFM (Goodhue und Thompson 1995), TAM/TTFM (Dishaw und Strong 1999)) Einzel-oder Gruppeninterviews
Ergebnis	Einschätzung der Technologieakzeptanz der Betroffenen
Akzeptanztest 2	
In gewissen Zeitabständen können weitere - analogzu Akzeptanztest 1 - Akzeptanztests durchgeführt werden, um Veränderungen und eventuellenHandlungsbedarf aufzudecken.	

Abb. 8 Ausgestaltung Akzeptanzprüfungen. (Eigene Darstellung)

Es werden zwei Akzeptanzüberprüfungen sowie eine Abfrage der Einstellung innerhalb der Gruppe der Betroffenen durchgeführt: Das Stimmungsbarometer nach der Kommunikation des Wandlungsbedarfs sowie der Wandlungsstrategie und entsprechenden Sensibilisierungsmaßnahmen, um den Status quo abzufragen. Wesentliche Dimensionen sind eine Ist-Aufnahme bezüglich der Technologie (Bedienung, Wirksamkeit, Tatsächliche Verwendung, offene Fragen), Verständnis von Strategie und Konzept (Vision und Zielstellung, Leistungserwartungen) sowie die Erwartungen bezüglich der veränderten Rahmenbedingungen (Aufgaben, Rollen, Qualifikationen). Die Akzeptanzmesspunkte befinden sich jeweils nach der Implementierung und der Verstetigung. Es werden die Technologieakzeptanz sowie die aktuellen Rahmenbedingungen abgefragt. Je nach Bedarf kann der letzte Akzeptanztest in regelmäßigen Abständen wiederholt werden. Das Stimmungsbarometer sowie die Akzeptanz in den Messpunkten werden in Form von Fragebögen erhoben. Einzel- oder Gruppeninterviews mit allen involvierten Parteien sind darüber hinaus auch möglich. Eine übersichtliche Beschreibung der konkreten Inhalte ist Abb. 8 dargestellt.

4 Schlussfolgerungen und nächste Schritte

In diesem Beitrag wurden erste theoretische Ergebnisse bezüglich der Akzeptanz der Mitarbeiter hinsichtlich der Einführung neuer Technologien und damit einhergehend neuer Aufgaben und Prozesse im Kontext Industrie 4.0 vorgestellt. Theoretische Grundlagen zur Akzeptanzanalyse, dem Wandel und Innovationen wurden genutzt, um den Untersuchungsrahmen aufzuspannen. Da diese drei theoretischen Aspekte mehrschichtig in Beziehung stehen, wurden diese einzeln betrachtet sowie deren Relation aufgezeigt.

Vor diesem Hintergrund wurde nach der Problemdefinition und der Abgrenzung des Untersuchungskontextes mit einem Überblick über vorhandene theoretische Grundlagen begonnen. Darüber hinaus wurden spezifische Charakteristika bezüglich der Anwendung dieser Theorien im Kontext Industrie 4.0 dargestellt.

Auf dieser Grundlage wurde ein Vorgehen zur Gestaltung und Unterstützung des Transformationsprozesses hin zur Industrie 4.0-Fabrik entwickelt. Die Struktur des Vorgehens ist an Krügers (2002) Phasenmodells des Wandels angelehnt. Darüber hinaus wurden die Phasen des Akzeptanzprozess-Modells von Leao (2009) sowie des Stage-Gates-Prozesses nach Cooper (2008) verwendet, um die relevanten Stellen (Stage Gates) zur Akzeptanzmessung im Wandlungsprozess zu identifizieren. Darüber hinaus wurden die relevanten Rollen der unterschiedlichen Beteiligten in jeder Prozessphase identifiziert.

Die nächsten Schritte umfassen die Erprobung des Vorgehens in den Werken der Anwendungspartner sowie die iterative Weiterentwicklung des dargestellten Ansatzes anhand der Resultate der Anwendung. Im Speziellen müssen die konkrete Ausgestaltung der Messmethoden der Akzeptanzmessung sowie das Methodenportfolio der einzelnen Wandlungsphasen weiterentwickelt werden, da oftmals wesentliche zugrundeliegende Paradigmen durch doch notwendige Kausalmodelle nicht erfasst werden können.

Ein weiterer relevanter Aspekt ist die Übertragbarkeit dieses Ansatzes auf weitere Anwendungsfelder. Hier ist besonders einer möglichen Unterscheidung der Anwendbarkeit einzelner Maßnahmen und Messmethoden sowie den Beteiligten Akteuren zwischen Groß- sowie kleinen und mittleren Unternehmen besonderes Augenmerk zu widmen. Eine Branchenabhängigkeit der Anwendbarkeit des Ansatzes wird *prima facie* ausgeschlossen. Zur Überprüfung wird die Anwendung in Unternehmen drei verschiedener Branchen durchgeführt.

Darüber hinaus gilt es in diesem Zusammenhang, wesentliche Einflussgrößen der Beeinflussung des Zielzustands einer Fabrik zu bestimmen, Wissenstransfer- sowie Aus- und Weiterbildungskonzepte zu entwickeln und Kompetenzprofile zu erarbeiten.

Förderhinweis

Dieses Forschungs- und Entwicklungsprojekt wird mit Mitteln des Bundesministeriums für Bildung und Forschung (BMBF) im Rahmenkonzept „Forschung für die Produktion von morgen" (Förderkennzeichen: 02PJ4040 ff) gefördert und vom Projektträger Karlsruhe (PTKA) betreut. Die Verantwortung für den Inhalt dieser Veröffentlichung liegt bei den Autoren.

Literatur

acatech. (2011). *Cyber-Physical systems: Driving force for innovation in mobility, health, energy and production* (acatech POSITION PAPER). Heidelberg: Springer.

acatech. (2013). *Recommendations for implementing the strategic initiative INDUSTRIE 4.0. Final report of the Industrie 4.0 Working Group.* Heidelberg: Springer.

Agarwal, R., & Prasad, J. (1997). The role of innovation characteristics and perceived voluntariness in the acceptance of information technologies. *Decision Sciences, 28*(3), 557–582.

Atzori, L., Iera, A., & Morabito, G. (2010). The Internet of things: A survey. *Computer Networks, 54*(15), 2787–2805.

Barnett, H. G. (1953). *Innovation: The basis of cultural change.* New York: McGraw Hill.

Battisti, G., & Stoneman, P. (2003). Inter- and intra-firm effects in the diffusion of new process technology. *Research Policy, 32*, 1641–1655.

Bennis, F. G. (1966). *Changing organisations.* New York: McGraw-Hill.

Cooper, R. G. (2008). The stage-gate idea-to-launch process–update, what's new and NexGen systems. *Journal of Product Innovation Management, 25*(3), 213–232.

Davis, F. D. (1986). A technology acceptance model for empirically testing new end-user information systems: Theory and results. Dissertation, Massachusetts Institute of Technology.

Davis, F. D., Bagozzi, R. P., & Warshaw, P. R. (1989). User acceptance of computer technology: a comparison of two theoretical models. *Management Science, 35*(8), 982–1003.

Dishaw, M. T., & Strong, D. M. (1999). Extending the technology acceptance model with task–technology fit constructs. *Information & Management, 36*(1):9–21.

Goodhue, D. L., & Thompson, R. L. (1995). Task-technology fit and individual performance. *MIS quarterly, 19*(2), 213–236.

Gronau, N. (2014). Wandlungsfähigkeit in Produktion und Logistik. *Productivity Management, 19*(2), 23–26.

Gronau, N., & Weber, E. (2009). Wandlungsfähigkeit: Generische Strategien zur Handhabung von Veränderungen in der Umwelt. Arbeitsbericht, WI – 2009–07 Lehrstuhl für Wirtschaftsinformatik und Electronic Government, Universität Potsdam.

Gronau, N., Theuer, H., Lass, S., & Nguyen, V. (2010). *Productivity evaluation of autonomous production objects.* Proceedings of the 8th IEEE international conference on industrial informatics. Osaka, 751–756.

Gronau, N., Fohrholz, C., & Lass, S. (2011). Hybrider Simulator – Neuer Ansatz für das Produktionsmanagement. *Zeitschrift für wirtschaftlichen Fabrikbetrieb, 106*(4), 204–208.

ten Hompel, M., & Liekenbrock, D. (2005). Autonome Objekte und selbst organisierende Systeme: Anwendung neuer Steuerungsmethoden in der Intralogistik. *Industrie Management, 21*(4), 15–18.

King, W. R., & He, J. (2006). A meta-analysis of the technology acceptance model. *Information & Management, 43*(6), 740–755.

Klenow, P. J. (1998). Learning curves and the cyclical behavior of manufacturing industries. *Review of Economic Dynamics, 1*(2), 531–550.

Krüger, W. (2002). *Excellence in Change – Wege zur strategischen Erneuerung.* Wiesbaden: Gabler.

Krüger, W. (2004). Implementation the core task of management. In B. De Witt & R. Meyer (Hrsg.), *Strategy, process, content, context – An international perspective.* London: Thompson.

Leao, A. (2009). *Fit for Change: 44 praxisbewährte Tools und Methoden im Change für Trainer, Moderatoren, Coaches und Change Manager.* Bonn: Managerseminare Verlag.

Lewis, L. K. (2011). *Organizational change: Creating change through strategic communication.* Wiley: Chichester West Sussex.

Mansfield, E. (1963). Intrafirm rates of diffusion of an innovation. *The Review of Economics and Statistics, XLV, 45*(4), 348–359.

Poole, M. S. (2004). *Handbook of organizational change and innovation.* Oxford University Press.

Rai, A., & Patnayakuni, R. (1996). A structural model for CASE adoption behavior. *Journal of Management Information Systems, 13*(2), 205–234. New York.

Rogers, E. M. (2003). *Diffusion of innovations* (5. Aufl.). New York: Free Press.

Rogers, E. M., & Shoemaker, F. F. (1971). *Communication of innovations: A cross-cultural approach.* New York: The Free Press.

Tushman, M. L., & O'Reilly, C. A. (2013). *Winning through innovation: A practical guide to leading organizational change and renewal.* Boston: Harvard Business.

Ulijn, J., & Fayolle, A. (2004). Towards cooperation between European start-ups: The position of the French, Dutch and German enterpreneurial and innovative engineer. In T. Brown (Hrsg.), *Innovation, entrepreneurship and culture: The interaction between technology, progress and economic growth.* Cheltenham: Edward Elgar.

Veigt, M, et al. (2013). Entwicklung eines Cyber-Physischen Logistiksystems. *Industrie Management, 29*(1), 15–18.

Venkatesh, V., & Davis, F. D. (2000). A theoretical extension of the technology acceptance model: Four longitudinal field studies. *Management Science, 46*(2), 186–204.

Vogelsang, K., Steinhüser, M., & Hoppe, U. (2013). *Theorieentwicklung in der Akzeptanzforschung: Entwicklung eines Modells auf Basis einer qualitativen Studie.* 11th international conference on Wirtschaftsinformatik, 1425–1439.

WAMOPRO. (2013). http://www.lps.rub.de/WamoPro/leitfaden_wamopro.pdf. Zugegriffen: 5. Dez. 2014.

Weber, R. H., & Weber, R. (2010). *Internet of things.* Heidelberg: Springer.

Wiendieck, G. (1992). Akzeptanz. In E. Friese (Hrsg.), *Enzyklopädie der Betriebswirtschaft: Band 2. Handwörterbuch der Organisation* (S. 89–98). Stuttgart: Poeschel.

Yin, R. K. (2009). *Case study research – Design and methods* (4. Aufl.). Thousand Oaks: Sage.

Zorn, T., Christensen, L. T., & Cheney, G. (1999). *Do we really want constant change?* San Francisco: Berrett-Koehler.

Unternehmerische Herausforderungen bei Industrie 4.0-Projekten – Einsichten aus zwei Prozessstudien

Markus Grottke und Robert Obermaier

1 Einleitung

Industrie 4.0 ist häufig durch Schlagworte wie „Internet der Dinge", „Smart Factory" oder „selbstdenkende Produktion" (etwa Köhler 2014 oder Obermaier 2015) charakterisiert worden. Dadurch wird umrissen, worin die Revolution bestehen soll: Automatisierung und Vernetzung soll hier noch einen Schritt weitergehen, Bauteile sollen sich selbst zusammensetzen, Materialien sollen intelligent werden und sich selbst ihre produktivste Verwendung suchen – mit anderen Worten: Die Dinge sollen beginnen selbst miteinander zu kommunizieren.

Hinter so werbewirksamen Schlagworten verbergen sich häufig weniger beleuchtete massive unternehmerische Herausforderungen; und auch Risiken. Materialien werden selbstverständlich nicht von selbst intelligent, sondern nur dadurch, dass sie ein Mensch intelligent werden lässt. Bauteile setzen sich auch nicht selbst zusammen, sondern vielmehr müssen alternative Zusammensetzungen getestet worden sein. All dies setzt nicht nur – unbestritten sehr hohen – technischen Aufwand voraus. Es setzt vor allem unternehmerischen Aufwand voraus, um zu erkennen, in welchen Bereichen sich ein Investment lohnen könnte, weil eine unternehmerische Chance mit ihr realisiert werden kann während sich die Risiken beherrschen lassen. Genau auf diese Überlegungen, die den unternehmerischen Aufwand prägen, will der folgende Beitrag eingehen.

M. Grottke (✉) · R. Obermaier
Universität Passau, Innstraße 27, 94032 Passau, Deutschland
E-Mail: markus.grottke@uni-passau.de

R. Obermaier
E-Mail: controlling@uni-passau.de

© Springer Fachmedien Wiesbaden 2016
R. Obermaier (Hrsg.), *Industrie 4.0 als unternehmerische Gestaltungsaufgabe*,
DOI 10.1007/978-3-658-08165-2_18

Unsere Einsichten in die spezifischen Probleme von Industrie 4.0-Projekten führen dabei Erkenntnisse aus zwei Fallstudien zusammen und generalisieren die beobachtbaren Herausforderungen und die spezifischen gefundenen bzw. diskutierten Lösungsansätze, um auf diese Weise eine breitere Anwendung zu ermöglichen. Die erste Fallstudie basiert auf einem über Jahrzehnte gewachsenen und zunächst intern, dann jedoch auch extern vermarkteten Industrie 4.0-Projekt eines etablierten Unternehmens, welches Maschinen, Werkzeuge, Werkstücke und Menschen informationstechnisch miteinander verknüpft, um vor allem Rüstprozesse zu vereinfachen und zu automatisieren. Die zweite Fallstudie basiert auf einem Gründungsprojekt, welches an der Hamburger Staatlichen Gewerbeschule Stahl- und Maschinenbau, einer Fachschule für Technik mit der Fachrichtung Maschinentechnik begonnen wurde und welches sich zum Ziel gesetzt hat, die Vision von sich selbst ihre relevanten Werkzeuge rüstenden Maschinen zu verwirklichen. Gerade die damit vorliegende Heterogenität der gewählten Untersuchungsobjekte (Startup und Projekt innerhalb eines etablierten Unternehmen, bereits altes und damit etabliertes Produkt und gerade erst entwickeltes Produkt) erlaubt mit Blick auf die gewählten z. T. erstaunlich homogenen z. T. aber auch sehr vielfältigen Lösungen besonders aufschlussreiche Erkenntnisse.

Untersucht wurden beide Fälle mit Hilfe der Vorgehensweise einer sog. Prozessstudie. Unter einer solchen Studie (z. B. Grottke und Kittl 2013) versteht man nicht etwa die Analyse von Produktionsprozessen, sondern vielmehr die Analyse von Entscheidungen, die möglichst präzise auf Kausalfaktoren zurückgeführt werden. Ziel solcher Studien ist es eine vertiefte Reflektion über Entscheidungen zuzulassen. Damit sind sie in besonderer Weise geeignet, Einblick in unternehmerische Herausforderungen zu ermöglichen.

Der Beitrag ist für eine Vielzahl von Entscheidungsträgern von Interesse. Zum einen dient er Unternehmern als Entscheidungshilfe, welche sich mit Überlegungen zu Industrie 4.0-Projekten befassen, weil er z. T. altbekannte, z. T. neue unternehmerisch bedeutsame Entscheidungsfaktoren herausarbeitet. Zum anderen gibt er auch Einblick in zentrale externe förderliche oder hinderliche Rahmenbedingungen, die nicht unerheblich für das Geoder Misslingen von Industrie 4.0-Projekten verantwortlich zeichnen. Dies ist sowohl für politische Entscheidungsträger, welche derartige Projekte fördern wollen, von Interesse als auch für Investoren in derartige Projekte oder Promotoren in Unternehmen, welche besonders geeignete Bedingungen für das Prosperieren derartiger Projekte erzeugen wollen. Dass eine solche Förderung (insbesondere in KMU) wünschenswert ist, dürfte hierbei außer Frage stehen: So gilt einerseits, dass gerade der Mittelstand nicht nur als Rückgrat der deutschen Wirtschaft fungiert (Schildbach und Grottke 2011; Simon 2009, 2012; Langenscheidt und Venohr 2010), sondern auch durch seine eher kleinen Einheiten auf sehr effiziente Weise Vielfalt hervorbringt. Andererseits sorgt bereits die demographische Entwicklung mit ihrem steigenden Mangel an Facharbeitern dafür, dass ein erhöhter und in Zukunft wohl noch zunehmender Facharbeitermangel und damit Bedarf an weiterem Ersatz von Menschen durch Maschinen bzw. maschinelle Verfahren zu verzeichnen ist (z. B. Bundesanstalt für Arbeit 2011, S. 8).

Der Beitrag wird wie folgt entfaltet. Zunächst erfolgt kurz eine Abgrenzung von der Literatur. Dann wird auf die Datenbasis des Beitrags und die Grundstruktur der beobacht-

baren Prozesse in beiden Fällen eingegangen. Darauf folgend werden die zu verzeichnen-
den wesentlichen unternehmerischen Herausforderungen diskutiert. Hierbei wird auf die
klassisch funktionale Gliederung von Gutenberg zurückgegriffen: für Einkauf, Produktion, Verkauf und Organisation der Projekte wird jeweils aufgezeigt, welche unternehmerischen Probleme sich anhand der von uns analysierten Industrie 4.0-Projekte abstrahieren
lassen und welche Lösungsansätze für diese Probleme gefunden wurden. Nach einem Abschnitt zu externen Einflussfaktoren schließt der Beitrag mit einem kurzen Fazit zu den
angetroffenen Problemen und den für diese gefundenen Lösungen.

2 Literaturabgrenzung

Industrie 4.0-Projekte lassen sich in mehr als einer Hinsicht analysieren. Vorherrschend ist
hierbei die eher technische Analyse der Machbarkeit von neuartigen Produktionsabläufen,
die statistische Analyse des Einsatzes von Big Data-Verfahren oder die Analyse neuartiger
funktionaler Kalkulationen der neuartigen Weise zu produzieren.

Von einem derartigen Fokus unterscheidet sich der vorliegende Beitrag in folgender
Weise: Anders als in den genannten Beiträgen sucht er nicht die Automatisierung selbst
zu analysieren. Im Zentrum steht vielmehr die Frage, welche Rückwirkungen die technischen Möglichkeiten der Automatisierung auf den Menschen aufweisen und welche unternehmerischen Konsequenzen sich aus derartigen Rückwirkungen ergeben. Der damit ein-
geschlagene Weg erfolgt hierbei insbesondere analog zu den international verbreiteten
Feldstudien im Management Accounting. Derartige Studien suchen möglichst detailgenau
die sich real abspielenden Handlungszusammenhänge zu untersuchen, um auf diese Weise
unmittelbar praxisrelevantes Wissen zu generieren. An den folgenden vier Studien mit
direktem Bezug zum vorliegenden Thema sei der praktische Wert einer solchen Vorgehensweise verdeutlicht.

Sandelin (2008) zeigt in seinem Vergleich zweier Fallstudien einer Wachstumsfirma in
der Mobiltelefonindustrie und einer Wachstumsfirma im Bereich der Informationstechnologie auf, wie unterschiedlich erfolgreiches Controlling bei neuartigen Technologien aussehen kann. Im ersten Fall zeigt er, wie aufgrund der Vielfalt offener technischer Möglichkeiten und den sich beständig ändernden technischen Rahmenbedingungen insbesondere
die technische Produktentwicklung besonders rasch vorangetrieben wurde. Dabei wurde
einerseits das technische Personal an dem Unternehmen beteiligt und andererseits dieses
Personal in eher geringem Maße finanziellen Kontrollen, sondern vielmehr vor allem technischen Machbarkeitskontrollen unterworfen, während die finanziellen Entscheidungen
(die Formulierung der Business cases) nachgelagert durch Manager durchgeführt wurden.
Im Fall der Wachstumsfirma im Bereich der Informationstechnologie zeigt sich ein um-
gekehrtes Bild. Hier wird finanzielle Ergebniskontrolle betrieben – Mitarbeiter werden
für ihre Ergebnisse verantwortlich gemacht und sollten die Ergebnisse nicht stimmen,
entlassen. Ferner wird direkt versucht, durchgehend eine Ergebnismessung herzustellen
und jeden unternehmerischen Schritt anhand von antizipierten finanziellen Ergebnissen zu

prüfen. Beide Strategien erweisen sich, obwohl gegensätzlich ausgerichtet, als erfolgreich. Sandelin (2008) zieht hieraus das Fazit, dass auch sehr unterschiedliche Controllingmodelle, sofern sie nur konsistent angewandt werden, den Erfolg neuartiger Technologien positiv beeinflussen können.

Eine gänzlich andere Fallstudie wird von Quattrone und Hopper (2005) aufgesetzt. Diese untersuchen die Einführung von SAP ERP-Systemen in Unternehmen. Sie stellen fest, dass die Vielfalt an potentiellen Kontexten im Unternehmen, ganz neue und andere als beim Ersteinsatz eigentlich vorgesehene Einsatzmöglichkeiten des SAP-Systems evozieren. Mit anderen Worten zeigt sich in der Studie, dass die eigentliche Innovation vor Einsatz gar nicht existiert, sondern erst durch das Zusammenwirken zwischen dem SAP-System und dem applizierenden Kunden zustande kommt. Die Fallstudie zeigt damit auf, dass nicht einfach von einer statischen Innovation ausgegangen werden kann, welche unveränderlich (auch in ihrem Einsatz) ist, sondern, dass gegebenenfalls komplexe Interaktionen zwischen Innovationen und existierenden Strukturen eines Unternehmens stattfinden. Darüber hinaus wird aufgezeigt, dass die inhaltliche Definition einer Innovation zu einem guten Teil auch von den täglichen Nutzern der Innovation und deren Arbeitsroutinen abhängt.

Alcouffe et al. (2008) zeigen wiederum vergleichend in zwei Fallstudien auf, wie das Zusammenwirken verschiedener Faktoren darüber entscheidet, ob Innovationen Verbreitung finden oder nicht. Sie untersuchen, warum sich ABC (Activity Based Costing) in Frankreich während der 80er Jahre des letzten Jahrhunderts durchgesetzt hat während dies einem konkurrierenden französischen System nicht gelang. Sie kommen zu dem Ergebnis, dass verschiedene Faktoren notwendig waren, wie etwa der Zugang zu wichtigen Netzwerken in Frankreich, die Stimmung im eigenen Land (die allen Maßnahmen, welche versprachen die Wettbewerbsfähigkeit der eigenen Industrie zu stärken, sehr aufgeschlossen gegenüberstanden) sowie die Fähigkeit viele heterogene Elemente einzubinden.

Davila (2005) untersucht zuletzt anhand einer multivariaten Analyse von 95 High-Tech- Firmen des Silicon Valley, welche Faktoren über die erstmalige Einführung von Controllingsystemen in kleinen wachsenden Firmen entscheiden. Er zeigt hierbei in seiner Studie auf, dass insbesondere die Firmengröße, das Firmenalter sowie ein Auswechseln des Managements eine erstmalige Einführung von Controllingsystemen hervorrufen können. Größe induziert die Einführung formaler Controllingsysteme aufgrund der immer schwieriger werdenden rein informellen Kontrolle. Alter induziert Controllingsysteme, weil Unternehmen mit steigendem Alter durch Lernprozesse nun einmal immer mehr Wissen anhäufen, welches in formalisierte Routinen, wie eben beispielsweise ein Controllingsystem übergeht. Ebenso erweist sich die Einführung von formalisierten Controllingsystemen im Zuge eines Managementwechsels als signifikant. Dies liegt daran, dass häufig eher unorganisierte Gründerpersönlichkeiten dann durch auf formale Kontrolle geeichte Manager ersetzt werden. Zuletzt gilt auch, dass Venture Capital einen hohen positiv signifikanten Einfluss auf die Adoption von Controllingsystemen aufweist. Auch dies lässt sich gut erklären, da die fraglichen Kapitalgeber auf verlässlich erhobene Informationen angewiesen sind.

Die vorliegende Studie unterscheidet sich insofern von diesen Studien, als dass die eigentlichen Prozesse der fraglichen Unternehmen weitgehend ausgespart werden, indem nach einer kurzen Schilderung von Datenbasis und Grundstruktur gleich auf die wesentlichen abstrahierbaren Erkenntnisse eingegangen wird ohne die stark einzelfallspezifische Darstellung vorzunehmen. Der Vorteil dieser Vorgehensweise liegt darin, dass die Erkenntnisse aus den Fallstudien schneller übertragbar werden.

3 Datenbasis und Grundstrukturen der Prozesse

3.1 Datenbasis

Fallstudie 1 basiert auf langjährigen Kenntnissen der Entwicklung eines Vorzeigeprodukts im Rahmen Industrie 4.0, welches eine automatisierte Kommunikation und Abstimmung zwischen Akteuren einer industriellen Fertigung zulässt. Diese wurde zunächst allein intern eingesetzt und erst später auch nach außen verkauft. Fallstudie 2 behandelt ein Industrie 4.0-Startup aus Hamburg, das ein Produkt konstruiert hat, welches Rüstkosten auch bei kleinen Losgrößen im Spritzguss durch entsprechende Automatisierung um ca. 60 % zu senken verspricht. Das Startup wurde durch alle bisher angefallenen Schritte begleitet. Deshalb konnte sowohl die technische Umsetzung (Entwicklungspfad des Produkts) als auch die betriebswirtschaftliche Umsetzung (Businessplan) umfangreich beobachtet werden. Der Vorteil der Fallauswahl für die nachfolgenden Analysen besteht hierbei darin, dass die Fälle so unterschiedlich sind. Hier das innerhalb kurzem aus dem Boden gestampfte Produkt, dort das über lange Jahre entwickelte und verbesserte Produkt. Hier das Startup, dort das etablierte Unternehmen und zuletzt hier die von Beginn auf einen Verkauf ausgerichtete Entwicklung und dort die über Jahrzehnte allein interne Nutzung und der erst vergleichsweise kürzlich erfolgende externe Verkauf des Produkts.

3.2 Grundstrukturen der Prozesse

Die in den verschiedenen Gegebenheiten der beiden Fälle angelegten Prozesse spiegeln sich auch in der Entwicklungsgeschichte der Produkte wieder.

Im ersten betrachteten Fall des etablierten Unternehmens, ergibt sich die folgende Struktur (vgl. auch Abb. 2). Hier war zunächst gar nicht beabsichtigt, ein Produkt zu erstellen; vielmehr ging es darum, ineffiziente Prozesse der Kommunikation zwischen Maschinen durch wesentlich effizientere Automatismen zu ersetzen. Dabei wuchs das Produkt über Jahre, indem die Kommunikation zwischen den Maschinen immer stärker verfeinert wurde. Mit anderen Worten ergab sich das Produkt letztlich durch einen immer feiner werdenden wiederkehrenden Ablauf von Problemerkennung, Problemlösung sowie Programmierung und Implementierung der Lösungen. Wirtschaftlichkeitsüberlegungen wurden hierbei kaum angestellt. Erst relativ spät wurde das Produkt aufgrund

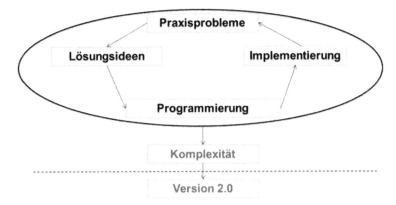

Abb. 1 Grundprozess im etablierten Unternehmen

der wildgewachsenen Programm-Komplexität noch einmal neu aufgesetzt und aus einem Guss programmiert, um in der Folge auch extern vertrieben zu werden (Abb. 1).

Im Startup (Abb. 2) trat ebenfalls zunächst ein Praxisproblem auf, für welches eine Lösungsidee bestand. Anders als im Fall des etablierten Unternehmens wurde die Lösung jedoch nicht in kleinen Schritten über einen langen Zeitraum verwirklicht. Vielmehr wurde technisch eine Konstruktion des Produkts entwickelt, welche gleichzeitig überprüfte, ob das Produkt technisch überhaupt umsetzbar ist. Auf diese folgte (da zuvor die notwendigen Einzelteile des Produkts nicht bekannt waren) eine Wirtschaftlichkeitsanalyse auf Basis einer Selbstkostenkalkulation der nunmehr bekannten Einzelteile des Produkts. Da die Ergebnisse positiv ausfielen, befindet sich das Produkt nunmehr in der Phase der Prototyperstellung und das Startup bei der Kapitalgebersuche.

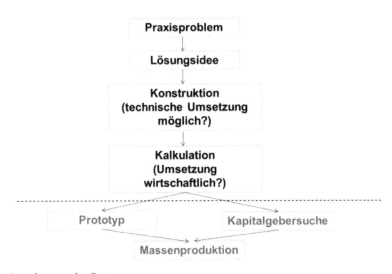

Abb. 2 Grundprozess im Startup

Zugleich gibt es aber auch deutliche Gemeinsamkeiten zwischen beiden Entwicklungspfaden. So zeigte sich, dass in beiden Fällen direkter Ausgangspunkt der Produktentwicklung ein in der Praxis anzutreffendes Problem war. Dadurch war die Produktentwicklung in beiden Fällen von Beginn an zielgerichtet auf die Lösung dieses praktischen Problems ausgerichtet. Im Folgenden wird nun näher darauf eingegangen, welche spezifischen unternehmerischen Herausforderungen sich stellten.

4 Unternehmerische Herausforderungen bei Industrie 4.0 Projekten

4.1 Herausforderungen bei der Beschaffung

Bei Fragen zu Beschaffungen von Material und Programmierungsleistungen ließen sich in beiden Projekten interessante Herausforderungen identifizieren. So ergab sich im Fall des Startups das Problem, dass sich in Deutschland selbst eine kostengünstige Produktion als nicht umsetzbar erwies. Aufgrund dessen muss eine Produktion von Teilkomponenten in Billiglohnländer wie China ausgelagert werden. Genau diese Länder waren allerdings in der Branche dafür bekannt, dass sie häufig und auch unter Inkaufnahme von Patentverletzungen Produkte kopierten. Insbesondere stellte sich die Frage, ob die weniger leicht kopierbaren Programmbestandteile für sich genommen genügend Mehrwert bieten oder bereits aus kopierbaren Bestandteilen ein konkurrierendes wettbewerbsfähiges Teilprodukt hergestellt werden konnte. Angesichts der damit verbundenen schwierigen Abschätzungen wurde die unternehmerische Entscheidung dem zu begegnen, so getroffen, Baugruppen auf zahlreiche einander wechselseitig nicht bekannte und regional verstreute Lieferanten zu verteilen, um auf diesem Wege ein einfaches Kopieren zu vermeiden.

Herausforderungen ergaben sich zudem im Bereich der Programmierung. Hier zeigten sich zwei Probleme. In dem etablierten Unternehmen ergab sich die Notwendigkeit, neue Programmierer einzustellen. Da diese relativ frisch von der Universität kamen, ergaben sich Reibungen, da die von der Praxis getriebene vorherige Programmierung nicht mit den in der Universität gelehrten Programmierungsverfahren zusammenpasste und sich die entsprechenden inhaltlichen Unterschiede schnell in menschliche Konflikte übersetzten. Unternehmerisch zeigt sich hieran die Wichtigkeit von gewachsenen oder zumindest weitgehend einheitlich sozialisierten Programmierteams in denen ein gewisser Grundkonsens in der Vorgehensweise existiert. Im Startup wurde im Verlauf deutlich, dass aufgrund der hochkomplexen Programmieranforderungen und der damit einhergehenden spezialisierten Kenntnisse relativ schnell Bindungen von Programmbestandteilen an bestimmte Programmierer entstanden, die ihrerseits bei Abgang dieser Programmierer sowohl hohe Suchkosten als auch hohe Einarbeitungskosten hervorriefen. Wenngleich eine ausgiebige Dokumentation dieses Problem abschwächen kann, zeigt sich doch daran die Notwendigkeit, derart spezialisiertes Wissen im Unternehmen möglichst zu doppeln, um eine reibungslose Weiterarbeit zu ermöglichen.

4.2 Herausforderungen bei der betriebswirtschaftlichen Gestaltung des Produktionsprozesses bei Industrie 4.0-Projekten

Auch bei der (Weiter-)entwicklung bzw. Produktion war das Entstehen von unternehmerischen Herausforderungen zu beobachten. Diese zeigten sich bei unseren Fallstudien in zwei Dimensionen. Die erste Herausforderung trat im Startup auf und betraf die Frage, bis zu welchem Grade Eigenentwicklungen vorgenommen werden sollten und bis zu welchem Grade auf bereits frei zugängliche Lösungen bei der Programmierung zugegriffen werden sollte. Während der Vorteil einer Eigenprogrammierung darin gesehen wurde, dass alles unter eigener Kontrolle ist und eine Programmierung aus einem Guss möglich wird, wurden als Nachteile ein Zeit- wie Kostennachteil identifiziert. Umgekehrt wurde bei der Indienstnahme existierender Lösungen festgestellt, dass dies mehr oder weniger einem „Puzzle"-Ansatz mit ad hoc entwickelten Brückenlösungen gleicht. Als Vorteil dieses Vorgehens wurden die damit verbundenen niedrigeren Kosten wie auch die z. T. höhere gegebene Programmierqualität identifiziert. Als Nachteil ergab sich wiederum, dass auf diesem Wege letztlich das Produkt von anderen Herstellern und deren Änderungen in der Zukunft abhängig wird, wobei diese dem Zugriff des Unternehmens entzogen sind. Ferner erwiesen sich die Puzzlestücke als teilweise nicht passgenau und weit größer. Zuletzt wurde die Sorge gehegt, dass Fehler schwerer lokalisierbar werden, weil sie in bereits vorher programmierten Bestandteilen liegen könnten sowie, dass nicht bemerkte Anpassungen in diesen Bestandteilen gegebenenfalls zunächst beim Kunden zu Problemen führen, bevor sie dem Unternehmen selbst auffallen. Da in einem Startup regelmäßig aufgrund der Kapitalknappheit wenige Möglichkeiten zu vollständiger Eigenprogrammierung bestehen, wurde entsprechend auf drei Wegen versucht, Probleme des Puzzle-Ansatzes abzumildern. Zum ersten wurde bei den ausgewählten Programmbestandteilen von Drittanbietern so weit als möglich auf den Branchenstandard gesetzt. Zum zweiten wurden Datenproduktionsschnittstellen eingerichtet. Beides erfolgte, um eine potentielle zukünftige Fehlerallokation zu erleichtern. Zuletzt wurde bei Wahlmöglichkeiten jeweils vor Rückgriff auf einen derartigen Programmbaustein überlegt, wie schnell und wie häufig zukünftige Anpassungen zu erwarten sind, wobei weniger Anpassungen positiv gewichtet wurden.

Die zweite Dimension, welche in der Fallstudie zu dem etablierten Unternehmen anzutreffen war, betraf die Frage, ob eine Programmierung mit entweder agilen Methoden oder einer „vollständigen" Produktentwicklung vorgenommen werden sollte. So wurde bei dem zweiten Projekt über Jahrzehnte mit agilen Methoden gearbeitet (wenngleich diese nicht so bezeichnet wurden), indem immer jeweils an dem existierenden Produkt Anpassungen vorgenommen wurden, um ein konkretes Problem zu lösen. Die Folge war, dass insbesondere bei der Einfügung neuer Maschinen in den Datenkommunikationsprozess ab einem gewissen Stadium eine Komplexität erreicht war, die ein komplettes Neuaufsetzen des Produktes in einer Version 2.0 notwendig werden ließ. Erneut lassen sich, gerade vor dem Hintergrund der Komplexität von Industrie 4.0-Projekten hieraus wichtige unternehmerische Schlussfolgerungen ziehen. Hierbei gibt es zwar keine Patentlösung. Aber eine sorgfältige Analyse kann sich zumindest daran orientieren, ob zu lösende Probleme jeweils von kasuistischer oder aber dauerhafter Relevanz sind. Während im ersteren Fall agile Methoden sicherlich von Vorteil sind, dürfte im letzteren Fall zumindest zu prüfen sein, ob eine auch langfristig tragbare Lösung vorteilhafter sein kann.

4.3 Herausforderungen für den Vertrieb von Industrie 4.0-Produkten

Eine zentrale Herausforderung für Industrie 4.0-Projekte besteht darin, dass sie weiterhin wie jede Form der Automatisierung in der einen oder anderen Form standardisieren müssen. Hierbei ist zu beachten, dass nunmehr in einem Bereich Abläufe standardisiert werden, welcher vorher regelmäßig durch nicht standardisiert vorgehende Menschen geregelt wurde. Hieraus ergeben sich insbesondere im Vertrieb (sofern weitergehend als Einpassung eines Industrie 4.0-Produktes in ein Unternehmen verstanden) hohe Anforderungen. Diese können letztlich nur dann ausgeschlossen werden, wenn das Industrie 4.0-Produkt den gesamten zu standardisierenden Bereich selbst abdeckt. Häufig ist dies jedoch nicht der Fall. Dann muss in einem ersten Schritt ausgetestet werden, inwiefern Standardisierung überhaupt möglich ist, d. h. ob nicht – wie in der zweiten Fallstudie des Startups – die zu rüstenden Maschinen in den jeweiligen Kundenunternehmen gänzlich unterschiedlich angeordnet und darum schwer automatisiert adressiert werden können, oder – wie in der ersten Fallstudie des etablierten Unternehmens – die Art der Kommunikation zwischen den Akteuren ausgesprochen kundenspezifisch ausfällt und damit eine erhebliche Anpassung des Industrie 4.0-Produkts an die Gegebenheiten des jeweiligen Kunden erfordert. Ein hierbei auf der Hand liegender Lösungsansatz besteht darin, den etablierten Branchenstandard – so er denn existiert – herauszufinden und zunächst das Industrie 4.0-Produkt auf diesen hin zu entwickeln.[1] Ein zweiter Lösungsansatz besteht darin, sich auf den Anteil an dem Produkt zu beschränken, welcher auch unter heterogenen Bedingungen leicht automatisierbar ist, da nur mit homogenen Bestandteilen des Umfelds vernetzt wird.

Auch damit ist allerdings noch nicht jedes Problem adressiert worden.

So gilt, dass durch die weiteren Automatisierungsschritte zunächst einmal menschliche Arbeit eingespart wird. Inhaltlich bedeutet dies, dass zwar hohe Einsparungen erzielt werden können, wenn alles funktioniert, aber auch hohe Kosten entstehen, wenn das nicht der Fall ist – im Minimum dann, wenn der die Automatisierung bereitstellende Hersteller für Fehler haftet. Insbesondere ist hier zu beachten, dass häufig das eigentliche Projekt und die damit einhergehende Automatisierung nur einen Teil der durch den substituierten Menschen abgebildeten Probleme berücksichtigt. So wurde beispielsweise in unserem zweiten Fall des Startups zunächst lediglich davon ausgegangen, dass der Rüstvorgang automatisiert werden könne, ohne zu beachten, dass durch den Wegfall des rüstenden Menschen zugleich eine wichtige Kontrollinstanz ausgeschaltet wird, welche überprüft,

---

[1] Diese Überlegung basiert auf dem Gedanken, dass faktische Standardisierung die Erwartungssicherheit erhöht, vgl. dazu auch die Studie von Obermaier et al. 2007, S. 341.

ob die Maschine selbst ordnungsgemäß läuft. Mit anderen Worten kommt es jeweils zu Wagniskosten, die bei einer Kalkulation im Vertrieb berücksichtigt werden müssen.

In gängigen Kostenrechnungslehrbüchern werden Wagniskosten als „unproduktive Güterverbräuche" definiert (Kloock et al. 2005, S. 82). Ihr Charakteristikum ist, dass sie unregelmäßig anfallen und damit stark volatile Kosteneinwirkungen hervorrufen. Zielsetzung ist darum, sie so zu verteilen, dass gleich einer Versicherungsprämie die monatlich entstehenden Grundkosten im Durchschnitt den unregelmäßig entstehenden Wagniskosten entsprechen. Gerade zu Beginn sind jedoch die zu erwartenden Wagniskosten noch unbestimmt, da die Firma ja noch gar nicht weiß, in welch vielfältigen Zusammenhängen die eigene Automatisierung eingesetzt werden wird.

Eine Firma steht hierbei regelmäßig vor der Frage, ob sie Gewährleistungswagnisse eingehen will, oder Betriebsmittel- und Mehrkostenwagnisse (vgl. Kloock et al. 2005, S. 83).

Letztlich befindet sich jedoch gerade ein Industrie 4.0-Hersteller damit in einer Situation, die durchaus auch unternehmerische Chancen zu bieten hat. So kann er seinen Kunden theoretisch freistellen, ob sie die Wagniskosten selbst übernehmen oder diese im Preis für die Automatisierung mit vergüten. Im letzten Fall lässt sich weiteres, stetige Einnahmen ermöglichendes, Geschäft akquirieren und mit Diversifizierung argumentieren, da dann eine Vielzahl von Kunden aus einem Pool bedient werden, welcher analog zu einer Versicherung kalkuliert werden kann.

4.4 Herausforderungen für die Organisation von Industrie 4.0-Projekten

Bei der Organisation der beiden Industrie 4.0-Projekte wurde vor allem ein alter Grundkonflikt identifiziert: Der Techniker möchte das technisch beste Produkt – der Betriebswirtschaftler hingegen das gewinnmaximale Produkt. Dieser Konflikt führt – insofern direkt analog zu der in der Literaturabgrenzung dargestellten Studie von Sandelin direkt zu der Frage, wann und wie betriebswirtschaftliche Überlegungen in technische Überlegungen eingreifen sollten und umgekehrt – hier ist zu entscheiden, ob die beiden Bereiche zunächst relativ getrennt oder von Beginn an in einander verwoben umgesetzt werden sollen.

Auch diesbezüglich zeigte sich, dass es kein Patentrezept gibt – es kommt vor allem auf die Einstellungen, Werte und Motivationen der jeweiligen Menschen an. Im Startup wurde die Lösung gewählt, die Kalkulation immer mitlaufen zu lassen. Mit anderen Worten wurde durchweg auf Basis der aktuellen Kenntnisse des späteren Einsatzbereichs schätzenden Target Costing entschieden. Dies führte dazu, dass ein hoher Anteil an potentiellen technischen Lösungen relativ schnell wieder eliminiert wurde. Als zentral erwies sich dabei, Produktkomponenten separat zu kalkulieren, um Quersubventionen zu vermeiden. Im Rahmen des etablierten Projektes wurde hingegen zunächst überhaupt nicht direkt kalkuliert. Vielmehr wurden die (nicht durchkalkulierten) Arbeitserleichterungen relativ schnell spürbar. Auch wandelte sich das Produkt intern rasch, so dass eine Kalkulation auf Basis von Amortisationen problematisch geworden wäre. Als zu einem späteren Zeitpunkt Kalkulationen durchgeführt wurden, waren diese auch insofern nicht immer unproblematisch, als sie die zuvor unbeschwerte und erfolgreiche Entwicklungsarbeit durch die Ingenieure eher hemmten als förderten. Insgesamt zeigt sich damit, wie auch bereits im Literaturüberblick angedeutet, dass für verschiedene Menschentypen und Situationen verschiedene Lösungen adäquat sind.

5 Der Einfluss des Umfelds auf den Erfolg von Industrie 4.0-Projekten

In beiden Fallstudien war ein starker Einfluss des Umfelds auf die Entwicklung des Produkts zu verzeichnen. Um sich die Bedeutung des Umfelds zu vergegenwärtigen, muss man sich klar machen, dass auch später erfolgreiche und etablierte Produkte zunächst allein vage Ideen darstellen, deren Weiterentwicklung maßgeblich davon abhängt, inwieweit die entwickelnden Personen an die Vision einer Umsetzung glauben und die Kraft aufbringen, sich stellende Widrigkeiten zu überwinden.

Bei dem Startup erwiesen sich drei Aspekte als Herausforderung: die Patentfrage, die Zahlungsmoral in der Branche und die Förderung durch öffentliche Institutionen.

Grundsätzlich war sich der Gründer des Startups aufgrund seiner Branchenerfahrung direkt bewusst, dass er letztlich das von ihm entwickelte Produkt nicht würde schützen können. Immer wieder betonte er darum, dass das Produkt sich sofort rechnen müsse, da ein guter Maschinenbauingenieur alles, was er sehe, problemlos nachbauen könne. Auch der potentielle Ausweg durch Patente wurde nicht als ausreichender Schutz gewertet, da vergangene unternehmerische Erfahrungen gezeigt hätten, dass eine Patentanmeldung das Produkt bekannt mache, so dass ein nur leicht veränderter Nachbau umso schneller erfolgen könne. Zudem gälte, je besser die Idee, desto mehr würden sich gerade Großkonzerne damit beschäftigen, kostspielige Patentstreitereien zu initiieren, um das störende Patent auf diesem Wege zu beseitigen. Dies hätte unter einigen Unternehmern bereits zur Devise geführt, zwar eine Patentrecherche durchzuführen, aber dann statt einem Patent, lieber gleich zu produzieren und dann den Markt „zu fluten". Hierbei gibt es kein Patentrezept zum Umgang mit der beschriebenen Situation denn ohne Patent wird das eigene Produkt leicht nachgebaut, mit Patent hingegen drohen Patentstreitigkeiten und Bekanntmachung und gegebenenfalls ebenso ein nur leicht veränderter Nachbau. Ganz offensichtlich sind die Folgen eines derart unzureichenden Schutzes auf die Entwicklung von Innovationen gegebenenfalls deutlich negativ.

Ein zweiter negativer Einfluss ging dabei von der Branche selbst, insbesondere der Zahlungsmoral und dem weit verbreiteten kaufmännischen Geschäftsgebaren aus. So gilt in dieser Branche, dass Kunden schlecht (zu spät, gar nicht, erst vor dem nächsten Auftrag) zahlen und eine Praxis des „Suchens nach Kleinigkeiten", um die Zahlung herauszuzögern, vorherrscht. Gleichzeitig werden regelmäßig harsche Vertragsstrafen für Verzögerungen vereinbart und umfangreiche Garantien eingefordert. Ein solches Umfeld ist gerade bei Unternehmensgründungen, welche nicht über hinreichende Kapitalreserven verfügen erneut eher abschreckend.

Allerdings hatte das Startup auch positive institutionelle Rahmenbedingungen, die die Entwicklung des Produktes erst ermöglichten. So wurde die Weiterentwicklung der Lösungsidee zu einem Produkt überhaupt erst möglich, weil dem Gründer seitens der Hamburger Staatlichen Gewerbeschule Stahl- und Maschinenbau, offeriert wurde, leistungsstarke Mitschüler zu akquirieren, welche jeweils Teilprojekte in ihren Facharbeiten entwickelten. Dies führte zu einer zwar aufwändigen, jedoch über zwei Mannjahre kostenlos zur Verfügung stellenden Konstruktion des Produktes. Betriebswirtschaftlich wiederum konnte das Entrepreneurship Center der LMU München in Anspruch genommen werden, an dem ein Team von 12 Studenten kostenfrei und unter Einsatz von umfangreichen Recherchen Businesspläne entwickelte, die eine Abschätzung der Wirtschaftlichkeit dieses Produktes ermöglichten. Allerdings ist anzumerken, dass es sich hierbei um nicht institutionalisierte und insofern vor allem der Findigkeit des Gründers sowie der Bereitschaft von Einzelpersonen zu verdankenden Vorteilen handelte. Insbesondere angesichts der Notwendigkeit in der Wirtschaft, sofort Geld zu verdienen, sind solche institutionell offerierten Möglichkeiten, Innovationen „mit billigem" jedoch hochwertigem Einsatz Ideen auf ihre Realisierbarkeit zu testen, von immenser Bedeutung.

Bei dem etablierten Unternehmen erwiesen sich die Aspekte aus dem Startup als irrelevant, da das Projekt zunächst intern umgesetzt wurde. An die Stelle der externen Faktoren traten darum vor allem unternehmensinterne Gegebenheiten. Hier ergaben sich wiederum ganz andere Hürden. So zeigte sich, dass die externen Umstände ganz überwiegend durch unternehmensinterne jedoch dem Projekt externe Umstände ersetzt wurden. Hierbei erwiesen sich insbesondere der eigene Einsatz von Projektverantwortlichen außerhalb der Arbeitszeiten sowie die Förderung durch den Vorgesetzten unter Toleranz des zeitlichen Einsatzes für das Projekt als förderlich.

6 Fazit

Vorstehend wurden typische unternehmerische Herausforderungen aufgezeigt, die sich im Rahmen von Industrie 4.0-Projekten stellen. Die Analyse macht deutlich, dass zahlreiche unternehmerische Entscheidungen getroffen werden müssen, ohne eine eindeutige Vorteilhaftigkeit der einen über die andere Entscheidung konstatieren zu können. Wie ein roter Faden zieht sich hierbei die Bedeutung des Menschen und der durch menschliche Kreativität erzeugten Vielfalt für die Ausgestaltung der Projekte hindurch. Die wichtigste Implikation der vorherigen Ausführungen für unternehmerischen Erfolg dürfte darum auch sein, neben den unbestreitbar faszinierenden neuen technischen Möglichkeiten nicht auszublenden, dass diese allein weit davon entfernt sind, den Erfolg eines Industrie 4.0-Projektes zu garantieren.

Zugleich ergaben sich eine Vielzahl von Anregungen für die eigene unternehmerische Umsetzung von Industrie 4.0-Projekten. Bei beiden Projekten zeigt sich beispielsweise, dass Ausgangspunkt nicht eine modische „Industrie 4.0-Ecke" im traditionellen Unternehmen, sondern reale bislang ungelöste Praxisprobleme waren. Dass beide Produkte zunächst einmal vollkommen unabhängig bzw. in Unkenntnis einer (politischen) Förderung von Industrie 4.0 entwickelt wurden, zeigt auf, dass es sinnvoll sein könnte, Praxisprobleme in den Vordergrund der eigenen Industrie 4.0-Entwicklungen zu stellen, um nicht ein Investitionsgrab zu schaufeln. Es legt auch nahe, ein pragmatisches Verständnis von Industrie 4.0 zu pflegen, indem schlicht versucht wird, neue Möglichkeiten zur informationstechnologischen Vernetzung in Produktionsprozessen dort zu nutzen, wo sie wirtschaftlich vorteilhaft sind.

Ferner lassen sich relativ deutlich hinderliche und förderliche Faktoren bei der Ausgestaltung von Industrie 4.0-Projekten identifizieren. So zeigte sich, dass ein positives externes (Technikerfachschule, Entrepreneurshipcenter der LMU München) wie internes (Geschäftsleitung und direkte Vorgesetzte sowie eigene Motivation) Umfeld von sehr hoher Bedeutung ist, um gerade kapitalintensive Industrie 4.0-Ideen umsetzen zu können. Ein derartig vorteilhaftes externes institutionelles Umfeld könnte sich nun allerdings noch weitergehend umsetzen lassen. Zu denken ist hier beispielsweise an stärkere Kooperationen zwischen Universitäten mit anderweitigen Ausbildungsstätten gerade auch aus dem nicht universitären, dafür aber praktisch umfangreicher verankerten Bereich. Hinsichtlich des internen Umfeldes ist darauf zu verweisen, dass gerade Vorgesetzten bei der Förderung der Industrie 4.0-Ideen ihrer Mitarbeiter eine hohe Bedeutung zukommt. Umgekehrt erwies sich als hinderlich, dass die Zahlungsmoral einer Branche und die nicht allzu treffsicheren Möglichkeiten des Produktschutzes Hindernisse für die Weiterverfolgung von Industrie 4.0-Ideen darstellen. Zugleich zeigte sich, dass anders als für Universitätsangehörige und Studenten eine staatliche Förderung von Gründungsprojekten durch Branchenkenner quasi inexistent ist, wiewohl es nicht grundlos sein dürfte, dass in beiden unserer Fallstudien, sowohl die Identifikation von Praxisproblemen als auch die Schaffung von Lösungen durch ausgewiesene Branchenkenner erfolgte.

Literatur

Alcouffe, S., Berland, N., & Levant, S. (2008). Actor-networks and the diffusion of management accounting innovations: A comparative study. *Management Accounting Research, 19,* 1–17.

Bundesanstalt für Arbeit. (2011). Perspektive 2025: Fachkräfte für Deutschland. Bundesanstalt für Arbeit. www.arbeitsagentur.de/web/content/Perspektive-2025. Zugegriffen: 12. Nov. 2014.

Davila, T. (2005). An exploratory study on the emergence of management control systems: Formalizing human resources in small growing firms. *Accounting, Organizations & Society, 20,* 223–248.

Grottke, M., & Kittl, M. (2013). Komplexität im Steuerrecht: Zentrale politökonomische Theorien im Lichte einer empirischen Ursachenforschung mit Hilfe von Process Tracing. *ORDO – Jahrbuch für die Ordnung in Wirtschaft und Gesellschaft* (Bd. 64, S. 163–193).

Kloock, J., Sieben, G., Schildbach, T., & Homburg, C. (2005). *Kosten- und Leistungsrechnung* (9. Aufl.). Stuttgart: Lucius & Lucius.

Köhler, P. (2014). Selbstdenkende Produktion, Handelsblatt vom 18.02.2014, Nr. 34, S. 48.

Langenscheidt, F., & Venohr, B. (2010). *Deutsche Standards. Lexikon der deutschen Weltmarktführer: Die Königsklasse deutscher Unternehmen in Wort und Bild.* Offenbach: Gabal.

Obermaier, R. (2015). USA sind bei Industrie 4.0 im Vorteil. In Produktion, 21. Januar 2015, S. 11.

Obermaier, R., Müller, F., & Braun, H. (2007). Der Container als Artefakt eines Transportparadigmas: Akteure und Diffusionsphasen. In A. Otto & R. Obermaier (Hrsg.), *Logistikmanagement, Analyse, Bewertung und Gestaltung logistischer Systeme* (S. 309–345). Wiesbaden: Gabler Edition Wissenschaft.

Quattrone, P., & Hopper, T. (2005). What does organizational change mean? Speculations on a taken for granted category. *Management Accounting Research, 12,* 403–435.

Sandelin, M. (2008). Operation of management control practices as a package – A case study on control system variety in a growth firm context. *Management Accounting Research, 19,* 324–343.

Schildbach, T., & Grottke, M. (2011). IFRS for SMEs und andere Gefahren für den deutschen Mittelstand. *Der Betrieb, 64,* 945–953.

Simon, H. (2009). *Hidden champions of the 21st century.* Heidelberg: Springer.

Simon, H. (2012). *Hidden Champions: Aufbruch nach Globalia.* Frankfurt a. M.: Campus.

Printed by Printforce, the Netherlands